U0454131

CHINA
CAPITAL MARKET
50 FORUM
中国资本市场50人论坛
书 系

大监管时代
信托的
转型与对策

信托的未来

王文韬　付伟——著

TRUST

中信出版集团 | 北京

图书在版编目（CIP）数据

信托的未来：大监管时代信托的转型与对策 / 王文
韬，付伟著 . -- 北京：中信出版社，2022.6
ISBN 978-7-5217-4084-4

I. ①信… II. ①王… ②付… III. ①信托业 - 研究
- 中国 IV . ① F832.49

中国版本图书馆 CIP 数据核字（2022）第 038148 号

信托的未来——大监管时代信托的转型与对策

著者： 王文韬 付伟
出版发行： 中信出版集团股份有限公司
　　　　　（北京市朝阳区惠新东街甲 4 号富盛大厦 2 座 邮编 100029）
承印者： 宝蕾元仁浩（天津）印刷有限公司

开本：787mm×1092mm 1/16 印张：27.5 字数：351 千字
版次：2022 年 6 月第 1 版 印次：2022 年 6 月第 1 次印刷
书号：ISBN 978-7-5217-4084-4
定价：78.00 元

信托行业的发展是中国金融行业发展的缩影，其有过迅速扩张乃至野蛮生长的时期，也经历过五次行业大整顿。金融创新和发展要立足于服务实体经济，监管最重要的是营造公平竞争环境，同样不可或缺的是行业自律和职业道德的进步。在新发展阶段，信托行业面临结构转型升级、数字化浪潮、国际地缘政治和经济格局变动等因素的冲击，更需要金融从业者、监管者和社会各界在方向感、创新力、包容性、专业性等方面的协同提升。这本书对问题的思考引人入胜，具有启发性，值得一读。

——刘世锦　全国政协经济委员会副主任、

中国人民银行货币政策委员会委员

当今世界正在经历百年未有之大变局，正在发生的全球经济格局重塑、全球要素资源重组预示着这场变局将是深刻而宏阔的时代之变。成长壮大于我国改革开放大背景下的信托业，应始终把国家使命铭记于心，在严峻挑战中主动作为，在爬坡过坎中克难前行，在竞争中求生存，在创新中求发展。当下信托业正处于转型爬坡期，唯有把握时代脉搏，才能砥砺前行、再立新功！这本书的出现恰逢其时，给人以信心、力量、智慧，值得一阅！

——陈克祥　中国平安集团党委书记、副总经理产业的发展离不开金融的助力，金融的繁荣同样无法脱离产业的支撑，但是金融天生就有脱离实体进行创新获利的冲动，所以金融创新与金融监管永远是一体两翼、相生相克的。如何建立规范、透明的金融体系，需要政府监管，更需要行业自律和中介力量，这是一个世界性话题。现在是一个转型的时代，也是一个去杠杆、控风险的时代。信托业作为中国金融业中颇具创新活力的子行业，过去几十年取得了非凡成就，但也导致了不少问题，大监管时代能否进行深刻反思和总结，关系到整个行业能否释放风险、蜕变转型。这本书是集可读性和思考性为一体的力作，值得一阅。

——高西庆　中国投资有限责任公司原总经理、证监会原副主席

"胸中有丘壑，眼里存山河。"当下的经济环境和市场形势日趋复杂，金融机构分化日趋明显。我们必须全方位了解宏观内外部环境、产业发展阶段、金融演变规律，才能见天地、知未来。《信托的未来》一书勾勒出信托行业发展的关键节点，有反思，有远见，值得一读。

——朱光耀　财政部原副部长、中央财经领导小组
办公室原副主任

资管行业是促进直接融资、提升金融服务的重要着力点。资管机构通过"受人之托，代人理财"，天然地成为连接居民财富和产业方的机构投资者，为实体经济提供投融资服务。资管新规发布后，监管思路已经不断明晰，"非标＋地产"的经济增长模式必然被"资本市场＋优质上市公司"所取代。新时代中国经济的历史性转型，可以让以服务实体经济为宗旨的金融改革先行一步，发挥引领作用。《信托的未来》在信托发展、规则建设等方面提供了新思考，是一本值得学习的好书！

——傅成玉　中国石油化工集团原董事长

金融业的发展必须以服务实体产业为己任。在目前产业升级、科技创新的大时代，信托业作为中国金融业的重要组成部分，必须反思过去、创新未来，充分利用好信托灵活的创新手段为实体经济的高质量发展服务。只有把握好金融创新与产业发展的关系，信托才能在财富管理时代实现真正的乘风破浪、行稳致远。《信托的未来》一书复盘过去、前瞻未来，为行业的创新发展提供了思路和洞见！

——马蔚华　中企会企业家俱乐部主席、招商银行原行长

在宏观经济转型换挡和金融去杠杆的大背景下，"非标转标"后的信托行业只有找到一条符合未来中国经济增长模式的新路线，才能重焕生机。回首过去43年的历史，中国信托行业从来不缺有突破性的制度建设，但如何把这些对经济发展有益的内容固化下来，形成对社会和经济生活有价值的圭臬，是我们在未来需要去突破、尝试的。这本书对信托行业的梳理和展望高屋建瓴、深入浅出，值得仔细阅读！

——赵德武　西南财经大学党委书记、教授、博士生导师

过去十年，中国资产管理行业的改革发展取得了巨大成就，但也出现了一些值得剖析反思的现象和问题。当资管新规和一系列监管文件明确了信托公司的"非标"上限后，中国的信托行业与信托公司更需要打开另外一扇窗。距离2001年《中华人民共和国信托法》颁布和2007年"新一法两规"出台已经过去很长时间了，我们的社会在进步，金融在发展，市场在更新，我们的行业发展思路也必然要随之调整优化，以找到适合之道。这本书对信托行业的发展脉络进行了全面系统、客观理性的梳理，对信托公司的未来发展提出思路、方向和途径，值得我们精读阅研、深入思考、认真学习！

——曹德云　中国保险资产管理业协会党委书记、执行副会长

不忘初心，方得始终。这本书犹如银河系的点点繁星让人沉思，又如奔涌的黄河让人心潮澎湃！当下信托业正面临着又一个转型发展期，不要丢掉我们过去坚守的那份乐观、理想以及激情。当跨过时间的长河，一切都会变得豁然开朗。这本书有助于我们深刻反思过去，坚定信念走向未来，值得一读！

——李建兴 《人民日报》（海外版）党委书记、副总编辑

在经济转型升级的当下，当外部环境发生根本性变化时，整个金融行业的大逻辑也将随之重塑。信托业作为过去十年增长十倍的中国金融子行业，在当下面临较大的转型压力，未来何去何从？作者从理论研究到实证研究，从定性分析到定量分析，试图全面深入地回答信托业历史问题、规律问题、趋势问题和方法问题，帮助从业者探索未来的发展方向，帮助投资者了解产品内核。这是一本值得深入阅读的好书！

——刘亚干 中国工商银行财务会计部总经理

中国信托业的发展一直与国家大势、经济环境、产业转型紧密相关。在伟大的历史变革中，我们唯有心怀国家使命，深度挖掘实体经济需求，把握产业升级与科技创新趋势，才能建伟业、树新功。路漫漫其修远兮，吾将上下而求索。这本书的问世，是金融服务实体的指南针，是信托转型发展的路线图，给人以启发，值得一阅！

——刘小腊 华润信托党委书记、总经理

孟子云："君子之泽，五世而斩。"财富管理是每个家庭的必修课，在百年未有之大变局下，如何稳健、睿智地做好财富管理与家族传承？作为境外高净值家庭标配的家族信托是否值得托付？我们从这本书中可以获益良多。这本书立足于当下的历史坐标，细致剖析信托业的历

史与未来，具有较大的原创性和可读性，值得参考借鉴。

——陈赤　中铁信托总经理

信托的未来或者信托业的未来取决于新时代的需要和信托的功能定位。中国经济由资源驱动转向创新驱动，新旧动能转化不畅造成现在各方面爬坡过坎的压力。我们需要一场产业革命，正在酝酿一场产业革命，信托的价值和功能要服务于这个大局，而不仅仅在于"非标"。这不仅仅是信托的问题，更是牵扯到金融行业变革、经济结构调整的大问题。作为一部系统讲解中国信托行业发展历程的读本，这本书具有较高的实战价值和较好的阅读体验，值得推荐。

——刘小军　中信信托副总经理

"价值投资就像滚雪球，需要长长的坡和厚厚的雪。"范文正公创立的"信托"曾经延续近千年，为社会的稳定、家族的传承贡献了坚实的力量。当代信托作为金融业四大支柱之一，在资管新规落地后步入转型期，失去时代红利的信托行业终究要在阵痛之后深度挖掘实体经济需求。这本书涵盖了信托行业的经营逻辑、信托公司的经营实战、信托产品的创设、信托财富的考核激励，在提炼信托行业成功基因的同时，也给予从业者战略和战术层面的指导，值得一读！

——徐谦　西部信托董事长

信托行业的发展需要实践探索与理论反思共同推动。两位作者基于信托业多年的从业经验，加上广泛的同业交流，总结了信托行业发展的历史脉络和未来趋势，将信托业的变迁同中国经济发展的关系勾勒出来。当跳出局中人的身份，带着历史的视角审视信托的过去时，我们会有更多的理解和思考，也会看到更多别样的精彩。这本书从实践中来，到实践中去，值得我们认真品读！

——甘煜　云南信托董事长

中国信托业在过去十年取得了瞩目成就，但与信托本源仍有着一定差距。不同于国外服务于大众的民事信托，中国信托业长期以商事信托为主，利润更高的"非标"成为信托的核心利润来源。资管新规发布后，信托业结束了过去的高速发展期，开始进行风险排查与战略转型，无论是信托产品的投资者还是行业从业者都在思考信托究竟何去何从？这本书的成果源于作者长期在信托一线的实践与思考，理论与实务并重，高度与深度兼具，推荐一读！

——毛振华　中诚信集团创始人、董事长

这本书分析细致全面，评价客观公允。资管新规发布后，如何在转型发展与解决问题中寻找信托业新的机会，如何在新的形势下做好财富管理和财富传承，这本书开创性地提出了很多思路、方法和策略，真实而具有代入感，是金融从业者、监管层以及与信托合作紧密的银行、保险和券商从业者希望看到的力作，值得推荐！

——张岸元　红杉资本中国首席经济学家、
中信建投证券原首席经济学家

第一章　信托蝶变 _001

第二章　宏观之势 _073

姚江涛

中国信托业协会会长

中航产融、中航信托董事长

1979年，伴随着中信公司（中国国际信托投资公司）的成立，信托再次成为中国金融业重要的组成部分。从最早的武士债、扬基债到后来的全金融牌照，再到"新一法两规"后信托高速发展并成为中国金融市场中举足轻重的行业，信托制度的优势和信托行业的活力发挥得淋漓尽致，信托公司也出现在中国金融业茁壮成长的每一个镜头里。有人讲"一部金融史，半部信托史"，这样的说法是有道理的。

作为一位在"一法两规"前就加入这个行业的老信托人，我亲历了中国信托行业的风云起伏。回顾这么多年的发展历程，我常常无法按捺心中的激动，而我也相信每一个信托从业者都会感受到这种行业力量。

我们很容易看到中国信托行业取得的巨大成绩，但也可能忽视信托行业应该具有的内涵，因此我们在不断地追问和探寻信托本源。信托制度于一千年前就开始在欧洲推广开来，发展壮大到和经济社会密切相关，其背后又有哪些合理性？而我们探讨的"信托制度优势"又是怎样推动经济发展的？我想，这些都是在一个个令人惊喜的数字背后需要关注的。中国信托行业的发展一定不是建立在"制度套利"或"监管红利"基础上的,一个行业能够成长为参天大树,与其在时代中的定位以及能够创造的价值息息相关。

我和这本书的作者王文韬相识多年,金兰之交,亦师亦友,我们经常在一起就中国信托业的发展交流意见。在感慨行业高速发展之余,我们都有一个共同的想法,就是希望能够踏踏实实地写一点东西,认真分析中国信托业的过去、现在和将来,共同思考信托因何而兴又将走向何处。两位作者结合自己宝贵的从业经历和行业观察,写下了30多万字的内容。这本书涵盖中国信托业的历史,也展望了未来,我认为是非常有价值的。

在这本书中,我印象较深的是,作者系统地把行业监管部门对信托行业的历次整顿、监管导向与彼时的宏观经济按照时间线逐一对应,用一种历史"切片"的方式,向我们生动形象地展示了那个年代的金融变迁,以及信托行业所承担的"金融活力"的重大使命。

可以说,"经济感冒"导致"信托吃药"的现象并非信托行业自身先天不足,更多的是信托制度本身肩负的复杂责任所致,无论是通过发债引进外资,还是以"二银行"的身份来提高信贷活力,这些具有时代特征的金融创新,本质上都已经超越了彼时信托行业和信托公司的负荷。在经济发展都在"摸着石头过河"的大背景下,过多地苛责信托行业是不必要的,也是不公正的。

这是《信托的未来》一书同时也是我非常想表达的观点,如果我们不能把中国信托业的发展放在中国改革开放的大历史观中去看待,那么这是有失公允的,"摸着石头过河"本身就包含了对"试错"的包容。同样,许多人看到了资管新规发布后的"非标转标",甚至简单推断中国信托业即将遭遇再一次的"滑铁卢"。这样武断的演绎,也是对信托制度之于经济有序发展推动的一种漠视,是非常不当的。

当下金融圈内流行一种观点:如果脱离了"非标",中国的信托行业就会失去光彩。但我们如果深入了解中国信托行业的发展历程，就会发现，在这43年的漫漫历程中，"非标"从来不是信托的唯一主线。从早先中信公司的海外发债到广国信的"窗口公司"，再到深国投第一只"阳光私募"，信托公司的经营范围异常丰富，其内涵伴随着中国经济和金融的发展也在不断变化，更依托信托独特的制度优势，呈现出五颜六色的光芒。信托公司围绕信托本源开展的服务信托和慈善信托即为例证，它们在服务实体经济和社会民生领域发挥着独特的制度价值，为国民财富积累和传承贡献着信托智慧与力量。

从防范金融风险角度来看，信托监管的确在不断加码，但是我们同样应当看到的是，对于契合信托本源业务的服务信托和慈善信托，监管机构一直是鼓励和支持的。所以，信托从业者对于中国信托行业的长期发展不必悲观，也无须迷茫。只要充分了解信托的过去，我们就会预见信托的美好未来。两位作者在这本书中通过较大篇幅回顾了中国信托行业的过去，让我们看到了信托行业在中国经济变革过程中所展露出来的巨大生命力和多样性，而我相信，这样的力量仍将伴随着经济改革的再一次深化而表现得更强大。

当下，信托公司业务深化转型是行业整体面临的考验，既需要战略方向的定力，又需要战术调整的智慧。欣喜的是，两位作者从自己丰富的金融从业经验中提炼出许多非常有价值的、具体的转型建议，从业务、风控、财富管理等不同维度展现了自己扎实且落地的思考，这是眼下信托行业最需要的。

日拱一卒，功不唐捐。自1979年至今，中国信托行业一路走来，一个个不平凡的数字见证了信托从无到有再到壮大的历史进程。而今，中国信托行业再度起航，作为这个伟大事业的参与者之一，我愿与两位作者一起，继续为信托行业的做优做强和信托制度的广泛应用贡献自己的力量，让它继续焕发光彩，为中国的经济新动能添砖加瓦。

王轶

中国人民大学党委常委、副校长

法学院院长

2020年，中国人民大学法学院的叶林教授和北京市天同律师事务所联合申报并成功中标最高人民法院司法研究重大课题。同年11月28日，双方联合召开最高人民法院2020年度司法研究重大课题"营业信托纠纷案件审理中的法律问题研究"开题论证会，意在将这个重大课题的理论研究和经济发展中的具体问题有机地结合起来，这是一个非常务实的进展。在开题论证会上，来自多家信托公司法务部、风控部的人士参与其中，他们带来了大量营业信托的实践和思考。

信托不仅仅是一种财产管理制度，更是作为一项法律制度广泛影响我们生活的方方面面。用好信托制度，必然会对我们的经济生活起到积极的促进作用，反之则会给我们带来负面影响。毫不夸张地说，中国的信托行业走出了一条特立独行的道路。当下的信托行业正处于摆脱"制度红利"走向真正"价值创造"的转型期，虽然路变难了，但信托的价值却在不断提升，我们有理由对未来中国的信托行业抱有更大的期待。

在《信托的未来》一书中，两位作者从实务出发，多次论述完善信托立法的迫切性，这不仅仅是从业者的一种直觉性判断，也是法治建设的一种必然。信托作为一种可以被广泛应用的、与百姓生活息息相关的制度，通过完善《中华人民共和国信托法》（以下简称《信托法》）来推进信托制度的更好运用可谓时不我待。从《信托法》修订的角度来看，我觉得这本书给了我们一个非常好的视角，让我们可以全景式地看到各类信托业务的落地和信托公司的实务。《信托法》的完善方案，不应该源于我们在象牙塔里的逻辑推演，而应该成熟于我们对中国信托行业从哪里来和到哪里去的系统性务实思考中。

对于转型期的中国信托行业，我想在最后用稍加修改的米兰·昆德拉的话作为祝福："从现在起，我们会谨慎选择我们的生活，我们不会再迷失在各种诱惑里，我们的心已经听到了远方的召唤，我们无暇顾及过往，无暇顾及身后的是非和议论，我们要向前走。因为我们已无可逃避。我们的每一步都决定着最后的结局，我们的脚正在走向我们自己选定的终点。"

是为序。

秦朔

《第一财经日报》创办人

《南风窗》杂志原总编辑

信托蝶变：一个金融子行业的突围与重生

过去两年，不止一位信托人告诉我，信托业务不好做了，不知未来何去何从。但虎年刚到，这些信托人又鸡血满满：好不好过都得过下去！

这体现的可能是信托行业以及信托人深入骨髓的坚不可摧。从1979年中信公司成立、五次行业整顿到"一法两规"，信托行业隔一段时间就会被当作"金融坏孩子"，每每金融调控之时，监管的板子总会重重落到信托身上。"年年难过，年年过"，这大概就是信托行业的真实写照。

作为过去十年发展最迅猛、十年增长十倍的中国金融子行业，信托曾经风光无限，令无数金融人心向往之，但如今却面临非常大的转型压力。回顾信托行业数十载历程，信托发展会有拐点，但更多的是披荆斩棘、向阳而生。未来几年，信托仍然是大额投资的理想投资标的之一。《信托法》赋予信托的双重独立性，使得信托在风险隔离、财富管理、资产管理上具有得天独厚的优势。

《信托的未来》这本书的出版可谓恰逢其时，它从历史梳理开始，站在中国金融变迁和经济改革的大视角，为我们展现了信托这个舶来品在中国从生根发芽到枝繁叶茂的历史全景，并为信托未来的转型之路提供了指南针和路线图。

打开思想的大门，迎接世界的资金

1979年10月，中信公司的成立标志着中国信托行业的重生。信托行业的重生不仅仅是一项金融工具的再度兴起，它也承担了中国经济改革"先行先试"的历史性使命。

"红色资本家"荣毅仁和当时的中信公司接过的是邓小平手中"从国外吸收资金、引进先进技术、投入国家建设"的探路重任，这既是一种荣誉，也是一项沉甸甸的责任。

金融机构只有解决实体经济最迫切的问题才能创造自己的价值，而在当年的中国，什么才是最迫切的问题呢？毫无疑问是资金。改革开放不是一纸空谈，新时代的社会主义建设也不是喊口号就能实现的，资金在当时成了制约中国经济发展的关键因素。

比起后来国内经济"双轨制"背景下艰难推行的"价格闯关"，成立于1979年的中信公司以及后续发展起来的信托行业，其"思想闯关"的意义更为重大。

中信公司的示范效应对信托行业乃至整个金融业的冲击是巨大的，信托所承载的金融创新被越来越多地验证，也获得了越来越多人的关注。为了充分引进外资，利用各种渠道的闲置资金，弥补银行信贷的不足，各家银行、各部委和各地政府纷纷成立信托投资公司，一股"信托热潮"在中国迅猛地掀了起来，其中就包括与中信公司齐名的广东国际信托投资公司（以下简称"广国信"）。

创新与监管：分寸之间是平衡

翻开信托的发展史不难发现，从舶来品到本地化，信托在金融创新促进经济发展方面发挥了重要作用，又在经济过热中挨到了重板子。一进一退之间，是监管部门对信托平衡发展的引导与考量。

从1979年中信公司成立到1999年，在20年的时间里，中国信托行业前后经历了五次大规模的全国性清理整顿，这是其他任何金融行业都未曾出现过的。《信托的未来》一书对信托行业五次整顿做了客观理性的分析和解读，非常值得一读。

1982年，国务院牵头对信托行业进行第一次整顿。第一次整顿的背景很清晰：鉴于信托行业发展过快，一方面，主管单位对信托公司的发起设立进行严格性约束，对发起设立信托公司的股东进行背景优选，将非金融机构剔除在外，从而有意控制发展速度；另一方面，监管将信托的定位与传统银行类金融机构进行区分，避免信托公司和银行的角色出现明显的重叠。

如果把第二、三、四次信托行业的整顿和宏观经济的变化相结合，那么我们可以清楚地看到，在改革开放的前中期，由于经济转型的自身问题（从计划经济走向市场经济），宏观经济和金融政策的频繁调整是信托行业"遇冷"和"发烧"的根本。在20世纪90年代的历史进程中，境内的信托扮演了金融行业试点先锋军的角色，每次宏观经济需要金融行业在固有的藩篱下有所突破的时候，信托行业和信托公司就冲在前面；而当经济过热需要刹车的时候，整改的板子就第一时间打在了信托的身上。

2018年4月27日，央行、银保监会、证监会、外管局联合发布《关于规范金融机构资产管理业务的指导意见》，资管新规终于落地。资管新规以及后续以2019年银保监会64号文为代表的一系列监管政策的持续落地，对这个行业的影响是长期且剧烈的。从信托行业从业者的角度来看，这种变化是痛苦的——未来的信托公司也许会和融资类产品彻底告别，赚大钱的时代彻底终结。发挥制度优势的家族信托、ABN（资产支持票据）业务、二级市场证券和股权投资信托可能是未来的主流，"小而美"可能是信托行业的主要特征，甚至不排除一部分信托公司仅仅以SPV（特殊目的的载体）的法律意义存在于金融体系中。

从境内经济的持续有序发展以及眼下经济转型换挡的变化来说，信托业的这种调整是成功的，也是必然的，是具有历史性眼光的。信托的监管也将步入一个新的时代，之前在宏观经济"保发展"和"调结构"之间的纠结不复存在，目的更为单纯的监管将是未来信托行业监管的主流。

风雨过后是彩虹，大治之后是大兴

大治之后必有大兴，中国信托业的未来并不会暗淡无光。

2021年，资管新规的落地已经过去了三个年头。这三年，信托行业的资产管理规模经历了2018年的冲高，已经在慢慢回落，有限的非标额度也在银保监会的有效部署下一点点被压降。在这三年里，信托公司给出了不同的回答：有的公司依然在和监管玩"躲猫猫"的游戏，在逃避监管的动机下大口吃着最后的晚餐；有的公司积极部署转型，已经通过资本市场掘到了第一桶金；还有一部分公司在契合信托本源业务的家族信托和服务信托上找到了自己的方向。未来的转型方向和业务策略究竟如何选择，《信托的未来》一书给我们展示了更多可能性，值得金融从业者一读。

展望未来，信托业机遇与挑战并存。随着监管的进一步趋严，行业风险将进一步出清，风险事件也将继续存在，而信托风险管理与防控将继续成为行业的重要课题。

面对行业跌宕，信托人更应该关注信托行业内在逻辑的演变，探寻新的生机与出路。这是行业地位和价值卡位调整的机遇，也是留给持续创新的信托人的竞技场。展望未来，国内外环境会更加复杂，但我相信，坚强的中国信托业将会突出重围，凤凰涅槃，浴火重生！

在很多人眼中,"信托"是个地地道道的舶来品,发端于中世纪英国的用益制度。后来,信托被称赞——"信托的应用范围可以与人类的想象力相媲美",这给中国的信托行业和信托公司带来了几许洋气。殊不知信托制度早在公元1050年便在范仲淹的一场实验下,悄然与中国结缘。"先天下之忧而忧,后天下之乐而乐"的范仲淹在家乡苏州吴县创设了具有信托雏形的义庄,资产受益权和所有权的分离、专业的管理人、独立的监督人,无不体现出信托的精神。范文正公的这个"信托"延续近千年,直至近代才消散于历史的长河中,其为社会的稳定、家族的传承贡献了自己坚实的力量。

伴随着经济的转型,资管新规在2018年落地,信托回归本源的呼声越发强烈,习惯于时代红利和制度套利的信托行业开始陷于困顿。叠加部分信托公司的产品爆雷,信托行业俨然从之前十年的"高富帅"变成了"坏孩子",承受着被污名化的现实。我们在信托行业几家大的信托公司工作多年,眼看信托勃勃兴起,又看到信托步入转型,心中五味杂陈。如同这个行业的每一个从业者,怀着对过去美好时光的眷恋,我们都在思索:"信托行业的前途到底在哪里?未来中国的信托又该做些什么?"这也是我们尝试撰写本书最原初的动力。

在写作的过程中,我们尝试把目光放得更为长远,从1921年信托的名字第一次正式出现在中国的土地上到信交风潮，再到1979年中信公司成立、五次行业整顿和"一法两规"。当你把目光放远时，很多错综复杂的事情会清晰地展现出它的脉络。这也是我们撰写本书的第二个目的，我们希望把信托行业的变迁同中国经济发展的关系勾勒出来。当跳出局中人的身份，带着历史的视角去审视信托的过去时，我们会有更多的理解和思考，也会看到更多别样的精彩。

信托业作为过去十年发展迅猛、十年增长十倍的中国金融子行业，在当下面临着非常大的转型压力，未来何去何从？在本书中，我们试图从资深信托行业从业者的角度，将理论与实践相结合，进而开创性地提出解决思路和具体方法。我们希望本书能够成为对信托从业者、与信托合作紧密的银行、其他金融行业乃至高净值个人客户有价值的一本书。在写作的过程中，我们从信托行业、信托业务、信托风控和信托财富四大维度来全面讲解信托实务。只有这样，我们才能对中国的信托行业有一个整体性的把握，才能结合信托的制度优势和信托在中国的历史特殊性，真正把信托行业讲清楚，进而提出有针对性的变革策略。

1979年中信公司的成立标志着中国信托行业的再度起航，信托行业和信托公司利用信托的制度优势为改革开放贡献了自己重要的力量，而43年后国内的信托行业也站在了一个新的十字路口。我们相信，信托制度之于中国社会主义经济建设的助力不会改变，在新的契机下，中国的信托行业也将再度焕发生机，走出另一条精彩的道路。

第一章

信托蝶变

一、资管新规拉开信托行业巨变的序幕

当时间悄然来到2021年，国内信托行业的整体氛围似乎更紧张了：资管新规和2019年银保监会64号文的双重约束对信托公司的影响还未消散，监管机构新一轮的压降指标就来临了，更不要说《信托公司资金信托管理暂行办法（征求意见稿）》迟迟没有落地。这些监管政策就仿佛达摩克利斯之剑一样悬在每个信托从业者的头顶。

信托行业从2001年的"一法两规"后就步入了新历史阶段，"四万亿计划"拉开了大资管时代的序幕，国内的信托行业进入了发展的快车道。即便如此，信托行业的调整也从未停止过。相比于金融行业中实力雄厚的银行以及洋气的证券公司和基金公司，信托公司长期以来以"坏孩子"的形象出现。每每金融调控之时，监管的板子总会重重落到信托行业身上。"年年难过，年年过"，这大概就是信托行业的真实写照。

但总有老资格的信托从业者强调说："国内的信托行业有三板斧——通道、地产和平台。"事实上，从国内信托行业的历史来看，每次监管对信托行业进行调控时，总会出现有意思的业务轮动——监管机构刚把信托公司的政府平台业务压下去了，通道和地产业务就会

在同一时间迎来更多的发展机遇，造成"按下葫芦起了瓢"的现实。套用一句时兴的话：信托公司挨着最毒的打，却吃着最香的肉。

但是，这种基于过去时态的乐观，在2018年以后渐渐失效，金融稳定委员会牵头的顶层架构使得金融监管的协作性大大增加，信托套利变得越来越难，而信托公司所特有的制度优势（例如贷款资格）也为各种新规则所约束。信托公司不得已踏上了标准化转型的艰难之路，"非标转标"也成为业内一个时兴的话题。信托行业的从业者可能会好奇起来：这还是我们曾经的信托行业吗？

信托行业快速发展的这十几年，让从业者形成了一种幻觉：信托行业在调整，但都是微调，不可能出现颠覆式的冲击，更不会伤及这个行业的根本，监管并不可怕。在这样的思维作祟下，信托行业的从业者忽视了一个很大的问题：信托行业作为金融的一分子终究是要服务于实体经济的，当顶层逻辑发生根本性的变化时，信托行业的逻辑与规则必将发生重大调整，甚至整个金融的大逻辑也将随之重塑。如果站在这样的时间点，信托行业的从业者还是固执地选择抱残守缺，选择去相信那些在过去十多年时间里重复轮回的旧事，而不能目光坚定地看向前方，那无疑是非常可惜的。

辩证法告诉我们"量变会引发质变"，也许对于国内的信托行业来说，它现在正处于这样的一个时间点：过去十多年积累的量变终于等到了质变的时点，"头痛医头、脚痛医脚"的行业弊端也不断被整体性的监管思路重构，千篇一律、监管套利和恶性竞争的业务模式也将被写入历史。

未来的信托行业会怎样？有人说要坚定地回归本源，也有人说要强化信托公司的专业研究能力进而培育自己的投资管理能力，但信托这样一个伴随着人类社会生活近千年的制度，背后所蕴含的智慧是我们无法估量的。相比过去十年信托行业在业务上"通道、地产和平台"的三板斧，在断了那些"容易赚的钱"以后，未来的新信托必将呈现更多个性化的色彩，信托行业会更多地倾听来自实体经济的需求，才能各异的从业者也将发挥自己的智慧去书写这个行业的新篇章。信托行业如同饱餐的毛虫，即将破茧而出，迎来羽化成蝶的绚丽时刻。

二、信托之变源于信托定位的变化

（一）看山不是山——站在信托以外的视角去回顾国内信托行业的发展，才能看清信托的发展路径

如果我们能够站得更高去看待这轮信托之变，那么2017年年底发布的《关于规范金融机构资产管理业务的指导意见（征求意见稿）》（以下简称"资管新规征求意见稿"）便掀起了新一轮波澜壮阔的信托行业调整序幕，信托行业资产管理规模应声下降。后续一系列监管措施更是招招切中要害，让信托行业备感压力。

很多人会对监管机构的雷厉风行感到惊讶，但对比国内40余年信托历史发生的点点滴滴，过分夸大这轮监管调整的力度显然是不合时宜的。

回看从1979年开始的信托公司发展史，我们会发现，这次的调整可能算不上什么。当几百家信托公司在短短数年被压缩到几十家时，当以存款为基础的经营模式被"一法两规"彻底禁绝时，当广国信资不抵债破产清算引发国际关注时，国内信托行业所面临的绝望甚于当下。

当从乐观的角度去看信托行业的历史时，我们会发现，监管每一次对国内信托行业的调整都会将信托引向一个新的方向。这种变化绝不是无意义的盲动，在每一次天崩地裂的整顿和清理后，信托行业都会形成一条方向清晰、目标明确的路线，即"信托作为金融的一分子，不可避免地要受到宏观经济的影响，但金融的本质要求信托服务

实体大众"。

从另一个角度来讲,要想研究国内信托行业的新方向和新模式,单纯地"站在信托角度来看信托"是一定得不出有价值的结论的。如果我们可以在纷扰的无序信息中找到未来中国经济发展的关键脉络,结合信托制度的灵活特性去创新未来的信托模式,那么信托行业的未来之路将会越发清晰。

无论是站在实体还是金融的视角,我们都热切地期盼信托行业迎来新一轮的羽化成蝶,从而飞向光明的未来。但在前路不明的时候,我们不如先来看看国内信托行业走过的来时路。当读懂了中国经济与信托在过去的关系时,我们就能看清那只在默默推动着信托前行的无形之手。只有理解信托背后的规律,信托行业的未来才能更加明确。

(二)国内信托的新生,背负了时代所赋予的艰巨使命

1979年10月,中信公司的成立标志着中国信托行业的重生。信托行业的重生不仅仅是一项金融工具的再度兴起,更承担了中国经济改革"先行先试"的历史性使命。"红色资本家"荣毅仁和当时的中信公司接过的是邓小平手中"从国外吸收资金、引进先进技术、投入国家建设"的探路重任,这既是一种荣誉,也是一项沉甸甸的责任。

让我们翻开尘封的记忆库,回首那些有意思的过去。那时,根据国家的有关规定,中信公司经营的项目包括"办理国内外投资业务,开展多种形式的经济技术合作;从事新技术开发、推广及风险投资;从事国际、国内金融和担保业务;在国内外发行和代理发行各种有价证券;经营国内外租赁业务;承办外商在华投资的各种保险业务;经营对外贸易业务;开展国际工程承包及劳务输出业务;经营房地产业务;开展旅游服务;为中外客户提供各种信托、咨询服务"。熟悉信托行业的人会发现,中信公司经营的项目涵盖了风险投资、证券、租赁、保险和信托服务。这简直是一家无所不包的金融全牌照公司,还

额外附送了贸易、工程、房地产和旅游服务，一家金融控股兼具实业功能的巨无霸平台跃然纸上。

事实上，极为广泛的经营范围并不代表彼时的中信公司已经找到了正确的经营之道。信托行业该怎么发展？信托公司该做什么？信托公司做什么才能完成增加经济和金融活性的重大使命？种种问题纷至沓来，困扰着中信公司和荣毅仁，良久挥之不去。

（三）解决实体经济的问题，孕育信托的最大价值

金融机构只有解决实体经济最迫切的问题才能创造自己的价值，而在当年的中国，什么才是最迫切的问题呢？毫无疑问是资金。改革开放不是一纸空谈，新时代的社会主义建设也不是喊口号就能实现的，资金在当时成了制约中国经济发展的关键因素。相关数据显示，1977年我国的外汇储备为9.52亿美元，到了1978年就只剩1.67亿美元。十年动荡所余下为数不多的家底，在经济建设的大潮开启后很快就被消耗殆尽，许多重点项目因为资金不足而濒临下马。

更值得关注的是，在改革开放初期，相比经济建设的突围，思想意识的转变显得更为艰难，当年《人民日报》"既无内债又无外债反映了社会主义制度的优越性"的刊文折射出国内对债务问题的忌讳。在思想意识的桎梏下，彼时国内的金融业只有内循环的银行业一枝独秀；中国第一家证券公司深圳特区证券要到1987年才开业；中国第一家公募基金公司国泰基金于1998年才出现；虽然保险行业是老资历，但中国人民保险公司在1980年才刚刚复业财产保险业务，人寿保险业务要到1982年才正式开展。

如果说十年浩劫让我们本不扎实的经济底子更加薄弱，那么作为经济发展必要助力的金融行业则是一穷二白。在金融市场中，我们缺乏必要的参与主体，更缺乏相关制度和人才体系。那时，在大多数人眼中，金融天然地被认定为"资本主义的产物"，于是发展金融的中

介力量从而为搞活实体经济输送血液就显得更加不易了。相比后来国内经济"双轨制"背景下艰难推行的"价格闯关",对于成立于1979年的中信公司以及后续发展起来的信托行业,其"思想闯关"的意义更为重大。

历史告诉我们,任何成功的先例都是做出来的。恰在此时,一个难度极大却又充满诱惑力的项目摆在了中信公司面前。

1978年4月,江苏仪征化纤被列为全国改革开放22个重点引进项目之一,但到了1980年,仪征化纤因资金不足面临下马的危险,一个利国利民的项目即将流产。1981年,仪征化纤联合中信公司向国务院上报了《关于联合建设经营仪征化纤总厂的请示报告》,提出向国外发行债券启动项目,利用国家拨款和国外借款共同筹措涤纶一厂的相关资金。最终,中信公司于1982年1月在日本成功发行了100亿日元私募债券,几十家日本机构踊跃认购。其中,80亿日元用于仪征化纤项目,极大地补充了企业建厂初期的资金短缺。

对于仪征化纤项目来说,"借债建厂、负债经营"开了中国国有企业之先河。而对于中信公司所在的国内金融市场,这又何尝不是一次伟大的突进呢?利用资本主义的资金在国内发展实业既是一种"创新",也是一种对传统思维禁锢的"突破"。8.7%的债券利率高于当时政府贷款利率,这种被视为带有资本主义色彩的做法给中信公司带来了极大的舆论压力。

好在三年后,仪征化纤工程建成投产。1984年12月30日,聚酯生产线全线打通,第一块聚酯切片被生产出来;1985年4月26日,仪征化纤生产出合格的涤纶短纤维;1990年,仪征化纤一、二期全面投产,形成了每年50万吨化纤和化纤原料的生产能力,占到了当时国内合成纤维的1/3、涤纶产品的1/2,仪征化纤一跃成为当时国内最大的化纤生产基地。与此同时,债券如期偿还,这次"社会主义向资本主义借钱"的融资创举获得了极大的成功,被称为"仪征模式"。

中信公司作为国内信托行业的先驱，仿佛在一瞬间具备了"点石成金"的能力，而信托公司也一下子成为金融开放的那条鲇鱼。

（四）中信公司的成功经验引发了国内信托行业的第一波热潮

在资金全面短缺的改革开放初期，在金融体制不健全的大背景下，中信公司成功为国家的社会主义工业化建设引入了大量资金，中信公司也在那时成为信托行业的一面旗帜。

事实上，中信公司的示范效应对信托行业乃至整个金融业的冲击是巨大的，信托所承载的金融创新被越来越多地验证，也获得了越来越多人的关注。中信公司仅1984年一年就在海外成功地发行四次债券，共发行300亿日元、3亿港元和1.5亿马克的公募债券以及1亿美元债券。当时，国内有一个非常形象的说法："信托公司是中国的化肥厂，氮肥是美元，磷肥是港元，钾肥是日元，农家肥就是人民币。"

为了充分引进外资，利用各种渠道的闲置资金，弥补银行信贷的不足，各家银行、各部委和各地政府纷纷成立信托投资公司，一股"信托热潮"在中国迅猛地掀了起来。在这股浪潮中，最著名的要数和中信公司南北齐名、相互唱和的广国信了。

1980年12月，广国信成立，是广东省人民政府的全资直属企业，在当时国内的信托行业中，其规模仅次于中信公司。在中信公司光环的笼罩下，广国信可谓是衔玉而生：1983年，广国信被中国人民银行批准为非银行性金融企业，并同时拥有外汇业务经营权。自1983年起，广国信陆续与美、日等国数十家银行签订了贷款协议；1986年以后多年，广国信每年都向中国香港及欧洲等地发行债券，募集了大量资金。1989年，广国信更进一步，被国家确认为全国对外借款窗口，并被称为广东省人民政府的"窗口公司"。要知道在彼时的四大行中，工行、农行和建行尚未有此资格。广国信的定位之高，可见一斑。

（五）盛世之下必有隐忧，但这些问题是信托固有的原罪吗

在一开始被给予全能金融牌照的信托公司，在中信公司和广国信的推动下，已经演变成了政府融资的金融平台，完全脱离了信托本质而盲目追求金融的大而全，国内的信托行业在出现伊始便走出了一条特殊的路线。先不要说当时信托公司内部治理问题有多少，广国信作为一个市场化运作的公司顶着"窗口公司"的名义去境外发债和借款，这看起来本身就是一件很奇怪的事情。政府和企业两个截然不同的角色混淆在一起，政企不分为国内信托行业的初兴蒙上了一层灰色的阴影。

20世纪80年代，由财政部发行的中国政府主权债务只有一笔，国家经济建设层面所需的大量外资通过"红顶"的信托公司引入，可是这些资金的计划和使用缺乏统一及有效的管理。每年我们需要多少外资？每年我们要偿还多少外资？这些外资从哪些渠道引入？在那个草莽年代，信托公司被放权，进而各自为政，以致这些简单的问题根本没有得到有效关注。信托行业的异军突起固然可喜，但可以预见的是，一旦国家政策和国际金融市场出现变动，叠加信托公司企业治理的不完善，任何风吹草动都会对那时的信托行业造成极大的冲击。

时至今日，总有人喜欢站在历史的道德制高点去责备信托行业，把国内的信托行业和信托公司当作屡教不改的"坏孩子"，他们习惯性地高估信托公司所种下的风险，却总是低估信托公司之于改革开放的重要作用。事实上，这种观点非常不足取。以广国信为例，后续造成极大隐患的盲目多元化、管理不善等问题，固然值得后人诟病，但这些并不是那个年代广国信作为一家信托公司所独有的问题。把改革开放中整体性的体系问题强加于信托公司，特化为信托行业的弊端，是不合道理的，也是不负责任的。

信托公司成为"坏孩子"，是在国内经济改革开放背景下，信托公司承载国内金融市场摸着石头过河的一种无奈。不管是金融体制

建设还是公司治理建设，从"不治"走向"治理"都是一个历史的进程，谁也无法跨越。而信托作为金融闯关的先锋力量，在改革开放的初期，承担了提高金融活性的重大历史使命，这是谁也无法抹杀的。

有人讲，中国的信托行业一开始没有走"民事信托"的路线，所以天生就是"瘸了条腿"。以现在的角度来看，这样的观点不无道理；但从客观的角度来看，国内信托行业一开始就背负了本来不属于它的任务与使命，相比它的"天生不足"和"年少无知"，这个重担又显得太沉重了。

以中信公司为代表的信托行业，在中国经济蹒跚起步的过程中发挥了不可磨灭的作用。信托牌照之于金融体系的灵活性，对于实体经济的有效润滑，在任何时代背景下都是无法被抹杀的。不管中间经历了怎么样的波折，回首看去，这走出的第一步都是值得的、成功的。

三、信托的兴衰，源于宏观经济的变化

（一）国内信托行业以金融中介的形象出世

区别于常规认知里的信托起点（发端于英国的民事信托），国内的信托行业在一开始就走了一条不同于英美的道路。伴随着甲午战事的失利，日本明治维新的成功刺激了有志于改革的仁人志士，西学东渐的路线慢慢有了新的变化，去日本的留学生不断增加。清末到民国的一系列国家制度、法律关系变革，深深受到了日本及其背后大陆法系的影响。

中国近代历史最早的信托公司中国通商信托公司成立于1921年，事实上那个年代的信托公司都有着鲜明的"日本烙印"。有人回忆当年的信托公司的性质，给出的一句话概括就是"主要充当信用中介融通社会资金，当时的信托与商业银行的差别并不大"。

图1-1为日本排名前三的金融巨头瑞穗集团的公司LOGO（徽标），"信托银行"同"银行"和"证券"并列为瑞穗集团的三大核心。

图1-1　瑞穗集团的LOGO

可以说，伴随着改革开放而成立的中国最早一批信托公司，天然的本意就是银行功能的补充和替代，在一开始便远离了信托本源。

可以预见的是，在国内信托行业经历了20世纪80年代的突飞猛进后，信托本源和金融闯关的角色冲突、政府和企业角色的定位问题、盲目多元化和企业治理不完善等先天顽疾必然会长期困扰着行业发展，而信托在国内金融行业所承担的重要使命，又使得每次国内经济过热过冷时，金融监管都会把板子重重地打在信托身上。有人评价说这是"头痛医头、脚痛医脚"。但是，在面对"既要发挥信托行业在金融创新中的作用"和"又要防止过度创新引发整体性风险"的局面时，监管机构在这两难角色之间的挣扎又有谁知道呢？

从1979年中信公司成立到1999年，在20年的时间里，中国信托行业前后经历了五次大规模的全国性清理整顿，这是其他任何金融行业都未曾出现过的。在五次大整顿后，国内信托行业"金融坏孩子"的诨名也不胫而走。

（二）历史上国内信托行业的五次整顿

1. 国内信托行业的第一次整顿

1982年，国务院牵头对信托行业进行第一次整顿，针对当时信托投资发展过快（截至1982年年底，全国各类信托机构超过620家）、资金来源分散、委托人多为中央和地方财政部门或企业主管部门，以及信托公司中类银行的存贷款业务较多（甚至和银行抢业务）等多种怪现象。当年4月，国务院颁布《关于整顿国内信托投资业务和加强更新改造资金管理的通知》，将计划外信托投资纳入计划内管理，限定信托业务范围只能是委托（包括委托存贷款、委托投资）、代理、租赁、咨询业务，并明确规定："除国务院批准和国务院授权单位批准的投资信托公司以外，各地区、各部门都不得办理信托投资业务。已经办理的，由各省、市、自治区人民政府限期清理。……信托投资业务（除财政拨付的少量技措贷款基金外），一律由人民银行或人民银行指定的专业银行办理。"该通知主要清理非金融机构设立的信托投资公司，改变信托机构过多过乱的局面。

第一次整顿的背景很清晰：鉴于信托行业发展过快，一方面，主管单位对信托公司的发起设立进行严格性约束，对发起设立信托公司的股东进行背景优选，将非金融机构剔除在外，从而有意控制发展速度；另一方面，监管在信托的定位上与传统银行类金融机构进行区分，避免信托公司和银行的角色出现明显的重叠。

2. 国内信托行业的第二次整顿

第二次整顿肇始于1983年。在"仪征模式"的正面示范下，中国人民银行提出"凡是有利于引进外资、引进先进技术，有利于发展生产、搞活经济的各种信托业务都可以办理"。1984年6月，中国人民银行又进一步召开了"全国支持技术改造信贷信托"的会议，国家正式给予信托业"金融百货公司"的定位,初步确立信托投资公司"银行、证券和信托"兼业经营的模式。现在看来,1984年的这次会议是对以中信公司为代表的信托公司在社会主义经济建设中发挥积极作用的一个肯定式回复。在这次会议的鼓舞下,国内信托行业迎来了新的发展高潮。但可惜的是,后续信托行业并没有按照国家预期的方向发展,信托公司本质上还是银行存贷款业务的重复,进而造成了整体宏观经济层面货币投放和信贷规模的双失控局面。因此,在1985年开始的信托行业第二次整顿中,国务院明确提出信托资金是长期资金,严格控制银行信贷资金进入信托领域,同时要求停止办理信托贷款和信托投资业务,对已办理业务加以清理收缩,后又对信托业的资金来源加以限定。

对于信托公司来说,第二次信托行业整顿颇有些矫枉过正的意味;前一年还在大张旗鼓地鼓励发展,后一年就停办业务,这样的场景看起来不免有些魔幻。但如果把第二次信托行业整顿放在国内经济的这盘大棋中来看,它就显得非常正常了。

在国家层面,1984年国务院提出要加快改革的步伐,建设"有计划的商品经济",地方政府则纷纷响应号召,扩大投资规模,固定资产投资增长率从1983年的16.2%一路快速上涨到1985年的38.8%,1984年的广义货币供应量(M2)出现了井喷式增长,比1983年新增1 071.3亿元。过快的社会投资和货币供应引发社会总需求过旺。同是1984年,国务院实行工资改革,居民实际收入快速上涨。由于社会投资增长以及居民收入增速快于劳动生产率的提高,通货膨胀再次出现,CPI(居民消费价格指数)从1984年的2.7%一路飙升到1985年的9.3%。抑制通货膨胀在那时成为一切工作的重中之重,国务院采取了一系列宏观调控政策,通过减少货币投放、控制固定资产投资规模来平抑物价上涨。

事实上,信托行业的第二次整顿不过是国家应对宏观经济变化的一个正常反应罢了。虽然板子打在信托身上，但并非因为信托"作恶"，而是因为在那个年代，只有信托和银行可以打。而在改革开放初期，从计划经济向市场经济全面转型就不是一件容易的事情。加上当时的监管对经济运行的规模把握并不深刻，金融体系不健全，金融工具不完善，"一放就乱、一抓就死"的局面屡次出现。站在一个发展的视角来看，这可能是国内信托行业必须缴纳的学费吧！

3. 国内信托行业的第三次整顿

在谈及信托行业第三次整顿前，我们必须提一个已经尘封多年的词语——"价格双轨制"。价格双轨制是指同种商品国家统一定价和市场调节价并存的价格管理制度，这是中国经济从计划经济向市场经济转型过程中所采取的一种特殊制度安排，是1979—1993年中国所实施的渐进式增量改革战略的一个重要特征。而在转型的过程中，关于价格双轨制的每一次调整都深深地影响了20世纪80年代的中国经济与金融市场的参与者。

为了理顺价格机制，中央在1988年上半年陆续放开肉、蛋、菜、糖等一篮子生活必需品的价格，7月底又放开烟酒价格。此后，烟酒价格一下上涨5~10倍，社会出现疯狂抢购的现象，各大中城市均发生了严重抢购。时值盛夏，杭州市民抢购毛衣毛裤；广州有人一口气抢购了10箱洗衣粉；武汉有人别出心裁地抢购了200千克食盐。在疯狂的抢购风潮中，商品价格不断攀升。时任国家物价局局长成致平说："1斤装茅台酒从每瓶20元蹿到300多元，汾酒从每瓶8元涨至40元，古井贡酒从每瓶12元涨至70元，中华烟从每包1.8元涨至十来元。"在价格管制放开后，全民抢购的风潮来袭，1988年CPI一下暴涨至18.8%，创下了中华人民共和国成立以来的最高纪录。

1988年，中共中央政治局扩大会议刚刚通过《关于价格、工资改革的初步方案》，具体实施方案尚未实行，国内新闻媒体便开始大肆宣传。一时间，社会流行起"物价涨一半，工资翻一番"的传言，人们对购买力下降的担心持续发酵，通货膨胀的预期在价格闯关的背景下进一步增长。在金融市场不健全的背景下，居民只有储蓄一种资产保值的手段，而面对着高企的通货膨胀，政府又没有承诺保值储蓄。在这样的背景下，1988年各类商品在经历上半年的疯涨后继续遭到抢购，而金融连带遭受打击——各地银行发生了挤兑风潮，银行体系的储蓄比预计减少了400亿元。银行不得不通过投放人民币来舒缓困境，使得已经存在的通货膨胀进一步发酵。狭义的货币供应量（M0）同比增速从1987年的19.4%上涨至1988年的46.7%。

1989年，中央召开会议整顿经济秩序，采取减少社会总需求、控制贷款规模、紧缩银根、提高利率、回笼货币等强硬政策。直到1990年，通货膨胀才得到初步控制。此次通货膨胀前后历时三年，随之大面积出现了"经济滑坡、市场疲软、生产停滞"的负面情形，全国大量建设项目集中下马，"半拉子工程"一词随之产生，"破产"这个词第一次出现在中国普通百姓的嘴上。1989年前后，全国仅民营企业就破产关闭了13万家，占原总数22万家的近60%，剧烈的宏观调控带来的阵痛可见一斑。事实上，关于1988年的"价格闯关"，经济学界有很多不同的声音与反思，但这不是本书要探讨的主题，让我们再回到信托行业整顿的话题上来。可以想象的是，这次宏观经济猛烈调整的板子再次重重地打在了信托行业的身上。国务院在治理经济环境和整顿经济秩序的过程中，又一次将清理整顿信托机构作为控制货币、稳定金融的重要措施，致使信托投资公司从745家锐减为360家，信托行业承压严重。

4. 国内信托行业的第四次整顿

与前几次行业整顿类似，接踵而来的第四次整顿同样带有鲜明的时代烙印。1992年邓小平南方谈话，明确提出"胆子要大一些，步子要快一些"的口号，拉开了中国经济再一次快速增长的大幕。1993年，中央宣布所有国有企事业单位职工工资翻番。同年，中央为了进一步理顺价格，先后放开了粮食、钢铁及部分统配煤炭的价格，调整提高了原木、水泥的出厂价格，并对部分原油价格实行了议价。生产资料和生活资料的价格双双出现了大幅度的上涨，改革开放后的第三次通货膨胀到来。货币供给量在1992年已经开始上涨，影响滞后到1994年，加剧货币供给与需求的不平衡。1994年，CPI上涨到了24.1%的极高水平。

1993年，当通货膨胀的苗头已经初现时，中央的宏观经济政策已经提高了前置性和针对性，将重点转向挤压泡沫、抽紧银根。作为宏观紧缩政策的一部分，中国人民银行开始全面清理各级人民银行越权批设的信托投资公司，信托公司的数量由1993年的392家被进一步压缩至1996年的244家。1995年，中国人民银行总行对全国非银行金融机构进行了重新审核登记，并针对信托与银行混业经营的情况，要求国有商业银行与其所办的信托投资公司脱钩。

如果把第二、三、四次信托行业的整顿和宏观经济的变化相结合，那么我们可以清晰地看到，在改革开放的前中期，由于经济转型的自身问题（从计划经济走向市场经济），宏观经济和金融政策的频繁调整是信托行业"遇冷"和"发烧"的根本。在20世纪90年代的历史进程中，国内的信托扮演了一个金融行业试点先锋军的角色，每次宏观经济需要金融行业在固有的藩篱下有所突破的时候，信托行业和信托公司就冲在前面；而当经济过热需要刹车的时候，整改的板子就第一时间打在了信托的身上。

毫不夸张地说，在1979—1999年的20年时间里，国内金融行业变革的主线就是信托——从化身投资银行、在国外发行武士债和扬基债、为国家带来社会主义建设所需的资金，到在资本市场上风生水起，以及在国内新生的股票市场和期货市场上获得莫大的影响力，可谓"一部金融史，半部信托史"。而国内金融行业从"一无所有"走向"野蛮生长"，从没有规则的处女地走向精细化管理的现代企业制度，必然要经历"大乱"和"大治"的历史进程，这是谁都无法回避的。从这个角度来理解，历史上的信托行业并不是"坏孩子"，不过是金融发展演进的一个必然而已。

5. 迟来的信托行业第五次整顿

对于信托行业在改革开放前期所发挥的巨大推动作用，我们应给予积极的评价，但到了1995年，我们更应该看到在国内信托行业"衔玉而生"后，长期缺失微观层面的企业治理所带来的严重问题。通过回溯历史，我们可以清晰地看到，所谓的前四次信托行业整顿不过是金融乃至经济调整的附属品，而对信托这个新兴金融行业建设的思考与实践却少得可怜。第三次信托行业整顿后就有人呼吁国家应该制定信托业法和信托公司法，通过系统性的法制建设来规范全能金融牌照带来的各种问题。

在不考虑宏观经济波动对信托行业冲击的情况下，从1979年行至于此的信托公司已经是沉疴满身了。改革开放初期，经济体制和企业治理的建设都处于摸索状态，如同中国人民银行在1994年这轮通货膨胀调控中才开始尝试各项货币工具的使用（例如，用市场化的基准利率调整取代储蓄和国债的保值贴补），那个年代的信托公司距离真正的、具有完善企业治理结构的现代化企业还有很长的路要走。

以当年的广国信为例，在其破产清算后，企业内部的各种问题公之于众。总结下来，广国信在企业管理上存在三个致命的管理问题。

第一，主营业务不清晰，盲目扩张，无序多元化。

广国信从20世纪80年代末期就逐渐从单一经营信托类金融业务发展成为以金融和实业投资为主的企业集团。在1997年出现兑付危机前，广国信已经发展成拥有数百亿元资产的大型企业集团，不仅涉及金融，还涉及地产、贸易、交通、能源和医疗等数十个领域。广国信在彼时还是广东最大的"地主"。在这个盲目扩张的过程中，大量实业项目在投前根本没有完善的评估和尽调流程，总公司层面对基层公司的管理运作完全失控，不良资产也在逐渐累积。

第二，过度依赖政府信用，政企定位不清。

进入20世纪90年代，国家开始调整对外引资战略，逐步放松对国有商业银行和政策性银行的限制，在金融领域引进外资的通道也开始多元化。1995年，中央明确规定，地方政府不可自行举借外债，政府也不能再为"窗口公司"提供担保，中央政府牵头发行主权债、对外负债统一全口径管理已经是大势所趋。广国信对于这样的变化缺乏敏感度，甚至依然沉溺于"窗口公司"带来的融资便利，经营效益低下。后期，广国信本部甚至连续四次出具安慰函，以香港分公司的名义发放浮息票据，逃避外汇管理部门的审批和登记。

第三，企业治理混乱，内部管理存在大量问题。

在广国信破产过程中，企业内部的各种问题也随之曝光：在金融主业上违规高息揽存，贷款乱投放，审批制度形同虚设；账外经营、乱拆借、乱投资等违规经营活动普遍存在；80%以上的借款人营业执照、财务报表和还款记录不全，总公司某负责人一张白条就划走50万美元，事后才补办转贷手续。而部分境外公司的问题则更让人啼笑皆非：参股20%投入2680万美元的纽约广东财务公司3年未提供任何财务报表，两年不开董事会，派驻多年的副总经理尸位素餐，对公司财务竟毫不知悉；美洲公司没有一套完整的会计账簿，只有一个银行现金收支账；原公司副总经理1992年到美旅居，其间生了三个孩子，衣食住行的各种费用都由公司开支，甚至连买尿布的钱都在公司报销。

有人这样形容蝴蝶效应："一只南美洲热带雨林中的蝴蝶，偶尔扇动几下翅膀，就可以在两周以后引起美国得克萨斯州的一场龙卷风。"如果这不是一只南美洲的蝴蝶，而是一场来自太平洋的大规模海啸呢?

1997年亚洲金融危机爆发,大量国际游资流出,导致大规模挤兑和亚洲新兴经济体货币体系崩溃,一场系统性风险席卷亚洲。受此影响,广国信于1998年10月因无法支付巨额债务而被实施行政性关闭。时任广东省政府副秘书长、广国信破产清算组组长刘昆回忆说:"当时广国信及其在海内外的下属公司,三天一个电报,五天一份传真,向广东省政府紧急报告面临的巨额支付危机。"次年1月,在广国信被广东省高级人民法院宣告破产时,时任广东省省长助理、关闭广国信清算组组长武捷思向外界宣布,广国信总资产214亿元,总负债361亿元,资不抵债147亿元,资产负债率达169%。同年4月,广东高院清盘委员会宣布,广国信资不抵债高达323亿元,损失进一步增加。

广国信并不是一家简单的信托公司或者金融机构,广国信作为早先的"窗口公司",凭借其红顶身份,在境外有大量债务存续。在其最风光的年代,广国信对外发债的评级(穆迪和标普两家世界知名评级机构对广国信均给出了较高的外部评级)和中国的主权评级保持一致,可见一斑。因此,当广国信破产时,境内委托人固然损失惨重,但境外的委托人一样难以接受,广国信的破产甚至对中国主权债务的评级和国内企业的国际信誉都产生了较大程度的负面影响。

为了强调广国信破产清算严格"依法、按规、参照国际惯例"的原则,清算组和破产审判法院联合召开新闻发布会,宣布聘请毕马威华振会计师事务所、香港孖士打律师行、广东君信律师事务所三家境内外知名的中介机构,协助处理广国信破产案的清算工作和境内外法律事务,开了我国破产案件聘请境外中介机构负责清算的先河。

2003年2月28日,广东省高级人民法院院长吕伯涛宣布:前后历时4年的广国信破产案终结破产程序。经广东省高级人民法院等审理,广国信及其三个全资子公司的破产清偿率分别为12.52%、11.50%、28.00%和19.48%。至此,全国首宗非银行金融机构破产案尘埃落定。

广国信的破产固然是中国信托历史上破天荒的头一遭，而在当时，其破产所传递的信号却更加鲜明，即在没有担保的前提下，中国政府不会对市场化经营的金融机构或国有企业债务承担兜底的义务，一切遵照市场化的规则办理。因此，广国信破产案也被认为是中国走向市场经济并彻底实现"政企分离"的一个里程碑式事件。

广国信的各种问题看起来固然荒诞不经，却也是那个年代信托公司（或者说大部分中国企业）的普遍现实。我们不能过多苛责广国信，但也不能回避那个年代中国企业内部治理的粗糙。广国信在1997年的亚洲金融危机冲击下崩溃，绝不是那时国内信托行业的特殊案例，而是因为盲目扩张和管理混乱的信托行业在第四次整顿前后已经步履蹒跚了。那时在金融市场上风生水起的信托公司，不仅严重偏离了信托主业，甚至看不上类银行的存贷款业务，充当了资本市场的"攫财大亨"，一次次掀起了资本市场的滔天巨浪。信托本来应该是金融行业创新的排头兵，却在内幕消息的加持下，成为资本玩家推波助澜的工具，而国内信托公司全牌照、全功能的设定，让其在资本套利方面更加得心应手。明眼人已经看出，伴随着证券和期货等新兴金融工具发展的不断深化，信托内部治理的混乱将会进一步加剧，一次彻底的行业清理整顿已然不可避免。

贯穿第五次信托行业整顿的，有两个标志性事件：1999年的广国信破产清算和1995年的国债327事件。国债327事件属于典型的公众事件，前因后果比较简单，很清晰。我们试图站在信托行业的角度，回顾一下国债327事件。

熟悉国内金融历史的朋友大抵对于国债327事件都不陌生。我们先来简单说一下事件背景。"327"是"92（3）国债06月交收"国债期货合约的代号，对应1992年发行1995年6月到期兑付的3年期国库券。20世纪90年代以前，国库券发行困难，长期依赖行政分配的方式发行，加之认购主力多为居民，国库券的储蓄色彩非常浓厚，发行的国库券流动性差，对于投资者而言，其吸引力较差。为了完善金融市场和改善国债发行难的局面，国家鼓励国债的自由流通，1990年形成全国性的国债交易二级市场。

在国债交易二级市场的基础上，为了鼓励国债的进一步发行，提高国债交易的活跃度，借鉴美国的相关经验，上海证券交易所首次设计并一口气推出了12个品种的国债期货合约，并于1992年12月28日正式上线。但事与愿违，国债期货试行前期，成交清淡。

1993年7月10日，财政部颁布了《财政部关于调整国库券发行条件的公告》，国债期货市场一下子火了起来。简单来说，由于当时的通货膨胀率太高，财政部会根据不同时间发行的国债，在票面利率基础上进行收益率提升以对冲过高的通货膨胀率，这部分收益率的提升在那时被称为"保值贴补"。但是，保值贴补有较多不确定性，不同品种、不同时间发行的国债享受的保值贴补是不同的，国债收益率开始出现不确定性。这一幕刺激了国债期货交易趋于活跃，也孕育了内幕交易的空间。

当时间来到1995年，宏观调控政策已经得到了有效的落实，通货膨胀率不断下降。1995年年初，通货膨胀率被控制在2.5%左右。根据宏观经济的变化，加上对国家财政资金紧张的主观判断，时任万国证券总经理管金生预测：财政不会拿出较多资金为327国债进行保值贴补，相比1991—1994年国库券常见7%~8%的贴补率，327国债的保值贴补率将会大幅下降。以万国证券为代表的空方认为，327国债将以132元的价格兑付。

当时，多头的主力也是这个故事的另一个主角——中国经济开发信托投资公司（以下简称"中经开"）隆重登场，彼时的中经开是财政部直属的信托公司。由于其特殊的股东背景，一开始中经开便成为多方的"带头大哥"，无数游资蜂拥而至。

1995年2月23日，财政部发布公告称，327国债将按148.50元兑付，保值贴补远远超过管金生先前的预期。以中经开为首的多方一举将价格推高至151.98元，其后原先万国证券的空方伙伴辽国发（辽宁国发集团股份有限公司）突然反水，327国债价格继续上涨。

如果按照当时的价格收盘，那么万国证券的亏损将达到60亿元，但管金生不想悄无声息地离开这个市场。意想不到的事情在最后发生了：在收盘前8分钟，万国证券大举透支卖出国债期货；在收盘前最后一刻，一个巨大卖单（市值1 460亿元）把价位打到147.40元。若以这个收盘价计算的话，那么以中经开为代表的多方全部爆仓，将会出现约40亿元的巨额亏损。

在这个惊心动魄的下午之后，更为离奇的事情发生在1995年2月23日晚间。在一个神秘的紧急会议后，上海证券交易所宣布当天16时22分13秒之后的所有交易是无效的，327国债的收盘价为151.30元。这一结果使得号称"证券王国"的万国证券瞬间亏损56亿元，濒临破产。后来，"证券教父"管金生因为经济问题锒铛入狱，万国证券在政府的安排下同申银证券合并，形成了后来国内证券行业的另一个巨头申银万国。这些已然是后话了。

表面看起来国债327事件和信托行业关联不大，但事件的主角中经开实实在在是一家信托公司。超脱这个事件本身，其背后有很多耐人寻味的东西值得信托行业去反思。

第一，信托行业从来也绝不应该是资本玩家的猎物，当资本中介的信托化身为资本玩家的时候，就是危机的先兆。

多方在国债327事件中赢利60亿元，作为多方代表的中经开只赢利1亿元，那尾随中经开而大肆渔利的游资又是哪些？这些资金和中经开又是什么样的关系？信托公司特殊的股东背景是否成为很多人游猎资本市场的依凭？对于信托行业而言，回归金融本源和信托本源才是正途，而不应该成为资本权贵的游猎工具，这是国债327事件后信托行业最需要警醒的地方。2020年，安信信托、四川信托和华信信托三家信托公司相继出现产品爆雷，进而引发全面兑付风险。信托公司通过资金池业务为股东及其关联方输血，给社会造成了几百亿元的直接经济损失，这在本质上又和当年的国债327事件有什么分别呢？

在通常的认知里，金融是指市场中的相关主体将资金从资金盈余方流向资金稀缺方调配的一种经济活动，金融并不直接创造价值，金融的核心属性是"中介"。金融通过提高效率来改善经济，进而创造出金融自身的价值。作为资本中介的金融，如果脱离了其中介属性，在资本玩家的推波助澜下变成了金融巨鳄，那么这不仅偏离了本质，还会对实体经济产生极大的负面影响。从这个角度来看，信托回归本源、金融回归中介属性、回归服务实体经济的核心定位，在任何历史年代下都是不容置疑的。

在第五次信托行业整顿以及2007年信托行业"新一法两规"的推动下，国内信托公司在努力剥离实业、回归本源、远离资本玩家，其间虽然经历了德隆系（金新信托）、明天系（新时代信托）等资本玩家的游猎，但在越发成熟的监管推动下，信托行业始终向着合法合理的方向有序发展。

第二，我们在回首国内信托行业历史的时候，绝不能跳出当时的历史背景去下结论，任何人和事物都是历史的产物，信托也不例外。

中经开是否利用其股东背景获取内幕消息，而上海证券交易所最后的决定又是否正确？伴随着时间的逝去和证券巨人的轰然倒下，这些话题可能已经不再重要，但新时代的金融从业者可能无法估量的是，在金融行业发展的初级阶段，我们经历了怎样的野蛮生长。当以"站着说话不腰疼"的态度去指摘信托行业彼时的各种问题时，我们更应把自己的视角放回到那个年代，这样才能理解超越历史之难。

回首五次信托行业整顿，我们会看到国内信托行业经历了怎样的筚路蓝缕，而更重要的是，我们也经历了更多思维上的冲击。为什么这些会发生？为什么企业能这么做？一些超越我们常识又匪夷所思的问题不断在历史的片段中闪现。针对这种冲突，我们应坚持一个观点，即"理解与宽容"。当我们翻开信托行业的历史，试图以史为鉴的时候，最重要的第一步是，我们应该努力把自己还原到"历史的进程"中，去理解当事人的选择与无奈。只有这样做，我们才能避免出现"站着说话不腰疼"的局面，才能进行更具价值的反思，指导新时代下的信托快速转型。

为什么荣毅仁牵头的中信公司在1979年会把国内信托行业定义为"投行+信贷"，而在一开始就远离民事信托的本源业务？我们需要知道改革开放的大背景和思想闯关之难，我们也需要知道国内1921年第一家信托公司是以日本信托公司为母版的，我们还需要知道伍廷芳等人在清末民初以大陆法系去构建的法律雏形。只有知道了这些，我们才能清楚地看到，国内信托行业被整顿不过是其在中国整个经济和金融历史中的一种宿命。我们总以为自己可以洞悉全局、超越历史，但事实上，我们都是历史的一分子，谁也无法逃过那些历史的必然。

只有了解了中国信托行业的发端与出处，我们才能认识到，所谓的"庄家和大鳄"也只是1921年"信交风潮"的延续，眼下的各种信托行业怪现象也不过是100年前的翻版。假使我们无法根除资本与金融的纠缠，使得信托回归本源，那么这样的故事会在下一个百年里再度上演。

如果不能完整地还原中国经济和信托行业的历史，或者只是站在信托行业的角度去看信托的话，那么我们只能看到信托行业被整顿的"结果"。如果忽视了信托行业发生偏差的"原因"和信托公司的"无奈"，那么我们自然会得出一些"看似正确，实则谬以千里"的道理。只有设身处地地去思考信托历史上的因果规律，我们才能真正改变国内信托行业长时间"头痛医头、脚痛医脚"的被动局面。这样的研究结果，不仅仅对未来国内信托行业的发展有指向意义，对金融行业中的其他子行业一样会有帮助。

如果我们把亚洲金融危机理解为"外患"，那么资本玩家对信托行业的侵蚀、企业治理混乱和盲目扩张就是"内忧"。在内忧与外患的双重加持下，信托行业的第五次整顿也就势在必行了。1999年2月7日，《国务院办公厅转发中国人民银行整顿信托投资公司方案的通知》正式拉开第五次清理整顿信托行业的序幕。2000年10月，中国人民银行召开了信托投资公司清理工作会议，其中特别强调了保留信托投资公司不得有逾期外债、不得有个人债务、不得有分支机构、不得有资金缺口，资本金在按有关规定冲销呆账、坏账和投资损失并弥补历年累计经营亏损后，不得低于人民币现金3亿元等严格的约束性条件。通过相关监管政策，我们可以清晰地看到国家试图解决和调整的问题。事实上，在信托行业重启以来的历史阶段中，这些问题长期伴随在信托公司左右，若不能得到妥善解决，就会对国内信托业甚至整个金融行业造成严重的打击。因此，我们将其称为"迟来"的行业整顿并不过分。

第五次信托行业整顿区别于第二、三、四次整顿的"宏观发烧、信托吃药"，这一次是针对国内信托行业长期发展所累积弊病的真正意义上的信托整顿。监管的核心目标是保留少量管理严格、效益良好、真正从事受托业务的信托公司，强势推动信托公司回归本源，实现信托业与银行业、证券业的分业经营、分业监管。比较有意思的是，第五次整顿还有许多"副产品"依然存在于我们现在的金融体系中，比如在剥离当时信托投资公司的证券业务时，大量的证券营业部被合并重组，形成了一批非常有实力的证券公司。这里面有很多主体依然活跃在现在的资本市场中，比如银河证券、宏源证券（已被合并进申万宏源证券）、上海证券、西部证券等。

由于法律基础的缺乏，第五次信托行业整顿在前期（1999—2001

年）遇到了较大的阻力，机构整顿效果并不显著，整个行业的发展处于停滞阶段。直到2001年《信托法》正式发布，国内信托行业才真正进入"有法可依，有规可循"的发展阶段；同年1月10日，中国人民银行颁布了《信托投资公司管理办法》，对信托公司的设立、变更、终止、定位、业务范围和经营规则进行了界定；随后，中国人民银行在2002年公布的《信托投资公司资金信托管理暂行办法》，进一步界定了信托公司的业务领域和业务模式；2003年4月，中国银监会正式成立，信托公司的监管部门由中国人民银行变成了中国银监会，全面标志着信托行业监管进入新阶段，再次明确了信托公司"受人之托，代人理财"的定位。

四、信托行业五次整顿的总结与反思

如果把1979年视作国内信托行业的开端，那么我们可以把截止到目前的信托历史分为四个不同的阶段：第一阶段从1979年到2001年《信托法》的正式发布，这是信托行业的野蛮生长期；第二阶段是2002年到2007年，从"一法两规"到"新一法两规"，国内信托行业进入了艰难的探索期；第三阶段从2008年开始到2018年资管新规的发布，信托行业伴随着大资管时代的兴盛步入了全盛周期；第四阶段从2018年开始，刚性兑付、期限套利等行业乱象被有效控制，非标总额被不断压降，信托行业逐步回归本源。

"一法两规"的推出标志着信托进入了发展的新时代，同时也意味着国内信托的草莽年代告一段落。在第五次信托行业整顿前，国内的信托行业已经颇具规模。截至1997年年底，国内共有信托投资公司242家，行业资产规模4 600亿元左右。从助力经济发展的"化肥厂"到在资本市场兴风作浪又管理混乱的"坏孩子"，国内的信托行业在狂飙突进中又有哪些值得反思的？

（一）政府融资功能与市场化金融行为的冲突

在改革开放的前期，信托公司充当了完善金融体系的润滑剂，为国家的社会主义建设带来了充裕的资金。可以说，早年的信托公司通过"窗口公司"为政府融资而兴，但也必然因为"窗口公司"名号的取消而衰亡。一个市场化运作的现代化金融企业，虽然可以发展政府融资业务，但绝不能依赖政府，更不能按照政府的架构来建制。

在第五次信托整顿前，信托公司大致可分为三个类型：第一类是中央政府和地方政府创办的信托投资公司，比如财政部发起设立的中经开和上海市政府发起设立的上海国际信托有限公司（以下简称"上国投"）等；第二类是国有商业银行发起设立的信托投资公司或信托部，这种类型的信托投资公司数量最多；第三类是其他国有金融机构创办的信托投资公司，比如早年中国人民保险公司（PICC，后拆分为中国人保、中国人寿和中国再保险）创办的中国人保信托投资公司等。从信托的股东背景来看，信托的股东要么是政府，要么是国有金融机构，其出身就多带了一些"贵气"，但也多了些"养尊处优"。带着几分洋气的信托投资公司自然也变成了少数权贵的变现场所。如果没有合适的企业治理来制衡股东对经营的干预，信托公司改善治理、提升经营效率进而全面拥抱市场就是一纸空谈。

回首中国企业市场化的进程，"政企分离"是一个绕不开的词语。如何摆脱计划经济下"等靠要"的旧思维，如何摆脱股东对企业市场化的不恰当干预，这些都是中国企业在改革开放前20年所不断尝试的。从这个角度来讲，国内信托公司的发展历史，亦是国内企业治理的一段探索历史。

如果把信托行业的成长经历作为反思样本，那么我们在政企分离的问题上有三点经验。

第一，对于市场化的企业，不管其业务和政府的关联度有多高，其内部运行都要严格遵循市场化的规律。

相比信托的草莽年代，信托公司在大资管时代下已经逐步成熟，虽然政府融资平台业务依然是许多信托公司的核心业务，但信托公司普遍秉承了市场化的原则，在业务方向的选择上体现了自己的市场化思考。有些信托公司坚持"不做财政实力不足以覆盖负债的地区"；有些信托公司只做"外部评级AA+以上的客户"；甚至有些信托公司担心政府的不恰当施压，不做"信托公司注册地所在的政府平台项目"。虽然政信业务随着货币周期而出现波动，屡有政府平台出现还款问题，但信托公司整体上并未受到太大的负面冲击。这便是信托公司按照市场化方式经营政府平台业务所收获的成果。

第二，股东结构多元化，对单一大股东的影响进行约束，是非常有必要的。

以最近几年管理资产规模和净利润增速很快的三家信托公司为例，华能信托、五矿信托和光大信托的前身都是西部省份的省属信托公司。借由司法重整的机会，华能、五矿和光大三家实力雄厚的央企产业集团成为这三家公司的控股股东，省级政府成为二股东。一方面，"产业办金融"带来了新的企业文化；另一方面，股权结构的变化也使得股东间出现了微妙的制衡，企业治理的优化也在不断实现。加上优秀职业经理人的引入，在信托重整期陷入困顿的这三家信托公司走上了高速发展的道路。这无疑是对早年间大股东把信托公司当作"提款机"的一种有效反思。

第三，引入新的管理制度和考核制度，提升经营团队的积极性，对信托公司的业绩改善也会有直接的作用。

以改制后重新翻牌的中信信托为例，公司长期以来都是中信集团（前文中所述的中信公司）的全资子公司，但在2000年以后，中信信托的各项业务数据在行业内并不突出，行业龙头日渐式微。直到新的总经理在2005年上任后引入了以"举手制"为核心策略的"类合伙人制度"，中信信托才走上了发展的正轨，连续十多年排名行业第一，重塑了行业龙头的辉煌。而中信信托所构建的这套体系，后续为其他同业所学习，可以说对整个信托行业的再度兴起发挥了至关重要的作用。

（二）关于全能金融牌照的反思

国内信托投资公司的定位之高、功能之全，放眼全球都极为罕见。被赋予了极高定位的信托行业，却在五次整顿后沦为了金融行业的配角，这里面又有哪些值得我们反思呢？

第一，全能牌照的另一面，要求信托公司发展自己独特的竞争优势，建立起自己的专业能力。

在五次信托行业整顿中，最让人唏嘘的莫过于广国信的破产。通过披露的部分情况，我们可以看到，即便不发生亚洲金融危机，广国信的盲目多元化事实上已经让其步入极大的危机中。

依托"窗口公司"的信用，广国信通过在国际上发行债券、贷款等方式，支持了广东省一批重点项目。同时，广国信依托信托业务发展成为以金融和实业投资为主的企业集团，投资范围遍及金融、证券、贸易、通信、能源、高科、房地产等几十个领域，投资项目共计3 000余个，可谓当时广东最大的商业王国，号称"永不沉没的航母"。但"大而不倒"背后的另一面是专业能力的缺失。我们看到了广国信的"大"，但直到其破产时，我们才发现广国信除了旗下的土地和物业，并没有一块可以拿得出手的资产。全能的金融牌照让过去的信托公司赚钱太容易了。凭借牌照间的套利，信托投资公司在各项业务间呈现了浅尝辄止的姿态，业务发起缺乏有效的论证，业务推动环节缺乏管理与监督，业务不行了更没有复盘和追责。试问：这样的信托公司能做好业务吗？

事实上，经过"新一法两规"的淬炼，目前境内的信托公司在金融行业中依然具有"全牌照"和"跨行业"的特质。信托公司常常会自豪地宣称"信托横跨资本市场、货币市场和实业投资"，而其所具有的贷款牌照，在大资管时代中红利尽显。但在资管新规发布后，我们发现信托的制度红利其实真正阻碍了信托公司在业务和管理专业化方面的建设，太容易赚的钱让信托公司变懒了！

如同时任银保监会副主席的黄洪在2020年12月中国信托业协会的公开讲话中表达的那样："热衷于投机，利用信托制度的灵活性到处找缝隙、钻空子，千方百计为金融机构的监管套利和限制性领域的资金融通提供便利，导致灵活性这一信托制度的最大优势没有服务于委托人的正当需求，反而成为市场乱象的重要诱因……从投机主义发展而来形成了行业浓厚的江湖草莽气息，进而发展为漠视规则和纪律，各种跨越监管红线、阳奉阴违的现象频繁发生。"黄洪的话一针见血，刀刃向内深刻自省了彼时信托行业的各种问题。

但事实上，这些问题在国内信托行业的历史上不是第一次出现了，只要存在"全牌照"，基于"制度套利和牌照套利"的问题就不会止息。如何调整这一畸形的现状，信托监管需要在顶层设计方面有更大的建树，就如同黄洪所表达的那样："树立一个意识，牢记两个使命，养成三个习惯，提升四个能力。"只有当信托行业实现顶层意识、企业文化、治理结构和业务能力的全方位优化，信托公司才能摆脱因"制度套利"而"内虚体寒"的怪现状，国内的信托行业才能迎来属于自己的春天。

第二，全能牌照的金融机构要建立各项业务之间的防火墙。

关于金融行业分业还是混业经营的问题，在业内并没有统一的说法，但无论是哪种路线，对于信托公司来说，建立自营业务和受托业务之间的防火墙都是必然的。而在五次整顿的过程中，信托公司作为受托主体，完全偏离主业，没有履行受托职责，给委托人造成了巨大的财产损失，这是值得信托行业深刻警醒的。从根本上杜绝委托账户与信托公司自营或者股东业务之间的关系，坚定履行受托人职责，是信托公司永恒的使命。

2018年4月发布的资管新规明确要求"主营业务不包括资产管理业务的金融机构应当设立具有独立法人地位的资产管理公司开展资产管理业务，强化法人风险隔离"，这个严肃的规则直指规模庞大的银行理财资金池，并推动了"银行理财子公司"的成立。而在银行理财资金池外，信托公司的资金池业务事实上也是一块巨大的监管盲区。虽然信托公司资金池业务采用了单独建账、受托管理的模式，但由于资金池业务采用了期限错配、多层嵌套等模式，所以监管难点极大，底层资产不清晰，资金被股东或者管理层挪用以填补之前的信托坏账或成为股东的"抽血机"。

以安信信托为案例，2020年6月15日，上海银保监局公开了安信信托《行政处罚决定书》（沪银保监银罚决字〔2020〕4号）涉及的违规项目名称（见表1-1）。

这里面包含了不少资金挪用和违规开展具有影子银行特征的资金池项目。这些项目的资金都流入了安信信托实控人及其关联方的腰包，直接造成了委托人的巨额损失。

金融防火墙虽然是一个外来的概念，却是金融行业最颠扑不破的真理。一个和金钱打交道的行业面临的诱惑很多，如果不能建立起有效的防火墙以避免金融企业变成股东中饱私囊的工具，那么无论对于金融行业还是对于整个社会，这都将是极大的风险隐患。对于国内的信托行业来说，防火墙的概念更是如此。在资管新规的推动下，商业银行和信托公司的资金池业务被不断压缩和整改，资金资产一一对应，行业风险不断缩减。2020年7月31日，经国务院同意，中国人民银行会同发改委、财政部、银保监会、证监会、外汇局等部门，经审慎研究决定，延长《关于规范金融机构资产管理业务的指导意见》过渡期至2021年年底。也就是说，当我们迎来2022年第一缕阳光的时候，资金池这个"万能的资产黑洞"将彻底告别国内的金融行业。这对于商业银行和信托来说，可能是一件"肉疼"的事情，但对于金融行业的有序发展、保障委托人利益，却是再好不过的一件事情。

表1-1 安信信托《行政处罚决定书》涉及的违规项目名称

序号	违规问题	涉及信托计划名称
1	承诺信托财产不受损失或保证最低收益	安信尊享2号·单一资金信托
2		尊享4号单一资金信托
3		四夕丰润流动资金贷款单一资金信托计划
4		四川润丰嘉流动资金贷款单一资金信托计划
5		安信安赢25号·深圳和缘福城市更新集合资金信托计划
6		普惠民生集合资金信托计划
7		创新5号·黄三角基金股权投资集合资金信托计划
8		世纪投资信托贷款单一资金信托计划
9	违规将信托财产挪用于非信托目的的用途	安信安赢系列·广州碧园城市综合体项目集合资金信托计划
10		安信尊享2号·单一资金信托
11		安信创赢45号·青海钾肥产业贷款集合资金信托计划
12		安信安赢77号·成都万锦城特定资产收益权转让附回购集合资金信托计划
13		安信锐赢23号·川宏实业并购贷款集合资金信托计划
14		安信锐赢24号·益有实业并购贷款集合资金信托计划
15		安信锐赢28号·成都富泓信托贷款集合资金信托计划
16		安信锐赢33号·流动资金贷款集合资金信托计划
17		安信锐赢26号·成都谷昌矿业流动资金贷款集合资金信托计划
18		安信锐赢136号·流动资金贷款集合资金信托计划
19		安信锐赢137号·流动资金贷款集合资金信托计划
20		安信·润之华流动资金贷款集合资金信托计划
21		安信·沃野投资流动资金贷款集合资金信托计划
22		安信创赢16号·广东山晖精细化工流动资金贷款单一资金信托
23		安信创赢22号·重庆中机龙桥热电有限公司信托贷款单一资金信托
24		安信创赢16号·深圳东门城市更新集合资金信托计划
25		安信汇赢系列·资阳棚户区改造投资集合资金信托计划
26	推介部分信托计划未充分揭示风险	安信·新农村建设发展基金集合信托计划
27		安信安赢16号·深圳东门城市更新集合资金信托计划
28	违规开展非标准化理财资金池等具有影子银行特征的业务	安信安赢系列·广州碧园城市综合体项目集合资金信托计划
29		安信安赢16号·深圳东门城市更新集合资金信托计划
30	未真实、准确、完整披露信息	安信安赢系列·广州碧园城市综合体项目集合资金信托计划
31		安信安赢16号·深圳东门城市更新集合资金信托计划

在信托公司实际操作中，利用"类资金池业务"为股东或者信托公司谋取其他回报的方式一直暗潮涌动：部分信托公司利用家族信托全权委托的特性，以高收益变相吸纳委托人资金，实则底层资产通过TOT（移交–经营–移交）的方式流入其他领域；部分信托公司则直接违规，不按信托合同的约定进行资金投放，把信托计划直接变为"黑箱"操作。这些怪现象的背后，还是信托万能牌照的"套利"思维在作祟。

从这个角度来讲，信托行业的有序发展，不仅需要监管、股东和社会监督的多方协力，更需要信托文化的建设。黄洪的讲话有更强的社会意义："最基础、最核心、最重要的是三个文化，即委托人文化、受托人文化和合规文化。委托人文化和受托人文化构成了信托法律关系，塑造了信托业独特的商业模式。而这种商业模式能否成功，能否实现长期可持续并有效创造价值，最终取决于是否依法合规，是否具有合规文化。抓住这三个子文化的建设，就抓住了信托文化建设的牛鼻子，并能够带动其他子文化的建设，整体信托文化的建设也就水到渠成。"

（三）从前五次信托行业整顿来看信托监管之难

如果站在更高的角度去看待信托监管面临的现实，我们就会发现国内信托行业的监管处在一个两难夹击的困局中。一方面，境内的信托行业在成立伊始便肩负了搞活经济、提升金融活性的战略性使命，它的存在和发展对社会主义经济现代化建设起到了不可估量的作用。在这样的背景下，监管必然要把信托行业纳为金融的一个关键支撑点来考虑，要积极引导其在经济生活中的重大作用，绝不能一棍子打死。另一方面，境内信托行业所具有的全能牌照，使得信托公司及其股东乃至投资者获得了极大的回报，制度红利溢出，让股东及其管理方不当得利。这样的局面又使得信托套利横行、管理混乱，信托回归本源之路异常困难。

回首看去，信托行业的五次整顿乃至现在的信托监管，其难点就在于要调和这两个不同维度的监管策略。"既要""也要"无疑是最难的，信托监管屡屡出现"按下葫芦起了瓢"的尴尬现实。客观来讲，既要发挥信托公司在经济生活中所起的积极作用，也要在长周期调整国内信托行业的定位，摆脱制度套利，回归信托本源，这样的监管难题是其他金融子行业所没有面对的。国内信托的监管从一开始就在两个不同维度的战线上进行战斗，难度之大可想而知。有旁观者总说信托监管"头痛医头、脚痛医脚"，殊不知只有身处局中才知其难。

直到2017年7月14~15日，旨在加强金融监管协调、补齐监管短板的国务院金融稳定发展委员会在北京宣布设立，才标志着国内金融监管进入了一个新时代。一方面，"一委一行两会"的格局提升了监管的专业性；另一方面，国务院金融发展委员会的存在，又使得不同维度的监管机构可以在某些宏观事件上形成统一的步调，从根源上杜绝监管套利。更重要的是，资管新规以及后续一系列监管政策的持续推动，代表了国家层面对金融行业的一种坚决态度——金融不是经济增长的唯一要素，也不是实体经济的吸血鬼，而是要服务实体经济。这样的认知不仅符合经济发展的基本逻辑，而且让金融监管具备了真正的独立性。当金融绑架了实体经济的时候，金融监管的合理性和科学性又谈何容易呢？

伴随着资管新规的落地，信托行业的监管也将步入一个新的时代。之前在"保发展"和"防套利、调结构"之间的纠结不复存在，以更为单纯目的的监管将会是未来信托行业监管发展的主要目标。信托行业的许多往事，以及轰轰烈烈的大资管时代，可能会和五次信托行业整顿一样，注定被锁入历史尘封的记忆中，而羽化重生的信托行业在更为清晰的监管下，将以其制度优势为经济发展带来更多的助力。

五、信托立法初期，信托行业在迷茫中的艰难探索

（一）"一法两规"，信托行业艰难的再度起步

伴随着"一法两规"的推出，国内信托行业进入了有法可依的新阶段，但谁也不知道信托行业是做什么的。2002年7月18日，中国人民银行制定并发布了《信托投资公司资金信托管理暂行办法》，其中的第四条就给了当时的信托公司一记闷棍。信托投资公司在办理资金信托业务时应遵守下列规定：（一）不得以任何形式吸收或变相吸收存款；（二）不得发行债券，不得以发行委托投资凭证、代理投资凭证、受益凭证、有价证券代保管单和其他方式筹集资金、办理负债业务；（三）不得举借外债；（四）不得承诺信托资金不受损失，也不得承诺信托资金的最低收益；（五）不得通过报刊、电视、广播和其他公共媒体进行营销宣传。信托投资公司违反上述规定，按非法集资处理，造成的资金损失由投资者承担。

这样的规则相当于把五次整顿前信托公司所有的资金来源都堵上了，而每份信托合同金额不低于人民币5万元，加上委托人不超过200人的限制，信托公司的经营模式一下子由负债经营变成了受托管理。在法律基础改变后，信托公司从经营思路、部门设置、制度安排再到产品设计全变了，信托不再是从事负债业务的"二银行"。那么，信托又该是什么样子的呢？这让老信托从业者陷入了深深的沉思：新时代的信托到底要做什么，或者说信托行业做什么才能生存下来？

在经历了短暂的迷茫后，总部位于上海的爱建信托完成了国内信托行业第一单集合资金信托计划——上海外环隧道项目资金信托计划，它成为《信托法》出台后国内首个真正意义上的信托产品。

2002年7月18日是该信托计划推出的第一天，爱建信托之所以选中这一天，是因为中国人民银行颁布的《信托投资公司资金信托管理暂行办法》在同日正式实施。与爱建信托的低调处理不同的是，期

限3年、预期年化收益率5.5%的上海外环隧道项目资金信托计划受到来自高净值客户的追捧。5.5亿元的募集额在20年前不是一个小数字，爱建信托预计一个月才能完成募集的信托计划在一个星期便被认购一空，甚至有江苏的高净值客户不辞辛劳地拿着现金来到爱建信托上海总部认购。1979—2002年，信托公司几乎什么都做过，唯独来自本源的"受托业务"没有做过，而爱建信托的上海外环隧道项目资金信托计划则毫无争议地成为中国信托行业历史上开天辟地的第一步。相比后来20万亿元的资产管理规模，5.5亿元规模不算大，但它标志着国内信托业正式走上了回归"受人之托，代人理财"信托本源的漫漫长路。

事实上，爱建信托这单业务的创新性是全面，它第一次使用了"计划"来描述集合资金信托。在此之后，其他信托公司发行的集合资金信托产品，也沿用了"计划"这个词，甚至爱建信托同锦天城律师事务所拟定的合同文本也为其他信托公司所借鉴。其他如"预期收益率""信托份额""信托类别"等专业词汇都诞生于这个项目，时至今日，这些词汇还在影响着国内的信托行业，其影响力扩散至其他资管行业——证券公司、基金公司在自己的资管产品名称中也使用了"计划"二字，可谓影响深远。

上国投在2002年7月28日推出了国内第一个房地产资金信托——新上海国际大厦项目资金信托计划。该信托计划期限3年，规模2.3亿元，预期年化收益率4%，同样获得了投资者的踊跃认购。吃到头啖汤的爱建信托和上国投也成了行业的焦点，各家信托公司纷纷前来调研。集合资金信托计划发行的品种也越来越多，涉及的领域非常广泛，房地产、股权、工商企业、矿业、基础设施、教育甚至不良资产，都为信托业务所涉猎，信托公司依托集合资金信托计划开始慢慢找到新的方向，再度起步。

某记者在2002年7月29日这一天信心满满地写道："有专家表

示，从最近信托投资公司的一系列举动来看，在金融业分业经营的中国，作为唯一能将货币市场、资本市场和产业市场联结起来的信托业，将综合银行、保险和证券的部分优势，不断开展金融创新，成为金融市场发展的新动力。"这无心的一句，不想却一语成谶！

（二）"德隆系"与金新信托——信托公司股东自融的历史大案

"一法两规"的相继出台，使得国内信托行业第一次完善了顶层立法，行业进入有法可依有规可循的时代。但在实践中，仅仅依靠"一法两规"这样的顶层设计去影响和规范信托公司的合规经营与稳健发展，并不是一件容易的事情，信托行业走向完善还有待时日。国内信托行业在草莽年代所存在的各种弊病并没有因为"一法两规"的出台而被彻底解决，在信托再次起步的过程中，这些问题依然对信托行业产生着极大的困扰。而这一切都在金新信托和实际控制人"德隆系"的一系列事件中有着淋漓尽致的展示。

"德隆系"是以新疆德隆（集团）有限责任公司为核心机构的一个庞大集团，实际控制人为唐氏家族。从1992年到2004年的12年间，"德隆系"把金新信托、新疆金融租赁公司、德恒证券等金融机构当作抽血机，把新疆屯河、合金投资和湘火炬三家上市公司作为德隆系整合的战略平台，直接或间接地控制着数十家企业，涉足17个行业，形成了庞杂的"产业＋金融集团"。在"德隆系"的控制下，以新疆屯河为代表的"老三股"的股票价格在1997—2001年持续上涨，创出了让人难以想象的增幅。有人甚至把"德隆系"的"坐庄"行为称为"善庄"，"德隆系"也名噪一时。

"德隆系"在融资领域的得力悍将金新信托，前身为中国工商银行新疆信托投资公司，于1993年3月经股份制改组，变成新疆金新信托投资股份有限公司。1995年，中国人民银行下发了关于商业银行不得参股信托公司的规定，新疆金新信托投资股份有限公司准备与中国工商银行新疆分行脱钩。1996年9～12月，新疆德隆通过参股新疆屯河，进而通过新疆屯河实现了对金新信托的控制。

自1997年金新信托成为新疆德隆的融资平台以来，一场大规模的"融资"行动也由此开始。在1997—2004年的7年间，金新信托通过委托理财的方式累计为"德隆系"募集资金逾200亿元。金新信托开展委托理财业务，其合同约定的适用范围包括委托购买国债、信托资产管理、委托投资等，主要投资于二级市场的有价证券（股票和国债），但实际上所有的资金均流入上海友联，由唐万新统一"调配"，最终进入股市用于推高"老三股"股价。

后来，新疆华信有限责任会计师事务所的审计报告显示，在1997年后的7年间，金新信托与社会不特定机构和自然人签订合同或者协议35 265份，非法吸收公众存款201亿元。截至2004年7月27日，金新信托仍有42亿元资金未能兑付。伴随着"德隆系"资金链的全面断裂，"德隆系"的"老三股"股票价格在2004年也出现了断崖式的下跌：2004年年初，新疆屯河股价创下了14元/股的历史新高；到了当年10月，其股价已经闪崩至1元/股附近。

有人事后点评"德隆系"，认为唐氏家族依托金融发展实业是有可取之处的，但不管"德隆系"的实业野心有多大，金融终究是要服务实体经济的。而当金融发展超越了实业本身的时候，金融就开始变味了，最后形成了对社会毫无意义的空转。虽然"德隆系"已经过去多年，但是中国金融市场的自融式金控并没有终止，在监管不断加码的现在，"明天系""安邦系"等金融大鳄在严厉的监管之下浮出水面，这同当年的"德隆系"又何其相似！

"德隆系"的风险爆出，给整个社会造成了巨大的财富损失，留给信托的教训也是惨痛的。信托行业应该加强监管力度，杜绝信托公司股东通过信托计划来进行自融和通过结构设计来进行变相自融。事实上，2020年陆续爆出问题的安信信托、四川信托和华信信托，都是通过资金池的方式给股东或关联方融资，这些手段的本质和20年前的"德隆系"毫无二致。前事不忘后事之师，信托行业必须引以为鉴。

值得一提的是，当时因在资本市场上风格激进而被称为"江南第一猛庄"的金信信托（与金新信托仅一字之差），在"德隆系"崩溃的时候，还在媒体上公告自己与"德隆系"毫无关系。但金信信托在短短两年后便步金新信托后尘，陷入了停业整顿的局面。这一切不过是信托那个动荡年代的余波罢了。不破不立，信托行业的恶疾不除，新生也不会很快到来。

（三）信托黯淡年代里的最大亮点——证券信托

如果翻开国内信托行业有关的历史研究，我们就会发现2002—2007年的报告和资料是最少的，这个阶段既不像国内信托初兴期的草莽江湖，流传着各种跌宕起伏的故事，又不如大资管时代闪烁着金色的光彩，有着那么多可以夸耀的案例。如果以"一法两规"作为信托新时代的开始，我们就会发现目前大部分主流的信托业务模式都和这个信托黯淡的年代无缘——无论是房地产信托的大规模扩张，还是基于地方政府信用的应收账款融资，抑或是消费金融业务，都发端于"新一法两规"后，唯独除了证券信托。

如果要推举出国内私募基金界的大佬，那么会有无数个叱咤风云的名字从我们脑海划过，从早年的但斌和裴国根，到后来公转私的王亚伟和陈光明，再到后来崛起于草根的梁宏，等等，无一不在证券市场留下了自己光彩夺目的痕迹。但事实上，他们都要感谢一个人——赵丹阳，阳光私募模式的创始人。赵丹阳首创的四方监管模式奠定了国内私募基金的"阳光化"基础，成为一直到现在还被广泛应用的私募基金模式。

回到2004年2月20日，在赵丹阳与中国工商银行深圳分行和深圳市国际信托投资有限责任公司（也称"深国投"，即现在的华润信托）合作，推出投资于国内A股市场的"深国投·赤子之心（中国）集合资金信托"之前，国内的证券行业可谓是一片狼藉。行业龙头南方证券在2001年就爆出危机，而伴随着阚治东的无力回天，2001年1月2日南方证券正式被行政接管。虽然南方证券得到了央行的再贷款支持，但由于窟窿太大，其最终还是在2006年宣告破产。德勤华永会计师事务所的专项审计报告显示，截至2005年12月31日，南方证券总资产为106亿元，主要由房产、证券资产等组成，总负债为228亿元，资不抵债122亿元，令行业哗然。

如同广国信的各种问题带有行业的普遍性一样，南方证券的倒下也绝不只是自身经营不善的问题。挪用客户保证金、不合规地开展委托理财是那个年代证券公司的通病，由此带来的风险也随着时间的推移而不断扩散。伴随着南方证券、华夏证券等一系列证券行业巨头出现问题直至破产，国内的证券行业也终于到了不破不立的时候。

2006年修订后的《中华人民共和国证券法》正式实施，新修订的《中华人民共和国证券法》规定："证券公司客户的交易结算资金应当存放在商业银行，以每个客户的名义单独立户管理。"同年11月20日，国泰君安证券公司和中国建设银行客户交易结算资金第三方存管正式启动。这是证券公司在新修订的《中华人民共和国证券法》明确第三方存管制度后首次全面实行这一制度。证券公司将不再接触客户证券交易结算资金，而由存管银行负责投资者交易清算与资金交收，从而杜绝证券公司挪用客户证券交易结算资金现象的发生。

针对相对混乱的券商资产管理业务，证监会在2003年发布了《证券公司客户资产管理业务试行办法》，但由于诸多问题相继爆出，证监会在2004年又连续发布了《关于推进证券业创新活动有关问题的通知》和《关于证券公司开展集合资产管理业务有关问题的通知》。直到2005年2月，证监会才核准了第一只真正意义的证券公司资产管理计划"光大阳光集合资产管理计划"。

也就是说，在香港一战成名的赵丹阳想要在内地发行自己的私募基金产品，在2004年的时间点，他根本找不到一个可以让投资人放心的载体。在那个年代，券商的委托理财在大家的认知里还是证券公司变相融资拆借的一种手段，而公募基金死板的持股要求又无法满足赵丹阳的操作需求。因此，把信托当作SPV去创设一个新的资产管理模式，就成了赵丹阳一个大胆但又很无奈的想法。

赵丹阳毕业于厦门大学，获系统工程学士学位，1994年出国，1996年归国后进入证券行业，后加盟国泰君安（香港）公司，负责管理客户委托的资产。2002年，赵丹阳开始筹办"赤子之心中国成长投资基金"，该基金于2003年1月16日正式配售并开始投资运作。

赵丹阳通过实地调研戳穿银广夏的财务骗局和以超过200万美元的价格竞得与股神巴菲特的午餐，使得他在内地资本市场名声大噪，但真正让他在当年赢得"中国私募教父"称号的是2004年他与深国投合作成立了赤子之心（中国）集合资金信托一期。这是国内第一只阳光信托私募基金，具体交易结构如图1-2所示。

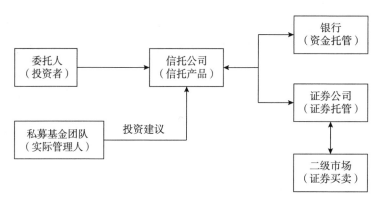

图1-2 赤子之心（中国）集合资金信托一期交易结构

实际上，赵丹阳和深国投创设的这个模式，完美地解决了当时国内证券市场投资者资金被挪用的风险。在交易结构中，赤子之心基金担任投资顾问，以投资建议的方式发出交易指令；深国投担任受托人，在信托合同的约定范围内，接受赤子之心的投资建议进行操作下单；而中国工商银行担任托管人的角色，按照托管合同的文本审核深国投的操作是否得当。在这个交易模式下，信托公司对私募基金的操作进行审核，而托管银行对信托账户上现金划出的合理性进行监督，几个不同角色的金融机构相互监督，委托人（投资者）的利益得到了真正保障。

在委托人（投资者）和私募基金管理人的关系上，深国投在信托合同中设计了业绩比较基准和超额收益的提取规则。简单来说，私募基金管理人只有在给委托人创造更多收益的前提下，才能按照比例提取自己的超额收益。该规则实现了出资人和私募基金管理人在利益诉求上的统一，从而在制度上杜绝了私募基金管理人的道德风险。

从时间节点上看，深国投的这个模式，比后续证监会在2006年力推的"三方存管"还要早，该模式可以说是国内证券行业和信托历史上浓墨重彩的一笔。

伴随着赵丹阳"投资中国"理念的大获成功，以信托为核心载体的阳光私募模式也被奉为经典。后来，第一批从公募基金奔"私"的先驱者，如田荣华创立武当、江晖创立星石，他们无一例外地复制了这一模式。阳光私募成为国内证券行业一股逐渐兴起的力量，而以阳光私募业务为代表的证券业务，也成了国内信托行业重要的一个支柱，直到现在。

1. 阳光私募业务的不同流派

随着阳光私募业务在信托行业的不断深化，越来越多的信托公司参与到这项业务中来，并在实践中慢慢分成了两种流派。

一是"深圳模式"。深国投和平安信托多发行平层（非结构化）

阳光私募产品。在这个模式中，私募机构担任投资顾问，但不承担股市下跌带来的投资风险。因为深国投和平安信托总部都在深圳，故而该模式被称为"深圳模式"。

二是"上海模式"。 与"深圳模式"不同的是，总部位于上海的上国投和华宝信托主要推出结构化阳光私募产品，私募基金管理人需要在信托计划中投入自有资金作为劣后。如果发生亏损，那么私募基金管理人承担最初的亏损，只有在劣后资金全部亏完以后，优先级资金才会承担损失。在"上海模式"下，委托人认购的优先级份额通常是固定收益率，如果基金运作的话，那么固定收益以外的全部收益都归劣后级投资者（通常是私募基金管理人）所有，从而实现权利和义务的平等。对很多自有资金充裕并对后市看好的私募基金管理人来说，这种模式可以发挥较大的投资杠杆作用。

这两种模式各有利弊，但通常意义上讲，有一定知名度的私募基金更愿意采取"深圳模式"，因为该模式无须自己出资，不用承担任何损失。而部分资历比较浅、过往公开历史业绩一般的私募基金往往会通过"上海模式"来发行自己的第一只"准公开化"产品。一来有自己的劣后资金打底，其他投资者认购优先级份额比较踊跃，容易募资；二来在"上海模式"下，如果对自己的操作有信心，那么投资者获取的绝对收益会更大。故而在阳光私募市场上，"深圳模式"与"上海模式"各有自己的拥趸，都形成了比较可观的规模。

而在"深圳模式"和"上海模式"之外，还有一股小众的力量在蓬勃地发育着。在赵丹阳的第一只阳光私募发行6个月后，云南国投（现在的云南信托）在时任总裁蔡明的牵头下，发行了第一只具有自己特色的证券信托产品——中国龙系列产品。中国龙资本市场集合资金信托计划成立于2003年8月1日，产品购买起点1 000万元，共募集了6亿元。产品结构与赵丹阳在深国投的第一只产品并没有根本的差异，最大的差别在于投资管理人：在"深圳模式"下，信托公司接受私募机构的委托进行操作；而在云南国投的产品里，云南信托既是受托人，也是投资管理人，这可以说是信托公司在证券市场上主动投资最早的试水了。2007年，蔡明离开云南信托成立了民森投资，但云南国投的投资业绩也一直保持稳定。云南国投在2009年首届阳光私募峰会上成为2008—2009年度系列产品奖获得者。直到2012年云南国投投资管理团队的核心成员王庆华、赵凯和马宏离开云南国投创立了涌峰投资，这个神奇的"云南模式"才告一段落。回到当下，强调信托公司主动投资管理能力已经是行业的共识，信托公司是否可以依托团队建制和激励制度的优势，吸引优秀的投资管理人才，复制"云南模式"当年的盛景？

伴随着第一批公转私大潮的成功，2010年以后，王亚伟等一批公募基金圈中的大佬纷纷转投私募领域。这批投资大佬凭借着自己在公募基金期间形成的口碑和号召力，在转私后获得了远超预期的关注。很多新成立的私募基金以信托为载体，其管理规模在很短时间内就超过百亿元，"深圳模式"一时风头无两。但谁也没有想到的是，"上海模式"阳光私募却在2014—2015年的大牛市突然爆发了。

随着资本市场在2014年不断升温，"伞形信托""开伞"叠加恒生HOMS系统（恒生订单管理系统），配资一瞬间就成为最炙手可热的业务。事实上，这些看起来很炫酷的名字并不是什么新鲜事物，其本质不过是阳光私募"上海模式"的延续，具体模式如图1-3所示。

阳光私募虽然比公募基金更具灵活性，但有许多约定俗成的规则。比如，相对于公募基金"双十"（基金对单只股票的持仓不超过基金规模的10%，也不超过其股票市值的10%）的严格分散投资的约束，阳光私募一般在信托合同中会适当放宽到"双二十"，留给私募基金管理人更多的管理弹性。当市场行情出现集中性爆发的时候，很多更为激进的管理人和投资者"得陇望蜀"，希望通过加杠杆的方式集中投资1~2只股票来获取更大的收益。"上海模式"和恒生HOMS

系统的有机结合，在这种赚钱需求的推动下应运而生。

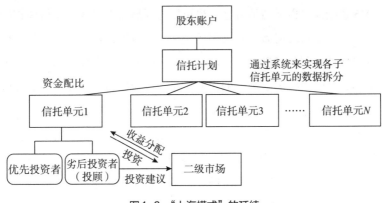

图1-3 "上海模式"的延续

实际上，恒生电子对HOMS系统的开发始于更早的2012年。当年，恒生电子针对部分私募基金的内部管理需求，定制出一款适于私募基金管理资产的系统，取名HOMS系统。2014年，随着私募基金管理办法的出台，使用HOMS系统的客户逐渐增加。

恒生电子开发HOMS系统的本意是，将私募基金管理的资产分开，交由不同的交易员管理。比如，私募基金管理资产5亿元，它就可以通过HOMS系统将其分成5份，交由5个不同的交易员进行管理。通过HOMS系统，我们可以清晰地看到哪一个交易员买均价最低，或者卖均价最高，这样有助于对私募基金的交易员进行公开的定量考核。此外，HOMS系统还可以为人员较少的私募基金提供辅助风控并进行指令管理，控制股票的买卖价格范围，防止交易员出现"乌龙指"类的错误操作。HOMS系统真正吸引很多私募基金的功能在于其延伸功能——分仓。私募基金通过不同的公司来发行不同的产品，管理不方便，而HOMS系统为私募基金解决了既要分产品又要将不同的产品对应不同交易员管理的问题。

2015年，A股行情不断清晰，"预期牛"和"改革牛"的说法不胫而走，前期的赚钱效应吸引了更多的资金进入A股。而恒生的HOMS系统既可以灵活地分仓，也可以方便地对融资客户实行风控的特性，受到银行理财和配资公司的关注。一方面，在大资管时代，传统的以同业信用为基础的"甲乙丙"模式受到了越来越多的约束；另一方面，随着银行理财规模的快速扩张，商业银行也需要更多的高收益非标资产来赚取利差，而"上海模式"阳光私募中的优先级信托部分由于存在劣后级资金以及止损线平仓线设定，被银行理财认定为一种安全可靠的资产，数以千亿计的银行理财资金快速涌入这个市场。试图在A股市场上捞一把就走的投机客和希望赚取稳定高收益的银行理财，这两个看似风马牛不相及的金融角色，就这样因缘际会地碰面了。

"伞形信托"依托HOMS系统，突破了当时证券市场的两个常规认知上的限制：第一，证监会对融资融券有起点金额和股票范围的要求，而本质是融资的"伞形信托"，通过开伞可以降低融资起点和扩大融资融券的范围，无形中穿透了证监会的监管要求，扩散了市场风险；第二，以信托为载体的阳光私募的分散化投资在"伞形信托"的模式下，可以实现"单票配资"（开伞后，只要顶层的信托计划符合"双二十"即可），便于某些投机客集中炒作。

在"伞形信托"的加持下，A股的味道似乎也有了变化，越来越多怀揣着"内幕信息"的资金涌入"伞形信托"，投机客希望赚一把就能实现财富自由。而A股市场已经脱离了理性的范畴，伴随着蓝筹股的疯狂上涨，市场估值已经接近2009年的高点。在A股市场"牛短熊长"的传统下，谁都猜到新的一次崩溃只不过是时间问题。

导致A股市场雪崩式下跌的是证监会对HOMS系统的清理。2015年6月12日，上证指数达到5 178.19点，这是2008年金融危机后上证指数的最高点了，很多证券分析师疯狂地喊出"8 000点不是梦"。但

2015年6月13日，证监会在《关于加强证券公司信息系统外部接入管理的通知》中重申，各证券公司不得通过网上证券交易接口为任何机构和个人开展场外配资活动，不得为非法证券业务提供便利，这直接打碎了投机者一步登天的美梦。

事实上，通过"伞形信托"进入A股的资金绝对量并不高。时任证监会新闻发言人张晓军在2015年6月29日晚上答记者问中称，从对场外配资初步调研情况来看，通过HOMS系统接入证券公司的客户资产规模约4 400亿元，平均杠杆倍数约为3倍。但这些资金交易频率高、投机性强，当这个杠杆被解除的时候，其对市场的冲击更是如海啸一般，本就虚高的A股一泻千里，那些妄图一夜暴富的投机客，一夜之间在"伞形信托"里爆了仓，亏得血本无归。

早年间以"深圳模式"发展证券业务的信托公司并不多，深国投、对外经济贸易信托、平安信托和中信信托是其中的翘楚。这项业务比较透明，无论是服务水平还是信托收费，都比较公开。长期以来，信托提供服务的对价只有20 BP（基准收益率）。在大资管时代，这项业务的收费已然显得有些鸡肋了。但有意思的是，随着2014—2015年大牛市的到来，没有参与过"上海模式"的信托公司突然就变得寥寥无几了。凭借着不同地区监管的套利（是否允许单票），很多信托公司在做通道服务的时候可以轻松赚到35～50 BP。

在全国赚钱的狂热氛围中，也有一些信托公司的领导保持了自己的冷静，某家央企信托公司分管自营业务的副总经理就反复强调："'伞形信托'穿透监管、提高杠杆，变相害了投资人，这种业务坚决不能做！"在他的极力坚持下，这家排名靠前的信托公司在这拨业务上可以说无所作为，也免去了后来的许多麻烦。

"伞形信托"与HOMS系统的得失利弊，对于证券信托业务来说，已然意义不大，但回到信托行业的视角，上述那位信托公司领导做了一个极好的表率，他的观点可能并没有被大众熟知，但他所强调的精神却值得每一个信托从业者甚至金融从业者铭记在心：信托公司不是唯利是图的组织，信托公司和信托行业如果想要有更长远的发展，就必须服务实体经济，帮助实体经济创造价值，从而充分体现信托行业的价值；而依托制度套利去赢得的规模，也会伴随着制度优势的丧失而日渐萎缩。

对于在信托黯淡年代所培育出来的证券信托业务，就是这个道理的真实写照。在同赵丹阳及深国投磨合出"深圳模式"的时候，深国投业务团队的同事可能没有意识到，他们所攻克的不是一笔业务，而是对客户真实需求的有效解决，是对证券行业不正之风的扭转，更是对证券行业和信托行业走向未来的一个勇敢尝试！"深圳模式"是未来国内信托行业转型的一个优秀范本，优秀的信托公司和信托经理应该具有利用信托制度解决社会经济生活问题的能力。信托的结构设计应该用来服务于这个经济社会并使其变得更加美好，而一旦脱离了初心，就如同"上海模式"一般，随着牛市的到来而风起，又随着监管的收紧而湮没，最后必然落得一地鸡毛！

直到现在，"深圳模式"还在证券市场发挥它的影响力：华润信托（前述的深国投）、中国对外经济贸易信托都依然拥有超过3 000亿元的证券信托保有量，并和国内大量优秀的私募基金管理人有着良好的互动，是信托行业"非标转标"浪潮中一抹亮丽的风景。

2. 证券信托并没有成为信托行业主流的原因

在实操中，深国投所创设的这套阳光私募模式具有极强的延展性。当国内的证券市场不断完善、证券工具不断丰富的时候，证券信托强大的承载能力也在不同领域发挥着重要的作用。

2006年，轰轰烈烈的股权分置改革，彻底解决了A股市场长期存在的"法人股"怪象，A股市场迎来了史无前例的大牛市，中国建设银行、中国工商银行和中石油等不断上市的大盘股催生了一个类固收产品——新股申购信托。其交易模式非常简单：银行的理财资金作为委托人，信托公司利用信托计划开设大量证券账户来进行新股申购，中签后售出获取超额收益。新股申购信托可以实现12%~15%的年化收益率，在各家银行的零售柜台风靡一时。

2010年，沪深300指数期货上市，具备专业团队和能力的证券公司及私募基金都伺机而动。以当年红极一时的尊嘉资产为例：2009年9月，尊嘉资产管理有限公司在北京成立，是国内首批专注于量化对冲投资的私募机构之一；2011年，尊嘉资产成为首批进入中国招商银行私人银行合作白名单的私募机构之一，并于2012年合作发行量化对冲低风险产品"外贸信托-尊嘉ALPHA"，后期稳定的运作（除了2014年年末A股市场风格切换，净值大幅下跌）赢得了投资人和代销机构的认可，一度大有成为非标信托替代的架势。随后的金锝、灵均、明汯、幻方等接过接力棒，成为现在证券市场不可或缺的重要力量。

依托信托的SPV载体优势和相对灵活的制度安排，不管A股市场如何震荡，证券信托在自身的发展迭代中形成了良好的生命力，其规模也在稳步增长。但无法掩盖的尴尬事实是，证券信托在高速发展的信托行业不温不火，始终不是一个主流业务。那些在市场上纵横捭阖的信托巨头要么夸耀自己的房地产业务棒，要么说它们的消金业务规模大，但在信托最红火的几年，没有信托大佬说"我的证券信托做得好"。证券信托叫好不叫座的主要原因有以下三点。

第一，证券信托的服务属性强，需要信托公司的系统支持，投入大、见效慢，同时这个市场透明度高，信托公司收费议价能力低。

无论是私募基金管理人还是私人银行，在证券信托业务上对信托公司的最终诉求都是稳定、高效，因此信托公司在证券业务的投入就显得非常重要，这里面包含系统、人力甚至大量的时间成本。从这个角度来看，这项业务长时间较少有新的信托公司涉足，甚至部分信托公司在前期发展良好的情况下，后期慢慢淡出这项业务（比如中信信托），是有经营层面的道理的。相比其他信托业务团队动辄人均超千万元的创利能力，证券信托业务的人均赢利水平显然无法与之相提并论。

而在私募机构可以申请公募业务资格和证券公司发力私募基金业务之后，证券信托业务的竞争越发激烈。有信托圈内的证券业务领导自称证券信托业务是"红海"业务，可见一斑！激励竞争下较低的赢利水平同信托行业的高利差相比，使得经营目标短期化的信托行业对证券信托的重视程度越来越低。特别值得关注的是，截至2020年年底，信托行业内证券信托保有量最大的两家信托公司华润信托和中国对外经济贸易信托，由于其股东的产业文化形成了相对保守的经营风格，才得以在信托行业"赚快钱、赚大钱"的经营思路下维系营生并发扬光大，耐人寻味。

第二，信托公司长期奉行的小团队经营模式与证券业务难以调和。

许多信托公司都清醒地认识到，强化信托的证券业务，无论是走传统的服务模式，还是在"云南模式"下自建投资团队发行私募基金，抑或是像现在火热的FOF（基金中的基金）发展证券资管业务，都需要在公司层面建立研究、信评、清算等一系列完整的支持体系。非常可惜的是，信托行业长期成功的实践是以举手制为核心的小团队经营模式，这样的模式在行业顺风顺水的情况下，固然有利于业务的快速复制，但对这种模式的依赖使得信托公司在专业化经营方面迟迟打不开局面。在行业高速发展的背景下，"赚快钱"是行业的普遍共识，证券信托投入大、见效慢，与信托公司的传统经营思路在根本上不可调和。

第三，证券信托业务，特别是主动管理的证券信托业务，需要信托公司打造一个不同于非标业务的风控文化。

许多信托公司在2015年的时候通过定向增发参与到证券市场中，

但结果却是一地鸡毛。比如A股的上市公司天神娱乐，因为触发回购事项被多家信托公司诉诸公堂。现在来看，这样一家商誉溢价极高的公司，本身蕴含着极大的风险，根本就不应该进入信托的目标客户范围。而事实上，做了天神娱乐定向增发项目的信托公司或团队，在操办这项业务的过程中，忽视了对项目自身经营的关注，而把更多注意力放在了诸如"回购""折扣"等业务指标上。说到底还是非标的经营思路在作祟，它们不看第一还款来源（公司经营），而是把宝押在了第二还款来源（增信措施）上，甚至想当然地以为有了增信措施就可以万无一失，殊不知第二还款来源的稳定性是建立在第一还款来源基础上的，一旦公司经营不善，墙倒众人推，再结实的第二还款来源也撑不住。

这个关于标品业务的风控转变比前两点更难，这不仅仅是在风控合规部门下单设"标品风控"或者"证券风控"这么简单的事情，更需要建立从公司经营班子到公司业务团队对于证券业务的完整认知体系。抱着非标的老思维去做标品业务，出现业务风险只是时间的问题。

3. 证券信托的成功带给我们的启示

证券信托业务不仅是信托行业在那个黯淡年代最闪亮的成果，也是信托行业发展到现在非常重要的一个篇章。而伴随着资管新规、银保监会2019年64号文和《信托公司资金信托管理暂行办法（征求意见稿）》，非标转标已经成为信托行业的共识，标品业务特别是证券信托业务的重要性无须多言，那些在证券业务上坚守十多年的华润信托、中国对外经济贸易信托也在此时收获了最大的价值。

但回首证券信托业务的历史，有两点特别有价值的内容值得信托行业去反思。这个诞生于"变化"的证券信托业务，这个注定要承前启后的业务，又会对未来的"信托之变"贡献哪些积极力量呢？

第一，证券信托业务告诉我们，信托行业只有通过服务来创造价

值，才能赢得收益。信托行业的未来之路不能止步于"困惑"，只有到社会生活中寻找需求，才能找到服务信托的未来之路！

在赵丹阳和深国投的努力下，证券信托的"四方监管"模式解决了制约证券行业长期发展的痼疾。SPV的隔离作用为证券行业和私募基金的发展起到了极其重要的作用，它为社会创造了价值，所以具有强大的生命力。这是一条在任何时代背景下都通用的定律，值得每一个信托行业从业者铭记。特别是在金融变革的未来，信托行业实现"蝶变"，所依靠的绝不是制度套利，而是其为社会所创造的新价值。

不少从业者困惑于信托转向，不知道监管所倡导的"服务信托"该做些什么，似乎翻来覆去就只有家族信托、慈善信托等少数几项业务，但信托的从业者如果稍微关注当今的社会生活就会发现，信托的资产隔离特性在很多领域都能产生特殊的价值。以当下社会生活中的例子来说明，一、二线城市的离婚率居高不下，很多被迫同子女分开的父母格外关注子女的未来教育问题，希望自己可以给孩子一笔不受其他人干预的教育资金。在目前的金融体系和产品模式下，很多人通过给子女购买带有教育金附加的年金保险来满足这项需求，但保险的可退保属性和不可定制属性，让很多人都感到这个产品并不解渴。事实上，这就是信托的机会。信托公司可以发起教育金信托——父母以委托人的身份出现在信托计划中，子女作为受益人，委托资金的投资和分配都可以由父母根据子女的情况进行定制。这难道不是一项既有广泛需求也有价值的服务吗？

第二，证券信托告诉我们，在"刚性兑付"不断淡化的未来，强化证券市场能力必须依靠信托公司层面的系统化建设，赚快钱、赚容易钱的年代即将终结。

不少信托公司看到了华润信托和中国对外经济贸易信托在证券业务领域的成功，希望直接挖走这两家公司的人员，去缔造自己的证券信托业务。但这些公司不清楚的是，这两家信托公司在证券业务领域的成功，不是缘于某个大佬或者业务牛人，而是在于这两家信托公司年复一年的坚持与投入。如果信托行业还是停留在"挖墙脚"这种低级竞争模式下，总是做着旧时的梦，希望靠"短平快"来发展证券信托，那么信托公司的标品业务也不会有根本性的发展。证券信托的未来是星辰大海，需要信托的从业者耐心倾听来自实体和金融的真实需求，踏踏实实地发挥自己的作用，用一点点的持续投入去赚那宝贵的"辛苦钱"！

（四）举手制和风险评审机制——信托公司对人力资源和业务组织的探索

从结果来看，在2001—2007年这段时间里，信托公司虽然在信托业务上积极地尝试各种方向，却一直没有形成系统性的打法。无论是基础设施还是房地产业务，都呈现出浅尝辄止的姿态，信托行业在国内金融圈的影响力不断降低。

正如我们所熟悉的那样，一个行业或者一家公司的兴起，绝不是一项业务或者一个客户的功劳。对于信托行业和信托公司来说，只有在企业文化、组织建设和业务方向这三个维度找准自己的定位，才能在金融行业的激烈竞争中找到自己的一席之地。关于信托行业乃至金融业的制度建设，中信信托是一个最佳样本。一个风光无限的行业排头兵在改制后默默无声，却又在总经理蒲坚锐意进取的带动下，重新缔造辉煌。

回到国内信托行业"一法两规"的新起点，2002年，按照中国人民银行对信托公司重新登记的要求，曾经是行业内当之无愧的老大哥——中信公司将成立于1988年的中信兴业信托投资公司重组、更名、改制为中信信托投资有限公司，继承了中信公司信托类的相关业务。在剥离了银行、证券等业务以后，当时的新中信信托注册资本仅有 50 773 万元，其各项业务指标在业内排名并不靠前，早已威风不再。

时间悄悄来到了 2005 年，当年 1 月 1 日，蒲坚从中信海直被调往中信信托，担任总经理兼党委书记。彼时的中信信托已经不是行业的老大哥了。2004 年年报数据显示，中信信托管理的资产规模仅有 85.05 亿元，净利润 2 660 万元，ROE（净资产收益率）4.85%，人均利润 32.05 万元，行业排名在 15 位以后。新领导上任后就在公司董事会上建议，在不改变原有组织架构的前提下，成立综合金融服务小组，以应对客户的综合服务需求。两个月后，综合金融服务小组成立，一个毫无部门管理经验的 70 后李子民脱颖而出，牵头负责这个小组的具体工作。

李子民在《艰难的辉煌》一书中回忆，到了 2005 年年底，综合金融服务小组大幅超额完成公司下达的任务指标，他本人也一次性拿到了 50 万元的奖金，成为当时中信集团所在地京城大厦炙手可热的人物。而后他也伴随着中信信托的发展，从综合金融服务小组的负责人到投资银行一部总经理，再到信托公司的副总经理，终于在 2016 年成为中信信托的总经理。这个试验的成功，直接催生了中信信托的举手制的系统化推广，即只要内部员工认为自己有能力、有资源，但在原部门没有获得足够的发展机会，该员工就可以"举手"站出来。经过公司审核成功后，该员工可自成一个部门（信托业务小组），自主牵头业务。新部门享有一定的保护期，如果做得好，就可以升格为独立的一级部门；如果做不好，那么该员工可回归原部门。

从此开始，中信信托逐渐形成扁平化的结构，部门内部的动力逐渐被调动起来，信托业务蒸蒸日上。2007 年，中信信托以 1 961.93 亿元的受托管理资产规模重回行业第一，直到 2020 年才被建信信托超越。中信信托 2004—2009 年主要经营指标如表 1-2 所示。

信托的未来

表1-2　中信信托2004—2009年主要经营指标汇总　　　　　　　　　单位：亿元

财务指标	2004年	2005年	2006年	2007年	2008年	2009年
营业收入	0.81	1.39	3.97	14.66	20.05	20.75
其中：手续费收入	0.36	0.61	1.68	6.37	13.91	11.05
净利润	0.27	0.58	1.30	6.58	9.33	9.59
受托资产规模	85.05	140.83	385.51	1 961.93	1 607.79	2 067.81

　　有人总习惯把信托公司的快速发展归功于其享受的制度红利，从而试图把信托公司"异化"为一种特殊的组织，似乎有了信托牌照，就有了赚大钱的基础。但即便是在信托行业万马奔腾的几年，跑得好的信托公司也就是那十几家。一个信托公司发展得好，不单纯是制度红利的加持，企业文化、组织建设和业务方向缺一不可。信托公司终究还是一家"公司"，脱离了企业组织建设去评价信托公司，无疑会忽视掉许多精彩的创新。

　　以中信信托为例，在二次成长过程中，中信信托结合企业管理的具体实践，提出了"无边界服务，无障碍运行"的企业理念，结合信托的制度优势，生动形象地阐述了信托业务的灵活性、信托公司内部扁平化管理带来的高效性和全能性。这句口号文字朴实却极易引起共鸣，完美地诠释了中信信托的企业文化。它是凌驾于信托业务之上的，是对中信信托经营的最好总结与指导。

　　跳出中信信托，"无边界服务，无障碍运行"是国内信托公司第一次明确向外界展示自己的口号，也是信托行业第一个基于使命、愿景、价值观的总结。伴随着中信信托的快速发展以及公司人员的流入流出，企业文化所凝练的共识从未发生变化，为中信信托长期排名行业第一提供了稳定的精神凝聚力。

　　而在制度建设层面，中信信托2005年首创的举手制大获成功，其类似于联产承包责任制的类合伙人制度，确保了公司在组织建设上的快捷和高效。从中信信托的成功实践来看，举手制有三个独特的优势。

- **举手制带动了人力资源的合理配置，让更多的优秀人才流入信托行业。** 任何一个行业的兴盛都离不开优秀人才的支持，如何涵养公司内部的人员土壤，让优秀的人才走进来，并在公司生根发芽，是一家公司业务能否快速发展的核心问题。举手制完美地回答了这个难题，让公司内部的潜力员工发挥所长，不仅在公司内部形成"能者上、庸者下"的简单文化，而且对外起到了良好的示范效应，让那些有能力、有资源且渴望做出自己事业的年轻人更加踊跃地加入信托行业和信托公司。相比大银行更加森严的体制，由举手制所带来的快速晋升机制和广为传播的口碑，让信托公司获得了极大的人才红利。
- **举手制对业务部门内部的组织优化和效率提升有极大的帮助。** 它一方面激励着有能力的年轻人走上更大的平台、创造更大的价值，另一方面对"老"管理者提出了更高的要求。在以"人合"为主要形态的业务组织中，如何通过部门负责人自己的勤奋工作、风清气正的内部管理和公平的绩效分配来取信于团队成员，从而让优秀的人才聚拢在自己身边，就成为管理者非常重要的事情。从这个角度来看，举手制对于业务部门的负责人也是一种反向制约：如果你干得不好，管理得不好，下属对你不满意，那么大家可以随时用脚投票让你离开这个部门。"新人有干劲，老人有压力"是这种机制在实践中最好的解读。
- **举手制有助于提升经营团队的管理精细度。** 在中信信托的管理制度下，每个团队的人员编制都对应具体的业绩数字，团队负责人拥有完全的人事自主。团队可以多招人，但要承担更大的业绩指标，这就要求团队负责人在收入预算和成本管理上有更精准的测

信托的未来

算。从这个角度来看，举手制要求信托公司总部层面的人力管理简政放权，让业务团队自我管理：你做得多，就可以多招人，继续做大；你做得少，就要裁减编制，利用有限的人手维持生计。相比公司人力的统一管理，这样做的好处是非常明显的："让听得见炮声的人决策"，招什么样的人，招多少人，都由业务团队自己决定，公司的人力效率大大提高，冗余人员不断减少。在很长的时间里，信托公司内部都有"不养闲人"的说法，这自然也是举手制所带来的正面结果。

而在举手制以外，中信信托在经营实践中所形成的"公开评审会机制"，更让它具备了长久而丰富的智慧积淀，使得它的成长具备了更强的内生动力。需要关注的是，在中信信托孕育这套制度之前，传统金融机构的项目评审机制一般有两个特征：（1）评审会的委员都是公司管理层，公司中层和普通员工没有机会参与决策，甚至无法列席；（2）评审会一般都是"闭门会"，项目信息不公开，决策流程不公开。直到现在，超过99%的金融机构都还在沿袭这种不透明的制度。这种沿袭至今的制度的好处非常明显：（1）项目的决策者就是公司管理层，而管理者最终承担项目决策风险，权责利统一；（2）项目信息在极小的范围内公开，项目资料和公司内部信息可以被有效地保护起来；（3）管理层评审项目不在意项目细节，很多金融机构的评审会都是例行公事，决策速度快。

但这种不透明的制度的弊端也同样明显。

- 管理层容易被少数专权者控制，进而在项目评审的时候夹带私货，给金融机构带来风险。
- 项目信息缺乏有效传播，大部分业务团队不知道其他业务团队在做什么，甚至不清楚公司的业务方向，一个成功的业务模式难以被快速复制。

- 大部分管理层距离业务一线较远,在项目评审时难以提出比较有针对性的意见。长此以往,评审环节流于形式,公司内部专业性无从谈起。

    相比于大多数金融机构的评审机制,中信信托自创的这套系统非常有特色。首先,公司管理层不参与风险评审环节(只有董事长和总经理有一票否决权)。公司风险管理部汇集公司各个前、中、后部门的骨干人员,形成评审会委员库。每次评审会召开前,公司根据项目的具体情况,指定总计不超过10人的评委团队。其次,风险管理部提前1~2天把项目的全套材料发给评委,评委要按照风险管理部的要求熟悉全套材料并撰写评审意见。值得关注的是,在这个环节,每个评委可以出具"同意"、"不同意"和"有条件同意"三种意见,完全不用顾忌业务主办部门的面子。只要没有达到多数的"同意"意见,业务团队就必须修改方案重新上会。最后,在规定的时间,风险管理部召开项目评审会,业务部门介绍项目,评委发表意见,相互讨论,最后得出"通过"还是"不通过"的决议。非常有特色的是,这个会议的全过程哪怕是吵翻了天,也是对公司全体开放的!

    即便站在现在的时间点去看中信信托当年所创立的这套制度,它毫无疑问也是非常超前的。

- 在这个机制下,公司一把手或者管理层根本没法操控项目评审会,而项目好与坏完全暴露在公司每一个员工面前,公司内部决策流程的最大透明化得以实现,这是公司领导和风控部门对公司自信的最大体现!这种自信反过来映射到公司的其他领域,推动企业文化一步步走向卓越。
- 这个类似于古罗马元老院的评审会机制的本质是中信信托集体智

慧的一个蓄水池。能当上评委的员工都是公司骨干,其业务能力和专业素养在公司内部都有着良好的口碑,这是对他们能力的一种肯定,是一种荣誉。在这里,每一个评委都必须殚精竭虑地撰写评审意见,因为写得没有亮点会被风控领导"骂"。在这个过程中,他们无私地分享自己的专业知识,让每一个参会的新员工既学习了项目信息,也学习了公司前辈的优秀经验。这就进一步丰富了中信信托风险评审会的内涵,它不仅是决策流程,更是公司统一智慧的承载体和传播者,让每一个员工都能无差别地快速学习!

- 评审会流程的全公开,让每一个业务团队都看到了优秀团队的成功案例,便于其他后进团队汲取经验迎头赶上。成功的业务模式被快速复制,公司内部形成业务充分竞争的氛围。

- 公司领导不参加风控决策,风控领导不压制评委发言,形成了公司内部敢说真话、敢说事实的专业氛围,也让更多的优秀员工在公司全体面前崭露头角,进而塑造"专业求实"的企业文化。而这种文化让公司更具有"开放的大公司"潜质,会吸引很多优秀骨干留在这个组织中,同时帮助公司吸引外来优秀人才。在公司内部不用靠关系,只要你有好的能力、好的项目,你就能干出头!

伴随着中信信托的日渐成功,其他信托公司也纷纷学习中信信托的经验。这套机制在2014年前后就被其他信托公司有选择地借鉴学习,很多信托公司都适时开放了部分项目的公开评审。但像中信信托这样完全把风险评审机制当作一个独立机构的,只此一家,绝无分号。这不仅仅是一家企业内部治理的成功案例,更是中信信托内生自信与豪气的洋溢!

举手制和公开评审会机制成为中信信托内部治理的两个关键动量。毫不夸张地说,这两个机制塑造了中信信托内部"开放、专业"

的精神，也推动中信信托业务不断前进。伴随着这两个制度在信托行业的不断扩散，它们甚至成为整个信托行业快速发展的真正内生动力。在大资管时代飞扬的十年，很多金融同业羡慕信托行业沾了制度套利的光，但仔细想想，资管业务当年也开放给券商和基金子公司了，最后的结果是，它们在没有风险资本的约束下走过了一大堆超低费率的通道，享受了时代的红利却毫无自己的内涵。

信托公司或者信托行业的成功，不是一个单纯意义上的时代现象。固然信托行业受惠于以"一法两规"的新起点和后续同业业务为起点的大资管时代，但信托公司在之后走出了属于自己的一条道路，并在其中形成了自己的企业文化、内部治理和业务方向。而在信托那个迷茫的年代（2002—2007年）就已经被开发和广泛运用的机制（举手制等），奠定了信托行业长达十年的高光时代！

六、2008—2018年，大资管时代下的信托行业

对于信托行业来说，2006年北京的冬天格外寒冷。2006年12月13日，上海银监会暂停受理证券投资信托的消息震动了国内信托业，大家真正担心的问题终于要来了，对信托业"一法两规"的再次修订被信托业协会提上日程。

此次，"一法两规"再修订的核心思想是，规范信托业务，回归信托本源，取消信托公司的实业投资，清理关联交易。当年，这并不是一件令人意外的事情，因为在"一法两规"的年代，金新信托、金信信托等信托大案陆续爆出，让中国人民银行和银监会强化了从严监管的决心。但让很多信托公司忧心忡忡的是，"新一法两规"更加严格的约束有可能压缩信托公司本来不大的生存空间，给那个本就处于黯淡年代里的信托行业更加沉重的一击。

时任某信托公司高管给管理层的建议是："如果不是从完善管理

制度出发（来修改'一法两规'），信托业将走向死路，应该先立后破。"这位高管的想法很直接，即先通过试点为信托行业的发展找出路，在没有找到好路子之前，政策不宜做重大调整。

事实上，他的观点在当时非常有代表性，原因很简单：信托行业的日子过得确实很难。用益的统计数据显示，2005年46家信托公司信托业务占总收入的比例平均为38.60%，信托业务占总收入比重超过50%的信托公司只有16家。以当时赢利能力最强的上国投为例，2005年上国投营收2.61亿元，信托业务占比21%，其他收入主要为股权转让收入、股权投资收入和担保业务收入。很多从业者担心，如果银监会改变游戏规则，彻底剥离信托公司的实业投资，那么对于积贫积弱的信托公司来说将是毁灭性的打击。

2007年3月1日，"新一法两规"正式实施，标志着国内信托行业新时代的开始，信托公司改变旧有的经营模式、回归信托本源已然箭在弦上。"新一法两规"的主要内容是：在名称上，"信托投资公司"更名为"信托公司"；在业务范围上，信托公司从过去的"融资平台"向"受人之托、代人理财"的专业资管机构和财富管理机构转型。

区别于"一法两规"，监管机构在2007年后以"新一法两规"为基础，陆续出台了配套法规，进一步完善信托公司经营规则的企业治理，保证信托公司和信托行业的健康发展。监管机构从资金运用角度出台了《银行与信托公司业务合作指引》《信托公司证券投资信托业务操作指引》《信托公司私人股权投资信托业务操作指引》《信托投资公司受托境外理财业务管理暂行办法》，从规范公司治理角度出台了《信托公司治理指引》，从加强分类监管角度出台了《信托公司监管评级与分类监管指引》，从完善信息披露角度出台了《关于修订信托公司年报披露格式规范信息披露有关问题的通知》。

值得关注的是，2007年3月1日实施的新《信托公司集合资金信托计划管理办法》规定，信托公司异地推介信托计划的，应当在推介前向注册地、推介地的银监会省级派出机构报告。这一规定等于打破了信托公司异地经营的限制，打破了信托公司"偏安一隅"的现状，为信托公司在"四万亿计划"之后走向全国，并成为金融行业里资产规模排名第二的子行业奠定了基础。

（一）"四万亿计划"所铸造的大资管时代成为信托行业再度崛起的最大助力

当信托行业还在为"新一法两规"的推出而愁眉不展时，一个历史性的机遇静悄悄地敲开了信托的大门。2008年，伴随着次贷危机的全面发酵，美国的投资银行巨头雷曼兄弟和贝尔斯登相继陷入困顿，全球范围的金融海啸已经形成。虽然有"奥运光环"的预期加持，但国内的各项经济数据不可避免地出现了大幅度下跌。2008年第四季度，国内GDP（国内生产总值）的增速为9.6%，到了2009年第一季度，金融海啸的冲击慢慢显现，GDP增速回落到6.6%，创下了十余年的历史最低值。

面对这样的形势，2008年11月5日，国务院总理温家宝主持召开国务院常务会议，研究部署进一步扩大内需、促进经济平稳较快增长的措施。会议认为，世界范围的金融危机日趋严峻，为抵御国际经济环境变化的不利影响，我国必须采取灵活审慎的宏观经济政策，以应对复杂多变的形势，要实行积极的财政政策和适度宽松的货币政策，出台更加有力的政策扩大国内需求，加快民生工程、基础设施、生态环境建设和灾后重建，提高城乡居民特别是低收入群体的收入水平，促进经济平稳较快增长。

在本次会议上，进一步扩大内需、促进经济增长的十项措施被确立。

- 一是加快建设保障性安居工程。加大对廉租住房建设支持力度，加快棚户区改造，实施游牧民定居工程，扩大农村危房改造试点。

- 二是加快农村基础设施建设。加大农村沼气、饮水安全工程和农村公路建设力度，完善农村电网，加快南水北调等重大水利工程建设和病险水库除险加固，加强大型灌区节水改造，加大扶贫开发力度。

- 三是加快铁路、公路和机场等重大基础设施建设。重点建设一批客运专线、煤运通道项目和西部干线铁路，完善高速公路网，安排中西部干线机场和支线机场建设，加快城市电网改造。

- 四是加快医疗卫生、文化教育事业发展。加强基层医疗卫生服务体系建设，加快中西部农村初中校舍改造，推进中西部地区特殊教育学校和乡镇综合文化站建设。

- 五是加强生态环境建设。加快城镇污水、垃圾处理设施建设和重点流域水污染防治，加强重点防护林和天然林资源保护工程建设，支持重点节能减排工程建设。

- 六是加快自主创新和结构调整。支持高新技术产业化建设和产业技术进步，支持服务业发展。

- 七是加快地震灾区灾后重建各项工作。

- 八是提高城乡居民收入。提高下一年的粮食最低收购价格，提高农资综合直补、良种补贴、农机具补贴等标准，增加农民收入。提高低收入群体等社保对象待遇水平，增加城市和农村低保补助，继续提高企业退休人员基本养老金水平和优抚对象生活补助标准。

- 九是在全国所有地区、所有行业全面实施增值税转型改革，鼓励企业技术改造，减轻企业负担1 200亿元。

- 十是加大金融对经济增长的支持力度。取消对商业银行的信贷规模限制，合理扩大信贷规模，加大对重点工程、"三农"、中小企业和技术改造、兼并重组的信贷支持，有针对性地培育和巩固消费信贷增长点。

国务院初步匡算，实施上述工程建设，到2010年年底约需投资4万亿元，这也是后来主流媒体把这次史无前例的宽松政策称为"四万亿计划"的主要原因。但事实上，所谓的"四万亿计划"是一揽子工程，4万亿元并非一次性投资，而是一个持续两年的有序安排计划。另外，4万亿元的投资额是一个全口径的概念，中央发挥了牵头作用，地方政府和民间投资也参与其中。

"四万亿计划"拉开了大资管时代的序幕，中国经济的增长模式也正式走入了"银行+地产"时代。这个过程先后经历了企业加杠杆、地方政府加杠杆和个人加杠杆三个阶段，杠杆推动了宏观经济的增长，也为信托行业带来了难得的增长机遇。在从2008年开始的漫长时间里，国内的信托行业充分享受到了货币和监管宽松的双重红利，行业内部也孕育出了票据信托、通道信托、政信信托、消费金融信托等多种业务模式，信托行业一跃而起，在国内的金融行业中，其资产管理规模仅次于银行。

（二）信托行业的第二个春天，是天时、地利、人和的有机结合

关于信托行业的第二个春天的成因，行业内的有识之士众说纷纭，有人说肇始于"四万亿计划"的宏观政策，有人说是信托制度灵活性淋漓尽致的体现，还有人说信托的高速发展是因为更好的制度激发了组织活性。这些说法都没错，但这些因素只是信托轰轰烈烈年代的一部分，这些利好因素谁也无法单独支撑起这个"大资管时代"。信托的黄金年代从本质上说，是天时、地利、人和的有机结合。

1. 天时

如果说让我们用三家在A股上市的企业来描述中国经济最近30年的主线，那么没有比四川长虹、中集集团和招商银行三家上市公司更为合适的了。这三家公司的股价分别在20世纪90年代、2000—

2009年和2010—2020年有非常好的业绩表现，究其原因，不过是它们代表了这三个不同年代的经济生活主线。四川长虹受惠于以电气化为核心要素的工业2.0时代，以中国加入世贸组织为代表的出口外向型经济让中集集团成为受益最大的公司，而招商银行则因为其在财富管理和资产管理方面的优势成为"银行+地产"时代下的宠儿。彼时，这些公司可能在企业治理、战略选择等维度上都有超越同侪的优势，但让它们出尽风头并获得最大成功的还是时代的烙印。

"四万亿计划"开启的"大资管时代"，本质上是经济增长模式的变化。以房地产为主导的经济增长链条辅以银行为主轴的金融模式，构成了过去十年的经济增长主线，而信托的存在恰逢其时，其利用贷款资格的制度红利和SPV的制度优势，为商业银行的表外业务（同业和理财）起到了最直接的润滑作用。而从"四万亿计划"开始的连续三轮的定向加杠杆（2009—2010年国有企业加杠杆、2013—2015年地方政府加杠杆和2017—2018年居民加杠杆），则直接促成了信托的通道业务、政信业务和消费金融业务的起飞。信托为过去十年的经济增长贡献了自己的活力，信托业也赢得了在金融行业的第二把交椅，其资产管理规模一度超越保险和证券公司（见图1-4）。

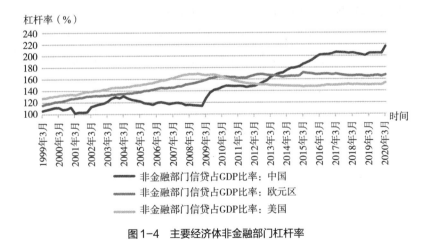

图1-4　主要经济体非金融部门杠杆率

2. 地利

讲到中国的信托，总有很多行业专家说，信托有"制度优势"，但信托的制度优势到底是什么，似乎很少有人讲得清。有人总是习惯提起英国的用益制度，或者搬出"信托的应用范围可以与人类的想象力相媲美"这句高深莫测的名言，但套用到我们的信托行业，仿佛总有点不对劲。事实上，如果非要说国内的信托行业有什么制度优势，那么我们还不如说信托拥有"贷款资格"和"横跨资本市场、货币市场和实业投资领域"这两个能力更为直接。

脱身于商业银行信托部，国内的信托公司天然就被赋予了贷款资格。不要小看这项资格，即便在金融"字面创新"和各种"受益权模式"满天飞的情况下，贷款资格依然是很多金融机构无法逾越的鸿沟。举个例子，在证监会没有对基金子公司的通道业务进行资本节制时，基金子公司对许多需要办理抵押的银行通道业务根本无法涉足。如果你没有贷款资格，你不是合格的抵质押权人，那么你报价再低也没有用。在《信托公司资金信托管理暂行办法（征求意见稿）》发布后，监管对于信托非标额度（集合贷款类额度）的压降频频进行窗口指导，部分信托公司的非标通道业务（事务管理类，不承担商业风险）收费都能达到100 BP甚至更高，于此可见一斑！

横跨资本市场、货币市场和实业投资领域，赋予了信托行业更多的业务选择，特别是当宏观经济发生根本性的调整时，信托公司具有更快的转向速度和灵活性，具有在一个更长的历史周期里的生存力。以当下的信托行业为例，有人担忧严厉的监管政策会使信托公司一蹶不振，但事实上，很多提前布局资本市场的信托公司已然践行了非标转标的国家金融战略，以华润信托（前身为深国投）、中国对外经济贸易信托和上国投为代表的信托公司，即便其非标业务全部停掉，其自身的证券信托业务也能够保证公司的平稳运转。

3. 人和

2020年10月前后，一家排名靠前的央企信托公司在其企业公众号的文章里称：求职者如果无法加入该公司，可以"考虑退而求其次，申请高盛和黑石"。这篇文章发出不久就在微博和知乎上掀起了轩然大波。有人质疑其人力水平是否真有这么高，有人以为这就是夸张式的宣传，但不可否认的是，伴随着大资管时代的红利，信托行业步入了黄金年代，信托公司的人力资源也迎来了高光时刻。在更好的业务前景和更高的激励水平刺激下，越来越多的能人加入这个行业，进一步加速了信托行业的高速增长。

客观来讲，中信信托的领导班子所创立的举手制及其派生的类合伙人制度奠定了信托公司优秀的人力基础，为整个信托行业打造了一个非常容易学习的范本，其他信托公司只需要"抄作业"即可。但我们如果认真比较一下最近十年的金融行业平均薪资，就会发现一件很有意思的事情，即信托行业的平均薪资水平比不过证券行业的，以致很多证券公司的领导经常发牢骚："我们的待遇明明比信托公司的好，为什么资管却干不过信托公司呢？"

在信托行业的第二个春天，中信信托所孵化的举手制固然关键，但行业内的其他信托公司在企业文化和人力组织上都有着自己独特的创新。例如：整个信托行业在高频监管下形成了"忧患意识"（即便今年业绩很好，也会提前思考未来2~3年的业务方向，为未来做打算），这种渗透在骨髓里的谨慎，让信托公司在高速发展的资管行业里能够居安思危，长期居于领先；一些排名靠前的信托公司强调内部合力，对内反复宣讲"握指成拳，鼓励内部协作"，有效地打破了不同业务条线的"筒仓效应"，大大提高了公司内部的效率；有些信托公司甚至提出"服务型风控"，前置风控，解决了公司"业务"和"风控"长期两张皮的问题，快速提升经营效率。

在长期的经营实践中，信托行业在大资管时代摸索出了形态各异但又非常有效的组织战略，把"人"这个最关键的命题搞顺，在组织内部形成"人和"，业务自然发展顺畅，把证券和保险甩在身后就是应有之义了。我们如果把信托行业在这期间的实践归纳总结一下，就会得到一个非常精髓的结论：大部分信托公司贯彻了"激励与责任相匹配，把团队经营权（人事、绩效）下放到团队，让听得见炮火的人指挥战斗"，这些制度促使信托公司变得更加扁平化，从而具有更快的反应速度和更短的管理半径。

不可否认的是，与举手制和类合伙人制度相匹配的狼性文化，让信托公司的横向拓展业务能力大幅提高，却有一个严重的后遗症，就是过分强调快速激励导致信托公司和信托行业专业化建设长期缺失。以某信托公司为例，其2010年还颇具规模的资产管理部（专营证券信托业务）在非标的高利润刺激下转型去做非标，却在2020年非标转标的时间点面临标品信托不足、业务系统陈旧不堪的难题，导致公司经营出现问题。另一个案例是，很多信托公司都设立了创新研究部，本意是总结业务思路、发掘新的信托方向，以研究推动公司业务发展，但事与愿违，这些研究部也在奖金的诱惑下变成了一个个业务团队，彻底地挂羊头卖狗肉。

七、展望资管新规后的新信托

2018年4月27日，央行、银保监会、证监会、外管局联合发布《关于规范金融机构资产管理业务的指导意见》，资管新规终于落地。相较于征求意见稿，资管新规正式稿在部分细节上有所放松，但是监管的基本原则未变。资管新规的发布从根本上扭转了信托行业和信托公司的陈年旧疾，第一次以全监管的口径进行联合行动，体现了监管的决心，也标志着对信托行业的监管进入了一个新的时代（见表1-3）。

表1-3 资管新规的要点及影响

要点	影响
消除多层嵌套和通道	信托资金大部分源于公募性质的银行理财，在消除多层嵌套且向上向下穿透之后，理财资金不能再投向私募性质的信托，资金来源将会锐减，通道业务面临萎缩
禁止期限错配	投资非标的资管产品要求终止日不得晚于封闭式资管产品的到期日或者开放式资管产品的最近一次开放日，由于非标期限较长，信托产品期限难匹配，信托投资非标严重受限
打破刚性兑付	信托普遍具有刚兑的传统，在打破刚兑、实行净值化后，信托公司只有加强主动管理能力才能维持产品对投资者的吸引力
合格投资者要求	资管新规提高了合格投资者要求，提高了信托产品的投资门槛；同时，投资者不得使用非自有资金投资信托产品，也使得信托资金来源减少
代销	资管新规要求非金融机构不得代销资管产品，现有资管产品销售平台若没有资管牌照将被取缔，信托销售渠道进一步收窄

资管新规的推出对信托行业有三个比较重大的影响。

首先，资管新规的严格约束使可配置信托的资金大幅下降，信托行业全面收缩，并在去杠杆的同时调结构。

信托产品作为一种私募产品，凭借其贷款资格在过去的十多年中享受到了丰厚的制度红利。但资管新规明确了穿透管理原则，向上穿透至投资者，向下穿透至底层资产。对于公募类银行理财产品来说，投资具有私募属性的信托计划、基金专户等产品将受限，而这些产品又是非标项目的重要载体，因此资管新规将极大限制非标资金的来源。资管新规着力解决的非标期限错配问题，使得银行理财和信托资金池产品的期限更长，导致资管产品募资难度提升。

其次，资管新规根除了多层嵌套和通道，对信托公司强化主动管理、培养自身的资产和资金能力，具有很强的现实意义。

消除多层嵌套意味着以SOT（银证信）合作模式为基础的监管套

利类通道业务彻底终结，金融机构的通道业务体量将逐渐收缩。通道业务的大规模发展主要是因为金融机构对各种监管要求和风控要求的规避，比如流行性、杠杆、监管指标、投资范围限制、投资者适当性限制等。资管新规明确强调金融机构不得为其他金融机构的资产管理产品提供规避投资范围、杠杆约束等监管要求的通道服务。从监管的角度来看，信托制度叠加监管套利所形成的不透明带来的监管难题被一次性解决，信托公司通道业务的衰竭意味着"影子银行"时代的彻底退出。对于信托公司来说，简单又赚钱的通道业务结束了。不管是集合还是单一信托，信托公司必须加强主动投资和管理能力，从非标准化债权的舒适空间中走出来，加大对二级市场和股权投资的关注及投入，以适应新形势的要求。

最后，资管新规强调打破刚性兑付，进一步强化信托公司的主动管理职责。

为了方便信托产品销售，国内信托公司通常向投资者承诺：在信托产品到期后，信托公司必须分配给投资者本金以及收益；当信托计划出现不能如期兑付或兑付困难时，信托公司需要兜底处理，这在信托行业高速发展的年代已经变成了行业的潜规则。在资管新规的要求下，信托打破刚兑势在必行，信托行业的版图将会重构，信托公司的分化将成为未来行业的主线。而在资金端，这将导致大量需要信托公司兜底的机构资金退出信托市场，高净值客户的重要性更加凸显。

资管新规以及后续以2019年银保监会64号文为代表的一系列监管政策的持续落地，对这个行业的影响是长期且剧烈的。从信托行业从业者的角度来看，这种变化是痛苦的——未来的信托公司也许会和融资类产品彻底告别，赚大钱的时代彻底终结。发挥制度优势的家族信托、ABN（资产支持票据）业务、二级市场证券和股权投资信托可能是未来的主流，"小而美"可能是信托行业的主要特征，甚至不排除信托仅仅以SPV的法律意义存在于金融体系中。

从境内经济的持续有序发展以及眼下经济转型换挡的变化来说，这种调整是成功的，是具有历史性眼光的。信托的监管也将步入一个新的时代，之前在"保发展"和"调结构"之间的纠结不复存在，更单纯的监管将是未来信托行业监管的主流。

2021年，资管新规的落地已经过去了三个年头，信托行业从诧异到接受，"非标转标"的大趋势已经肉眼可见、毫无争议。但非标转标该怎么做？做了标品信托，信托公司还能不能赚钱？谁也不知道。

这三年，信托行业的资产管理规模经历了2018年的冲高，已经在慢慢回落，有限的非标额度也在银保监会的有效部署下一点点被压降。在这三年里，信托公司给出了不同的回答：有的公司依然在和监管玩"躲猫猫"的游戏，在逃避监管的动机下大口吃着最后的晚餐；有的公司积极部署转型，已经通过资本市场掘到了第一桶金；而大部分信托公司依然在彷徨，在一片迷茫中等待着新的变化。

信托行业是国内金融行业的小字辈，它既年轻，也富有活力。即便它在不长的金融里程中已经遭遇了第七次大的调整，它依然满怀着信心看向前方。作为一种特殊的制度安排，信托的生存与发展绝不应仅仅局限在金融的范畴。我们也相信，信托作为中国金融的一部分，必将会在未来的生活和经济中贡献自己更大的力量。在本书后续的章节中，我们将会按照"宏观之势"、"业务之道"、"风控之法"和"财富之术"四个具体的篇章，来阐述我们对未来信托行业趋势的思考。

在很多问题上，我们并不认为这里的一家之言就是对的，我们也相信并不存在真正意义上的正确答案。对于信托这样一个年轻行业来说，在这样的变革中，努力地思考，用力去奔跑，也许就是最大的意义！

第二章

宏观之势

一、未来十年，中国企业面临四大巨变

未来十年，中国企业将面临周期、要素、结构和动力四大变化，这也恰好是一个自然生态系统在受到环境冲击时一定会经历的变迁。中国金融业的生态系统正在发生剧烈扰动和历史性跃迁，而信托业作为中国金融业自由化和金融压抑博弈下的产物，站在金融变革的前沿，对外部环境的变化尤为敏感，对四大巨变的感知与反应也将更加清晰与激烈。

有一种生物生活在距今大约 2.4 亿年至 6 500 万年间，它是这个地球绝对的王者，统治地球达 1.6 亿年之久，但是在白垩纪末期，这类霸主生物却因为环境的巨变突然灭绝，它就是恐龙。恐龙消失后，它的后代——鸟类虽然弱小，但能适应环境，还能随气候变化远距离迁徙，顽强存活下来并繁衍至今。这个世界不会因为恐龙的强大就给予它永久生存的权力，强大的力量在环境巨变之下也不值一提。这个世界永远是适者生存，而不是强者生存。适者，就是适应环境者。

自然界如此，人类世界亦然。未来十年，中国企业将面临宏观环境的四大巨变。能否适应这四大变化，将是关乎企业生死存亡的关键问题。

　　　　　　　　　　　　　　　　　　　　　　信托的未来

（一）从增量经济到存量经济（周期之变）

　　未来十年，中国经济将从过去的增量经济转变为存量经济，这属于"经济周期之变"。经济总量将告别过去的高速增长，中国的绝大部分行业增速都将明显放缓。地产、汽车消费等主要拉动中国经济发展的引擎也将逐渐式微。每个细分市场的增长都将见顶，中国进入机会和利益的存量博弈时代，市场参与者从过去"做蛋糕"到现在"分蛋糕"甚至"抢蛋糕"，激烈竞争不可避免。与此同时，过去20年高速增长掩盖的各类社会、经济和体制问题开始逐渐暴露，矛盾风险加剧，靠发展解决矛盾、靠增量解决问题的思路将逐渐失效。在存量经济时代，过去好赚的钱都已赚完，企业必须进行两大经营思路的转变：一是从"打猎"的投机思路转为"种地"的经营思路；二是从追求高大上的升维思路转变为市场下沉的降级思路。中国仍是世界最大的市场，人口众多决定了做生意"顶天立地"不如"铺天盖地"。

（二）从资源红利到知识红利（要素之变）

　　未来驱动企业的赢利模式将从资源红利转变为知识红利，这属于"生产要素之变"。过去中国经济的驱动主要是靠资源红利，包括人口红利、土地红利、政治红利、资本红利等。未来十年，要素资源的红利将逐渐退出历史舞台，知识价值与技术价值开始凸显，经济将从要素驱动、投资驱动转变为创新驱动。过去大量民营企业都是靠资源变现完成原始积累的，拥有资源就拥有生存发展的能力，大量企业是强资源弱能力型企业。但在接下来十年，政治环境和商业环境的变化将导致政治资源、金融资源变现难度加大，知识和技术能力开始成为新商业世界真正有效的发展引擎。中国传统政商关系的模式正在解体，政治资源将不再是企业核心资源，知识红利将成为产业发展新的动力。

（三）从需求侧拉动到供给侧推动（结构之变）

经济发展从需求侧拉动转变为供给侧推动，这属于"经济结构之变"。需求端的投资和出口告别高速增长，外贸型行业和基建地产产业链增长放缓。过去十年，在政府财政软约束下，地方政府基建投资狂飙突进，导致政府债务高企、很多行业和企业虚胖，也导致企业产品供给质量和供给效率低下。在供给侧改革的大背景下，产品需要靠创新和技术驱动，更多消费者开始追求产品的高品质和深体验，制造业必须进行一次脱胎换骨的变革。与此同时，消费互联网的狂欢告一段落。与美国不同的是，中国的互联网应用只造就了 To C（针对消费者）端的巨头 BATJ（百度、阿里巴巴、腾讯、京东），To B（针对企业）端还没有巨头出现。消费需求的满足对产品供给端的生产效率和技术水平提出了更高要求，从消费互联网到产业互联网的转变将是未来十年产业转型新的语境。

（四）从科技产业化到产业科技化（动力之变）

未来十年，中国将面临从科技产业化到产业科技化的整体跃进，这属于"生产动力之变"。科技是第一生产力，虽然过去十年中国在科技创新上取得了巨大成就，但受到文化和体制等因素的约束，企业科技创新的整体动力还是不足，商业模式创新企业较多，硬科技创新企业较少。未来十年，中国科技行业细分领域将面临全面产业化，地方政府和金融资本将追逐真正有技术实力的企业，科技将成为产业新贵和资本热土。在科技产业化的同时，各产业也将面临数字化、智能化和科技化改造。在美国，很多细小的行业都已经完成了数字化和科技化改造，很多中小企业都有一套大数据经营系统，但是在中国，企业大部分靠资源驱动，企业发展模式粗放，精细化管理水平较低，企业信息化水平较弱。在未来经济下行期，中国更多企业将会追求效率和管理提升。追求高速增长已成过去，产业科技化的春天即将到来。

未来十年，中国商业世界的游戏规则将重新改写，乱世枭雄的时代已经过去，企业唯有理解环境、适应环境才能立于不败之地。一个人、一家企业的成功，除了拼搏奋斗，更需要考虑历史的进程。我们都需要紧随国运，因为只有做与国同寿、与国同频的事，才能实现最伟大的成功。未来十年，变化就是机会，万物皆有裂痕，那是阳光照进来的地方。

二、最好的时代，最好的声音

过去十年，信托真正开启了中国的大资管时代。从信托资管的萌芽到券商资管、银行资管、保险资管的勃兴，在微观层面，信托产品设计的灵活性开启了大资管金融创新的序幕；在宏观层面，信托公司合伙人激励机制的流行助推了大资管组织激励的发展。过去十年，我们见证了一段波澜壮阔的金融史。（下文是作者王文韬为智信研究院《资管高层决策参考》撰写的创刊词，既是历史的梳理，也是未来的展望。）

160多年前，达尔文在《物种起源》里写道："自然界能够生存下来的，既不是四肢最强壮的，也不是头脑最聪明的，而是有能力适应变化的物种。"大自然用优胜劣汰、物竞天择的残酷法则告诉我们，这个世界不是强者生存，而是适者生存。160多年后的今天，当站在大资管时代的起点，审视着这个时代的游戏规则与生存逻辑时，我们想象着该如何去构建资管时代适者生存的路线图。

经济低迷、产业调整、牌照贬值、监管保守，这似乎注定是一个"最坏"的时代。有什么能让我们对自己、对行业的前途重燃希望，有什么能让我们对金融的规则、对财富的底线重生敬畏？大资管时代，机构群雄逐鹿，从业者英雄辈出，业务机会云谲波诡，每一次尽职调查、每一次商务谈判、每一次风控决策都充满着艰难与压力。银行理财的辉煌十年过去了吗？信托的五年逆袭到顶了吗？基金子公司的野蛮生长结束了吗？券商资管的紧箍咒解除了吗？保险资管的春天真的来临了吗？带着这一系列"世纪之问"，我们开始了一段新的旅程，一段记录历史、拷问当下、倾听未来的思想之旅。《资管高层决策参考》在这个旅程中应运而生。

在三期叠加、去产能调结构的特殊时期，经济步入新常态，改革进入深水区，人口老龄化裹挟着产业、金融与社会问题扑面而来。《资管高层决策参考》作为行业的观察者与思考者，将汇集资管行业智慧，以最贴近市场、最接近实践的研究影响有影响力的人。

八千里路云和月，莫等闲。我们关切资管人与资管事，我们深挖金融逻辑与产业故事，我们用理性与激情打造资管行业的灯塔。

《资管高层决策参考》作为面向机构高层定向发行的、具有内参性质的决策辅助读物，将紧扣资管行业脉搏，探讨大资管、大投行、大信托时代的重大实践和理论问题。此外，刊物将突出"研究的实用性"和"内容的决策相关性"，密切关注资管行业的一线实务问题，深度挖掘热点事件的背后逻辑，不回避敏感问题，"解渴、实用、及时"，将成为资管机构高层领导管理决策和业务分析的重要参谋。

在内容定位上，我们将以资讯和独家研究立言，以整合金融智慧与产业资源立身，以关注资管人的需求立命。刊物将努力满足资管机构高层在宏观趋势以及行业动态方面的资讯需求，去除非重点的市场噪声，总结具有行业洞见的核心观点；同时致力于满足资管机构管理中层、业务部门负责人对于市场热点、业务发展趋势、监管政策对业务影响等方面的信息需求，对这些影响资管机构展业和盈利的关切做出不同程度的回应和解答。此外，我们注重大资管行业的宏观视野，考虑到读者涉及不同类型的资管机构，内容上既有针对特定行业的专业文章，同时也注重不同受众的共性需求，在共性需求中突出个性，强调文章使用价值的多元性。

15~17世纪的大航海时代，发现了无数原本封闭隔绝的新大陆，开辟了东西方文化与贸易交流之路，奠定了人类文明的基础。我们身处的大资管时代，也如大航海时代一样，原本泾渭分明的金融子行业开始交流融合。伴随着金融自由化与产业调整的推进，一个最好的时代或许已经悄然到来。而在这个最好的时代，我们期望此刊能成为您最好的声音。

三、制度红利不再，信托行业该何去何从

在信托这个行业，我们听到最多的就是"在信托公司唯一不变的就是变"，信托人深深的忧患意识让人动容。尽管从本质上看，在境内的金融市场上，银行和信托在资管领域的差别并不大，但是外表形式的差别掩盖了两者深层次的共性。

银行从业者总以甲方自居，而信托却沦落为吃冷饭的小弟。虽然这个小弟开始慢慢地走向前台，但其身上所流露出的配角气质和不停地寻觅着方向的艰难困苦，无时无刻不在证明着一件事情：信托行业要想真正长久地走下去，避免继续成为银行的附庸，还有很长的路要走。

信托从业者每年都在寻找未来的路。从资本市场繁荣带来的新股申购到"四万亿计划"推动下的房地产和地方政府平台业务，大多数人都看到了宏观政策调整后变化的信托，却忽视了变化下的信托行业内在的不变因子。一个行业长期稳定快速的发展根源于灵活多变的企业政策，但行业真正的有序发展离不开顶层的政策设计、企业层面的管理架构和人才的有机涵养。

所以，在讨论信托未来该走向哪里、信托下一次转型将如何发生之前，我们需要搞清楚以下问题的答案：信托这几年高速发展的根本

在哪里？是什么支撑了信托行业的成长，而这些因素在未来是否会继续成为行业的助力？

（一）类合伙人制度是信托公司快速发展的根本

现在是需要抛下企业管理学那些繁文缛节和人云亦云的说法去客观剖析信托的时候了。信托行业的快速发展是因为其灵活有效的人力制度和分配制度，简单来说，就是类合伙人制度对信托公司的发展起到了根本性的作用。

不少人认为，信托公司的发展不过是受荫于政策红利，做了其他金融子行业想做而不能做的事情，这种说法并没有说服力。按照行业普遍的观点，金融行业分成三大板块：资产创设（融资类贷款、股权融资、公开市场债务等）、资产管理（基于资产而进行的再组合，最主要的业务形态是资金池）和财富管理（将前两者生成的金融产品卖给个人和机构）。

信托公司在这三个方向上一直受到来自监管和同业竞争的压力。在集合资金信托计划迅猛发展的几年间，在资产创设端（主要方向是房地产、消费金融和政府融资平台），信托公司一直为银行的同业和理财所压榨，在监管较少的外部环境下（最近两年已经得到了逐步的政策修正），奔放的银行同业和理财给信托展业造成了极大的压力，以致信托只能作为通道赚点辛苦钱。在过去时态下，信托公司的房地产展业经常将前期高成本（15%甚至以上）的银行同业或理财资金置换出来。

从表面上看，银行同业和理财业务在资产创设上拥有更低的监管约束和更有把握的资金，在资产端具有极大的优势。但实际情况是，信托公司的集合资金信托计划方兴未艾，有望赶超前两者，占据的市场份额越来越大。这就只能从业务以外的管理来找根源。

关于中信集团的发展历程，有一本很精彩的书《艰难的辉煌》，其中中信信托李子民的描述值得回味。2006年，在重重压力面前，中信信托在业务管理上实现了创新，类似于合伙人制度的包干制正式施行。在金融行业高激励还尚未普及的情况下，中信信托做了第一个吃螃蟹的人，李子民作为当时的部门承包人也拿到了那时候的天文数字奖励50万元。

事实上，这种金钱效应带来的不仅是现有业务团队人员积极性的大幅度提升，也促进了人才持续地流入信托行业。在过去几年，我们看到的情况是银行、保险、券商的大量人才在高激励的背景下来到信托行业。这种效应带来的不仅仅是人员规模的扩张，更对行业经验和人脉增厚起到了不可替代的作用。许多经济学家论证东三省经济走低的根本原因就在于人口的流失，一个区域如此，一个行业亦如此。人才是发展的根本动力，信托行业不过是在金融行业内再一次践行这个法则。

我们强调类合伙人制度对信托行业发展的巨大推力，并不是否定其他因素对信托的正面影响。比如：监管并不倡导的刚性兑付，使得信托公司经营谨慎度大大提升、风控经验不断积累；净资本管理办法一方面加强了信托的兑付能力，另一方面强化了信托公司对业务发展的合理选择。

在实际操作中，类合伙人制度带来的两个重要特性为业务的横向扩张带来了极大的便利。

第一，在团队内部，负责人具有较强的人事权和经营分配权。

什么人可以留在队伍内、什么人该拿什么样的奖金，直接扁平化到部门负责人，这种做法并非认为部门负责人的分配能力和管理能力就一定强于传统的人力部门，但这种做法的最直接好处在于将人事管理和业务发展更接地气地结合起来。相比传统银行更长的传动链条，信托的管理半径更小、速度更快、精确度更高。也就是说，业务团队需要什么样的人，团队负责人自然比后台的人力更清楚。

当然，这种制度也存在弊端——大量部门负责人存在分钱不均、任人唯亲的现象，造成了基层员工用脚投票的情况。好在类合伙人制度最大的特点就在于具有极强的可复制性，比如：中信信托就开业内先河发展了举手制，在经过公司管理层公开讨论后，经验丰富的业务人员可以举手成立自己的业务部门。这种制度设计在金融行业人才高流动的背景下，为公司留存了更多的人才，同时举手制的存在也制约了其他部门负责人的分配和管理方式。

　　尽管部门负责人的分钱方式没有什么高深的管理模型和KPI（关键绩效指标）考核体系来支撑，但他们都明白一个道理，即让表现好的人获取合适的奖金，否则就可能造成重要人员流失，下个年度业务受损、利润下降，两败俱伤。不得不说，这种在相互博弈的背景下产生的分配方式，在某种程度上是最有效的。在信托公司内部，长期稳定做得好的业务部门，往往是那些在资源、分钱和人员提升三个方面平衡得比较好的部门，领导深谙"财聚人散、财散人聚"的道理。我们可以发现，即使银行同业和理财资金池具有更强的业务优势，但由于管理的刻板和激励的落后，强势的银行背后必然给信托公司留下了广阔的生存空间。

　　第二，类合伙人制度的核心在于不限定业务的范围。对比传统银行部门内部的权力分立、相互扯皮，信托公司的业务团队可以更敏锐、更灵活地决定自己要做什么和不要做什么。

　　在信托行业中，除了中国对外经济贸易信托等少数信托公司对业务部门的经营范围进行限定，大部分信托公司业务部门的经营范围都是平行的，所谓的创新业务部、投资基金部和投资银行部等高大上的名字，和传统的信托业务部并没有差别。这种方式的好处在于：当一项业务机会来临时，整个公司的转型速度和推动力度将达到一个可怕的程度；在简单的奖金制度的促使下，部门无须动员就会按照相同的方式进行业务的快速复制。这在信托行业的新股申购、房地产和政府平台业务中屡见不鲜。

这种模式对公司实现统一的战略管理有极大帮助。另外，业务部门在没有安全边际的情况下也养成了更强的狼性，为公司实现下一次转型或同业竞争奠定了良好的基础。

当然，类合伙人制度并不是包治百病的。在国内金融领域，另一个践行类合伙人制度的是券商的投行部，证券公司的投行业务依然围绕着垄断红利做文章，没有大的发展。这显然和政策过度保护导致投行部门不思进取有极大关系。在过去十几年中，证券公司的投行部受到政策红利，独霸了IPO（首次公开募股）、交易所发债等业务，虽然高昂的奖金使得高素质人才趋之若鹜，但缺乏竞争的环境使得行业缺乏狼性。

（二）类合伙人制度逐步走入瓶颈

透过信托公司的发展历史，我们可以清楚地看到类合伙人制度对产能释放所带来的巨大成果。中信信托作为该制度的第一个践行者，大幅度提高了自身的行业排名和资产规模，并连续多年排名第一；而中融信托则大幅提高合伙分成比例，以民营企业背景野蛮生长，令其他从业者为之侧目；至于后起的五矿、中航乃至新进的光大信托，不过是这种制度的进一步延伸，无他异也。在行业高速发展的年代，更有激进的信托公司将业务团队直接外包，公司只进行合规和风控的把关，连形式上的管理也放弃了。在这种制度下，从业者衡量一家公司是否可以依靠的原则不在于公司的品牌和平台，而是更高的分成比例。不用说，每一个从业者也都渐渐明白，信托公司的管理开始走向混乱，缺乏制度上新的变革，各家公司只是在费用上进行血拼，这种模式或将很快终结。

相比于这个模式何时终结，我们更应该关注的是这个现行制度模式的问题在哪里。我们看到，类合伙人制度在业务横向拓展方面有极大优势，特别是在业务模式相对简单、技术含量不高的背景下，这个模式的优势更为明显。但我们更应该看到的是，由于分散经营、公司缺乏合力，类合伙人制度在复杂业务纵向拓展上比较乏力。在以资产证券化为代表的复杂业务领域，信托公司更多地沦为通道来比拼价格，这和自身专业的缺失有极大关系。另外，夹层类或真实股权类房地产业务，相比传统的432和明股实债模式具有更强的专业性要求，但真正在业务中进行批量推进的又有几家？一方面，狼性文化下的类合伙人制度强调单兵作战，使得组织中的专业聚合难度加大；另一方面，狼性文化使得各个团队相互隔离，缺乏成功经验的有效分享，知识的传播受阻，难以进一步提高和升华。

值得一提的是，不少信托公司通过风险控制的环节实现了知识的共享。例如，中信信托为通过组织公开化的评审，将各团队的部分成功经验进行了传播，提升了公司系统的业务经验和知识底蕴。

专业化经营是任何一个行业、一家公司走向成熟的标志，专业的人做专业的事情，而靠一个小团队包打天下的时代终究会过去。专业化经营会体现在信托公司以下几个方面：

- **资金业务**。资金为王的时代即将来临，谁拥有灵活、可靠的大额资金，谁在未来获取资产的能力就越强，这也是信托公司殚精竭虑要发展资金池业务的一个根本原因。除了资金池，信托公司集全公司之力建立自己的财富管理中心、培养自己的高净值客户并组建机构客户部，通过专业化经营来释放资金端的产能从而为资产业务创造更多的便利，也都是信托公司未来的发展方向。

- **资产获取**。信托公司在资产端的大客户基本源于银行渠道，很少有信托公司能培育出自己的核心融资客户，这个问题有信托公司惯于单兵作战而导致难啃硬骨头的原因，但不同部门之间的狼性争抢使得融资客户的维护缺乏系统与连贯性，也加剧了这个问题的严重性。有些信托公司另辟蹊径，将业务获取和产品设计分成了一个流程上的两个部门，前端专职获取业务，中端进行产品设计和流程处理，下游进行产品销售。这种精细化的分工提高了效率，也增强了业务人员对客户的维护，提升了客户体验。

■ **有限度地尝试业务部门的专项经营**。以房地产为例，信托公司可以考虑设立专职的房地产业务部。这个部门本身不经营其他业务，而精专于房地产业务模式的研究和客户的融资服务。其他诸如资产证券化、阳光私募、私募股权等都可以考虑类似的模式。这种部门的设定也要考虑未来变化的灵活与变通，比如当房地产业务被临时性叫停以后，人员和业务该如何安排，需要公司在战略层面进行统一协调。

（三）信托行业未来路在何方

如果我们把信托公司的高速发展归功于类合伙人的企业制度，那么我们现在已经看到了这种红利渐渐消退的迹象。此时，信托公司该如何发展？哪些方向是信托公司需要大力拓展的？

1. 信托公司更应该像一家企业

现在信托业内有一种声音：大家总在大谈信托行业的特殊性，信托行业和信托公司的发展历程如何曲折和特殊。这种观点显然忽视了信托公司作为一个经营实体的普遍规律，误以为信托公司是一个可以脱离企业自然规律的独立王国。这种声音之所以受到很多人的青睐，是因为这些人都明白，现在的很多信托公司不过是一个个战斗队的集合体，并没有形成真正的合力，故而欲盖弥彰。

脱离了信托的外壳，信托公司就是一家普普通通的企业，其管理原理和街边的7-11或是华为、小米没有本质的区别。企业要赢利，要制订战略规划，要管理，要人才，要做好内控，要做深业务的上游和下游，要做好业务发展和风险的匹配，要做好融资选择，要做好股东管理层和员工的平衡，不要因为是"信托公司"就忽视了这些简单的问题。这些问题是信托公司需要面对的根本问题，不仅是因为信托转型的需要。从这个角度来看，公司做出一个结构上或者制度上的新安排，其意义远大于我们想明白了某项具体业务该怎么做。

2. 信托公司的人力培育

我们可以做一个简单的设想：一群最有天赋的人在一个有序的组织中各司其职，无论这群人从事什么行业，他们应该都是最棒的。人才引进和组织聚合这两个永恒的命题，恰恰是国内信托公司需要去真正思考的。

大部分信托公司在实务中已经把人才引进的命题下沉到业务团队中，但这种模式的弊端在于，团队主管更倾向于用"好用"的人，并不是有能力的人。对于团队而言，这种用人方式也许在短期内是好事，因为团队会更稳定、更默契；但对于公司来说，新鲜的血液和独特的想法才是发展的根本，而单纯依靠高提成来吸引新人的用人机制，其吸引力已经慢慢淡化。如何塑造信托行业自己的理想与特性，从而全方位留住人才和吸引人才，是留给信托公司思考的重大问题。

有序管理，也就是说什么样的人该做什么样的事情、该获得什么样的激励，这是国内外所有企业都急需解决的。相对乐观的是，大部分信托公司还很小，所以条线短，谁干得好与不好，管理层一目了然。也就是说，管理和考核的问题是相对透明且相对客观的。需要关注的是，不少公司人员规模已经不断膨胀，依靠"观察"已经无法满足人力管理需要，如何建章立制以提升系统化的考评和管理能力，是信托公司当下必须解决的问题。

3. 信托公司需要稳定的资金来源

银行资产管理的优势在于，以支行为触角形成的广大体系造成了融资客户和投资客户批量获取的态势，使得经营效率大幅提升；而保险作为后起之秀，其优势源于稳定的资金。相比前两者，如果信托行业在未来不能发展自己的一技之长，那么其在资产管理领域必然会处于下风。解决资金问题的主要思路不外是建立专门团队（财富中心和机构客户部）进行营销和大力发展资金池业务。值得关注的是，信托公司面对着众多资产和众多负债，在有序管理的前提下，自身岂不就是一个资金池？对于信托行业来说，只要用心思考，一定会有解决的办法。

（四）信托行业依然有着光明的未来，但需要一步一步扎扎实实地走

有人问：在未来的资产管理行业，当面对银行、券商和基金公司的竞争时，信托如何能够胜出？信托最大的优势不在于制度，而是信托行业的从业者吃过太多的亏、流过太多的血，所以他们更谨慎、更富有经验，也更能游刃有余地应对未来的变化。信托行业从1979年中信公司的成立到现在，已然过去了40余年的时光，流逝的岁月使得这个行业的从业者更加坚信一些颠扑不破的真理，也更有信心走下去。

四、监管政策频出，会对信托行业产生哪些深远影响

被资管新规等一系列后续监管政策"蹂躏"的信托行业，在步入2020年时已经显得颇为疲惫了。在新冠肺炎疫情防控期间显得异常平淡的非标市场，却被一个监管核弹炸得波澜骤起，很多人本已脆弱的神经突然崩溃了。关于《信托公司资金信托管理暂行办法（征求意见稿）》的各种解读一下子成了最热的话题。

这次的征求意见稿并不复杂，是简单清晰的。我们不谈那些陈陈相因的内容，只是想站在从业者的角度，跳出当下的纷纷扰扰，用一个更长的历史观，试着去看看未来的路该怎么走。

（一）标品信托和服务型信托能否支撑起信托公司的未来

伴随着信托"三板斧"被不断严控，有识之士都开始寻找转型之路。此时，标品信托和服务型信托（资产证券化信托、企业年金信托、家族信托和慈善信托等）似乎是各家信托公司保命的最后一根毫毛。充实服务型信托的额度，平衡信托公司的非标信托，这样的期望现实吗？

我们先来说说标品信托中的证券类信托。2018年年底的数据显示，证券类信托存量规模为2.6万亿元，该项业务由于相对透明，已经进入红海阶段，信托报酬已然很低。证券类信托利润率不高且前期成本和人员开支较大，68家信托公司参与度差异较大，行业分化比较明显，规模集中度较高。其中，华润信托和中国对外经济贸易信托两家占据了市场的最大份额，两家存量规模之和超过市场规模的1/3（超过5 000亿元规模），寡头垄断的格局已经形成。

这条路线是否值得其他公司复制？当那些不重视证券信托的玩家杀入这个市场时，唯一可能的变化是红海变成血海，各家通过价格比拼来争抢客户，信托报酬率进一步下跌。有人会问，为什么不做证券信托的增量呢？针对此问题，我们给予的回复是反问式的：长期充当证券通道的信托公司，它们的资金又从哪里来呢？

接下来，我们阐述的主题是服务型信托。以家族信托为例，该项业务事多且杂，大量的工作在短期内缺乏系统的可替代性。在目前的运行机制和户均规模下，信托经理人均维护总规模非常有限，在短期内无法形成信托公司的利润支柱。从极端角度来看，即使发挥"假家族信托"所具有的资金池功能，面对日渐稀缺的地产额度和融资类额度，可配置资产也越来越少，这种"绕监管"又有多大的意义呢？

当信托公司的融资类业务蓬勃发展之时，低效益的服务型信托可以算作信托公司未来转型的储备，其业务的存在可以通过内部平衡来维持，但当融资类额度走向萎缩之时，谁又来补贴它呢？当然，另一种可能是，当融资类产品的额度足够稀缺时，信托公司所有的高净值客户只有转化为家族信托客户才有配置融资类产品的资格，各家信托公司的财富中心转化为若干个家族信托或者家族办公室，信托公司全面转向财富管理，20万亿元的资产管理规模将不复存在，小而美将是行业的主基调。

关于财产权信托，在资管新规征求意见稿发布会上的答记者问环节，监管机构则直接提出："对于以非现金财产设立财产权信托，若其自己通过受益权转让等方式向投资者募集资金，也属于资金信托。"长期的一个系统漏洞被打上了一个结结实实的补丁，试图钻空子的机构在一开始便希望落空。聊以慰藉的是，家族信托、资产证券化信托、企业年金信托、慈善信托等被列入服务型信托。但回到现实来看，这些业务赚钱吗？

（二）我们是否应该对监管的力度心存侥幸

有人会质疑：这不过是征求意见稿，为什么搞得那么悲观？但事实是，在资管新规征求意见稿之后，所谓的"征求意见"便成了"提前招呼"，而这些质疑的背后是对监管的深意判断不足。在金融变革的时代，讨论关于监管的每一个政策的推动和落地，都要回到信托监管本源所面对的问题上。

事实上，站在监管的角度看信托监管，是一件非常困难的事情。一方面，境内信托行业有着超过20万亿元的庞大体量，它的存在和发展对经济和金融的活性与发展起到了不可估量的作用，引导其在经济生活中发挥积极作用是一件非常必要的事情；另一方面，境内信托行业具有的贷款资格所形成的行业红利，使得68家信托公司及其股东乃至投资者在助力金融发展的过程中获得了极大的回报，这样的局面又使得信托回归本源异常困难。信托监管在某种程度上既要发挥信托公司现在的积极作用，不能因为调整一棒子打死，也要在长周期内调整境内信托公司的定位，让那些曾经的"坏孩子"重操旧业，这样的监管难题是其他金融子行业所没有经历的。可以说，从一开始，境内信托行业的监管就在两个不同维度的战线上进行着困难的工作。

伴随着金融稳定委员会的设立和资管新规的落地，监管的态度已经越发明显，信托回归本源是大势所趋，信托监管在"保发展"和"回本源"之间的历史性纠结不复存在。这种趋势并不会因为某些人或者某些公司的利益而发生变化，目的纯粹的监管将会是未来信托行业监管的主流。

（三）站在境内经济生活和金融行业发展的大趋势上看信托，调整是大势所趋

站在2020年看过去，境内经济的增长格局与发展模式在不断发生变化，人口红利趋于终结，国家、企业和居民的杠杆加无可加，依托人口红利和货币超发的经济增长模式趋于终结。我们相信，在可以预见的不远的将来，以加杠杆为主要表现形式的"银行＋地产"增长路径，一定会让位于"优质企业＋上市公司"的发展模式，非标转标不只是金融监管所必需的，还是整个经济体制改革的必要部分。

过去，以房地产为代表的经济模式受惠于货币的超发，带动了房地产以及周边产业快速发展。在资金总量相对确定的情况下，房地产市场的良好表现吸引了更多资金的流入，进一步刺激房地产相关产业的发展。同时，房地产市场的自我强化形成了资金的虹吸效应，对资金流入实体经济造成了不利的影响。为了实现实体经济的真正复苏，只有改善资金的流向，我们才能实现中央提出的"脱虚向实"的大

目标。

在这个大方向下，我们通过梳理这两年的经济和金融事件可以得知，中央有四个主要策略正在发挥作用。

- 通过更为审慎的货币政策来控制银行信贷，从源头上切断M2高速增长的基础。
- 出台资管新规，对银行表外资金进行直接限制，进一步压缩表外融资的规模，提高央行对货币政策的执行力度，对房地产最主要的资金来源加以控制。
- 加强金融口的窗口指导，采用额度限制，对以房地产融资为主体的非标产品进行直接打压；而房地产价格趋稳导致房地产相关的投资品优势不再，资金从房地产市场流出。
- 在相关政策引导下，大量资金从房地产市场流出，只能流向实体经济和资本市场（本质依然是实体经济），这在一定程度上改善了实体企业融资难的现状。融资形势的好转有利于企业利润的进一步释放，反过来继续刺激资金流入实体经济与资本市场，从而形成正面的螺旋上升效果。

基于这样的判断，从长期的视角来看，经济模式正在发生根本性的调整，金融作为扎根于实体经济的一种服务模式，也要顺应调整。趋势不可逆，历史的车轮不会停下。近两年来，金融监管的手段之严厉，前后衔接之紧密，实属罕见，金融行业（除了证券公司）特别是信托公司，将迎来最难的日子。

如果按照国家"脱虚向实"的大战略要求，那么信托公司现在的通道、地产、平台和消费金融无一不处在政策的逆行道上。当两万多名从业者为20万亿元的资产管理规模而骄傲时，殊不知在国家政策的百年大计之下，这种骄傲显得多么廉价。

(四)更平坦的金融和全新的信托

关于征求意见稿的议论特别多,有人说"重启的第一步其实是关机",也有人说"金融无门槛,大家都是渠道而已"。跳出短期情绪的作祟,把作为信托从业者的小焦虑放在金融历史的长周期中,这一切皆是过往。信托行业的每个人应该永远"活在当下",谁也无法抗拒趋势,但我们可以顺应潮流,找到自己的定位,发挥自己的价值。

从信托从业者的角度来看,这种变化是痛苦的:未来的信托公司也许会和融资类产品彻底告别,净利润动辄二三十亿元的信托公司在未来将不复存在,行业普遍的高薪酬也将回归正常。在更远的未来,在监管进一步的催化下,发挥制度优势的家族信托(包括依托于家族信托而存在的家族办公室业务)、资产证券化业务、二级市场证券和小规模的股权投资信托可能成为主流,融资类和地产类信托将被限定在一个很小的范围,"小而美"可能是这个行业的主要特征。

一场狂风骤雨后,一个更清新的蓝天出现,这片蓝天一定和之前的有所不同。在新市场里,各类金融机构之间的障碍将会被打破,历史的沉疴终将治愈,交互成本将会持续下降,资金的往来会更加清晰透明,而最好的钱也会被配置给最好的人和最好的项目。

如果我们能站得更高一些,跳出信托和金融的视角来看待这些发生在我们身边的故事,如同《岳阳楼记》中那句"不以物喜,不以己悲"的态度一般,我们就会发现这些调整和变化都是以境内经济的持续有序发展为最终目的的,中间这些波折和苦痛都是有价值的。

五、监管政策促使信托公司的业务出现新变化

2004年,美国好莱坞大片《后天》讲述了温室效应造成冰山融化进而导致全球性的大风暴,使得整个北半球陷入冰河世纪的故事。

让人记忆犹新的是影片呈现的纽约博物馆中猛犸象遗体。在灾难来临前，猛犸象庞大的身躯还没来得及对周遭的变化做出调整，便在进食环节被冰冻起来，隐喻着那些庞大却笨重的事物，都将随着时代的变化而被写入尘封的历史。

从这个角度来看，从2018年开始的资管新规、2019年银保监会64号文和《信托公司资金信托管理暂行办法（征求意见稿）》一起掀起了一场非标领域的大风暴，一个20万亿元资产管理规模的行业将会走向哪里？风暴过后会发生哪些新的变化？不讲规则和法条，也不说大道理，我们想抓住重点来透析一下新规之于信托业务的影响。

（一）征求意见稿中最核心的两个指标：30%和50%

1. 征求意见稿同资管新规取齐，很多调整在预期之中

征求意见稿中的较多内容是对原有信托资金管理办法和资管新规的一种协调，诸如200人的设定、结构化信托的具体比例等要素，都是以资管新规为标准进行的统一调整，在规则上取齐。对于这些内容，大家普遍都有预期，调整也并未超出资管新规的范围。

值得关注的改动主要是30%和50%两个指标：第一个指标"信托非标单一集中度不超过信托公司净资产的30%"，第二个指标"集合资金信托非标投资总计不超过总的集合信托计划规模的50%"。这意味着信托公司的地产大客户战略和以非标为主的战略方向遭到了根本性的打压，头部信托公司同某地产动辄几百亿元的合作，在新规落地后将面临持续的整改。

2. 信托牌照的价值受到影响，上市信托的盈利前景存疑

有人说，信托公司这次保住了贷款资格，值得庆幸，但从另一个角度来看，每做一单位的非标信托就要配套一单位不怎么赚钱的标品信托，信托公司的赢利能力将会受到长期持续的打击。更何况监管对于房地产类信托还有单独的窗口指导，受到各种因素的持续挤压，信托公司暴利的行情将不复存在。这些年来，多家信托公司直接或间接地登陆资本市场，一旦信托公司的盈利增速出现下滑，上市公司的整体估值就势必受到影响。

（二）50%对信托公司有着什么样的影响，信托业务又有哪些新变化

在近似估算中，我们可以看到，非标比例超过50%的信托公司后续都会存在较大的调整压力；而即便是非标比例不足50%的公司，也有可能因为估算不精确而导致规模超标，进而面临整改。其中，非标资产规模较大、净利润较高且依赖信托手续费收入的头部信托公司（比如平安信托、重庆信托和五矿信托等）整改压力较大（采信于2019年部分年报数据）。

摆在大部分信托公司面前的两条路，要么是暂停新的非标类产品创设（这个周期可能会持续1~2年时间），要么是加大对标品信托的研发与推动。当然，不排除部分信托会再次走老路，在征求意见稿尚未落地的情况下，加速非标投放，眼前先吃饱再说，"明日愁来明日愁"。

1. 证券业务的新格局

值得关注的是，部分证券信托业务开展良好的信托公司，比如华润信托、中国对外经济贸易信托和上国投等，其证券业务发挥了压舱石的作用，对未来非标业务的发展给予了稳定的支持。但对于整个行业来说，不容乐观的是，在下一阶段，大量信托公司为了平衡非标与标的比例，势必会在公司层面加大标品信托的推动力度，有些信托公司甚至喊出了"万一"的费用标准。本已是红海的证券信托业务，

势必会进入行业内殊死搏杀的血海阶段，行业"内卷"将会进一步加剧。

可以预见的是，下一阶段的证券类信托业务会发生以下变化：

- 依托于银行代销的业务模式无法在短期内形成规模性增量，存量竞争将是未来的市场格局，证券类信托的报酬将会一降再降，"万一"不会是底部。
- 除非迎来一轮历史性行情，否则单纯依靠"阳光私募"的旧模式来实现规模增长是不可能的。信托公司在后续发展过程中必须开发出证券业务的新模式，在证券业务领域寻找"标"与"非标"的过渡性产品，比如带有固定收益特征但又更具想象空间的量化对冲、定向增发和可转债等业务。
- 全能型的信托小团队在未来必须加大标品集合的研发力度。未来，信托公司只有做一单位的标品信托才能做一单位的非标信托。严厉要求下所形成的配额制，要求业务人员有着更全面的业务能力。
- 信托公司财富中心必须加大标品信托的销售力度。在旧模式下，依托刚性兑付进行简单销售的模式不复存在，非标额度越发稀缺。理财经理必须熟识资产配置理论，通过输出专业能力并结合市场情况对高净值客户进行有针对性的配置，从而在标品信托（主要是证券信托）业务上扩张自己的份额。

2. 信保"类通道"业务的费用进一步上涨

在具体实务中，信托公司同保险资管合作的"类通道"业务一直是颇具争议的。很多信托公司认为，"既然要向监管部门报备为主动管理，我就必须承担主动管理职责，即便合同有事务管理特征也不行"；而不少信托公司则因为融资人大多是AAA大客户，觉得风险不高，把"信保"合作当作扩充规模、薄利多销的一种业务模式。但不管如何，非标、贷款和房地产三类额度的约束在信托公司的经营层面都会持续施压，"信保"合作费用大幅上涨已是必然。

（三）30%对信托公司房地产业务的冲击

1. 对信托自融的极大约束

很多人觉得征求意见稿对关联交易给予了一定的放松，但实际上，非标集中度上限不超过信托公司净资产30%这个指标让很多具有自融特征的信托公司备感压力。特别是当这个指标最终指向实际控制人层面的时候，许多风格奔放的信托公司将面临较大的考验——基于自融需求的相关业务，其资产端将会进一步向地方金融资产交易中心转移。

2. 地产大客户战略的终结

大客户战略是很多头部信托公司快速发展的关键支撑，恒大、融创和世茂成为信托公司最重要的"座上宾"。这些头部地产公司的信托融资动辄百亿元，远远超过了30%净资产的上限。而依托于深度合作，大客户带来的其他业务机会对于信托公司来说，更是实现了"一鱼多吃"。30%的规则一旦严格实施，对信托大客户战略就是一个极大的冲击，利润增长承压。

3. 大型地产公司的调整策略

大开发商从头部信托公司拿到的钱少了，会不会对它们的资金链产生负面影响？在这个过程中，阶段性的波动一定会有，但冲击不会很大。首先，自2020年以来，受新冠肺炎疫情影响，开发商主动或被动地放缓了拿地的进度，并有意识地加速了去化，现金流有所好转。头部开发商融资成本持续走低是直接证据，只要开发商不逆势而为，现金流的平稳就是应有之义。其次，在信托融资市场，从2019年开始，各家信托公司的经营战略明显向头部地产客户集中，头部客户的融资环境不断好转。大型品牌开发商在认同度较高的情况下，完成从"大信托"向"中小信托"腾笼换鸟的动作，应该是相对容易的。

4.30强以后的开发商或许会有更多业务机会

信托公司从2019年开始形成了向头部地产客户集中的趋势，这对30强以后的开发商并不友好，但征求意见稿对大开发商在各家信托公司的额度"盖了帽"，这意味着各家信托公司为了保有最珍贵的地产额度，就必须多元化自己的客户结构。在这个趋势下，那些管理能力好、去化速度快，同时在一、二线城市拥有较多储备的二线房企，将会是征求意见稿的受益者。在不远的将来，房地产信托的投资者势必会摆脱恒大、融创和世茂的审美疲劳，而许多30强以后的开发商将会出现在投资者眼前，"大而不倒"的逻辑会被"良好的区位＋较低的成本＋去化能力"取代。

5.地产信托额度成为稀缺资源，收益更高的股权类产品将成为主流

当非标额度、房地产额度等多项指标同时发挥作用的时候，信托公司轻松赚20亿元的时代将不复存在，有限的地产信托额度将成为决定一家信托公司赢利能力的关键。从信托公司的角度来看，运用好有限的地产额度来创造出更大的价值，是必要的。对于同样的对手，是相信其信用和抵押品，还是相信其管理能力？从行业的潮流来看，信托公司的房地产业务向更高收益的股权模式过渡，是必然的选择，这对信托公司的战略、风控和销售都是挑战，也是无法回避的。

从整改角度来看信托公司的业务层面，信托公司经营层面的思考顺序应该是："非标额度是否超标？"→"标准化产品有哪些是可以快速上量的？"→"房地产的额度是否充分利用，是否创造了最高的利润率？"→"剩余的贷款额度如何在主动管理的政府融资平台、消费金融和工商企业间分配？"→"如果贷款额度依然有富裕，那么是否可以考虑保险类通道业务和其他收费更高的通道业务？"。

6. 私募地产基金的机会和潜在的人员流动

当房地产信托在政策的挤压下无法腾挪时，房地产市场的运行却并不停歇，信托公司留下的市场空间必然有新的机构来接手。从投资者的角度来看，"非标将死"不代表"非标立刻死"。怀着对固定收益类产品的怀念，房地产类的相关融资依然会成为高净值客户的稳定选择。在这个过程中，部分前期积累了良好品牌和管理团队的地产基金将会迎来新的发展——中城联盟、光大安石和鼎信长城等经过市场考验的私募地产基金，在地产客户本就和信托重叠的情况下，可望获得更多的市场份额，甚至其资产质量会因为信托的退去而进一步提高。

从人力资源配置的角度来看，如果未来地产融资额度悄悄转向，那么这势必会造成大量优秀的信托经理从信托行业流出：一方面，他们进入有良好品牌的私募地产基金；另一方面，很多有想法的信托经理会成立自己的地产基金，在这个更加灵活的市场中释放自己的能力和资源，以期实现自己的价值。

（四）对于未来的政策落地，是否抱有侥幸的心理

有信托圈内的朋友说，30%到底是按项目公司还是实际控制人来执行，存在着可以操作的空间。笔者不禁想起以前上学的时候，每逢备考不充分，总会在考场上做些小动作，偶然得手也颇为得意。工作

以后，新员工培训结束后会例行考试，当自己站在考场中，看到下面考生的那一刻，我才发现作弊是一件多么愚蠢的事情——自己的掩饰根本逃不过监考老师的眼睛。

现在的金融监管和监管目标不也是如此吗？当新监管政策出台后，各家信托公司想到的第一件事情就是试图穿透监管，并为自己的精明暗自得意了好多年。然而实际上，我们的一举一动都在监管的眼皮底下。当监管明确了长期的方向和行进的路线时，任何负隅顽抗的举动都是多余的，这是笔者从资管新规征求意见稿发布后开始领会的。从资管新规到2019年银保监会64号文，再到这次《信托公司资金信托管理暂行办法（征求意见稿）》，监管套利、金融空转、助推地产、盲目加杠杆等一系列制约着未来经济稳定的怪现象都在有条不紊地被修正。自诩会72变的信托公司，到此时才发现自己一直在佛祖的手心中。

对于未来的信托，有人悲观也有人乐观，但信托的真实生态可能就像电影《后天》所揭示的那样：一场席卷世界的风暴过后，这个世界的生存规则已然发生了巨大的变化。未来的"新"信托绝不会是之前模式的延续，但这个"新"信托是不是我们想要的？每一个从业者都不清楚，但有一点可以确定，作为从业者和客户，我们都必须适应这样的变化。

六、利率周期波动，信托公司该如何应对

当利率周期出现时，信托公司在资产端该如何应对？我们节选2017年的金融环境，来说明信托的应对之策。彼时资管新规征求意见稿还未出台，但整个金融行业的流动性收缩已经开始。信托作为境内金融的一部分，在经济周期和货币周期震荡下如何趋利避害，是从业者需要思考的。2017年信托行业所遇到的困难，和信托现在遇到

的窘迫有着很多类似的地方。在资金收缩的背景下，信托公司该如何发展自己的业务，依然值得未来的信托行业深思。

在信托行业里工作，听到最多的说法莫过于"今年是业务最难的一年"。从信托行业从业者的角度来看，资管行业过去的艰辛与苦难微不足道。2016年年底开始的流动性收缩，才意味着信托行业真正的苦日子的来临——复苏艰难的经济环境、不断被解除的金融杠杆和愈加严厉的监管新政，加上人满为患、机构间血战成河的行业背景，都在不断压缩信托行业的操作空间。试想一下，如果我们将在"四万亿计划"和大资管时代下快速膨胀的金融机构资产负债表予以还原，那么利润下降、规模萎缩都将是信托行业的常态，说的恐怖点，怕是要裁员了。

（一）利率下行的周期可能已经反转

图2-1节选了从2012年到2016年这段时间，1个月、3个月和1年期SHIBOR（上海银行间同业拆放利率）的利率走势图：短端利率从2015年年初开始快速下降，打破了之前几年的平稳态势，预示着资金市场的极大活跃，带动资本市场和房地产市场出现了一轮明显的涨幅。

但我们忽视的是，这种变化直接刺激了资管行业的跨越式发展，特别是信托公司主动管理业务的繁荣。假设一个场景：在利率下行周期中，某信托公司这个月已经完成了资产端合同的签署，等到第二个月落实资金的时候，由于市场利率的下降，它可以在更低的价格区间进行产品销售，进而获取更大的利差空间。2012—2016年，这种场景以非常高的频次发生在每个信托从业者的身上，大家都欣欣然，贪婪地吮吸着利率市场宽松的制度红利。资金不容易匹配？没关系，时间会解决一切问题。

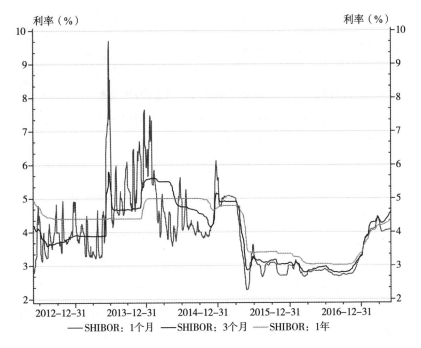

图2-1　2012—2016年，1个月、3个月和1年期SHIBOR的利率走势图

资料来源：Wind（万得资讯）。

　　这种宽裕的生活从2016年11月后就开始转向，SHIBOR出现了一轮迅猛的上涨，很多人依循惯例，把这个变化归结为年末的季节因素。从2016年12月开始，无数的信托人就在憧憬，元旦过后资金市场将会迎来每年度如期的开闸放水，但现实事与愿违。大家在现实面前吃瘪以后又自我安慰说，今年的春节来得早，因而资金面真正的宽松会在春节之后……但是后续大家也都知道了，资金价格一去不回头，越来越高。

　　我们从图2-1中可以看出，SHIBOR从2016年11月开始的上涨根本没有回头的迹象。在宏观上，去杠杆和监管升级是这个变化的始作俑者。作为信托从业者，我们无数次地听到狼来了的声音，但这只狼却迟迟没有走近。当它真的来了的时候，面对它的庞大身形和业已放松的神经，信托行业又该如何应对？

（二）"主人与狗"——实际利率和名义利率的追逐关系

来自欧洲的投资大师科斯托拉尼在他的传记中用"主人与狗"来形容宏观经济与股市的关系：经济就是主人，股市就是那只活蹦乱跳的小狗；小狗会跑前跑后，但在狗绳的牵引下，小狗会始终围绕在主人身边。事实上，这种短期内若即若离长期却又水乳交融的关系，也可以用来形容名义利率与实际利率。

在这里，根据信托行业的实际运作经验，我们对名义利率和实际利率进行重新定义。名义利率是中国人民银行公布的基准利率，更多地和资产端的融资成本息息相关。如果我们用中国人民银行公布的1年期贷款利率作为风向标，那么信托公司和融资人在制定贷款价格的时候，更容易受到名义利率的影响。所谓实际利率，是金融机构在无数次交易过程中反复博弈形成的市场利率。我们用1年期的SHIBOR作为实际利率的一个重要参考指标，这个指标和信托公司直销产品的定价有着密切关系：SHIBOR越低，直销价格也越低。

在图2-2中，我们可以清楚地看到2015年10月以后名义利率没有变化，而实际利率出现了快速的下降。实际上，金融机构的息差是在不断扩大的，因此在资管行业的黄金年代，流动性充裕带来了行业红利。但在2016年11月以后，实际利率快速上涨，而名义利率按兵不动，逆向的剪刀差让资管行业叫苦不迭。

从乐观的角度来看，信托行业的痛苦指数在未来应该会不断下降。一方面是因为融资人在宽松年代（2015年下半年和2016年全年）累积的融资额在不断消耗，融资人大手笔地置换了前期的高成本资金。特别是为了拉动经济，央企、国企和地方政府平台的事权不减，加速了账面流动资金的减少，加之债券市场的监管力度加强，融资难

度进一步提升。部分融资人在名义利率没有变动的情况下，已经开始
接受明显更高的融资成本。另一方面是因为监管趋严使得金融杠杆快
速解除，贷款创造能力急剧下降。以北京区域的信贷市场为例，之前
不少AA（含）以上国企可以以基准下浮5%～10%的水平从银行借贷，
但现在除了四大国有银行，无一例外都要按照基准上浮20%来执行，
信贷额度的紧张可见一斑。

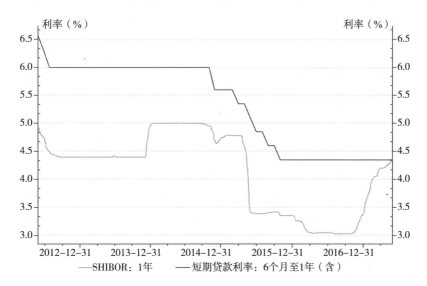

图2-2 2012—2016年，SHIBOR的名义利率与实际利率变动情况

资料来源：Wind。

　　这种即将发生的变化也是这轮货币紧缩大周期中的下一个阶段，
即名义利率和实际利率均出现上涨态势，信托行业的压力得到纾解，
金融机构的经营现实得到了阶段性的宽裕。事实上，从2017年上半
年开始，很多金融机构的资产配置端已经有意识地加强了资产配置的
活性和再定价能力；多家保险资管公司都压缩了非标资产的投资比
例，加强了标准化高评级债券的投资。一方面，标准化债券的收益率

相比非标产品已然差距不大；另一方面，标准化产品的流动性可以使得稀缺的头寸在实际利率上涨的环境中获取更大的收益。

而信托的周期可能很快会进入货币紧缩的第三个阶段：央行被迫选择加息，而实际利率（SHIBOR或者10年期国债到期收益率）上涨到一个历史高点，资金端的价格涨无可涨，只能回落，信托行业的好日子又会来临。

我们是否能快速走完一个周期，从而让信托行业继续回到过去舒适的暖床状态呢？这种可能性很低，因为这种变化并不是宏观调控下的短期结果，可能是政府基于大环境的长期思考和抉择。在人口红利退去后，经济内生的发展动能不足，依靠金融的力量带来的货币膨胀早已经被认为是一剂春药。很多人都有这样的共识：对于实体经济而言，在大水漫灌的资金形势下，虽然中小企业在融资端获益，但经济效率非常低，经济长期依托于房地产，经济结构差。因此，很多人已经有了新的共识：通过解除复杂的杠杆来降低货币创造能力，给虚浮的经济体自然去火，同时趋紧的资金环境带来了实际利率（甚至有可能是名义利率）的上升，在一定程度上可以对冲强势美元带来的资本外流，并在某种程度上实现了新的平衡。经济可能在一个较低的数量上实现再增长，但是货币的毒性大幅下降。

这两种思维恰恰是自2008年年底开始的对抗中的经济学思潮，后者更具有可操作性和合理性，也正在静悄悄地取代前者。对于这种转变，我们必须转换思维、及时接受。至于资管新规来临，"宽货币、紧信用"成为政策的主流，那已经是后话了。

（三）前路漫漫，信托行业如何在悲观的寒冬中继续生存

1. 冷静观望，多看少做，不盲目报价，理智接受管理费率的下降

以一己之力去对抗一个时代的趋势，是不现实的。作为资管从

业者，在强势逆转的背景下冷静地观望市场的变动，可能是最现实的。当然，这个市场也有英勇的赫克托耳，茫然的英雄每次给融资方的报价都在不断被市场改写，努力地工作却只能迎来徒劳的结果，做得越多，错得越多。也许，此时最明智的从业者应该努力成为一个外表轻松但内心积极的游侠，在满目疮痍的市场中不停游历。这个时候积累的不仅仅是经验、项目与渠道，更多的是为反转的市场积蓄能量。

如果信托公司在业务趋势还不错的情况下，能够把2017年第二季度的考核指标调减一下，那么对其长期发展而言，这可能是更为有利的选择。毕竟，信托行业高增长的时代行将结束，股东和管理层要开始慢慢接受宏观经济和货币周期波动对信托行业的冲击了。

2. 加强资金端能力的建设，强化高净值客户的发掘和维护能力

如果把行业内68家信托公司比作散落在大江南北的武侠高手，那么每家公司大小不同、风格各异，但要论资金能力，无外乎两个流派：一类是依靠自身努力建设财富中心，通过高净值客户直接认购信托计划或资金池产品来解决资金；另一类则是积极通过机构直销，依托银行自营、理财、同业、代销以及保险资金来解决信托资金的落地。

这两种不同的风格如同金庸笔下华山剑法中的气宗与剑宗。机构销售单笔额度大，落地速度快，而且机构销售团队不需要固定的物理场所和大量的人员配置，好似剑宗，成本较低，见效极快，几年内便可出师，纵横天下，形成一股不可小觑的销售力量。而依托于自建物理网点和招募理财经理，培育高净值客户群体的财富中心模式见效缓慢，前期大量的资金和人力投入就如同气宗养气的缓慢过程，可是一旦内功修成，配上三尺青锋，就总是无往不利的。例如，招商银行漫步财富江湖十余载，从未尝败绩，剑下败者如云，靠的还是早些年间

"对公养零售"的蛰伏蓄锐。

现实中的68家信托公司大抵游走在这两个派别之间，但机构直销派无疑在信托高速增长的这些年中风头更劲，这也不过是市场利率下行的自然写照。信托业务团队先签下资产端合同，四平八稳地等待机构过会，再来锁定资金，一方面符合正常的经营逻辑，另一方面能从市场利率的下跌过程中攫取超额收益。但当市场利率形势逆转之时，这种不紧不慢的风格可能是信托业务最大的杀手。

在信托行业收紧和利率周期变化的大背景下，高净值客户的培育与维护就变成了资管行业一件非常重要的事情。个人客户的收益率会参照基准利率，反应相对慢一些，客户黏性更好。而机构客户对市场利率更为敏感，加之某个监管政策一出，它们很有可能放弃信托产品投资。可以预见，个人客户直销在未来会得到信托公司越来越多的重视，谁不想拥有一条稳定的资金来源呢？对信托公司来说，把高净值客户和财富中心当作信托公司经营资金的一种避险措施，也算是日常经营的底线思维了吧！

3. 行业艰难，但态度决定一切

一个金融机构存在的最大利基是什么？有的人会说人脉，有的人会说专业，也有的人说是左右逢源的能力，这些可能都不充分。一个金融机构或者信托从业者最应具备的素质是对市场行情的准确判断，并以此进行快速有效的战略战术调整。

市场利率的每一次反转之后，都是一个相对漫长的过程，直到这个趋势被再次逆转。现在看似高不可攀的成本，也许只不过是右侧交易的开始。二级市场讲究顺势而为，资管市场和信托行业又何尝不是？摒弃在资产荒年代养成的那种先签约再慢慢落实资金的状态，以资金方的需求为资产采购的出发点并实现以销定采，同时加强融资成本的谈判能力和高净值客户直销和代销的频率，可能是未来行业的最优选择。

值得关注的是，在资产荒的大背景下，由于过多的资金追逐过少的项目，信托行业对"优质资产"的定义被不断广化，以致低评级的上市公司信用贷这种不入流的产品都可以堂而皇之地进入信托公司的产品体系。但必须强调的是，在资产荒背景下，我们大胆的投资逻辑由于资金极大充裕的加持，使得资产风险趋于较低水平；而当资金荒来临的时候，优质与劣质资产的价格分化可能不会很快，但违约率的变化可能是惊人的，因为那些依靠融资转起来的"网红"公司（主要指的是主营业务赢利能力低、盲目多元化、盲目扩张、以高成本在不同金融机构四处借款的企业，它们出镜率高，故称"网红"公司）可能真的撑不下去了。

4. 斗转星移——信托公司应该大力培育自己在资产上的腾挪能力

2017年年初，正是银登中心的信贷资产流转业务如火如荼的时候。这个业务通常是由各个银行的总行统一牵头的，很少由一家分行独立发起。原因很简单：虽然北上广这些优质信贷粮仓的资产价格低，其他区域的信贷资产价格也不错，但资产质量相对较差，因此总行统一协调各分行的信贷资产进行组包，可以在资产质量和价格上取得一个较好的平衡。

那时，笔者在和一家知名股份制银行进行信贷资产流转的合作，笔者的角色是通道。当年第一季度SHIBOR利率持续快速上涨，对产品的发行产生了致命的影响，甚至好几次都到了只要笔者说一句"不"，项目就可以终止的地步。但对方银行的投行部总经理拼尽全力也要做成这单业务，我们配合着一起咬牙坚持了下来，总算在一系列机缘巧合之下完成了这单50亿元规模的流转业务。侥幸过后是饭桌上的酒酣耳热，老总把笔者拉到一边，无限感慨地说："当初我们为了能够顺利转出，选择的都是质量最好、价格最优的资产，行领导也在反复问我把这些资产转出去是不是亏了。幸亏咱们坚持下来了，现在腾出的这50亿元额度，新放出去的贷款都是按照基准上浮20%起，我还得挑北京地界的优质客户去放！"

这个故事正是这个剧变中关于市场最清晰的写照。在市场利率快速上行的大背景下，贷款机构或者资产部门做以下三件事情最重要。

一是保持信贷头寸的活性。这样可以在利率上涨过程中保有足够的弹药，获取更多的超额收益，同时切入那些原来合作不多的优质客户，在赚取利差的同时完成拓客。

二是保持信贷额度的持续性。资产部门的经营是一个持续的过程，贷款客户的培育与维护也是一个长期的过程。如果将本已所剩不多的弹药一次性快速打完，那么前线部门会陷入长期的空置状态，这会对机构的稳定经营造成毁灭性的打击。

三是不要过分在意眼下的得失。资金收缩利率上涨的环境中永远不存在最高利率，我们现在转出最高收益资产，短期来看固然肉疼，但长期来看，空出的额度将会带来更大的经营效益。

当然，这个故事也可以反过来解读：对于融资人而言，在这次市场反转中，越快拿到资金，则效益越好。我当时下了这样一个激进的判断：2017年贷款方最高的一笔融资，相比未来两年的价格，可能依然是毛毛雨（事实上，2018年资管新规的落地加剧了资金面的回调，该判断完全得到了验证）。

在这里，我们想从一个人性的角度来探讨市场。我们总在说自己不够理性，但这个由无数人组成、每天都在不断博弈的市场又何尝不是呢？当习惯了资金宽松带来的资管大发展时，我们似乎真的忘了那个直辖市的市级重要平台都要按照13%的利率来融资的日子了！

七、转型期的信托公司，该如何扬长避短

（一）穷则思变

大概是因为资管新规、2019年银保监会64号文和《信托公司资金信托管理暂行办法（征求意见稿）》有点用力过猛，当很多同业朋友相互交流的时候，"未来的信托没活路了"和"得抓紧向股权和标品信托转型"两种情绪辗转在言谈间，信托行业从业者那种先天的忧虑在此时表露得格外明显。如果说之前大家担心的是"业务该怎么做"，那么现在大家焦虑的重点则是："这个行业该往哪里去？我们该怎么变革这个行业？"

（二）长久以来对信托公司的误读：信托公司是一种特殊的企业

这种忧虑来自人们对信托公司由来已久的误读。在信托行业过去十年的快速发展历程中，很多人高看信托；如今，资管新规、2019年银保监会64号文等一系列政策又看空信托。这些都来自同样一个误区：在很多人眼中，信托行业很特殊，信托公司是一种特殊的企业！当行业高速增长时，大家乐观地认为，充裕的流动性和监管套利加持着这个行业，因为它特殊，所以它发展得好；当行业开始走下坡路的时候，大家又悲观地认为，前期的各种优势消耗殆尽，所以它的发展势头已经不再。

之所以会有这样的误读，是因为我们对信托行业高速增长现象的不合理解读。在这十年的发展里，信托行业异军突起，呈现出以下四个特点。

- 最近十年，除少数信托公司外，大部分信托公司都实现了快速增长。行业增长是共性，而少数表现不佳的信托公司问题主要出在极端的股东层面，属于非常典型的个例。

- 民营背景、地方国企背景和央企背景的信托公司都不乏成功案例。整体来看，央企信托公司发展得更好，部分锐意进取、管理能力强的民营信托公司也发展得不错。因此，股东背景并不是决定公司成败的根本因素。
- 经济和金融在最近十年都经历了波动——"通道、地产和平台"这三板斧形成了有机的轮动，而信托公司的日常经营却岿然不动，主营业务没有出现过大的调整。
- 不同风格的信托公司均有着不俗的表现，有的稳健，有的激进，有的激励好，有的吃大锅饭，都获得了发展。

总结下来，大家都单纯地认为，信托所享受的制度红利刺激了行业发展，各种类型的信托公司都受惠于此，从而获取了超越金融同侪的发展，却忽视了在行业细分下，信托公司经历着各自的幸与不幸。在相同的市场环境中，优秀的信托公司之所以优秀，是因为其发展中所形成的特质，这些独有的文化或者模式决定了其更高速的奔跑能力和掉头速度。

在监管的驱动下，信托行业迎来的不是行业终结，而是分化。未来具有更强组织能力和调整能力的信托公司，依然会在行业内遥遥领先，而在制度红利的潮水退去后，那些本来就有先天缺陷的信托公司将面临更大的危机。

不管怎样，信托公司的未来都存在着"变"与"不变"，"变"的是大势，而"不变"的是信托公司在竞争中所形成的独特优势和成功基因。我们过分关注了"变"，故而变得焦虑，但事实上，只要把握了"不变"的内涵，在变化不定的监管格局下，信托公司就有自己的空间。

（三）探寻信托公司的成功基因

有悲观的朋友表示，转型服务信托赚不到钱，而如果转型标品信托，那么信托拿什么与银行、证券和基金比拼呢？银行的资金优势、证券和基金的牌照优势和经验累积，目前来看是那么高不可攀。信托公司如何发挥自己的优势，扬长避短，去和这些先发的巨头竞争，从而赢得自己的生存空间？

1. 信托公司拥有更扁平的管理结构

相比银行、证券和保险，信托公司作为后起之秀，规模建制更小，具有天然扁平化的条件。在经营中，信托公司基于扁平化形成了两种特质。

- 从一线到领导的汇报条线极短，决策效率高。
- 部门业务同质化，容易强化竞争。

在行业内，类合伙人制度在早期被验证后得到了有效的推广，而"扁平化的管理架构＋清晰的激励机制"形成了信托公司高速发展的双轮驱动机制。

近年来，很多信托公司尝试在组织结构上做文章，但都难言成功：要么强化了筒仓效应，内部协作程度降低，要么汇报条线拉长，业务决策效率降低。相比信托业务回归本源，信托公司在管理架构上更应回归本源，在专业化的基础上强调良性内部竞争和业务处理效率，这才是信托与金融同业比拼制胜的关键。

2. 公开透明的评审制度

信托公司的企业文化集中体现在项目评审制度上，例如，发端于中信信托的公开评审会机制在不少信托公司内部依然被奉为圭臬。公开评审会至少在三个层面刺激着信托公司向良性的方向前进。

- 公开评审会让少数人的暗箱操作无所遁形，信托公司内部的业务公平得到了有力的保障。
- 公开评审会机制有效传播了优秀经验和业务知识，为信托公司内部智慧的涵养和团队专业建设提供了支持。
- 评审会是公司业务的风向标，每一次公开的评审会本质上都是公司业务方向的再一次宣贯，便于及时统一业务思想。

很多人说优秀的风控应该是前置于业务的，他们的本意是风控应该站得比业务高，看得比业务远。但从信托公司的经营实践来看，公开评审会机制既是风控的重要一环，也已经成为信托公司业务管理的重要一环，并发挥着关键性的作用。也就是说，公开评审会机制非常成功地践行了"风控前置于业务"。

3. 稳定的管理层

观察行业内排名靠前的信托公司，我们不难发现，管理层的稳定影响着信托公司的长期发展，一个优秀的领导加上一个稳定的、有执行力的班子，是信托公司成功的关键。与之相反的是，不少信托公司出现内部派系斗争、频繁地空降高管、高管间相互攻讦拆台等情况，即便有再好的股东背景和资源投入，经营也难达预期。

在干部管理方面，金融行业进行过很多尝试，诸如银行盛行的"轮动"制度——分行部室级别的管理者平均每三年就要换岗，这固然杜绝了本位主义并降低了业务风险和大领导的管理难度，但频繁的位置更迭造成了核心骨干的专业性下降、业务导向短期化。"火车跑得快，全靠车头带"，这是所有人都知道的简单道理，但在一个庞大的组织体系中，如何在股东战略、管理层意志、内部人员晋升和外部人才引入等方面取得有效的平衡，却不是一件容易的事情。

4. 简洁有效的组织建设

把类合伙人制度发展到极致的便是举手制，这个制度经过中信信托成功实践后，很快得到了行业内各家公司的效仿。从业务的角度来看，组织的良性裂变一方面促进了业务人员的积极性，另一方面对团队的管理提出了更高的要求，既赋予团队负责人极大的权限，也给予下属用脚投票的权利。类合伙人制度和举手制相辅相成，促进了信托公司经营层面的大发展，但在奉行大锅饭制度的信托公司，举手制的意义就弱了很多。

从人才建设的角度来看，举手制对于人力资源的优化配置发挥了重要的作用。伴随着举手制所带来的成功效应和财富效应，更多有资源、有能力的高素质人才走进了信托公司，使信托公司的人力资源快速升维。信托公司在未来的标准化资产市场中，在同银行、证券和基金的竞争中，如果可以继续发挥人力资源的优势，那么即便是一片血海，它也必将获得一线生机。

5. 一切以业务为先的企业文化

相比其他金融行业的自留地，信托公司并无任何优势。为了生存，信托公司必须依托新业务和新客户的开拓。转型与奔跑是信托公司唯一的念头，这促使很多信托公司养成了以业务为先的企业文化。在这个企业文化背景下，信托公司形成了业务说话的工作模式，有些公司强调"举公司之力发展某项业务"，有些公司倡导"无边界服务，无障碍运行"，有些公司重视行动、唯成绩论、杜绝夸夸其谈，不同公司用不同的方式践行了业务为先的理念。事实上，当业务为先的理念成为信托公司的指导思想时，一种"和而不同"的微妙状态悄然成形，各种管理手段和经营策略便能畅通无阻，管理层如臂使指。

（四）信托公司该去向何处

信托公司该往哪里去？"大而全"的信托公司未来是否不复存在？信托公司是否只能围绕标准化资产和服务信托苦苦挣扎？信托牌照是否不再值钱？整个信托行业都无法清楚地回答这些问题，但对于从业者而言，未来之路势必充满艰难与痛苦。跳出痛苦的唯一手段是，把目光放得更长远，只有跳出眼前的得失，我们才能走出自怨自艾，走向新的未来。在这个过程中，信托公司应该主动适应新的"变"，以监管为准绳，积极调整业务方向。信托公司更应该坚持在长期实践中形成优秀基因（"不变"），找准自己的利基与定位，从而在未知的红海中，杀出自己的一条血路。

八、深入服务客户，信托行业就不会消亡

（一）非标将死是时代的大逻辑，但不等于非标已死

一篇名为《非标之死》的文章着实火了一把，其逻辑清晰、数据扎实，是一篇颇具前瞻性的文章。但在很多别有用心的人眼中，《非标之死》一文就是非标的讣告，"非标之死"俨然成了"非标已死"。

"非标将死"不代表"非标立时就死"，非标之兴盛是一个历史进程，而非标之衰退亦如此。在未来两三年的时间中，非标依然会存在于境内高净值客户的资产配置中。

北京的夏天炎热多雨，是否意味着北京人每天出门都要带伞？在出门前看一下当天的天气预报，然后决定是否带伞，岂不是更好？夏季多雨是大逻辑，大逻辑对工作的方向有显著的指导意义，但这不代表用大逻辑指导具体工作就一定行得通。从这个角度来看，"非标将死"是金融转型的大逻辑，但如果在此时无脑地将资产配置的重心全部转移到标准化资产上，错过非标最后的红利以及非标转型派生的各

类资产，那么这无疑是非常可惜的。

（二）承载"非标精神"的新资产依然具有强大的生命力

未来，非标在境内的经济和金融体系中依然会发挥重要作用。境内金融体系缺乏"垃圾债"这一角色设定，而非标灵活高效的特性可以有效填补传统金融体系囿于牌照的缺陷，是境内金融体系走向完善的一块重要拼图。从这个角度来看，非标的历史使命远未终结，服务于实体经济、润滑金融的定位将会使其继续存在。从另一个角度来看，即便《信托公司资金信托管理暂行办法（征求意见稿）》提出了50%的比例限制，使得以集合债权为主要特征的非标生成受限，信托公司的股权业务也将拿过接力棒，传承非标的精神，继续在金融市场中发挥自己独特的作用。

换言之，我们对"非标"和"标"的认定过多集中于发行人、发行场所、是否为债权和流动性如何等要素，但区分"非标"和"标"的内涵并不在于此，而在于能否通过创设新的模式与工具来满足客户的个性化融资需求，但凡能达到这个要求的，都具备了非标的精神。也许，从监管的视角来看，"非标"会死，但非标的精神不会消亡。由于对实体经济的润滑效用，以及高效的行动力和资金匹配能力，"非标"依然有着强大的生命力，信托公司或其他参与主体有望继续从中分得一杯羹。

（三）未来，信托公司的"非标"该做什么

某排名行业中游的央企信托公司扬言要对标行业前列，大干快上，一口气在北京新设十个业务团队。最终顶着严厉的监管和突如其来的疫情，这家公司完成了四个新团队的设立，与行业内悲观谨慎的气氛格格不入，俨然一副打通任督二脉的气势。对于这种冒进式的资源投入，关注信托行业的朋友都会抱有深深的怀疑。在信托乃至整个

金融行业转型期，看清楚形势、想明白干什么，要比盲目扩张更为重要。

回顾历史，我们可以发现信托行业高速发展的十年，恰恰是境内加杠杆推动经济发展的十年。信托公司每一项宏大的创新，莫不根源于此。

- 在货币宽松、信用扩张的背景下，金融机构的资产负债表快速膨胀，信托行业顺应潮流，抓住了银行同业和理财两项业务大发展的机遇，扩展了信托行业的管理规模。
- 从"四万亿计划"到政府平台大发展再到消费金融的崛起，境内的非金融主体经历了企业、政府和居民轮番加杠杆的过程，由此形成了信托行业票据、平台和消费金融三大业务机会。
- 货币的充裕带动了资产价值重估，房地产行业直接获益，房地产信托成为其中的弄潮儿。
- 信托公司的阳光私募业务兴于2009年，配资业务在2015年达到巅峰，它们都是货币宽松作用于资本市场的副产品。

有人说，信托行业有三板斧，即"通道、地产和平台"，它们在不同市场环境下可以形成轮动，从而推动信托行业永动式发展。但这种说法显然陷入了一种误区，它根源于之前十年财政和信贷的扩张状态。在货币和信用双宽松的背景下，信托公司的几条业务逻辑线都暗合了时代的主线，出现高速增长亦在情理之中。

当货币宽松走向尾声、金融杠杆加无可加之时，信托公司的业务逻辑或者经营战略就必然要发生变化。躺在过去十年的辉煌上抱残守缺是不可取的，信托公司应该寻找新经济模式下的新业务机会。5G、新基建、电子和半导体、新能源汽车，一个个新的风口都应成为信托行业的新目标。至于这些新目标如何落地，需要行业内每一个从业者的共同实践。但我们可以明确知道的是，信托公司以讨好银行甚至倒贴收益赢来的微薄标品通道，绝不是信托行业转型应有的正路。

（四）未来，信托公司的核心经营战略就是抓核心资产

事实上，信托公司的核心经营战略从来没有变化，借用证券公司现在很俗套的一句话，那就是抓核心资产。在过往十年，信托捕捉到了通道、地产、平台、配资和消费金融等业务机会，这些就是信托公司的核心资产。而在不远的未来，信托公司的经营战略依然是抓核心资产，唯一不同的是：背景变化了，核心资产的内涵也将出现变化，能否准确捕捉到新的核心资产将成为决定信托公司未来成败的关键。

简单来说，核心资产是指具备核心竞争力的企业。大家眼中的核心资产普遍具备景气度高、细分行业龙头、较强的品牌优势、在市场上具有核心竞争力、公司财务基本面稳健、依靠内生增长而不是负债增长来持续发展等特征。由此我们也可以对信托行业未来的核心资产做一个初步的判断：整体性或者行业性的核心资产不可复制，核心资产将会呈现散点状、动态式的分布，抓住一个业务机会干三五年并不现实，信托公司的投研能力决定了其核心资产的发掘能力，信托公司将进入专业经营的阶段，信托公司和从业者的分化也将进一步加剧。

相比传统的金融资产，源于实体经济的核心资产可以实现上下游的有效扩散。当看好特斯拉和电动车行业时，我们可以通过投资（定增、产业基金）宁德时代来获取更大的收益空间。与此类似的还有苹果手机对国内产业配套企业的全面辐射，更遑论中美贸易摩擦背景下最被人们关注的电子和半导体行业。由于核心资产的可扩散性，专业研究的地位更加突出，信托公司的业务模式也将由"融资"转变为"投资"。

言至此，可能依然有人对核心资产到底是什么感到困惑，那我们一起关注一则新闻："2019年11月，牧原股份与华能信托就合作投

资生猪养殖项目事项达成共识，决定签署战略合作协议书。具体合作内容为，华能信托拟与牧原股份合资设立经营生猪养殖项目的标的公司。未来1年内，华能信托投资总规模预计不超过100亿元，牧原股份投资总规模预计不超过110亿元，资金全部投入标的公司及其各子公司的生猪养殖项目建设。"消息刚出现时，业内一片哗然，在一个信托公司完全陌生的领域，进行如此大规模的投资，这是何等的魄力。但当猪瘟导致猪肉供需关系被破坏，猪肉价格持续上涨，牧原股份的经营模式得到验证且业绩快速增长之时，华能信托的眼光也得到了大家的认可。

牧原股份的投资逻辑有多复杂？翻一下关于牧原股份的研究文章，我们便可窥见端倪。

- 受"猪周期"影响，养猪行业呈现非常明显的周期性特征。从这个角度来看，把养猪企业作为核心资产是具有一定风险的。
- 牧原股份的集中式管理，相比规模更大的温氏股份，具有更好的经营效益，也更加符合这轮非洲猪瘟后的产业政策。在不考虑猪瘟和限养这两个偶发因素的情况下，牧原股份具备了超越行业的基础。
- 受猪瘟和限养政策影响，生猪出栏量等多项指标大幅下滑，在当前的背景下，有人估算满足供需平衡的能繁母猪存量要达到4 000万头以上。农业农村部的数据显示：2019年9月能繁母猪存量见底，为2 000万头左右，到2020年5月底已经连续增长8个月，达到2 500万头左右，恢复速度缓慢；以2020年上半年的增长速度估算，剩余的1 500万头缺口还需要24个月才能填平。乐观估计，到2022年5月能繁母猪存量才基本够用，到2023年3月前后生猪出栏量才能基本实现供需平衡。如果以此为判断依据，那么未来两年生猪价格都应该处在较高位置。换言之，未来两年，养猪行业特别是牧原股份具备了成为核心资产的能力——从典型的受周期支配的企业变为一个具有阶段性、明确高成长潜质的优质企业。

- 从合作模式来看，产业基金模式保证了牧原股份的资产负债表得到美化，同时股权性质的投资在通过定增等方式注入上市公司时，可以实现更大的收益和更为灵活多样的退出方式。从行业、公司再到合作模式的选择上，产业基金模式都符合抓核心资产的业务逻辑，比较灵活地把握了事件性冲击对行业以及公司的影响，重新定义了核心资产，取得了非常好的绩效。

（五）如何把握核心资产

信托公司要转变"融资"的理念，走向"投资"，无论业务形态是债权、股权还是公开市场业务，其本质都是对企业所在行业周期和业务逻辑的把握。信托公司在未来能否抓住核心资产的业务机会，取决于自身的投资研究能力。

关于如何加强投资研究能力，信托公司可以从以下三个方面来寻找灵感。

- 加强公司层面统筹协调，加强业务团队的研究与学习（宏观经济和行业研究），打造学习型业务团队。
- 打造自己的投资经理队伍和投资团队，进行大类资产配置和个股选择，以战养战，形成对宏观、策略、行业和个股的敏感性。
- 展业的意义更重于往昔，没有展业，就没有真正的核心资产。坐在家里读报告找不来核心资产，只有加强同渠道、同业的交流，形成一张更全面的获客网络，扩大潜在客户的来源，信托公司才有可能去芜存菁。

（六）无所谓标与非标，信托业务的未来是抓核心资产

如果我们回看过去，那么地产、平台、通道这些我们自以为可以横扫天下的秘术，其实不过是时代的造化。抛去那些时代给予的红利，寻找新的核心资产，是每一个信托从业者都应该思考的。未来，对于信托业务而言，无所谓标与非标，融资模式只是载体和表现形式，业务本质上都是核心资产的周延。只要找到了核心资产，资金就会自来。

九、信托转型的六个核心要素

2020年年初，伴随着安信信托、四川信托和华信信托三家信托公司的大规模爆雷，信托行业过往10多年所形成的刚性兑付信仰在一夜之间崩塌了。后续爆出的武汉金凰案件，则让更多投资者对信托公司的风控、管理能力感到失望。信托行业和信托公司在一瞬间实实在在地成了网红，成为各路媒体口诛笔伐的焦点，多年来欣欣向荣的信托行业有被污名化的趋势。

2017年年底的资管新规征求意见稿竖起了金融整顿的大旗，一系列严谨缜密的监管新政陆续推出，一个个板子都结结实实地打在了信托公司身上。叠加监管和舆情，笔者作为从业者看到的是圈内弥漫的悲观气息。信托这碗饭还能吃否？信托还有活路吗？信托的"生门"又在哪里？

（一）信托行业未来的路线图

所谓谋定而后动，我们先设想一下信托行业未来1~3年的发展路线图——市场会怎样发展，而我们又该怎样应对？只有按图索骥，我们才能做到心中有数。

第一阶段，金融调控向实体经济倾斜是国家的战略主线。其结果是，金融行业内部分化加剧，融资成本被压降，信托作为高成本的代表，必然要直面监管的冲击。在这样监管趋严的大背景下：

- 债权类非标信托将会进一步被压缩。
- 未来1~2年，信托公司的风险事件还将继续发酵，以借新还旧为特征的产品模式不能持续，监管的目标是"风险出清"。
- 非标产品供应规模不断萎缩，直到符合监管比例要求。
- 无论以何种手段穿透监管来进行逆势扩张，监管风险和业务风险都很大，这不仅适用于信托公司，也适用于信托的合作伙伴、银行和保险等。

第二阶段，风险出清后的信托行业将进入一个相对漫长的冷静期。在这个阶段，信托公司的各项业务指标努力向监管看齐，非标业务被局限于一个不大的空间，而标品信托和服务型信托在无奈中开始发展。

按照这个粗略的路线图，笔者有以下四点基于行业视角的判断供大家参考。

- 严厉监管本质上是国家意志的体现，信托行业和信托公司不要和大势做无谓的对抗。
- 那些习惯于忙碌的信托公司和信托经理，在此时放缓自己的脚步，从长期来看也许不是一件坏事。在风险出清的过程中，做多错多是常态，做金融应该顺势而为。
- 在短期内针对信托公司的并购是不理性的，坏账在未来还将持续发酵，而针对信托公司的增资有可能会出现位于高点的情况。
- 风险出清一定要彻底，打击资金池、把隐藏的风险暴露在阳光下是监管的应有之义，资金池爆雷的风险要远大于非标债权信托，投资者要格外规避。

（二）信托公司要摈弃恶习，迅速跟上监管的脚步

信托圈内人都有这样一个共识："越是监管不鼓励的，信托的收益越高。"前几年监管屡次出手干预房地产和平台业务，但每次监管后那些不听话的"坏孩子"都赚得盆满钵满。在这种经验下，把监管规则当儿戏，每次一出政策就试图穿透，已经成为很多信托公司的工作习惯。

笔者还是想泼一盆冷水：一来国内经济环境不同以往，金融杠杆加无可加，去杠杆是必然的；二来金融稳定委员会的成立标志着金融监管的系统性大幅提高，在不同牌照间套利成为过去。信托公司在未来要从内心调整对监管的定位，原本的"乖宝宝"不必多说，之前的"坏孩子"总要先完成"监管爸爸"的课程，才能出去野，二级市场、标债业务、股权投资和家族信托，怕是不想做也要做了，但具体怎么做，投入多大的精力，这些就是另外的话题了。

（三）信托公司的业务转型一定要发挥自己的利基

信托在境内金融体系中作为独立的子行业而存在，靠的是信托公司解决了传统金融机构和融资模式的盲点，并在实体经济和金融间起到了润滑剂的作用。事实上，境内金融体系距离真正的成熟还很远，在相当长的时间里，信托公司依托于非标业务的润滑作用依然不可或缺。放弃信托最大的利基，转头杀向并不熟悉的红海市场，这样的战略没有意义。

2020年，《中国资产管理业务监管研究》的发布受到了极大的关注，其中对信托提出了很多美好的建设性意见，诸如牌照管理、回归本源等。但如果按照这个策略去发展信托业务，那么信托公司的未来一定是死路一条。信托公司即便去做标品信托和服务型信托，也要

沿着在非标领域积累的优势前进，利用非标的灵活性去赢得客户，进而实现非标与标的通吃。信托公司资产证券化的客户，应该是其非标客户；信托公司的家族信托业务，也应该围绕其财富中心展开。当金融监管越发清晰后，发展To C业务（资产和资金两端）、增强客户黏性，就变得非常重要，而非标是信托公司在客户端最大的利器。以牌照制度来约束信托公司的灵活性，忽视非标业务去谈新业务转型，这是非常危险的一种策略。

（四）信托公司要建立精细化管理的理念

在《信托公司资金信托管理暂行办法（征求意见稿）》中，30%和50%就像两座大山，牢牢压制了信托公司的成长空间——一家信托公司有多少标品，就有多少非标空间，标品信托的规模制约了信托公司成长的上限。有人说，信托公司可以通过向理财子公司买额度的方式来增加标品信托额度。如果信托公司以理财子公司为投顾，通过讨好银行来发行标品信托，监管就一定会坐视不理吗？从这个角度来看，发展标品信托和股权信托，特别是强化信托公司的自主投资、自主销售能力就格外重要。闭着眼睛买信托的时代结束了，闭着眼睛做信托的时代也终结了！

那么，未来信托公司的业务下限在哪里？应该是信托公司对有限非标债权额度和房地产额度的妥善运用。同规模的两家信托公司，各有100亿元房地产额度，一家按照432附加土地抵押的方式做了债权融资，信托报酬为2%，另一家以股权融资的方式获取了4%的收益。映射到经营成果上，两家公司必有极大的差异。从这个角度来看，信托公司未来的经营方式一定是"螺蛳里做道场"，在监管的各种条条框框间寻找利润最大化，业务的精细化运作势在必行。举个简单的例子，信托公司的项目评审会在未来审核的不仅是项目的安全边际与合规性，还有对信托报酬和信托资源消耗的综合衡量。

信托行业和信托公司引以为傲的是自己的创利能力，但实际上，信托行业在2019年平均ROE仅有8.84%，相比银行业平均10.96%的ROE差距不小。因此，建立起资本、业务额度以及净利润的关系，关注营收更关注ROE，才是信托公司长期发展的根本。说到底，信托公司是一门生意，而不是一场热闹。从信托业务的角度来看，信托公司未来的经营关键在于保住下限（在有限的额度内提升运用效率），提升上限（提高标品信托和股权信托的规模与利润贡献），并建立ROE的经营理念，以为股东的资本投入创利为经营的核心。

（五）信托公司要坚持在实战中所形成的优秀管理特质

　　信托公司在经营中形成了自己的优秀特质，这让信托行业和信托公司有了比较优势。无论未来的监管政策怎么变，信托公司的业务怎么调整，只要保持这些特质，在任何领域竞争，信托公司都不会被人轻视。

- 坚持全能业务团队制以及由此派生的举手制，促进公司内部的良性竞争。坚持具有包干制特征的类合伙人制度，以机制吸引优秀人才继续流入。
- 保持公司内部的简单透明，公开项目评审机制，做好业务信息的即时传递和有效宣贯，把信息公平作为业务公平的基础。
- 在民主和集中之间取得平衡，把信托公司当作一个小公司来做，举公司之力去推动转型和发展。
- 杜绝形式主义，坚持务实和以行动为导向的业务模式，在市场的摸爬滚打中寻找业务方向。
- 建立前后台的有机联动，强调服务型中后台，在公司统一的思维下，实现内部的全面协作。

（六）信托未来的路不在会议室里，而在脚下

面对新的监管环境，不少信托公司已经动起来了——标品信托、股权信托一拥而上，搭建后台系统、推动标品直销，信托公司的"工地"呈现出一派热火朝天的景象。有人会问，这些有没有被系统性地规划？显然没有。但这也许就是信托公司的神奇特质——行动力优先，干中学是大家的行动守则，在实践中摸索真理是最为真切的体验。

对于未来的新信托该如何发展，无论你把监管规则吃得多透，把境外金融可借鉴的资料学得多明白，都无法改变一个事实：未来信托的路永远在会议室之外，只有坚持不懈地走出去，和同业、客户持续沟通、交互，我们才能清楚地知道如何发挥非标信托的灵活性，才能准确地找到信托的定位。换言之，信托是干出来的，不是管出来的，也不是想出来和省出来的。信托的路该怎么走，要靠实践说话。这条路看似深奥，但其实就在信托从业者的脚下。

（七）从大金融的历史规律来看，信托行业绝不会消亡

2019年年底，笔者去拜访老领导，当老领导问起现在的信托业务时，笔者苦笑说："监管快把信托的活路堵死了。"阅历丰富的老领导笑了笑说："不会的，境内信托起到的是境外垃圾债的功能，现在境内没有机构能取代这个功能，信托有它的价值，信托不会死掉的。"老领导虽没干过信托，但说得格外正确。所有的金融机构在时代与监管下都要找到自己的定位，如果一定要给境内信托一个定位，那大概就是经济和金融的润滑剂吧。1979年，当中信公司成立时，国家交给信托的使命是在传统的金融体系中增加活性。到现在，信托行业经历了五次整顿，经历了"一法两规"和资管新规，信托公司变了样，但境内信托的精神实质一直都没有变化。

从1979年到现在，境内信托从一个新生的婴儿成长为一名孔武有力的大汉，其成长就是一部顺应宏观经济、与监管相互博弈的历

史。与其纠结眼前的种种苛责，我们不如把目光放得更长远些，坚持那些该坚持的，放弃那些该放弃的，谦卑地、有组织地行动着，拨开重重迷雾见大道。

十、信托公司转型之"怪现状"

从信托从业者的角度来看，自从《信托公司资金信托管理暂行办法（征求意见稿）》于2020年面世以后，各家信托公司才真正进入转型的节奏。一个有趣的细节是，往年信托公司在人员招聘上扩充的重点都是非标团队，这两年非标团队的招募偃旗息鼓，倒是股权、标品、国际业务受到了越来越多的关注。算上2018年开始的资管新规、2019年银保监会64号文，监管从资金来源、房地产额度、非标比例等不同维度给信托公司的狂奔之旅套上了枷锁，之前几年信托行业"年年难过年年过"的局面怕是要终结了。

客观来讲，境内的信托公司并不太善于转型，更直白地说，从"新一法两规"颁布以来，信托公司就没有实现真正意义上的转型，"银行＋地产"的经济增长模式使得地产、平台和通道业务成为信托行业过去发展的永动机。每一次宏观政策调整后，这三者都形成了有机的轮动，使得信托行业在过去10年时间里保持高速增长的态势，之前所谓的转型，不过是在特定周期中兜兜转转。但当杠杆加无可加、经济发展模式向"优质公司＋资本市场"转型时，信托行业不得不第一次走出过去的舒适区，在新宏观环境中寻找属于自己的市场机会。

冷静地旁观信托行业最近几个月的变化，无论是贴费用买标品额度，还是在不考虑资金来源的情况下发展同质化的标品信托，抑或在非标萎缩的局面下继续组建新的非标团队和财富中心，都很难说信托公司真正找到了未来的发展方向。不客气地说，转型的焦虑投射到现实工作上，更多的表现是行业的躁动。在焦虑情绪的推动下，所谓的创新变成了盲动，"转型难"和"瞎转型"交织起来，构成了信托行业的现状。

如果把眼光放得更长远一些，我们会发现，这种无规律的波动不过是周期变化的必然罢了。我们无须苛责那些看起来"很不聪明"的举动，因为只有从盲动的失败中汲取经验，失败才有意义。接下来，我将从几个不关联的角度展开，谈一下对信托行业转型中各种问题的个人看法。

（一）信托公司是一门生意，不能只赚了热闹和忙于转型，而没赚到钱

在过去几年，信托在大家眼中是暴利行业，头部公司动辄十几亿元的净利润加上部分从业者高额的奖金，让大家产生了一种"信托公司很赚钱"的幻觉。事实上，如果站在股东的角度，以ROE这个指标对信托公司进行财务分析，我们就会发现它很难担得起"赚钱"二字。

通过对2019年各家信托公司不完全的年报整理，我们可以看出信托行业的ROE持续三年下降，在横向比较下，信托的ROE甚至低于银行（见图2-3、表2-1）。

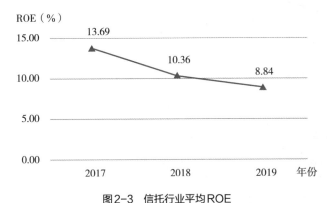

图2-3　信托行业平均ROE

表2-1 2019年各家银行盈利情况

项目	工商银行	建设银行	农业银行	中国银行	交通银行	招商银行	兴业银行	民生银行	浦发银行	中信银行	平安银行	平均值
利息净收入/平均资产	2.10%	2.10%	2.05%	1.70%	1.48%	2.44%	1.49%	1.79%	1.94%	1.99%	2.45%	1.96%
佣金净收入/平均资产	0.54%	0.56%	0.37%	0.79%	0.45%	1.01%	0.72%	1.06%	0.61%	0.72%	1.00%	0.71%
营业收入/平均资产	2.96%	2.90%	2.64%	2.49%	2.39%	3.81%	2.62%	2.85%	2.87%	2.93%	3.75%	2.93%
管理费用/平均资产	-0.69%	-0.74%	-0.81%	-0.70%	-0.68%	-1.22%	-0.67%	-0.76%	-0.65%	-0.81%	-1.11%	-0.80%
拨备前利润/平均资产	1.97%	2.01%	1.71%	1.60%	1.44%	2.52%	1.91%	1.98%	2.17%	2.09%	2.60%	2.00%
资产减值损失/平均资产	-0.62%	-0.67%	-0.58%	-0.46%	-0.53%	-0.86%	-0.84%	-0.96%	-1.12%	-1.21%	-1.62%	-0.86%
净利润/平均资产（ROA）	1.08%	1.11%	0.90%	0.92%	0.80%	1.32%	0.96	0.87%	0.90%	0.76%	0.77%	0.94%
权益乘数（A/E）	12.04%	11.91%	13.86%	12.49%	13.94%	12.76%	14.56%	14.31%	13.73%	14.48%	14.74%	13.53%
ROE	13.05%	13.18%	12.43%	11.45%	11.20%	16.84%	14.02%	12.40%	12.29%	11.07%	11.30%	12.66%
RWA/A	61.83%	59.1%8	62.24%	62.98%	62.03%	62.11%	71.70%	76.58%	67.53%	75.75%	70.69%	66.60%
RORWA	1.75%	1.88%	1.46%	1.47%	1.32%	2.15%	1.35%	1.12%	1.32%	1.00%	1.10%	1.45%
核心一级资本充足率	13.20%	13.88%	11.24%	11.30%	11.22%	11.95%	9.47%	8.89%	10.26%	8.69%	9.11%	10.84%
NIM	2.24%	2.26%	2.17%	1.84%	1.58%	2.59%	1.94%	2.11%	2.08%	2.12%	2.62%	—

信托的未来

在自融被严格限制以后，民营资本投资信托的高潮也将告一段落。伴随着信托行业回归本源，股东对信托公司的要求将从"表面热闹"变成真正意义上的绩效管理，而ROE将成为考核的重中之重。

提升ROE，不外乎两条路：首先，信托公司必须转变过去"类银行"的发展模式，加强轻资本的服务信托业务和资本中介业务，强化固有投资能力；其次，精细化管理信托公司手中的非标额度和地产额度，最大化房地产信托业务的收益，减少低效能的假集合业务。

这看似毫不相关的两条路在信托公司的战略执行中应该是并行不悖的，它们是"诗和远方"的关系。我们看到越来越多的信托公司开始关注"远方"，这是好事，但对于一家以ROE为目的的机构，放弃眼前的利益去盲目转型是非常危险的。现在，信托公司应该在监管的约束范围内，继续发挥仅存的制度红利，利用一切手段提高赢利能力。眼前的利益并非毫无价值，它是一家公司生存的压舱石。

但这一切都要建立在信托公司更精细化管理的基础上。

- 厘清非标额度和地产额度，降低闲置额度，并通过有效的额度定价管理机制来促进业务部门的良性竞争。
- 在传统的房地产和平台等业务领域，加强对新模式特别是股权模式的研究，降低信托公司对非标额度的依赖。
- 建立以大客户为中心的核心战略，将客户需求作为信托公司业务模式创新的出发点，以满足客户需求来深度绑定客户，提高赢利水平。
- 在资金端形成更为精密的定价体系，加强公司层面的统筹协调，建立"产品线"同"资金线"对应的经营模式，把产品的生命周期和资金端的成熟程度进行有效衔接，既要获取最大的利差，也要形成对新业务的有效支持。
- 建立以资产配置为核心的财富管理战略，完成"单品销售"→

"资产配置"→"全权委托"的迭代升级，通过资金端的转型升级来完成对资产端转型的有力支持。

（二）转型应该是渐进式的，转型的灵感源于积极的展业

信托作为金融体系的一个小行业，借助灵活的组织架构产生了极高的行动效率，获得了超越常规的发展。同样，灵活的组织架构也将在转型中发挥重要的作用。但非标与标之间存在一个巨大的天堑：非标转标对于信托公司来说是组织命题的重新调整，而不单单是具体业务的转型，在信托公司层面，组织架构、风险文化、展业逻辑和资金配套等方面都将发生深刻的变化。如果没有统筹规划、不能在组织建设方面进行再次革新，而是继续以陈旧的眼光机械化地理解这一轮变革，沿袭旧有的方法一条路走到黑，那么迎接我们的只可能是失败。

从具体业务的角度来看，信托的变革应该是渐进式的，即在更新的战略思维指导下，由一系列微创新构成的行动轨迹集合。信托的创新从来都不是在家里拍脑袋想出来的，而是根植于客户、市场和同业，展业的意义在此时显得格外重要——从成功的巨人身上汲取力量，向前走出的每一小步，积累起来就可能是革新性的一大步。基于客户痛点的变革，才是市场中真正有效的创新，而那些来自高深理论的创新，如果没有同市场有效契合，走得越快，摔得越狠。

（三）信托行业的制度红利已尽，人力经营也必须转型

在这轮转型大潮中，各家信托公司推出了海量新业务的招聘信息，但是信托的转型靠招聘就能解决吗？对于业务转型而言，最核心的还是人才战略——如何吸引优秀人才，如何让优秀人才在平台上发挥价值，如何让各种人才充分竞争以提高效率？这恰恰是信托公司在长期快跑中所欠缺的。借鉴自投行的类合伙人制度对信托行业的快速

信托的未来

发展起到了决定性的作用，但这种简单粗暴的机制使得信托公司疏忽了人力建设。

当信托行业的超额红利回归正常，信托公司在收入方面的优势不再突出时，信托公司又如何做好人才引进？当信托行业的专业化经营越发深入时，信托公司又该如何在人员组织上形成合力？跳出人力资源体系中的高深理论，信托公司需要建立起真正"以人为本"的核心理念。事实上，在过去的信托公司，人并不是关键，在机制和产品的配套下，不管是信托经理还是理财经理，都是这个粗糙体系下的螺丝钉。某个业务强人走掉没关系，再招一个人过来也不会差到哪里去，这大概就是制度红利下信托行业的现状。我们做得好并不一定是我们真正好，可能是我们都在为体系所加持。

当制度红利的潮水退去时，有人发现业务难做了，但这也许是信托行业人才分化的开始——平庸与优秀的差距开始不断显现，而对于信托行业的人力资源来说，竞争才刚刚开始。在业内，有的信托公司可以坚持最高的人员招聘标准，顶住各种关系户，招到清华、北大最顶尖的状元，这靠的不仅仅是公司的品牌和收入，更多的是人力的勤勉与坚持。信托公司的人力资源在某种程度上也是一种业务，一种非常具有乙方性质的业务。只有从一个点上拉起一张大网，通过实习机会、校招活动和对外宣传把人才纳入体系库并持续跟踪，信托公司才能形成人才战略的基础。

信托公司的转型发展离不开人才体系的再次建设，在这个过程中起决定作用的是人力的工作心态。跳出甲方思维，按照做业务的思路来做人力，拿出以人为本、求贤若渴的态度，是未来信托公司再次上路的根本。观念转变，自然带动行为模式的变化：只有在以人为本的战略指导下，把优秀的人才引入平台，让优秀的人才发挥所长并得到奖励和晋升，同时裁汰冗员，信托公司才会在未来迎来新生。

跳出人力工作的角度看招聘，很多信托公司的财富中心都在抱怨招人难，这里面固然有政策、激励和品牌的多方面因素，但是我们是否有站在候选人的视角去审视潜在的下家？当大量银行理财经理因为复杂的KPI和以销售为核心的经营战略而疲惫不堪，试图走出体制时，信托公司是否可以根据候选人的想法，把财富中心改造（或包装）得更好？我们是否可以建立起一个体制，让理财经理在创造销售额的同时获得知识和能力的输入？我们是否可以在"非标转标"的大背景下，建立起理财经理、客户和公司之间的共赢关系？"我若盛开，蝴蝶自来"，如果一家信托公司能够把自己改造为一家适合每个人全面发展的机构，那么我们相信这家信托公司只有成功一条路可以走。

（四）信托转型的乱象：忙于抄袭、盲目抄袭，忽视业务背后的逻辑

在焦虑情绪的引致下，各家信托公司的相互交流也多了起来，排名靠前、增长较快的信托公司成为大家学习的榜样。但喧闹背后，是否有人想过：这种突进式的业务学习以及后续改造，对后来者是否真正有益？能够真正改善业绩吗？长期以来，我们陷入了一种普遍的误区，即制度红利覆盖下的信托公司具有同质化的倾向，只要把激励搞起来，不管什么样的股东背景，不论怎样的管理层出身，都能把公司撑起来。但事实上，在信托行业高速发展的10年时间里，优秀的信托公司之所以跑赢同侪，是因为其在发展过程中形成了良好的基因。我们往往只看到优秀公司发展出了优秀的产品线和经营模式，却忽视了其背后支撑这些业务发展的股东背景、战略选择、企业文化与公司治理。

同业交流对信托行业的长期发展一定是大有裨益的，但这种交流一定不是流于表面的。看到某家公司在消费金融上赚了钱就去搞消费金融，看到某家公司在房地产股权上做得风生水起就去做房地产股权，而忽视了境内消费金融业务的历史周期，忽视了那家信托公司在

风控和资金方面全方位的配套能力——如果只是单纯地抄袭模仿，就很可能学得越像、摔得越惨。

在境内的信托行业里，信托业务根植于信托公司的企业文化，脱离信托公司的企业文化去谈业务模式是没有意义的。当我们试图分析或者学习一家信托公司的业务模式时，更关键的是了解其业务生存的土壤："为什么它能做得风生水起？"在完成对一家公司从表层业务到内生基因的全面了解后，我们的学习就不是简单模仿了。也就是说，好的对标应该是一个基于对对标对象的深层次理解与自我体制完善相结合的复杂过程。

如果对优秀信托公司进行简单的梳理，我们就不难得出以下四个结论。

- 构建股东同管理层以及管理层内部的稳定合作关系，注重管理层团队经营的连续性。
- 在企业文化层面，明确具有股东特质、契合公司文化的使命、愿景、价值观，并以此确定员工的"身份"，在公司内部对"要做的事情"形成清晰的导向。
- 做好团队建设，依托信托现在的制度红利，强化用人标准，招好人、用好人。
- 明确公司业务的战略选择，形成业务团队展业的唯一纲领。比如，某些信托公司提出的"相信政府""大客户"，都是提纲挈领的行动纲要，指向性很强。

图2-4为牧原股份企业价值境界图。

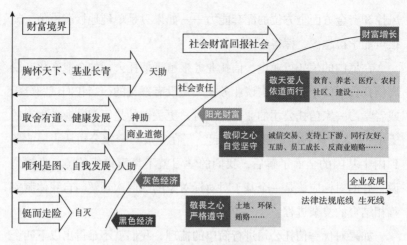

图2-4　牧原股份企业价值境界图

（五）信托公司和从业者即将迎来个体分化的行业开端

当资管新规、2019年银保监会64号文、《信托公司资金信托管理暂行办法（征求意见稿）》这三座大山压在身上时，信托行业的每一个从业者都清醒地意识到转型是没有任何借口的。有些刚入行不久的新朋友念及此，总会微微叹一口气：为什么是信托呢？事实上，信托行业不过是整个大金融行业的一个缩影，之前金融行业的高速增长，不过是宏观经济叠加政策宽松的阶段性红利，粗放式增长不过是前半场。当一切回归正常时，整体的超额收益趋于消失，金融行业真正的精彩开始，每一个个体、每一家公司的特殊气质都将重新定义这个市场。没有平庸横行，哪有英雄辈出！

十一、行业阵痛期，信托公司切忌盲目转型

（一）信托从业者A总的现实

信托圈里的好朋友A总给我打了一通电话。原本擅长房地产业务

的他最近接触了一家2017年成立的投资公司——这家公司规模不大，但业绩挺好，他打算用信托作为载体搞一个阳光私募，但又担心这家投资公司成立时间太短、名气不大。信托的风控不太容易做，这让他非常发愁。

接电话的同时，笔者在网上快速查了一下这家公司的情况：成立于2017年，公司的关键人物没有大机构的从业经历，草根出身；从市场周期上看，它没有经历过一个完整的行情周期；规模很小，没有通过信托以阳光私募的形式发行过产品，也没有商业银行的代销合作，只是通过三家券商零星发行过产品（当然，熟悉券商思路的朋友也知道，券商的目的在于这家投资公司的交易分仓）。

当时我就给A总建议，在尝试标品转型的头一遭选择这样的主体恐怕不太合适：一是这家投资公司的实力和业绩缺乏说服力；二是对于信托公司的风控而言，选择一家小公司进行合作，需要突破的东西太多，不如选择大品牌公司并采用组合投资的方式进行破题来得现实。

事实上，A总所面对的情形与圈内很多信托经理是一致的：监管层面不断压降信托公司的通道业务、非标额度，公司层面每月释放出来的非标额度非常有限，狼多肉少，抢不到是大概率事件。但是，转型又毫无头绪，该选择哪些客户合作？资金从哪里找？原本非常成体系的非标打法，仿佛一下子没了用武之地，工作头绪也变得杂乱起来。

我们都知道"兵马未动，粮草先行"，任何一个行业或者企业的转型都应该是基于公司整体谋划下的有序行动，而不是由基层盲目乱动来倒逼推动。事实上，在转型和业绩的双重压力下，许多信托从业者陷入了病急乱投医的窘境，随手抓到一个客户就以为是救命稻草。

（二）关于信托行业和信托公司，我们长期以来有一个误判

在宏观经济变革叠加严厉监管的情形下，信托行业步入了一个转折期。我们看到，很多寻找新方向的公司都在寻找业内优秀的公司，

尝试复制领先公司的业务模式或者管理架构，仿佛这么做就能大幅度改善业绩并赶超先贤。

但事实上，这样的工作方式来自一种对信托行业和信托公司的误解。特别是信托行业这十几年的快速增长，加深了我们对这个现象的误解，即我们总是习惯性地认为信托公司是一种特殊的企业，行业的超额收益足够多，多到可以掩盖优秀企业的特殊品质，而优秀信托公司并没有什么特质，它们的业务模式或者管理手段可以直接拿来为我所用。

这种误解其实是可以理解的。不管宏观经济在过去十多年如何调整，境内信托行业都实现了整体性的快速增长且没有出现过主营业务方向的变化，不同背景的信托公司都不乏成功案例，甚至不同业务风格和管理风格的信托公司都实现了各自的成功。

但站在现在的时点，我们发现人们对信托行业和信托公司的误解其实来自境内信托行业所享受的时代红利。2008年金融危机后，"四万亿计划"拉开加杠杆的序幕，而2013年大资管时代的正式启动，标志着表外业务的大发展：企业、政府和居民三轮加杠杆，辅以"银行+地产"的经济增长模式，让信托公司在"通道、地产和平台"三大业务上吃足了红利。

可以这样说，信托公司的优异表现在很大程度上来自时代所赋予的 β，而 α 并不显著。但是，那些真正拥有 α 的公司，拥有在行业拐点超越同侪的潜力，且并未被人察觉。

当杠杆加无可加，传统经济增长模式无法延续时，金融行业必然迎来分化与调整。参差不齐的信托行业，上演着各自的美好与不幸：有的公司找不到新方向，业绩连连下滑；有的公司则已经完成转型，净利润不降反升。看到这些差异极大的个体，抛开系统性的制度红利，我们不禁要问：到底是哪些因素决定了信托公司的成功？

在相同的市场环境中，优秀的信托公司之所以优秀，是因为其在发展中所形成的特质。这些独有的文化或者风格，决定了其在行业欣欣向荣或泥沙俱下的环境中，都有更快的奔跑速度，或者更灵敏的掉头反应。

（三）向信托行业的优秀公司学习，是深度理解自身禀赋下的自我革新

　　"幸福的家庭都是相似的，不幸的家庭各有各的不幸。"这是《安娜·卡列尼娜》第一章的第一句话，也是金融转型下信托公司的真实写照。如果深度观察业内绩优公司，那么我们不难得出以下结论：优秀的信托公司在股东结构、企业文化、团队建设和战略选择四个方面拥有自己非常鲜明的特质（见图2-5）。

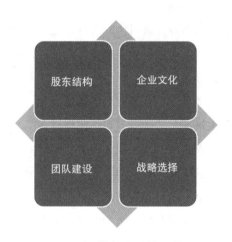

图2-5　优秀信托公司的鲜明特质

- 股东结构单一及股东对管理层干预较少的信托公司一般都会有更好的表现。
- 优秀的信托公司能够构建良好的企业文化，能够做到"打开天窗看世界，防止闭门造车""信息的充分共享""公司内部的充分合力""以业务需求为核心目标""在横向管理的基础上做好纵向管理""一切务实的风格导向"。

- 优秀的信托公司以人才战略为团队建设的核心，鼓励通过裂变的方式，让优秀的人才脱颖而出，同时坚持专业的人做专业的事情，尽可能降低"递条子"对公司组织架构的影响。
- 在业务端，优秀的信托公司能够形成自己明确的战略目标并长期坚持。

当然，以上四点只是笔者基于同业观察的一些不成熟思考，不一定准确，更谈不上全面。但通过这些粗糙的观点，我们可以得出一个清晰的结论：一家信托公司的成功，不是一个部门或者一个项目的成功，而是一系列文化和战术复合支撑的结果。

如果我们在谈及行业先进机构的时候，还只是评价这家公司的某项业务，而不能深入了解这项业务成功背后的各种文化、制度和管理手段，那么无疑是非常可惜的。那些焦虑的、试着赶超的后来者，如果不考虑先进机构成就这项业务背后的特殊文化，就去盲目抄袭某项具体业务，结果大概率是"做得越多，错得越多"。

每次信托行业调整的时候，我们都会看到同业交流多了起来，其中有交流学习，也有人才流动，但事实上，大部分的交流都停留在具体的业务层面。比如：听说某头部信托公司的政信业务做得好，便去专程学习政信业务；听说某信托公司的证券业务搞得不错，便挖空心思去挖人、挖团队。"橘生淮南则为橘，生于淮北则为枳"，如果我们没有搞清楚这些优秀团队和优秀业务的生存土壤，那么种下苦果自然就是毫不意外的。

所谓"学我者生，似我者死"，这要求后来者了解事情的本质，但更重要的是，如何把这些被浓缩的优秀特质同自身的资源禀赋有效地结合起来。中信信托有句在业界传颂多年的话叫"无边界服务，无障碍运行"，这既是对发挥业务人员展业灵活性的纲领性指导，也符合中信集团40多年长期发展的历史文化。因此，一家只做过通道业务的区域公司，想复制中信信托的业务模式来大搞平台和地产，就算有额度，在管理上也是支撑不了的。

最近几年，中国的企业圈喜欢说一句话叫"刀刃向内"。这句话挺好，但对于现在的信托公司来说，与其"刀刃向内给自己动手术"，不如先"目光向内，认真审视一下自己的长处和缺点"，谋定而后动。这样的话，成功的概率肯定会大幅度提升的。

（四）A总业务的后续

回到一开始A总的事情，都说非标转标，从目前信托公司的研究能力和投资管理能力来看，如果我们把团队直接扔到资本市场的大海里，那么这大概率是一个死局。但是，不会游泳，我们可以学，最起码可以带着游泳圈在水里扑腾一下找找感觉。也许在扑腾的过程中，我们就能摸出自己的门道，快速地游起来。

在这里，跟随市场上的大佬或者牛人一起学习，就是这个游泳圈。你不懂资本市场？你可以先做FOF业务。做FOF业务显然不是最终目的，最终目的是跟着投顾公司或者底层基金学习游泳的姿势。你没有客户做家族信托？你可以先出卖劳力给银行做通道服务，学习如何给高净值客户提供服务，进而在自己的客群中挖掘有价值的客户。

在学习的过程中，信托公司应该允许自己吃得清淡些，但节衣缩食的背后是对业务内涵的深刻理解。更重要的是，这些潜在的业务同公司的文化和制度能否形成有机的合力：在我们付出人力和资金成本的情况下，这些业务能否成为信托公司在未来长期的、有价值的增长点？

后来，A总主动联系了一家知名的公募基金公司，这家公募基金公司非常愿意以投顾的身份向信托公司输出自己的投资管理能力。A总的第一只标品信托已经上路了，而A总以及他背后的信托公司对标品市场的探索也即将开始。

（五）信托公司不要因为瞎转型而把自己搞死

站在最理想的角度，信托行业或者信托公司的转型应该在行业向上的时候完成——有着稳定的现金牛业务托底，即便某些新业务转型不成功，也不会发生一损俱损的情况。但现实从来都不给我们乐观的机会，业务转型和行业收缩往往在同一时刻来临，留给各家信托公司的容错空间也越来越小了。

"转型"是一个在行业内喊了很多年的词语，就如同那只迟迟未来的狼，在羊群最难的时候露出了最锋利的牙齿。

站在信托公司的角度，转型固然重要，但在行业的震荡期，如何保全自己，特别是不要因为瞎转型而把自己搞死，则是一件更重要的事情。对于信托行业的转型来说，留给我们的时间不多了，但如何避免在时间压力下的自戕，也许更值得各家信托公司关注。

十二、从财务估值角度来看，信托公司该如何提升内涵价值

通过复盘2020年上海实业集团收购天津信托股权一事，我们发现境内很多主体对信托的估值依然停留在过去。但伴随着一系列监管政策的落地，信托公司的业务前景不断被看空，赢利能力和估值水平持续下降。基于宏观经济、监管和信托的现实状况，我们又该如何看待信托公司的价值呢？

即便面对严厉的监管，信托公司的牌照优势依然存在，如果可以妥善运用，就能为股东创造价值。然而，只有加强对收购标的的治理，从管理层到业务层进行有针对性的调整，收购方才能达到收购的预期目标。如何以投行的视角对信托公司进行更新升级，这是我们想要探讨的第二个问题。

相比商业银行和证券公司，信托公司的经营有更强的不透明性，如何谨慎地进行收购标的的尽职调查，回避潜在的各种风险，是收购方必须慎重分析与考量的。如何进行收购标的的风险排查，是收购信托牌照面临的第三个重要的问题。

基于此，以获取制度红利或进行股东自融为目的的信托公司并购，站在现在的时间点来看，是具有较大不确定性的。但如果能站在金融协同、品牌赋能的角度来看待信托，那么在有效管理的情况下，它可能也会带来额外的价值提升。

（一）对上海实业集团收购天津信托股权的估值分析

经过147轮激烈竞价，天津信托的股权竞拍宣布落幕。上海实业集团击败辽宁忠旺集团，获得51.58%的股权，成为天津信托的绝对控股方。算上之前通过产权交易所拿走的26.00%股权（来自泰达控股），上海实业集团累计持有天津信托股比达到77.58%，获得了对这家信托公司完整的控制权。

公开信息显示，上海实业集团累计付出了超过94亿元的代价，对应天津信托的估值也达到了近122亿元。对比天津信托2019年的经营业绩：

- 2 167亿元的管理资产规模，排名34，在68家信托公司中排名中游。
- 57.3亿元的净资产，排名中下，净利润为5.78亿元，在全部信托公司中排名37，依然位列中游。按照122亿元的估值进行计算，天津信托的PE（市盈率）为21倍、PB（平均市净率）为2.13倍，相比上市的信托公司和类信托机构（陕国投16.6、1.26，中航资本11.3、1.1，五矿资本8.3、0.88，江苏国信12.6、0.86），这个估值显著高于市场平均水平（2020年5月的市场估值数据，作者自行整理）。

- 行业内的第三方智库金融监管研究院的数据显示，在全部1 164亿元的主动管理资产中，融资类集合信托规模达到988.7亿元，占比达到近85%，距离监管的政策红线（50%）有很大的整改空间。一旦《信托公司资金信托管理暂行办法（征求意见稿）》落地，天津信托的集合债权类业务将受到较大的冲击，整改压力较大。

事实上，无论是上海实业集团还是辽宁忠旺集团，在竞拍过程中竞价147轮都体现出极大的不理智。在金融收缩的大背景下，经过资管新规、2019年银保监会64号文等一系列监管政策的洗礼，信托行业的资产质量和成长空间都远不如前。特别是天津信托作为天津本地金融机构，与天津当地的国有企业理应有较多的融资合作，在天津目前的经济和财政形势下，其潜在坏账比例可能要高于其他信托公司。那么，信托牌照是否还有价值？对于潜在的收购方来说，信托牌照还能带来哪些正面增益？在行业向下的格局下，我们又该怎样运营好一家信托公司，让它发挥更大的价值？

（二）不能回避的事实，信托公司的牌照价值已经大幅缩水

1.《信托公司资金信托管理暂行办法（征求意见稿）》的影响

在2020年5月8日发布的征求意见稿中，较多内容是对原有管理办法和资管新规的协调，在规则上取齐，调整也并未超出资管新规的范围，需要关注的改动主要在两个指标上。

第一个指标是信托非标单一集中度不超过信托公司净资产的30%。截至2019年年末，净资产规模最大的中信信托的资产不足300亿元。如果严格按照新规执行，那么实际控制人为同一人的融资规模不能超

过90亿元，相比信托公司现有头部房地产企业动辄几百亿元的存量，差距较大。

这个指标对现有信托公司的运营有以下冲击：

- 制约信托公司的股东自融。
- 地产大客户战略将终结，通过单一大客户快速地复制规模并实现"一鱼多吃"的模式将终结。
- 资产端客户集中度下降，客户进一步下沉，对信托公司的展业和风控能力提出更高的要求，"大而不倒"的业务逻辑会被"良好的区位＋较低的成本＋出众的管理去化能力"取代。

第二个指标是集合资金信托非标投资总计不超过总的集合信托计划规模的50%。 在信托公司，标准化资产的重要性被无限放大。在资管新规下，标品信托可能依旧收益不高，但它会显著发挥压舱石的作用，对信托公司高收益的非标债权业务的发展给予稳定的支持。

- 依托于银行代销的业务模式无法在短期内形成规模性增量，存量竞争将是未来的市场格局，传统证券类信托的收益将会一降再降。
- 信托公司在后续必须开发出证券业务的新模式，在证券业务领域寻找"标"与"非标"的过渡性产品，比如带有固定收益特征的量化对冲、定向增发和可转债等业务。
- 信托公司财富中心必须加大对标品信托的销售力度。

在短期内，大量不符合50%指标的信托公司，在资管新规落地后将面临较长时间的整改，利差大的非标业务新增难度较大，信托公司将迎来较长时间（1～2年）的业务荒。

2. 资管新规的影响

2018年正式发布的资管新规标志着境内金融行业发展的新阶段，在金融稳定委员会的统一推动下，其第一次以整体性的面貌对各个金融细分子行业进行了联动式的监管约束，终结了过往"头痛医头、脚痛医脚"的监管局面。资管新规中的"破除资金池（信托资金池终止）"、"二层嵌套（银信合作终止）"和"明确杠杆"极大限制了信托的业务创新和资金来源。粗略估算一下，在资管新规发布前，信托公司有超过70%的集合资金源于金融机构（特别是银行理财资金和同业资金）；在资管新规发布后，这部分资金远离信托，使得信托公司的规模增长遭受了根本性的抑制。

3. "64号文"对信托行业的影响

《中国银保监会信托部关于进一步做好下半年信托监管工作的通知》（信托函〔2019〕64号），这份被业内称为"64号文"的通知，在资管新规发布后进一步明确了信托行业的监管重点。"64号文"的核心在于：

- 坚持去通道目标不变、力度不减。
- 加强房地产信托合规管理和风险控制。
- 推动优化信托机构业务结构。

"64号文"对信托行业最大的影响是，给信托公司最赚钱的房地产业务加了明确的上限，而且伴随着时间的推移，这个盖子还会进一步下压，从而牢牢遏制了信托公司长期的赢利能力。

4.《信托公司股权管理暂行办法》对信托公司和信托公司股东的影响

该办法针对信托行业长期存在的问题（实际控制人不清晰、实际控制人资产实力弱、股东自融）给予了明确的调整意见。对于信托行业和信托公司而言，这个办法的执行提高了信托公司股东的标准，杜绝了资本玩家借由信托加杠杆的行为；同时，实力更为强大的股东对信托公司抵御经营风险来说也是好事。

5. 信托公司财务指标分析的横向对比

我们最后做一下赢利能力的横向分析。通过云南信托研发部的数据统计，我们可以清楚地看到信托行业的ROE持续下滑，2018年和2019年维持在10%左右的水平（见图2-6、图2-7、表2-2）。作为金融同业的银行业，其ROE水平也有所下滑，但从四大行到股份行，商业银行的ROE稳定在11%～13%，商业银行的赢利能力要好于信托公司。

图2-6　近五年收入净利率情况

资料来源：云南信托研发部统计。

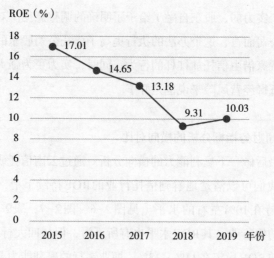

图2-7　近五年ROE情况

资料来源：云南信托研发部统计。

表2-2　2019年和2018年ROE排名前10的信托公司　　　　　单位：%

排名	信托公司	2019年ROE	信托公司	2018年ROE
1	长城信托	22.37	长城信托	30.9
2	万向信托	21.24	中海信托	28.9
3	光大信托	21.11	爱建信托	20.3
4	国联信托	18.41	万向信托	18.8
5	爱建信托	17.77	外贸信托	18.1
6	华能信托	16.24	中航信托	17.2
7	五矿信托	16.06	中铁信托	16.1
8	中航信托	15.76	中信信托	16.0
9	国投信托	15.23	光大信托	16.0
10	杭工商信托	14.49	华能信托	15.7

资料来源：云南信托研发部统计。

信托的未来

6. 总结

综合来看，基于境内宏观经济形势的分析，金融杠杆不具备进一步扩张的空间，信托业务的继续增长遇到了前所未有的天花板，信托公司的分化进一步加剧（见图2-8）。

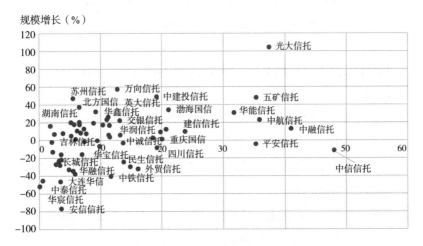

规模增长（%）

图2-8　2019年各信托公司收入与增速散点图

资料来源：云南信托研发部统计。

从估值的角度来看，信托公司的估值在未来会进一步下滑。如果类比商业银行，信托公司在未来拥有更低的ROE水平以及更大的利润跌幅，其估值不应该显著高于商业银行。

（三）如何在监管的限制下发挥信托牌照的优势，为股东创造价值

在制度红利和流动性慢慢消退后，信托公司的特殊禀赋不再，信托公司向一家"正常的""普通的"金融企业回归；相比银行、证券和保险，信托行业的超额收益不再。但是，信托行业在这十多年的快速成长过程中，依然积累了很多有价值的经验，相比银行等机构，

具有自己独特的成功基因（扁平化管理、较高的内部效率、良好的人才晋升和流动机制）。如果这些特性能够得到充分发挥，那么笔者相信会有一部分信托公司在未来的金融市场中取得非常明显的超额收益。

从这个角度出发，我们梳理一下潜在对策，简要论述一下未来信托公司如何保持相对优势，获取更高的行业超额收益。

1. 构建稳定的委托代理关系，形成稳定的有战斗能力的管理层

信托公司要在股东和管理层之间构建稳定的委托代理关系，既要防止股东对管理层的过度干预，也要遏制管理层控制公司为己谋私。在这个思路下，我们要关心信托公司层面的股权关系，特别是大股东和二股东的战略选择是否一致，是否会因为管理层理念不同而造成信托公司经营策略的不统一。

在管理班子的搭建上，信托公司要选择具有业务能力和协作能力的人，不唯名气和资历，打破论资排辈；更应选取一个具有业务前瞻视角且能够统一管理层思想的优秀人才担任总经理；既要做好公司的民主，也要在关键时刻强调集中，避免陷入因为追求公平而降低效率的局面。

2. 顺应监管要求，发展标品信托

大力发展标品信托业务，形成非标业务的压舱石。

既要规模也要利润，以微笑曲线为例，从两端入手，提高信托公司自主投资和自主销售的能力，提高信托收益。

不能过度发展超前业务，需要结合信托公司的资金形势，寻找传统的非标与新兴的标之间的契合点，发展具有"固收+"特征的资产，比如定向增发、大宗减持和对冲基金等产品。

3. 做深做透房地产业务

结合对监管政策的分析，未来信托公司的潜在利润点在于房地产业务。信托公司如何在有限的房地产额度内获取更多的超额收益，是未来发展的关键。信托公司应该建立自己对于房地产业务的专业能力，从评估、财务到后期管理，从"唯融资人信用论"向"具备自己的项目投资判断能力"发展，形成自主投资能力，通过股权地产业务来赚取更多的信托收益。

4. 建立一支适合未来、具有多元化销售能力的财富队伍

财富队伍应该具有较强的专业性，具备资产配置能力，可以实现"全天候、多元化"产品销售，适应信托公司资产端的需求。

财富队伍应该具备跳出信托进行产品配置的能力，比如配置公募基金、保险产品等金融产品。未来，信托公司的财富中心不仅仅是信托直销的出口，更应该是一家财富管理公司，以多维度的产品来增强客户黏性。

（四）在信托业务以外，信托公司牌照给股东带来的有益影响

1. 依托家族信托业务，在超高净值客户群体中扩张品牌

信托公司所拥有的完整SPV定位，以及比较综合的金融服务功能（贷款、合格的抵押权人等），使得信托公司在侧重传承、分配的非金融工具领域具有绝对的优势地位。在未来较长的一段时间，超高端人群的家族信托、高净值客户的家庭信托的基础信托服务都将继续围绕信托公司而展开。

从实务的角度来看，这部分服务型信托业务收费低，对于信托公司而言性价比不高，但它们却有着以下优势：

- 家族信托业务沉淀的资金期限较长，可以形成比较稳定的且不被监管限制的"资金池"，在信托公司自营客户的情况下，可望为信托公司提供稳定的资金。
- 家族信托和家庭信托主要的目标客户为境内的高净值客户，在业务推广顺利的情况下，可以提高信托公司和股东在特定人群中的曝光率，起到品牌增益的作用。

2. 依托慈善信托、绿色金融业务等提升股东的美誉度

当下，部分超高净值客户，特别是部分创富一代的配偶和富二代，有一种以慈善事业为潮流的趋势。信托公司可以利用这一趋势，大力发展慈善信托，加强同超高净值客户的联系。另外，慈善信托本身的公益属性可以帮助金融机构建立起良好的社会形象，调整社会公众眼中的"高利贷"属性，改善信托公司和股东的社会风评。

3. 打造完整的融资链条，帮助金融集团实现闭环

以蚂蚁金服为例，依托于阿里庞大的商贸和支付体系，加上低门槛的民营银行（网商银行）、融资租赁公司、证券公司，它就可以实现从基础资产形成到资产证券化的全流程覆盖。但阿里体系对金融工具需求较低，强势的资产完全可以依靠资产证券化和机构销售来实现资金匹配。蚂蚁金服是一个个案，其经验对于其他机构并不具备可复制性。

事实上，任何一家产业公司（包含传统产业和互联网科技公司）都需要金融服务，也都至少需要银行（贷款的主要形态）、信托（贷款的灵活形态、次级资金募集）、证券公司（证券化）的配合，从而完成"产业—金融"的闭环。信托在这个闭环中所发挥的作用，非常重要。

4. 信托公司的股东可以利用信托牌照进行有限度的自融，发挥信托融资的灵活性

信托公司的股东自融一直是一个非常有争议的话题。由于资管新规和《信托公司股东管理办法》的约束，信托公司的股东自融已经被极大地限制了。但从行业的角度来看，积极的民营信托股东进行远超自身体量的自融是有极大风险的，而国资背景的上海实业集团自融是可以被容忍的（当然，强势大股东的融资成本太低，大概率不偏好信托公司的高成本资金）。股东的实力以及股东对运用信托公司搞自融的态度，决定了最终的结果。

信托公司股东可以有限制地利用信托牌照进行自融，但即便如此，自融也应该严格按照30%的规则来运作。也就是说，信托公司应发挥信托融资在调整财务报表等方面的优势，把自融当作有益的补充，而不是戒不掉的毒品。

5. 信托公司应利用其财富管理业务的牌照优势，运用资产配置的方法，实现金融和非金融（与股东相关）产品的交叉销售

信托公司本身的金融机构属性，为其代销资管产品奠定了基础。信托公司的财富管理业务，要比第三方理财更具有牌照的优势。从这个角度来看，即便信托公司的传统非标业务空间不断收缩，利用好信托公司的财富管理中心，在信托公司内部孵化出第二家诺亚财富，并非没有可能。

站在目前的时间点来看，信托公司的财富管理业务在未来信托公司的估值中会起到更大的作用：一方面，财富管理中心要提供适合业务转型的资金；另一方面，信托公司的财富管理应定位于全市场，依托其他金融和非金融产品的代销，实现在更大范围内获取财富管理收入的目标，同时支持股东的其他业务。

（五）信托行业内部分化严重，少数公司业务非常不透明

1. 标的公司行业口碑和历史坏账

新冠肺炎疫情叠加严厉监管，使得部分信托公司出现了较大范围的坏账。在媒体和自媒体的刻意宣传下，少数问题信托公司的品牌恶化，整个信托行业面临被污名化的危险。因此，那些行业口碑好、历史坏账少的信托公司更容易成为被并购的标的，这些公司品牌价值较高，在新业务开展上的阻力较少。

值得关注的是，部分没有爆出违约的信托公司并非白纸一张。行业内的惯例是，较多问题资产通过资金池、股东及关联方持有等方式来进行藏匿。潜在的收购方应加强对潜在标的的尽职调查，对资金池的底层资产、固有资产、股东及关联方持有的信托计划、非标转标的相关资产进行专项审计，防止收购后风险溢出。

2. 在行业转型剧震下，如何描绘一家信托公司的业务潜力

- **集合标品规模**：有多少集合标品才能做多少集合债权。目前，各家信托公司普遍呈现出集合债权大于集合标品的情况，后续压缩整改难度较大，短期新增业务严重受限。
- **地产业务额度**：在综合各类监管政策后，我们可以看到，信托公司的地产额度决定了其盈利的上限，大力发展房地产股权业务获取最高的收益，是提升信托公司赢利能力的重中之重。在目前银保监会的实际操作中，信托公司的地产额度差别较大。以某东南省会城市的某家信托公司为例，其地产额度仅有80亿元，即便全部投入股权业务，公司的潜在赢利空间也非常有限。从这个角度来讲，一家信托公司的房地产额度，决定了它的信托业务未来发展的上限。当然，除此以外，信托公司的房地产业务团队可以

利用私募基金的形式进行股权地产融资，不占用信托的房地产额度，仅仅发挥信托公司的募资功能，但这个模式对信托公司的募集能力提出了更高的要求。长期来看，类似的套利模式依然有被监管发现而被控制的可能性。

- **产品销售和财富管理能力**：无论是标品信托还是房地产股权业务，相比传统的集合债权信托，销售难度都大幅度提升，要求信托公司的财富团队和理财经理有更强的资产配置与财富管理能力，传统的、依托刚性兑付进行销售的理财经理要么被淘汰，要么必须转型。在这个背景下，传统信托公司财富管理中心动辄几百亿元的销售能力便成为虚名。如何去量化一家信托公司现有的财富管理能力？我们需要关注四个维度：销售的激励水平、阳光私募的直销能力、股权（地产和非地产）项目的直销能力、家族信托的直销能力。

3. 股东结构

从最近10年境内信托公司的实践来看，单一大股东或者大股东股比占绝对多数是最好的安排。以最近10年高速成长的华能信托为例，华能集团通过华能资本持有信托67%的股权，二股东（也是收购前的大股东）贵州产投（已更名）发挥的仅仅是出资人的角色。在华能信托2009年复业以后，贵州本地所保留的三位高管在公司内部管理计财、党建，华能信托将总部迁移到北京；二股东在经营中起到的作用微乎其微，有利于大股东的决断和管理层的稳定。

4. 管理团队的搭建

稳健增长的几家信托公司都有一个非常明显的表征，就是管理团队稳定。以中信信托为例，增补进来的高管也是公司之前的中层，保证了公司战略和文化的统一性和延续性。对于管理团队的搭建，我们有四点建议：

- 不唯名气，注重能力，业务优先，避免出现外行指导内行。
- 以公为先，具有合作精神。
- 有奋斗精神，对公司发展和个人荣誉有自己明确的预期，避免好好先生或人浮于事。
- 从外部优秀的信托公司中选拔骨干。

5. 公司总部的选址

从行业的整体情况来看，总部位于二线城市的信托公司很难有好的表现，主要是因为：二线城市同监管沟通及同业沟通较少，信息相对闭塞，人员观念滞后，普遍内耗较多，业务开拓能力不足。以总部位于二线城市的信托公司为并购标的的收购方，应在并购后，尽快将总部优先搬迁到北京，次之上海，从而一方面加强同监管的沟通，另一方面提高公司引进人才的效率。

（六）从并购的角度来审视信托公司未来的革新之路

在宏观经济减速换挡的背景下，信托公司受到经济下滑和严厉监管的双重打击，制度红利已然消逝，其内涵价值和牌照价值都在下降。未来，我们必须对信托公司的估值进行下修和重新判断。上海实业集团收购天津信托注定是一笔亏本的买卖，但如果从更长的时间维度来看待这个问题，在价格合适的前提下，做好信托公司的内部管理并发挥信托业务的周延作用，那么信托公司对股东的业绩回报依然有望超过金融行业的平均水平，并形成较好的品牌美誉度。

综合来看，是否要收购一家信托公司，取决于潜在股东方的目的。如果是以股东自融或者获取信托制度红利为目的而进行的信托公司收购，那么这肯定是不具有价值的。如果站在金融闭环运作的角度，或者希望运用信托业务对股东的美誉度进行提升，那么在合理的价格下，信托公司依然是一个好的标的，但依然要谨慎调研，小心回避信托公司的潜在风险，并做好后续的经营管理工作。从另一个角度来看，回避信托公司的短期风险，最有效的手段是等待——等待问题资产的爆出，等待监管整改的结束，等待业务恢复常态。在经过时间充分暴露以后，信托公司的资产可能会更加清晰。

这些要素或者内容，不仅仅是收购方的思考，更应该是信托公司的自我警醒。扎实做好企业管理、稳健经营每一笔业务，才是信托公司转型的唯一出路。

第三章
业务之道

一、信托公司如何实现资管突围

作为信托行业的从业者，在这几年里，笔者走南闯北，历尽艰辛，虽有成绩，但个中辛苦只有自己知道。最有意思的是，每年笔者都会接触形形色色的人和事。这当中感触最深的是在前几年走访一家国内顶级券商时，笔者和该司投行的一位高层人士在交流业务时的一段谈话。

谈到信托公司这几年的快速发展，他略带不忿地说道："券商的客户资源，无论是资产还是资金，都比信托好，人员素质比信托高，激励机制也更有优势，凭什么券商做非标资管干不过信托？"这样的论断充满了其作为高管的豪情壮志，他的观点不无道理。但事实是，这家顶级券商依然没有形成对非标准化产品乃至资管产品的风控标准，更不要说真实的非标业务落地了。究竟是什么样的力量使得信托这样一个没有任何比较优势的子行业，能够在大鳄频出的金融体系中占有一份自己的田地，是值得每一个金融从业者都认真思考的。

（一）没有自留地，信托公司具备了快速转型和发展的能力

信托公司"坏孩子"的历史出身，似乎使得每个信托人都拥有

了一种天生的禀赋，即对未来发展的悲观和积极寻找出路的态度。每个金融细分子行业在开年的时候都在提转型，但真正能够做到根据政策和市场的变化进行业务结构和管理架构变革的，似乎也只有信托行业。监管对政信合作进行限制，信托公司就通过结构变形绕过去；不让信托公司做期限错配的资金池，信托公司就积极整改并寻找新的思路；要强化主动管理的业务能力，各家公司就各显神通，在各个市场领域中建立有自己特色的业务模式。

从结果来看，信托公司是行业的一个积极变革者，也是一个创新的践行者（说是引领者有些过誉）。信托公司这种努力的尝试，也是苦涩的无奈之举，谁不想像银行一样垄断着金融体系的大部分资源以稳定地赚取存贷利差？谁不想获得券商在IPO并购和发债领域的牌照资源？谁不梦寐以求保险公司体系内各种来源稳定的低成本资金？信托公司的"活蹦乱跳"不过是没有自留地的一种尴尬写照，就连所谓的信托制度优势在券商和基金子公司的资管计划面前，也被冲击得七零八落。

似乎只有在信托行业，你才能真正感受到朝不保夕的危机。没有自留地就意味着你始终是一个猎人，需要时刻瞪大眼睛观察着周遭的变化，准备随时举起猎枪来命中潜在的目标，还要小心翼翼地隐藏自己的身形，不被更强壮的野兽吃掉。这种文化似乎根植在大部分的信托公司上，要求企业的管理层更团结，并且必须减少无谓的内耗；要求内部的管理应该更加扁平化，管理半径更短，命令的传导速度更快；要求前中后台的配合度更高，风控合规不应该是业务的掣肘和敌人，而是共同战斗的伙伴；要求公司人员应该精干有效，同时具有良好的向上通路；等等。不敢说信托公司在这几方面做得多好，但相比银行和券商，信托公司的大企业病更少，执行能力更强。

自留地是每个行业获得排他性成长的利基，但也是一种羁绊，它绊住了你继续探索新事物、尝试新手段的步伐。就像笔者在本章开篇提到的那位领导一样，当看到下属报过来的若干个非标项目材料时，估计他第一时间想到的是需要创设各种标准的麻烦、投入成本的巨大压力和他自己承担风险的勇气，也许他会端起一杯茶，笑一笑，继续审阅这个月推动中的十几笔发债业务。

（二）前后台联动密切，风控对业务的支持大于其他金融子行业

有人的地方就有江湖，金融行业大，因此这个江湖也大。江湖大自然是非多，每个人都懂这个道理。

如果按照规模大小来看，那么在资管领域，银行大于券商，券商大于信托。人多就有是非，就有摩擦，就有前后台的矛盾。在金融行业中，风控和业务的关系一直是制约业务发展的永恒话题：风控太松了，问题项目频出；风控太严了，没有业务可做。什么是其中的度，似乎谁也说不出门道。我记得之前有一位做保险资管的朋友在谈到另一家保险资管公司的时候，打趣说那家公司业务、风控和资金归三个不同的老板管，他们天天打架，根本没法做业务。听罢，我深以为然。

那么，风控的尺度又在哪里，什么样的"业务—风控"关系才算是健康的呢？是坚持实地调研，并结合外部研报深入研究，还是根据老板意思来盲目执行的，抑或是一律遵循统一的标准？这个问题没有标准答案，笔者只是想根据自己在信托公司做业务的经历，总结一下什么是业务团队最需要的风控。

- **态度友善的风控**。在业务"小强"被客户修理完之后，谁也不想面对他那一张冷冰冰的脸，这不用解释。
- **坚持立场但又可以为符合标准的优质项目做出牺牲的风控**。为"某些"项目一路简化流程开绿灯，相关材料也因陋就简，并不能体现风控的水平，不过是顶层意志的应声虫；但对于一个风控认可的好项目，花些时间加班去写审批意见，提高了业务在公司

内部流程的效率，花费了自己的时间去促成优质项目，这是一个有担当、有判断的风控的作为。这就是风控的服务精神。

- **可以给业务建言献策的风控**。有些人眼高手低，看得多但实战经验不多。但放在风控里，看的项目多了，积累的概念多了，虽然不能直接实操，但这也是一笔弥足珍贵的经验财产，是一线人员最好的操作指南。对于同样的一个问题，只要风控提示给业务团队，业务团队就可以让一线人员少走弯路。当遇到了业务障碍，通过合理合法的技术手段来规避风险，这样的风控合规人员才是真的高手。如果能够形成业务和风控的有效联动，变成业务人员去执行，而风控人员在后面出谋划策，那才是真的事半功倍。

（三）适度的激励保证了公司的内外部稳定

投行、资管行业普遍实行公司和团队分成的准合伙人机制，明确的激励机制使得资管投行成为大家争先恐后的求职意向，一个个瞬间暴富的故事刺激着后来者涌入这个行业。就像那位顶级券商的高管所言，券商的激励机制大幅度好于信托，凭什么信托的优秀人才不主动加入进来呢？（在过去几年里，券商的分成比例为20%～70%，大部分集中在30%～50%。信托行业分化比较严重，国企普遍分成比例小于10%，一部分民营信托公司会达到20%～30%，但依然无法与券商相提并论。）

但似乎大部分人只看到了这种高额激励机制对一线人员的物质刺激，而选择性地忽视了高额激励所带来的负面影响。这里，笔者并不否定激励机制，但激励机制的落地是一个复杂的系统性工程，如果处置不当，就可能会给公司带来负面影响，比如业务团队内部因为奖金池分配不均而打架，收入不均带来的前后台之间的不平衡，关系紧张、人才流动单向化（优秀的后台人员都喜欢去前台），以及业务团队在不同公司间追逐高分成比例而导致的频繁跳槽，不一而足。

我们认为，激励分配至少要考虑到以下三点：

- 公司层面的前台后台、业务团队内部的前台后台的再分配关系。
- 团队队长享有分配权，但这个权利应该被有限制地使用。
- 奖金的分配和项目收入的实现，需要有关联关系。

事实上，对于奖金分配这种系统性的复杂工程，信托公司并没有做得比券商好，但许多信托公司的激励没有那么诱人，也因此相对少地背负了高额激励带来的"苦恼"。你可以看见许多大银行、大券商的各种花边新闻，但似乎信托行业就少了许多。这是信托从业人员的一个小烦恼，但似乎也是行业的一个幸事。

（四）关于即将逝去的"刚性兑付"的再探讨

刚性兑付一直是一个颇具争议的话题。刚性兑付伴随了信托行业的快速壮大，不少券商资管从业人员多少会带着情绪说道，信托不就是靠着刚性兑付才发展得这么快吗？信托从业者听后，通常会笑而不语。

对于刚性兑付的问题，这里既不讨论历史沿革，也不讨论这种既成事实对于行业的扭曲，只是想从一个侧面来加以探讨。因为有了所谓的刚性兑付，所以信托公司的领导和从业者才会愈发珍惜自己在这个市场的声誉。刚性兑付不可怕，不兑付所产生的连锁反应才是致命的。

有了刚性兑付，信托公司才会认真地审核每一个融资主体，小心翼翼地衡量着风险收入比。有些人会嘲笑某些信托公司做的客户层次很低，但我们相信这些公司的领导一定会日夜思考评价利差和风险的比值。2013年，一家央企信托公司见过融资成本为27.5%的房地产融资类集合信托计划。融资主体和项目自然是有较大的瑕疵，但面对

15%以上的利差和单笔一亿元的信托手续费收入，你是否愿意承担这个风险？这里，我们依然不认为信托公司会比其他行业更聪明，但至少它们已经开始对风险收益比这个问题进行一种最原始、最真实的思考尝试，而这恰恰是资管投行业务最精髓的内容。

几年前，笔者的一个领导管理的团队，也曾有限度地尝试做一些类资金池的非标资管业务。该资管业务的模式很简单，就是采购其他信托公司的信托计划进入资产池，然后对个人客户发行三个月、六个月的产品——很普通的"长拆短"资金池模式。但有意思的是，他们的要求是，信托公司必须对这家大券商出具抽屉式的兜底函。在选择采购刚性兑付的信托产品时，如果连自己的判断都不敢相信，又怎么可能在非标融资市场上找到自己的定位和发展方向呢？

作为信托从业者，笔者总想写点什么来描述这个行业的兴与衰，总想写一些大主题的内容，但最后写出来都是一些零星的琐事和片段。这可能就是信托行业的特征——没有什么高大上，却会在日积月累中有所改善。网络上经常有关于"信托狗"的自嘲，信托从业者应该感恩时代红利和行业前辈的帮助，也要怀念那些不认可的看法，它们给了我们生存的勇气和力量。

二、标品信托的"表"与"里"

2020年5月，五月天的线上演唱会在朋友圈中掀起了一阵热浪，这个慌乱的5月也在一种对旧时代的怀念中过去了。流行音乐如此，信托行业也不例外。对于信托公司来说，2020年5月的主线只有一个，那就是对《信托公司资金信托管理暂行办法（征求意见稿）》的解读与思考。细看下来，其对信托公司的最大影响就是"信托公司管理的全部集合资金信托计划向他人提供贷款或者投资于其他非标准化债权类资产的合计金额在任何时点均不得超过全部集合资金信托计划合计实收信托的百分之五十"的规则。许多从业者庆幸，在新规下，信托公司保留了贷款牌照。然而，在未来的经营中，信托公司却不得不平衡"标品"与"非标"的比例，这对于以非标业务见长的信托公司来说，不啻一个巨大的挑战。

（一）深刻领会监管的精神，标品信托势在必行

当然，如同过去行业里常见的那样，部分激进的信托公司为了维护自己的行业地位，会在资金信托新规落地前，抓紧非标的投放。策略很简单，就是不管后续怎么整改，我先把自己吃撑，活在当下。在新规推出后，信托行业内传出几家头部信托公司要赶在2020年6月底投放几百亿元的消息。上有政策下有对策，信托公司的趋利避害也是正常的。

但在未来，这种抓政策空子的机会越来越少。在两会期间金融稳定委员会推出的11条金融改革措施中，最耐人寻味的是最后一条："出台《加强金融违法行为行政处罚的意见》，在现行法律框架下，按照过罚相当原则，明确对金融机构违法行为的按次处罚和违法所得认定标准，从严追究金融机构和中介机构责任，对违法责任人员依法严格追究个人责任，加大对金融违法行为的打击力度，对违法者形成有效震慑，切实保护金融消费者合法权益。"前些年，各地银监局的罚单没少下，不过，对于很多信托公司来说，几十万元的罚单实在不够看。这下好了，当信托公司继续试图穿越监管的时候，潜在的行政处罚可能是没有上限的。以前只是罚金，后续不排除暂停业务、吊销牌照、从业限制准入等更严厉的处罚手段的可能性。信托公司们，你们准备好了吗？

从另一个角度来看，做金融一定要顺势而为，就像许多信托行业前辈常说的那样："要深刻领会监管的精神。"金融稳定委员会的第11条规则已经给出了明确的指示：在国家鼓励的大方向下，信托公司的发展一定是畅通无阻的，当你逆向行驶的时候，对你的处罚也可能是没有极限的。

（二）如何做以满足规则为目的的信托公司的标品业务

不管怎样，标品信托业务在短期内得到了信托公司从上至下的极大重视。无论是调升考核系数，还是要求业务团队在完成标品指标的前提下才能继续非标业务，信托公司扁平化的工作矩阵都引导了一轮快速的转型。大家可以预期的是，一个本来就是红海的市场变成了血海，万分之一、十万分之一等证券信托通道费价格已经开始出现。

各家信托公司的当务之急是，要找到一条快速、大规模提升标品信托存量的方法。在传统模式下，在资本市场没有出现单边行情的情况下，标品信托更多的是存量竞争，快速发展标品业务只有两条路：一条路是，信托同信托的生死决斗，撬动投顾（证券公司、私募基金等）或代销银行，实现存量搬家；另一条路是，信托低声下气地从银行理财子公司、证券公司或者基金公司的碗中分一杯残羹冷炙，以低费率架起资金和投顾的桥梁。这两条路带来的规模业务是以债券和货币市场投资为主的，即便没有信托架构，也能完美运行。这块战场是无节操的费率比拼，客户关系是决定胜负的关键。

（三）真实的标品信托在于观念的转变

在信托公司讨论标品信托该如何做之前，更重要的一件事情是，信托经理必须转变观念，彻底放弃做非标的念头，一心一意发展标品业务。关于这个话题，笔者和信托行业内的朋友H总聊过。在公司的导向下，H总开始从资本市场入手做项目，即将落地一单大项目，但他很中肯地说，"如果公司能够在两年前就断了他做平台的念想，那么他现在的转型一定更快。"

跳出业务本身的角度来看这个问题，我们发现，任何业务的转型与发展都是有代价的。对于从业者来说，跳出舒适区是一件危险而困难的事情。从人性的角度来说，标品信托的落地与信托公司的转型，更像是一个管理问题——管理层把大家从舒适区赶出来，运用公司的力量去研究、推动这项业务，这会比按照1：1配比的方式来搞半吊子标品信托更扎实，更具有长期的可实现性。

（四）回溯过往，P信托的失败经验和经验总结

在和P信托的朋友聊业务的时候，笔者提到过标品信托。这位朋友气呼呼地说，这些业务都是坑。这种判断大概是来自这家信托公司过往在资本市场上的不成功经验。事实上，类似于P信托这样的机构在市场上并不少见。不少信托公司在过去几年积极践行业务转型，试图在标品领域有所斩获，结局无非是三种：没做出规模，没挣到钱，赔了钱。

自诩为非标专家的信托公司，在资本市场频频折戟，主要原因在于，没有做到"专业的人做专业的事情"。信托公司在开展标品信托的展业时，过于依赖其在非标领域的经验，把保底等非标领域的常识同资本市场的安全边际画等号。一个长期做平台和房地产的信托经理冷不丁地以创新为名义去报一个资本市场定增项目，看中的无非是上市公司大股东的隐性增信，连上市公司的业务是啥都搞不清楚，洋洋洒洒200页报告都并非出于己手，这样的展业出风险似乎是大概率事件。

反过来说，信托公司在擅长的非标领域，真的具有更强的风控能力吗？我们持保留意见。从行业整体来看，信托所从事的政信和房地产业务，都是银行囿于监管等原因无法涉足的领域。在信贷供应并不充分的情况下，信托公司割了头茬的韭菜，自然好吃又安全；当资金充裕的时候，头茬韭菜被割完，这往往会给两年后信托公司下沉资产埋下艰难兑付的伏笔。从这个角度出发，信托公司在非标领域确实有相比其他金融板块的优势，但这种优势具有强烈的政策导向和货币周

期倾向，当"监管开闸→金融机构同一化→资金充裕""监管约束提升→非标融资萎缩"两个事件同时发生的时候，信托的风控能力就会面临真正的考验。

被迫转型标品信托，在一个充分平坦的市场上磨炼自己的专业，恰恰是信托公司新一轮业务和风控能力提升的开始。

（五）标品信托不是市场上既有模式的简单延续

关于标品信托，很多信托人第一反应就是做债、阳光私募或配资。这些业务通道属性强、赢利能力弱，除了帮助信托公司解决和平衡非标比例，很难说有长期的价值。从政策的大方向来看，资本市场业务或者标品信托，一定会有更长期的机会。顺势而为是金融经营的本质，我们如果只是单纯地以平衡非标的角度去看待它，就可能失去巨大的业务机会。

关于如何在标品信托业务上赚到钱，我们不妨借鉴传统工业中的"微笑曲线"（见图3-1）。微笑曲线两端朝上，表示产业链中的附加值更多地体现在两端——设计和销售，处于中间环节的制造的附加值最低。

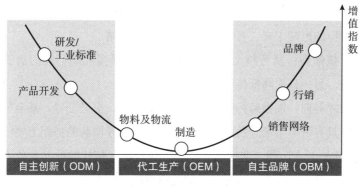

图3-1 微笑曲线

在标品信托业务的流程中，微笑曲线依然发挥着作用——在产业链两端获取了绝大部分的收益，而"通道"（制造）呈现出微利的状态。套用微笑曲线，信托公司如果未来试图依靠标品信托获取更高的利差，就必须在"资金配套"和"自主投资"两个方面培养能力。无论是增强财富中心对标品信托（阳光私募、配资、对冲基金和定向增发等）的销售能力，还是提升信托公司自主的投资管理能力而去替代依靠其他机构做投顾的旧模式，都是亟待破题的。

（六）标品信托需要信托公司在哪些地方做出改变

标品信托的发展，应该是"表"与"里"的结合，如果说在短期内"冲额度"是为了"保非标"而去迎合监管的要求，倒也罢了。但长期来看，发展资本市场是国家重要的顶层设计和监管引导的主要目标，信托公司如果还是以一种走量的心态去对待，不借此机会提升组织力和专业能力，就很可能因为与监管的方向背道而驰而遇到更大的监管压力。

从这个角度来看，标品信托业务之于信托公司的，更应该是建设组织和管理架构的新调整。信托公司应该在以下几个方面有所建树：

- **打破观望情绪**：废除标品信托部，将全部信托业务团队纳入业务转型的范畴中来，打消部分部门的观望情绪。
- **考核倾斜**：从考核上给予倾斜，一方面提高标品信托的折算系数，另一方面降低传统业务的折算比例。
- **人才导向**：加强跨行业的业务人员的引入，引进证券、基金公司等具有资本市场经验的优秀人才，但在业务团队的搭配上要注重"标品能人"和"非标能人"的组合建设。信托的标品业务不是证券基金的复制，而是结合信托特点的中间形态。
- **招好人，更应该用好人**：吸取很多信托公司的失败经验，注重资本市场专才同信托公司业务的有机结合。在业务推动上，不能唯外部经验，也不能故步自封，应该让证券人才理解信托，让信托人才通晓证券，建立资本市场业务的试验田，在慢跑中汲取经验。

- **坚持标品与非标相结合的业务思路**：标品信托并不只是一个孤立的业务，信托公司应该坚持"一鱼多吃"的理念，在标品信托业务以外挖掘非标业务、资金业务等其他业务机会，努力做到事半功倍。

- **在风控条线方面，引入具有丰富的资本市场业务经验和审计经验的人才**：既要让风控跳出传统的非标思维，又要让风控具备更强的辨识能力，在面对上市公司（相比信托传统的平台和地产，其资产规模和评级更低）遇到风控降维的时候，依然具有风险识别能力。

- **加强公司固有的投资和研究能力**：磨炼资本市场的能力，最关键的是要亲身试水，从专业机构中招聘研究员和投资经理，并给予其一定的资金额度进行实战演练和考核以培养其市场感觉，使其从实战中挖掘机会，"以战养战"，将固有投资作为标品业务的一个辅助风控和风向标。当信托经理推过来定增标的的时候，固有投资经理都不敢投，那还有必要做吗？

- **信托公司在标品业务上应该致力于打造学习型组织**：相比传统非标业务，资本市场变化更快，信托公司应加强专业学习，邀请资本市场中关于宏观经济、市场策略、行业研究、衍生品甚至数量化方面的专家进行授课，打造具有弹性并可快速转型的学习型组织。

- **强化标品业务的后台建设**：完善标品信托的系统建设，包含投资、估值和清算等板块。

- **加强信托公司财富中心理财经理的专业化建设**：形成以资产配置为逻辑的营销模式，加强对宏观经济、市场策略的学习，形成系统性的营销手段和话术。很多行业从业者都在抱怨说信托业务已经转型了，但信托资金端并未转型。此时，信托的资金端也终于到了不得不转的时刻了。

（七）标品业务转型的核心在于观念转变

所谓的标品信托之难，并不在于业务有多难，而在于观念转变之难。我们回想一下，在信托上一个监管年代中，"新一法两规"的推出，对信托行业的重塑可谓是颠覆式的，但结果是凤凰涅槃。路都是人走出来的，新业务只有在甩掉旧模式后才能艰难重生。有人觉得笔者是站着说话不腰疼，也有人说讲的形势太过极端，但不谋全局者不能谋一域，如今的信托公司已然到了一个不能再当鸵鸟的时刻了。越早放弃对非标的幻想，越早开始研发标品信托并精专于其中，越早获益。

三、解密金融同业游戏的六种模式

在过去10年中国金融业大发展的浪潮中，同业业务无疑是浓墨重彩的一笔。作为银行表外融资的工具，信托受益权买入返售曾经是商业银行、信托、券商、基金子公司同业业务中广泛流行的操作模式。虽然随着监管的加强，金融同业套利业务逐步告别历史舞台，但是曾经辉煌一时的金融同业游戏让我们窥见了金融自由化与金融压抑的激烈博弈。这种博弈是"中国式金融创新"发展与规范的缩影，更是资管新规出台最重要的原因。本书在此首次公开解密金融同业游戏的具体操作模式与背后逻辑。

商业银行通过信托收益权买入返售的形式，将传统上属于资金业务的同业业务演变成了类贷款业务。这种类贷款业务与银行常规的贷款业务相比，有以下几个优势：

- 不纳入银行存贷比考核。存贷比考核的公式是贷款÷一般存款，上限是75%。由于同业资产不体现在贷款额度中，这对于存贷比较高而信贷额度不足的股份制银行和城商行来说，吸引力明显。（注：存贷比考核在中国银行业实施了20年之久，后来被取消。）
- 2013年1月1日起正式实施的《商业银行资本管理办法（试行）》规定，同业业务的风险权重为3个月以内20%、3个月以上25%，而常规贷款业务的风险权重很高，比如投向工商企业的，风险权重为100%。
- 这种类贷款业务中的同业负债无须缴纳准备金。

买入返售业务的基本操作模式是三方协议模式，这种模式中通常会出现甲、乙、丙三方。其中，甲方一般是资金过桥方，乙方是实际出资方，丙方是提供信托受益权远期受让的兜底方，也常常是融资客户的授信银行。三方协议模式从一小部分银行兴起，到整个资管行业大发展，再到后来的衍变和创新，走出了一条金融压抑下独具特色的同业创新之路。

（一）模式一：抽屉协议暗保模式

抽屉协议暗保模式是最简单、最基础的操作模式，通常是B银行由于信贷额度或贷款政策限制，无法直接给自己的融资客户贷款，找来一家A银行，让A银行用自己的资金设立单一信托从而为企业融资。在这种模式下，B银行作为风险的真正兜底方，与A签订承诺函或担保函（暗保），承诺远期受让A银行持有的单一信托受益权或者基础资产（见图3-2）。B银行有两种兜底方式：一种是B银行出资受让信托受益权，另一种是B银行直接收购针对融资客户的基础资产。

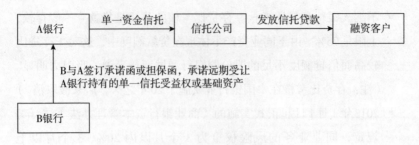

图3-2　抽屉协议暗保模式

第一种方式的优点是银行不用在表内发放一笔贷款，不用真实占用企业的授信额度。当然，第一种方式也有其自身缺点：

- 如果B银行用资金受让信托受益权，那么它将成为信托受益人，但问题是信托计划并没有就此终止。信托到期时信托计划无法结束，就会发生信托贷款逾期，而信托贷款逾期是需要向监管机构上报的。
- 很多银行的分行是不具备投资信托产品权限的，审批权限在总行，比如工农中建的二级分行和很多股份制银行的一级分行都没有这个权限。因此，在这种情况下，银行的分行就不具备受让信托受益权的资格。

第二种方式是收购融资企业的基础资产，也就是B银行向融资客户发放一笔表内的流动资金贷款，以流动资金贷款偿还之前的信托贷款。这样的话，信托计划能够顺利结束，信托贷款不会出现逾期。但这种方式要占信贷规模，并且B银行必须真实具备对融资企业的授信额度。关于收购基础资产方式，有这样一个背景：银监会在2012年年初发布了一个文件，不允许四大资产管理公司远期受让信托受益权，也不允许给信托直接做担保。因此，资产管理公司只能对基础资

信托的未来

产做远期的增信，通过受让基础资产的形式来受让信托受益权。不少银行之所以敢采用收购基础资产的方式，也是因为后面有资产管理公司准备接盘——银行在签承诺函或担保函时，有很多都已经与资产管理公司签订远期受让协议了。

（二）模式二：三方协议模式

模式二是标准的买入返售三方协议模式。在该模式中，作为资金过桥方的甲方，不仅仅是银行，还可以是券商、基金子公司、财务公司、资金充裕的企业等。该模式的交易结构：甲方A银行以自有资金或同业资金设立单一信托，通过信托公司放款给C银行的融资客户；B银行作为实际的出资方（乙方），以同业资金受让A银行持有的单一信托的信托受益权；C银行为风险的真正承担方（丙方），承诺在信托计划到期前1个工作日无条件购买B银行从A银行受让的信托受益权（见图3-3）。这种模式的实质是C银行通过B银行的资金，间接实现了给自己的授信客户贷款的目的。在此种操作模式下，信托受益权的流转路径是从A银行（甲方）到B银行（乙方），然后远期再到C银行（丙方）。三方协议模式从2011年兴起，已经成为一种经典的同业业务操作模式，很多其他模式都是基于三方模式演变发展起来的。值得注意的是，市场上各家的三方协议基本上一样。可以想象，三方模式当初应该是从某家银行开始的。

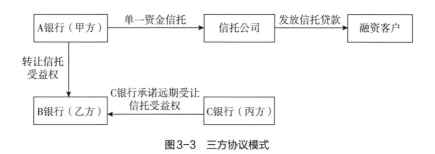

图3-3 三方协议模式

（三）模式三：两方协议模式

模式三是两方协议模式，一般不需要过桥企业（甲方）。两方协议模式产生的背景在很大程度上是银行为了解决8号文颁布后的存量非标债权问题。A银行最初用理财资金或自有资金（主要是理财资金）投资信托产品形成了非标债权；基于监管机构对于非标债权的比例要求，A银行将信托受益权卖断给B银行，但同时向B银行出具信托受益权远期回购函（见图3-4）。在这种模式下，A银行用卖断协议将此前形成的对融资客户的非标债权出表，从而达到降低理财资金非标债权比例的目的。在监管机构检查或审计时，A银行通常只会拿出卖断协议，而不会拿出与B银行签订的远期回购协议——抽屉协议。而B银行在监管机关检查或者审计时，则把两份协议都拿出来，以证明针对融资客户的风险收益已经转移给A银行。这就是所谓的信托受益权的双卖断模式。在该模式中，B银行将资产计入买入返售科目，不计入表内；对于A银行来说，存量的非标债权直接出表。

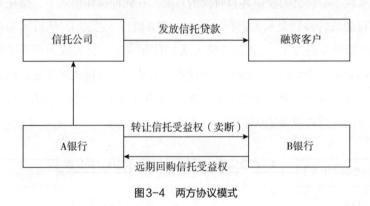

图3-4　两方协议模式

（四）模式四：假丙方三方模式

假丙方三方模式（见图3-5），一般是由于不能签订三方协议的兜底银行（图中的D银行）以信用增级的方式找到一个假丙方（C银行）来签三方协议。信用增级方式通常是，兜底银行向假丙方出具承诺函或担保函，兜底银行作为最后的风险承担方担任所谓的"真丙方"角色——兜底银行由于并不出现在三方的法律协议中，所以不会担任丙方的角色。这种模式产生的背景是有些银行（主要是国有大行）总行规定，分行不允许签订三方协议（不能作为三方协议中的丙方来兜底），所以它们只能采取出具担保函或承诺函的形式兜底，也就是只能采取模式一中的暗保模式。然而，认可模式一这种暗保模式并且愿意出资金的银行（模式一中的A银行为出资行），一般都是资金规模不大的小银行，比如农商行和城商行。

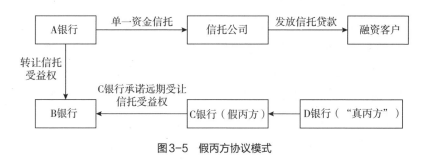

图3-5　假丙方协议模式

　　这些小银行并不能消化市场上所有的三方买入返售业务，而国有大行的很多业务单笔规模都很大，动辄就10亿元、20亿元、30亿元，甚至出现过单笔规模超过70亿元的。小银行往往做不了如此规模的业务，因为它们没有这种体量的资金实力，所以这种大项目一般就需要股份制银行来做。但有一个问题是，这类股份制银行一般都只能接受严格意义上的买入返售业务，也就是必须签订三方协议（股份制银行作为三方协议中的乙方，即实际出资方），而不能采用模式一的暗保形式操作。在这种情况下，为了签三方协议，找一个假丙方（C银行）成为当务之急。此时，融资客户的授信银行（D银行，即前面所说的国有大行等行）变成了信用增级方，信用增级方向假丙方出具承诺函或担保函，假丙方跟乙方（B银行）签订三方协议。对于真正出资的乙方（B银行）来说，这就形成了一个标准的三方协议模式。此时，股份制银行必须签订三方协议才能拆出资金，从而顺利提供同业资金，而国有大行等不能作为丙方兜底的银行，也以间接增信的方式实现了给融资客户贷款的目的。

（五）模式五：配资模式

我们先介绍一下配资模式的交易结构，然后再说其产生的原因。这种模式的交易结构：C银行向B银行配一笔等期限等额的同业存款，B银行通过过桥方A银行以对应金额和期限向融资客户发放一笔信托贷款，C银行承诺远期受让B银行的信托受益权，或者不受让（见图3-6）。如果C银行受让B银行的信托受益权，C银行的同业存款就是标准的同业存款，因为针对融资客户信托贷款的风险已经转移给C银行。如果C银行不受让B银行的信托受益权，C银行就需要对该笔同业存款进行存单质押，锁定B银行贷款给融资客户的风险，或者出函单独说明该笔同业存款是对应某一笔信托贷款的。当信托贷款不能偿付时，同业存款不用兑付。

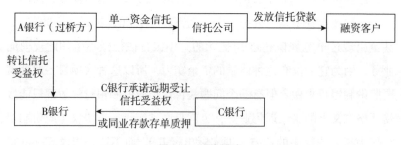

图3-6 配资模式

配资模式下的B银行并没有真正出资，只是将C银行的同业存款转换为投资非标资产的资金，真实出资方C银行就是兜底行。在这种

信托的未来

模式下，B银行一般收取几十个BP的过桥费。在配资模式中，过桥方A银行可以存在，也可不存在。B银行投资信托有两种形式：一是以单一自有资金委托给信托公司向融资客户放贷；二是通过A银行以同业资金的形式委托给信托公司。这两种形式取决于B银行的出资形式。C银行给B银行配了一笔同业存款，B银行如果想直接用同业存款委托给信托公司，就必须通过过桥方A银行，因为同业资金只能受让过桥方A银行的信托受益权。如果B银行的自有资金有富余，那么在C银行给B银行配资后，B银行就可以以自有资金直接委托给信托公司，也就不需要过桥方A银行参与了。但是，在实务中，B银行用自有资金投放的比例比较少，大概只占两成比例，其余八成的业务都是通过A银行投放资金的。

采用这种配资模式的主要原因有以下两种。一是融资客户资质比较差，B银行不愿意直接出资，即不愿意做模式二中的出资乙方，这样B银行就不能与C银行采用标准的三方买入返售模式。在这种情形下，C银行就只能通过B银行以同业存款配资的形式给自己的融资客户放款。这种放款有时是为了解决融资客户贷款逾期后的展期问题的。二是融资客户资质太好，比如大型国企或央企，这种企业不能承受标准三方模式中较高的资金成本，很多只能承受基准或基准下浮利率的融资成本。而在标准三方模式中，融资客户承受的资金成本基本都高于基准利率。所以，C银行一般通过这种模式来打压B银行的收费，以达到降低总融资成本的目的。如果融资客户是国企或央企，它们可以把B银行收费打压到0.2%~0.5%，那么B银行的收费加上同业存款利率以及信托公司0.1%左右的收费，总融资成本仍能低于基准利率，从而达到给大型国企等优质客户融资的目的。

（六）模式六：存单质押三方模式

模式六为存单质押三方模式，如图3-7所示。

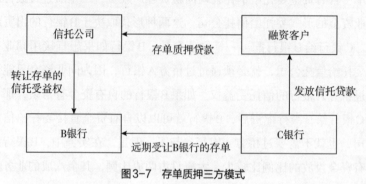

图3-7　存单质押三方模式

存单质押三方模式有"全额存单质押"和"差额存单质押"两种
类型。

1. 全额存单质押模式

该模式的交易结构：C银行向自己的融资客户放一笔贷款，假设
为10亿元，同时C银行要求融资客户将这笔贷款存到自己的银行作
为存单，此时融资客户无法动用这10亿元的资金。融资客户拿到存
单，在信托公司做存单质押贷款，然后B银行实际出资受让这笔存单
的信托受益权，并且C银行远期受让由B银行持有的在自己银行的存
单。对于B银行，这项业务是低风险业务。因为10亿元资金是定期
存单，而且存单被质押了，所以C银行实现了两笔存款和一笔贷款。
首先，C银行实现了对融资客户的一笔贷款，拿到了贷款利息；融资
客户等额将钱存回来又实现了一笔存款。其次，融资客户由于存单质
押拿到的实际由B银行出资的10亿元，也存到了B银行在C银行开设
的基本户上。由此，10亿元项目产生了30亿元的交易额。如果C银
行对融资客户进行一些受托支付的控制，那么融资客户在C银行账户

上很可能会产生15亿元的日均存款量。这15亿元的存款按存贷比计算，可以释放的贷款额度超过10亿元。因此，C银行给客户放出的10亿元贷款，不仅没有占用存量贷款额度，而且还释放出了新的贷款额度。采用这种模式的主要原因是，银行为了实现高额存款，释放存贷比，放大交易额。

这种模式需要融资客户承受较高的融资成本，适用于房地产公司、矿产企业以及地方政府融资平台公司。假设融资客户拿到C银行一年期贷款的融资成本是6%，然后存到C银行的定期存单的利率是3%，而实际出资方B银行加上信托公司的总成本是6%，那么融资客户承受的总成本是9%（6%-3%+6%）。这个水平的融资成本正好能符合463号文出台后，地方融资平台融资较为困难时所接受的资金成本（一般是9%~10%）。

2. 差额存单质押模式

差额存单质押模式是为了打破银行贷款的受托支付而出现的，主要应用于房地产行业。房地产开发贷款一般要满足"四、三、二"贷款条件，即四证齐全、30%资本金和二级资质。在满足开发贷条件后，对于一个总投资10亿元的项目，理论上开发商可以向银行借款7亿元（另外3亿元为开发商筹集的30%资本金），但由于银行借款是采用受托支付的方式提取的（银行分次支付给开发商的交易对手，比如工程承包商），开发商并不能全部动用这7亿元，比如按实际工程支出最多用掉3亿元。然而，开发商有非常强烈的动机去动用7亿元中剩下的4亿元资金，因为开发商需要拿这笔钱去开发其他项目，从而放大资金杠杆，获得更高的资本收益率。

按照银行的受托支付政策，开发商也许永远无法拿到7亿元贷款额度中的4亿元资金。为了拿到4亿元的资金，实务中就出现了一种差额存单质押的模式。首先，融资客户向自己的贷款行申请做一个针对这剩余4亿元资金的定期存单。融资客户拿着这4亿元的定期存单找信托公司做存单质押贷款，然后B银行实际出资受让这笔存单的信托受益权，C银行远期受让由B银行持有的在自己银行的存单。由于存单质押贷款的资金用途基本上没有限制，开发商拿到4亿元的存单质押贷款后很可能去开发其他项目，作为下一个项目拿地的资本金。这种模式存在的目的在于打破银行开发贷的受托支付，主要应用于房地产行业。这种模式对于C银行和B银行都是低风险的，所以存单质押模式相当于把三方买入返售业务绕入一个低风险模式。因为这种交易结构采用的是受托支付差额的4亿元资金做存单质押，所以叫差额存单质押模式。

四、信托公司如何参与供应链金融业务：风口下的产融之路

在中国金融压抑与金融自由化的博弈进程中，监管与市场的摩擦导致金融业务的周期性极强，从而引发金融创新的风口不断演化，而金融领域当下最热的风口无疑是供应链金融。探究供应链金融勃兴的原因，可以从两个大的历史背景去思考：一是互联网技术对金融传统业务的变革，我们可称之为技术维度；二是宏观政策和监管环境对实体经济投融资需求的影响，我们可称之为政策维度。

从技术维度来看，互联网一直推动着金融基础设施和业务逻辑的底层变革，从第三方支付（微信和支付宝）取代现金和银行卡业务，到个人存款和理财逐步互联网化，再到现金贷、房抵贷业务线上化。而目前供应链金融的兴起也在一定程度上沿袭了这种趋势，并通过大数据、区块链等金融科技来突破中小企业信贷业务的瓶颈。

在政策维度上，我们可以看到一条清晰的风口演进路径：从前几年全国遍地开花的政府产业基金，到2015—2016年消费金融业务火爆，再到2017年开始的供应链金融风口。

从本质上分析，产业基金是To G业务，其底层资产是政府城投的基础设施融资和政府主导下的非市场化投资；消费金融是To C业务，其背后是住房、车、教育、旅游等各种消费场景的资产；供应链金融是To B业务，主要底层资产是核心企业上下游中小型企业的应收预付类资产。

从To G到To C，再到To B，从宏观政策来看，它们分别属于政府加杠杆的投资驱动、个人加杠杆的消费驱动和供给侧改革下的金融脱虚向实，真正为实体经济中的海量中小企业服务。因此，在目前金融强监管、降杠杆、去产能的大背景下，供应链金融对于金融从业者而言，不仅是一条政策鼓励、市场推动的产业金融之路，而且是一条转型发展、补齐短板的必选之路。

（一）供应链金融的前世今生

供应链金融的本质并不是融资，也不是某种金融业态或者金融属性，而是供应链管理发展到成熟形态后自然衍生的金融功能。

通常的供应链是指围绕某个核心企业，通过对物流、商流、信息流、资金流进行管控，从而将供应商、制造商、分销商、零售商和终端客户连成整体的功能网络结构。对供应链进行有效管理，能够降低生产成本，减少生产流程复杂度，大幅缩短生产周期，进一步提升企业运营效率。供应链管理的优化驱动了企业对资产负债表和现金流量表的进一步关注，供应链金融由此应运而生。

20世纪初，美国的供应链金融在工业领域起步，从银行主导逐渐发展到产业核心企业主导的阶段，最典型的是物流企业（比如UPS）开展的供应链金融和以工业企业（比如通用电气）为核心进行的供应链金融业务。日本的供应链金融发展路径跟美国不同，是从商业票据贴现模式发展到应收债权保理模式，这跟日本企业间结算的方式有关——早期日本企业间的结算以商票为主，后来发展为以电子结算为主。

国内供应链金融起步于20世纪80年代后期。随着国内物流行业的整合，一些大型物流企业逐步显现出规模化和电子网络化的优势，借此进一步强化了供应链的整体物流服务。与此同时，关于物流、资金流、信息流整合的概念得到广泛传播。国内供应链金融行业也在尝试拓展应用库存商品抵押融资、物资银行、融通仓模式及其相关技术模式。虽然传统银行最早参与了供应链金融业务，但是随着信息技术的快速发展和物流电商行业的崛起，供应链金融生态的参与方逐渐增多，越来越多的金融科技企业、物流公司、电商企业通过各自优势与资金方开展合作，不断拓展供应链金融应用的广度和深度。

（二）供应链金融的道与术

供应链金融业务的本质是对传统企业授信方式进行再造，将过去的主体信用转换为资产信用。传统的银行授信看重的是交易主体自身实力，包括融资主体的综合财务状况和抵押担保措施，而供应链金融看重的是中小企业资产负债表上流动资产的价值，比如应收账款、预付账款和存货资产。

供应链金融之"道"可以总结为：核心企业是"骨"，三流（资金流、物流、信息流）是"血"，交易结构是"筋"，即供应链金融=核心企业（骨）+三流（血）+交易结构（筋）。以上公式也是供应链金融风控的核心抓手。

与传统融资授信业务不同，供应链金融具体的风控之"术"更加注重贸易的真实性、交易风险和第一还款来源的风险控制。具体而言，供应链金融可以从以下四个方面着手：一是自偿性，即还款来源为贸易自身产生的现金流，产品设计的基础在于授信项下的资产支持，授信偿还归结于资产项下的现金回流；二是封闭性，即通过设置封闭性贷款操作流程来保证专款专用，对资金流和物流进行全流程控制；三是连续性，即同类贸易行为在核心企业上下游直接持续发生，以此为基础的授信行为可以反复进行，连续性在一定程度上降低了信用风险；四是特定性，即授信项下的每次出账都要对应明确的贸易背景，做到金额、时间、交易对手等信息的严格匹配。

在交易结构设计上，根据应收账款债权人（供应商）和债务人（核心企业）的实力强弱，我们也可以分四种情况去设计风控方案：对于债权人强、债务人强的情况，可以设计有追索+明保理或暗保理结构，或者无追索+明保理或暗保理结构；对于债权人强、债务人弱的情况，只设计有追索+明保理或暗保理结构；对于债权人弱、债务人强的情况，设计有追索或无追索+明保理结构；对于债权人弱、债务人也弱的情况，不参与或者要求追加强担保、强抵押。

此外，供应链金融的展业之"术"可以从两个大的维度去规划：空间维度与行业维度。空间维度根据产业聚集的特点可总结为"圈链会"，分别是指商圈、产业链和行业协会（商会）。商圈包括批发市场、零售商业中心、园区企业集群等有形商圈和在线交易平台、电子商务平台等无形商圈，比如京东的供应链金融；产业链是指围绕某一个大型核心企业形成的上游供应商和下游经销商的产业集群，比如海尔的供应链金融；行业协会或商会是指官方或民间依法组成的有某个共同关系的社会团队，比如电子行业协会、浙江商会等。行业维度的选择比较多，需要根据资源与能力去匹配，3C（电脑、通信和消费性电子）消费行业、医疗健康行业与大宗商品等都是可行的领域。

（三）供应链金融的冰与火

供应链金融目前虽然处在政策与技术的风口，但其自身特点决定了它的未来仍是一首充满起伏的"冰与火之歌"。

供应链金融的"冰点"体现在以下几个方面：

- 利润率稳定，风险收益比不高。供应链金融并不是一个暴利的业务，相比传统的地产融资和消费金融业务，它的收益并不高；而相比政府融资业务，供应链金融的信用风险要大得多，因此风险收益比不高。

- 资金与资产的获取面临双重难度。供应链金融资产的获取通常需要核心企业的配合，尤其是应收账款的转让在实际操作中获得核心企业的确权难度比较大。另外，上游供应商的相关数据作为核心企业的重要商业机密，全部提供给保理商作为数据风控也并非易事。在资金层面，保理公司主要依靠自有资金或者资产证券化资金展业，获得银行授信可能需要股东的强担保，如何持续获得低成本的资金是目前独立供应链公司面临的最大难题。

- 业务规模的天花板。目前，大型产业集团都在各自布局供应链金融业务，导致第三方供应链金融公司市场拓展难度加大，市场规模受限。同时，产业集团布局自己的供应链金融板块后，将来也一定会面临业务规模和增速的上限问题，这从美国近些年的供应链金融实践可以得到佐证。

- To B业务的互联网化难度更大。相比To C互联网业务的标准化和规模化，每个行业To B业务的差异性很大，支付结算和商品流通特点不一样，我们从阿里巴巴To B的1688网站和To C的淘宝网的影响力差异也可以看出。因此，供应链金融作为To B的金融业务未来在互联网化基础上的资本化也会面临考验。

虽然有以上需要冷静思考的四点，但供应链金融作为新金融业务的重要板块，在目前中国国情下将有广阔的市场空间，其火热的趋势仍将持续。

一方面，中国目前的金融环境和产业环境与欧美国家不一样，由于多层次资本市场还未建立起来，传统银行信贷局限性较大，持牌金融机构动力不足，中国大量优质的中小型企业需要供应链金融输血。

另一方面，大数据、区块链、人工智能等金融科技的迅速崛起，为供应链金融的发展提供了重要支撑，金融科技对中国传统金融的影响很可能会像互联网对实体经济的影响一样，比欧美成熟经济休更加全面和深刻。

五、新形势下信托公司地方政府政信业务何去何从

2020年5月，以江苏盐城、镇江为首的几个地级市的政府公告极大地刺激了很多资管机构和自媒体的感官。政府公告提出不高于8%的融资成本，让大家一下子都"亢奋"起来，关于后续的政信业务如何开展、信托公司路在何方、非标是否步入黄昏等一系列讨论应接不暇。

俗话说"看山不是山，看山还是山"，此山究竟是不是山，到底还是要走进去看一下。地方政府融资平台同信托公司就像一对热恋中的小情侣，这么多年，吵吵闹闹也不是头一回了。剔除那些外行般的热闹，以从业者的角度来审视一下这轮的新变化，我们来看看未来信托公司的政信业务又会有哪些新的动向。

（一）回溯过往，展望未来，平静看待信托公司与融资平台的恩恩怨怨

作为信托业务的三大支柱，融资平台业务一直是信托公司利润的重要来源；而信托资金不必受托支付，不像银行资金那样受到严格管理，也使得平台公司获得了最大的资金便利。在很长的时间里，两者相互依存。从非标转标的大趋势上看，信托与地方政府之间终将分道扬镳，但不代表政信合作就会立刻终止，而是在未来相对较长的时间里，两者的业务还将持续下去，变化的是两者的存量规模与合作模式。

回看历史，类似于盐城给融资上限扣帽子的事情，却并不是头一

遭了。自2017年以来资金市场形势趋紧的势态越发明显,地方政府融资平台发现市场成本越来越低,它开始给新融资画上限,甚至要求信托公司给已经放款的项目调低成本。

从实务的角度来看,信托公司和融资平台的信托贷款都是固定利率的,没有随基准利率或SHIBOR进行调整的设定,因为强制要求给前期发放的贷款调降利率,是违背契约精神的。但这种事情在全国范围的各大平台确确实实普遍发生了,而各家信托公司也表面积极配合(实则忍气吞声),压缩自己的利润空间和资金价格,顺利践行了乙方的使命。

当盐城的新闻曝出时,很多媒体和自媒体都惊呼不已,但这不过是多年来政信合作过程中一个很常见的波澜——两家机构在长期的合作中各取所需,但在市场波动中又不断倾轧着对方。

(二)这是一场没有赢家的战争

站在平台公司的角度看融资,创造一个良好的金融生态是最关键的,涸泽而渔的举动最终伤害的是自己。从旁观者的角度来看政信合作,2017年之后很难说谁获益了,信托公司的利润空间被压缩,显然失败了;但获得了更低融资成本的平台公司,在降成本后1~2年的时间里,遇到的困难可能更大。

在低成本周期下,平台公司倾轧金融机构,一者获得了更低的融资成本,二者通过提前还款降低了高成本负债的规模,但这样的行为(特别是很多平台公司进行一刀切的管理)伤害了同金融机构的合作基础,部分金融机构在受伤之后逐步远离同平台公司的合作。当资金面再度紧张的时候,平台公司的融资难度会进一步提升。

以表3-1为例,由于某地级市平台公司在2017年压降了合作金融机构的成本,大量合作机构意兴阑珊;而2018年适逢"天灾",因而融资困难,刚性债务大量到期,许多金融机构"袖手旁观",使其货币资金大量流失，资产负债表严重缩水。笔者从侧面了解到，很多金融机构给该平台在2018年底的放款，创下了5年以来的新高，前期压降的成本在后面又补了回来。

表3-1　主要财务数据及指标　　　　　　　　　　　　　　单位：万元

项目	2016年	2017年	2018年	2019年第一季度
母公司数据：				
货币资金	90.48	103.13	27.80	26.92
刚性债务	216.96	218.31	141.70	143.07
所有者权益	305.88	320.37	322.70	321.86
经营性现金净流入量	−8.68	32.03	31.79	5.88
合并数据及指标：				
总资产	847.84	923.90	802.58	799.59
总负债	521.75	581.85	457.48	455.15
刚性债务	379.72	390.18	291.00	288.61
所有者权益	326.09	342.05	345.10	344.44
营业收入	19.61	36.43	80.26	5.63
净利润	4.20	6.16	5.13	0.30
经营性现金净流入量	6.16	38.47	32.39	3.644
EBrrDA	4.86	7.06	6.45	—
资产负债率（%）	61.54	62.98	57.00	56.92
长短期债务比（%）	154.97	153.12	129.00	160.65
权益资本与刚性债务比率（%）	85.88	87.66	118.59	119.34
流动比率（%）	234.11	241.83	238.88	271.82
现金比率（%）	60.08	61.62	24.69	23.01
利息保障倍数（倍）	0.14	0.28	0.34	—
EBrrDA/利息支出（倍）	0.16	0.30	0.37	—
EBrrDA/刚性债务（倍）	0.01	0.02	0.02	—

从这个角度来看，平台公司一手融资、一手投资，类似于金融企业。金融企业的经营本质是信用，管理团队应当致力于维护自身资产负债表的稳定（甚至大部分生产企业也是如此），资产的大规模增加和减少，从长期来看都是极大的隐患。从平台公司的角度来看，"吃得太饱"和"瘦身太快"都蕴含着极大的风险。事实上，当行情好的时候，平台公司应该在负债结构上多下功夫，一方面以拉长期限、优化还款为出发点，在降成本的问题上给金融机构留有一定的空间，杜绝强硬的一刀切，因为伤害合作机构最终伤害的还是自己；另一方面顺势而为，利用强势期这一条件扩大同金融机构的合作面，扩大合作机构的范围、数量，拓展合作的形式，调整标准化资产与非标准化资产的比例。

（三）政信业务的大趋势在变化

平台公司的融资在金融行业里一直都是受到争议的。在若干年前，监管就严厉限制银行信贷资金不得用于土储项目，导致这个市场上最大的金主都无法给予平台公司资金支持。在这样的背景下，平台公司与信托的结缘似乎就是历史的必然了：一方面，信托资金不做受托支付，用途相对宽松，给予平台公司很大的自主量裁权；另一方面，信托资金源于高净值客户，对投资收益有要求，而平台公司和背后的政府能调配的资源相对丰裕，以时间换空间，较高的成本在经济和税收的增长下，似乎也显得不那么刺眼了。

伴随着平台公司资产负债表的不断膨胀，加之人口和地产红利慢慢退去，以及经济发展走入新阶段，以加杠杆方式促进经济增长的模式不再有效，边际效应越来越低，杠杆也加无可加，金融监管面临全面调控。政策趋严，信托业务该何去何从？

站在现在看未来，堵不如疏，在杠杆率逼近顶峰的情况下（见图3-8），我们必须改变传统的经济增长模式与金融发展路径，积极开发并引导资本市场的力量，以资本市场形成新的风口，吸引资金流入，起到哺育实体的作用，从而继续发挥金融引领的关键作用。

图3-8　中国社会总杠杆率

资料来源：Wind，海通证券研究所。

（四）新增长动能对阵旧融资模式，融资平台的巨额融资该如何化解

在以5G为代表的新基建和新能源汽车的带领下，未来新的投资风口日渐明朗，民间资本和资本市场将会发挥更大的作用，依托金融负债而存在的旧经济模式也到了淡出的时代。一进一退之下，近万亿融资存量的政信业务又该如何发展、转型？

从现在平台公司的资金来源来看，地方政府融资平台的融资会出现两个方向的新变化：

- 地方债、地方政府专项债等新工具，在坚持统筹的基础上，形成有效的合力，带来更低的融资成本和更长的融资期限，用时间换空间，置换高成本债务。

- 改变以信托融资为主的格局，实现以信托融资、融资租赁、资产证券化等多种融资方式并驾齐驱的局面，百花齐放，实现地方政府平台融资模式的多元化。

（五）在红头文件之下，未来的政信业务会消亡吗

有人说，盐城的红头文件主要约束的是市级平台，对各区县的平台影响并不大，但降成本的趋势是否会进一步蔓延，从目前来看，情况并不乐观。在运动式的政策面前，承担了大量事权的基层政府往往是压力最大的，一面是上层领导提出的"要压退""降成本"，另一面是税收和基金性收入下降与基建开支毫无着落的两难局面。未来，平台公司和金融机构特别是信托公司的"相爱相杀"，怕是还要延续下去。

"道高一尺，魔高一丈"，政策下总有对策。事实上，在上一个货币宽松周期下，政信合作依然在稳定地运行着。在聪明的风控法务指导下，各种穿透票面利率的方案如雨后春笋般不断被创造出来，例如：用财务顾问费替代部分成本，将票面利率控制在合规范围；设置劣后级由平台公司认购，劣后级不付息，从而变向提高优先级收益率；等等。这些双方达成一致的方案更像是基层政府在财权事权不匹配下做出的一种无声抗争。从这个角度来看，解决地方政府融资平台成本高的问题不在于一纸红头文件，而是应该合理有效地衡量地方政府的收支能力——有多大的财力干多大的事情。政府做大GDP和财政收入，居民也将受益，但经济发展带来的长期效益与地方财政的"寅吃卯粮"，到底谁才是最重要的，可能需要时间来检验。

（六）地方政府的金融融资，最终还是要由专业人士来牵头

地方政府融资平台业务的融资问题，放在现代公司财务的体系里，就是"委托–代理"问题。在现行的模式下，平台公司的官员只

需要对红头文件的内容负责，至于长期利好还是利空却不在他们的考虑范围内。

本书无意苛责任何人，只是小声地呼吁，我们对政府某些岗位的考核，是不是可以附加更多的长效考核机制，让政府中越来越多的金融专家在这个领域发挥所长。

六、信托公司与地方政府和工商企业开展业务的新模式

2020年年底，大概是受蚂蚁金服暂缓上市的影响，本来应该热闹非凡的"双十一"，一下子也变得冷冷清清，倒是"双十一"后永煤债券违约一事引发了大家的讨论热情。在永煤和华晨违约的影响下，高评级的产业债出现了一轮骇人的下跌：不仅同省的平煤被投资者用脚投票，卖出了股票，连带之前风声偏紧的几家公司也被殃及池鱼，一时间哀鸿遍野。

自资管新规落地以来，做资管（特别是非标）的朋友这两年都在感叹日子不好过。"非标"向"标"的转型是国家的大战略，这既是经济结构从"银行+地产"向"资本市场+优质公司"调整的结果，也是监管归位把制度红利归零的必然之路。

在非标转标的大趋势下，大家都在说非标的日子难过，标品的春天要来了，但为什么这轮高评级产业债市场令人如此大跌眼镜？监管鼓励的方向却惨遭打脸，这事情对吗？

金融行业所有的角落都存在着关联，风起于青萍之末。如同永煤违约所带起的一角，产业债违约绝不是境内金融的一个孤立投影，任何微小的变化也许都将重塑整个行业的未来。而"非标"与"标"本就共存于金融体系内，在金融行业的筒仓被打穿后，这种不明显的关联性将会在某些特定事件的推动下，以更为猛烈的方式共振。

（一）先说说评级的问题

在永煤违约的同一时间，另一则非常有意思的信息却没有得到有效的发酵——联合资信主动下调了魏桥的外部评级（从AAA到AA+），也许在境外市场评级下调是常规操作，但在境内是非常罕见的。

境内的债券市场是"卖方付费"市场，发行债券的融资人给评级机构付费。在这样的结构下，评级机构慢慢丧失了独立性，沦为融资人的帮手。"给我评AA+？我不满意！我如果能找到另一家公司给我评到AAA，立刻就会把你换掉。"

融资人最终目的就是评级越高越好，这种取向自然导致评级结果的水越注越多。评级公司对外往往宣称，其拥有完整的评级模型抑或是数量化工具，但在这个卖方付费的市场里，这些复杂精巧的设计却沦为无用的花哨。做非标业务的信托从业者，只有在信保合作时才需要和评级公司打交道，但客观地说，评级的技术含量并不高，熟悉业务的信托人在拿到企业的财务数据时，就能把评级结果估得八九不离十，甚至能猜出哪些城投在短期内有机会提升评级。

但评级公司的人都是傻子吗？自己信誓旦旦打上AAA标记的公司最后却毫不犹豫地违约，它们不怕市场把自己淘汰吗？当然不怕，主要原因还是市场的从众效应。这并不难理解，当所有人都在干坏事的时候，你做好事的唯一下场就是，被其他人拉出来暴打一顿，最后被大家孤立。

在现实中，所有"理性"的评级机构都选择放宽标准，睁一只眼闭一只眼，企业能勉强被评上AAA就不会给AA+。选择说真话的机构，要么没了生意，活不下去，要么会面对同业的非议与攻讦。试问：在这样的环境下，谁敢当《皇帝的新衣》里那个说出真相的小孩儿呢？《皇帝的新衣》本就是一篇童话故事，在现在的评级市场中，参与者都是随声附和的那群愚民罢了，现实里那个天真的小孩儿早已被打成顺民了。

那么，万一评级对象爆雷了该怎么办？当所有人都在犯错的时候，你也错了，那又怎样？在同一化的市场里，"不犯错"的最佳方式就是从众。

有人说，外部评级是典型的买方市场，所以这痼疾难以根除，但事实并非如此。如果让门外那几个不懂规矩的外国小孩儿（标普、惠誉）参与这个市场（它们一直想进来），那么你看看究竟是咱们的"大染缸"把它们同化了，还是叽叽喳喳的外国小孩儿揭穿了皇帝的新衣？

话说回来，在一个经济发展、资金宽裕的环境中，依靠着"击鼓传花"的游戏，债券和非标市场都能维持稳定状态。评级机构给评级注水，似乎也不是一件很糟糕的事情，只不过是"节操"问题。把一家AA企业的评级硬生生地评成AA+，结果不过是吃相难看，继而被同业讽刺一下，脸红一下也就过去了。但在监管趋严、信用创造开始转向的时候，真正的风险开始暴露和蔓延，注水的评级结果也开始主动缩水了，被风吹到天上的猪终于开始要落回地面。也许伴随着"新衣"被扒下的那一刻，不少机构会伤得体无完肤，但站在金融秩序重塑的角度放眼未来，这终究是好事。

（二）AAA的产业债还是AA+的城投，你选择相信谁

有人笑称"城投不违约，违约的都不是城投"，而这轮高评级产业债违约风潮似乎更加印证了这个判断。

政府融资平台，也被叫作城投公司，作为地方政府财政的延伸，一套人马、两块牌子是它的常见形态。因此，很多机构在投城投债和非标的时候，都在努力淡化平台本身的财务数据而更多地"讲政治"。早年间，许多信托公司的领导就提出"相信政府"的口号，不得不说是非常具有政治和战略眼光的。

确实，这样的思路在过去格外有效，至少信托公司在做城投业务的时候，基本都是按照这个思路在推动业务：先看看上级单位是谁；上级单位对应政府的各项经济数据和财政数据；这家城投在上级单位的地位如何，领导、规模、承担事项分别是什么状况。当信托风控判定这家城投是"亲儿子"的时候，我们基本就可以把它和当地政府信用挂钩了。如果它出了事儿，那么政府一定会出手救助。

　　有人说，城投也有大小之分。例如：贵州之前的"网红"独山县负债400亿元，假如城投公司资金链真的断了，政府也救不回来吧？独山县的案例比较极端，而对于大部分的城投公司，从信托业务的浅薄经验来看，即便政府再小，相比一般性的生产企业，它能调配的资源还是挺多的。有一次，笔者在某直辖市的山区做项目，适逢该市出现了大量风险事件，融资环境极度恶化。但是，这个山区做了周详的安排，城投公司董事长调任水务局局长，进而把大量水务资产装入城投公司，城投公司再拿这些资产向融资租赁公司进行融资。其结果是，这家城投债务排布合理，还款资金提前到位，毫无风险的隐患。

　　产业债背后的企业就很难如此，民营股东不从发债主体抽取资金就算万幸，还给你注入资产？想得美！而那些国资委下属的实体企业，如果是市场化经营的，虽然其背后仍有政府的支持，但拿纳税人的钱去补市场化的窟窿，总不是那么容易的。

　　还有人说："按照你的逻辑，政府可控的资产非常多，城投公司不会违约吗？"情况绝非如此，以下三种情况非常值得关注：

- 城投公司有个"穷爸爸"，"穷爸爸"很努力地把大部分可控资产装入城投公司。城投公司大，而政府GDP和财政相对较小，一旦出了问题，政府心有余而力不足。
- 政府下辖多个实体企业，难免顾此失彼，有些企业自然过得难些，当然不排除还有企业把挂在脖子上的饼吃完了都不会哭一下的情况（城投公司自己定位不高+不作为）。

- 城投公司的"爸爸"是个不负责任的人，不作为。

第二种和第三种情况无法通过数据分析得到结论，这就体现了城投业务现场尽调的重要性。许多有经验的信托老员工习惯通过敏感问题，比如"不续发，你怎么还钱""落实属地销售""要求员工认购"等，来刺激对方的神经，通过观察他们的反应来判断他们的还款意愿。

某城投公司："没有土地抵押。"

某信托经理："真没土地抵押，那公司风控要求还安排15%属地销售？"

某城投公司："哎呀，咱们还是聊聊土地抵押的事情吧。"

（三）非标信托，千万别给自己挖坑

在资管新规后，信托圈最流行的一个词叫"非标转标"——从最早狭义的非标转标ABS/ABN，演变成信托行业全面向标品过渡的一个方向性口号。事实上，大家对于"非标转标"的理解还是有很大不同的：有人觉得我们现在要大干标品信托了，阳光私募、债券投资等统统上马，全不考虑钱从哪里来；有人则另辟蹊径，深入研究，利用"非标+标"的制度优势，赚得盆满钵满；还有人试图走捷径，把原来非标的东西直接放在交易所，把原来的城投信托融资变成私募债。

第一种属于走正路，虽然路走不快，但不会出大事儿；第二种是真正的大智慧，谋定而后动；第三种则充满了廉价的小聪明。风控人员最担心的就是第三种。

自从当年中信信托把政信业务标准化后，"属地销售""内部募集""拿刚性兑付去吓唬城投"等一系列并不高明的手段在圈内不断传承和迭代。还记得云天化当年的风波吗？信托融资享受了和交易所

企业债一样的待遇，被全额兑付了，那是因为省政府知道信托产品"刚性兑付"的特性，如果省政府不能及时兑付，那么省里的融资都要出麻烦。

信托公司虽不见得真有这么大本事，但让交易对手感到了无形的压迫感，这就是成功。

信托的"刚性兑付"在过去的很长时间里是一种符号，当所有人都在兑付的时候，如果融资人不兑付，那么他离臭名昭著的下场不远了。但在此时，如果偏要用"非标转标"的名义去改弦易辙，甚至把行业内积攒的好东西都主动放弃了，那才是正中融资人的下怀了："嘿嘿，唐僧居然把紧箍咒给我取了下来！"

回溯信托公司的历史，信托公司做城投的理由非常简单——"相信政府"+"刚性兑付"，这虽然并不高明，但在信托公司信评和研究能力建设相对滞后的情况下，却是被验证为非常有效的。但事实上，目前大部分AA城投债市场，本身就是一个扭曲的市场。有传言，8%的票面利率需要配上7%的费用才能发行出去。很耐人寻味的是，一些信托公司因为非标额度不足去经营私募，——它们有没有专门的信评部门或者风控小组去专门研究全国的城投？还是它们想继续沿用"相信政府"的思维去经营未来的私募城投债？它们是想拿8%还是15%？从目前来看，AA的标债市场本身就存在着极大的信息不透明和定价扭曲，而信托公司饮鸩止渴，放弃了自己的传统优势，则是冒着更大的风险。

在这个过程中，很多信托公司不盲从行业乱象，也做了有价值的坚持，比如依然坚持AA+的准入标准，通过提高融资人的准入门槛来降低城投公司道德风险的发生概率。这是非常值得肯定的。

（四）非标与标，都要放在历史的大趋势下去审慎看待

产业债、城投、评级和非标，看起来似乎是并不关联的几个

领域，却在新的监管形势之下产生了莫名的联系。这既是监管本身的初衷，也是金融发展的必然。带动行业壁垒被一一打破，不同的子行业不断交互，监管套利被一层层剥掉，这才是金融深化应有的面目。

放眼长远，我们应该为这样的变化而感到开心，但在眼下，突如其来的变化却总让很多人更加担心。当大趋势变化的时候，如果我们还是抱残守缺，那么等待我们的必然是死路一条；而如果我们搞不清楚形势，把别人不要的东西当成宝贝，那么这只会在短期内加速我们的衰亡。

在信托公司工作的时候，领导经常语重心长地告诫我们："要深刻领会监管的精神！"但事实上，监管的精神到底是什么，我当时也是迷迷糊糊的。但当2020年即将走完，焦虑的一年即将过去时，我似乎有点明白了：明白了"经济的大趋势"和"金融的小趋势"，也明白了"行业的主要趋势"和"行业的次要趋势"，更明白了应该"搞清楚趋势的方向"。

我们必须站在更长的周期、更高的视角去梳理过去的经验、现在的工作和未来的线索。只有耐心地去探寻，我们才能找到既符合业务逻辑也顺应时代取向的新机会。

七、消费金融业务在未来会如何发展：对蚂蚁金服的近距离审视

蚂蚁金服上市的前夜，也是金融从业者最酸的时刻，他们自认金融行业为高势能的行业，却被一大群互联网"码农"吊打。各家金融机构迎合着蚂蚁金服的各种生意，纷纷推出资产证券化、资产支持票据、联合贷、放款池和承接池的各种业务。花式献媚的结果却是，它们养肥了一家2万亿元市值的公司。无可奈何之下，金融民工也只好

去打打新股，试图分一点剩下的冷饭，也好有点与有荣焉的感觉，让自己在这初冬的日子兴奋起来。

谁承想，当杭州的总部大楼里洋溢着财富自由的气息时，形势却急转直下。马云在外滩"历史最贵"的演讲，一石激起千层浪。

关于蚂蚁金服的事件，信托从业者议论纷纷，大家都进行了角度各异的交流，如同美国大选的纷纷扰扰。"你想看见什么，你就会看见什么。"蚂蚁金服事件对我们来说也一样。这里，我们试图从金融从业者的角度，用一些浅显易懂的语言来中立地还原蚂蚁金服背后的一些真实情况，进而推演信托行业消费金融业务潜在的发展路径。

（一）蚂蚁金服为什么能做得这么大

无论是100倍还是50倍杠杆，站在金融乃至商业的角度来看，它都是一个奇迹。这一方面缘于蚂蚁金服自己的胆大，另一方面受益于金融机构——那些采用联合贷、放款池、承接池同蚂蚁金服合作的金融机构。它们为什么一点都不担心呢？

结论很简单，金融机构并不是晕了头，而是蚂蚁金服的不良率指标明显低于其他互金机构，甚至是金融机构本身。在企业贷款高企而监管又要求金融机构向个人贷款增加投放的背景下，尽管蚂蚁金服开出了苛刻的商业条款，但对金融机构来说，依然是有利可图的。

所谓的不良率低，只是一种对过去的描述，而非对未来的展望。金融科技公司能做大，一方面归功于整个系统对它的导流支持，亿级的客户体量使它有了做大的根本；而另一方面在于，这么多的客户使得它在"割韭菜"的时候，总能割到相对最好的"韭菜"。虽然蚂蚁金服的贷款利率高，但它在海量客户里面选到了最好的那批，整体贷款质量还能得到很好的控制。这些数据让大量无处放贷的金融机构感到兴奋，它们纷纷拿出了真金白银同蚂蚁金服合作。从联合贷到引流模式，从出增信到隐性增信，最后再到完全不增信，尝到了甜头的金融机构也一点点放松了对蚂蚁金服的警惕。

值得关注的是，当蚂蚁金服在狂飙突进下，吃完那些发蔫"韭菜"的头茬以后（2020年上半年，蚂蚁金服全口径放款规模达2.15万亿元），下一茬韭菜是香还是臭，我们却不得而知。那些拿着过去数据去和风控炫耀的业务主办，是时候思考一下蚂蚁金服的规模和阿里的流量边界了。当蚂蚁金服还是"小蚂蚁"的时候，阿里的流量支持可以让它既灵活又安全；但当蚂蚁金服变成了"大象"的时候，阿里又该怎样兼顾呢？

（二）蚂蚁金服是科技企业还是金融企业

有人说，马云在外滩的演讲不是脱稿的，这次"意外"的发言是蓄谋已久的。那么，在蚂蚁金服即将上市的时刻，马云的动机又是什么？笔者认为，动机是蚂蚁金服的估值问题。大家都知道，在A股市场，金融股是估值最低的那一档。1倍的PB和10倍的PE是很多大银行不敢奢望的，但这显然不是马云想要的。而在中美贸易摩擦背景下脱颖而出的科技股，则是A股估值的天花板。科技还是金融是蚂蚁金服在上市前思考最多的问题：为自己贴上科技的标签，卖出一个漂亮的价格，还是被打上旧时代的烙印，享受"稳稳的幸福"？

"中国金融没有系统""《巴塞尔协议》是一个老年俱乐部""中国的银行还是当铺思想，害了很多企业家""创新一定要付出牺牲和代价，为未来担当，做没有风险的创新就是扼杀创新"。有人嘲笑马云在外滩的这些发言是失了智的，笔者倒以为这可能是蚂蚁体系的最后一搏——在金融监管不断趋严的背景下，尝试利用媒体的力量为自己争得一个科技的名分。

现在冷静下来，我们非常关心的是，蚂蚁金服到底有没有科技的成分？马云用"当铺"这些观点攻击传统金融体系的目的是彰显蚂蚁金服的"更高水平"：我们不需要抵押，我们不需要提供银行流水，我们有海量数据形成的"客户画像"，我们依托于相关性所形成的风控能力远超"当铺"，欺诈、黑产和多头在我们的大数据面前无所遁形！

但客观来讲，蚂蚁金服的资产质量可能和它的风控能力并不相关。一些善于总结的信托公司提出了两个关于消费金融特别好的客户选择标准，即"有特色的获客能力"和"有特色的风控能力"。从消费金融的实践来看，除了极少数机构拥有非常规手段，大部分互金机构的风控同质化都非常严重，而真正决定风控结果好坏的关键在于"获客能力"。例如，商业银行的信用卡中心开拓一个普卡客户的成本是500元，即一个客户成功办理信用卡，这家机构将损失500元。现在你有两个选择：一个选择是不让客户进行信用卡分期（贷款），那你的500元就血本无归了；另一个选择是允许客户分期，客户可能违约，但如果客户不违约，贷款机构就可以从客户身上赚回1 000元利息。面对这两种情形，你会怎么选择？许多机构在两难的局面下，往往选择去博一下后者。

大家看明白了吗？很多二、三线互金公司的不良率水平要远高于蚂蚁金服的花呗和借呗，原因不在于它们的风控模型差，而在于它们的获客能力差，依靠其他头部机构（百度、阿里、腾讯和京东）引来的残羹冷炙，成本还特别高，所以只能适当放宽风控尺度来博取潜在的利润。这是它们基于生存现状的一种必然选择。回过来说蚂蚁金服，当阿里体系拥有5亿的基础用户，而需要找出1 000万个相对优质的潜在借款人时，也许只需要群发一圈短信或者在淘宝首页挂出蚂蚁金服的悬浮窗广告。这些成本要么可忽略不计，要么可以在阿里的体系内自我平衡。即便内部考核计价了，单客价格也就80～120元，相比市场上500～800元的价格低了很多。

可以说阿里是一家科技企业，但如果蚂蚁金服标榜自己的获客与风控，给自己贴金说是"科技企业"，那么这显然并不妥当。蚂蚁金服要么是尝试摆脱阿里的体系赋能，外采流量来验证自己的风控能力，要么输出自己的风控模型，带其他金融机构和互金公司进行风控验证，否则背靠着阿里庞大的客户基数，蚂蚁金服的"科技"属性没有任何说服力。

（三）传统金融机构代表着老旧与垄断？蚂蚁代表着创新与竞争？

实际上，在蚂蚁金服被推到风口浪尖之时，不少有理想的金融从业者在为它讲话：有人说"再不与时俱进，金融业真的可以歇了"，也有人讲"如果蚂蚁金服等公司消失了，银行是否能解决给低信用借款人借贷的问题，不然社会阶层可能会固化"……事实上，这些观点的大方向都没错，但细节上依然有很多值得推敲的地方。

1. 创新不能根本性消除风险

在外滩，马云义正词严地抨击巴塞尔体系，他可能忽略了一个重要的常识——创新无法根除风险，只能规避与消除非系统性风险，系统性风险始终会伴随着人类社会的经济发展而存在。让我们回想一下亚洲金融危机、次贷危机，每一次危机来临时，只有真金白银才是最后的庇护所。

用以蚂蚁金服为代表的互金企业在风控技术上的创新，去评判《巴塞尔协议》的硬资本体系，完全是风马牛不相及的事情。你可以说《巴塞尔协议》变得越来越严格，但这绝不是我们不需要强大资本来抵御风险的理由；当金融危机来临时，资本不足的蚂蚁金服一定会比传统金融机构以更快的速度卧倒。有意思的是，蚂蚁金服现在的超高杠杆和利润来自监管失位。

2. 创新不是源于强大技术，而是源于市场竞争

不少有理想的人为马云的言辞所打动。在他们眼中，蚂蚁金服代表着科技，代表着创新，也代表着正义，但他们忽略的是，创新诞生的土壤不是庞大的资本机器，也不是巨头的科技实验室，而是市场竞争。当蚂蚁金服还是"蚂蚁"的时候，它的勤奋善为积极地提升了整个金融体系的效率，刺激了传统金融机构改善流程，它是革新者；但当蚂蚁金服变成"大象"，甚至"大象"还要继续扩张利润的时候，它只能成为实体的吸血鬼。

从这个角度来看，我们没有必要对马云和蚂蚁金服感恩戴德，我们应该感谢的是这个充满竞争的市场；我们也没有必要保护蚂蚁金服，我们应该保护的是一个可竞争的充分市场。事实上，现在阿里已经在很多领域行垄断之实了（见图3-9）。阿里有一句动人的口号叫"让天下没有难做的生意"，但当阿里大到一定程度，把上下游资源都控制起来的时候，生意是容易做了，超额收益却也都被阿里全部拿走了。

图3-9　阿里巴巴生态图

资料来源：中信建投研究发展部。

有人说，互联网的模式就是赢者通吃。但这不代表在阿里巴巴做

大后，我们可以纵容它的垄断行为。20世纪70年代，IBM（国际商业机器公司）红极一时，反垄断调查影响了该公司的进一步发展，间接促使微软和英特尔等一系列公司的崛起，为美国互联网经济的发展做了基础铺垫。

3. 微观上，金融行业正在走向开放，内部竞争加剧

许多人把金融行业比作垄断行业，相比其他行业，这个行业的内部竞争是非常激烈的。总有人自嘲是"金融狗"和"投行狗"，但请问，有自嘲是"能源狗"和"电力狗"的吗？值得关注的是，自资管新规出台以来的金融行业在以更快的速度走向开放，金融壁垒伴随着非标的消失在不断解体。在风险控制的前提下，大机构与小机构、部分领域持牌和非持牌机构之间的差距在不断缩小。

诚然，我们必须承认传统金融机构的风控理念无法满足实体经济的很多长尾需求，但这恰恰是蚂蚁金服的生存空间。成熟的金融市场一定是多样化的，必然有工农中建这样的大象存在，但也一定会有蚂蚁的生存空间。大象与蚂蚁并行不悖，才是这个市场的最优解。监管要去控制蚂蚁的高杠杆风险，并不代表要消灭蚂蚁。相反，健康的蚂蚁是金融市场的重要组成分布，也是对实体经济最有益的补充。同时，蚂蚁的补充意义并不能成为其不受金融规则节制的理由！

（四）沦为蚂蚁金服附庸的金融机构，是否会有潜在的风险

我们首先来讲一个老生常谈的问题：经过了2017—2019年的飞速发展（见图3-10），中国互联网消费金融放贷业务是否已经到了天花板？

启动期（2012—2014年）			增长期（2015年1月—2017年10月）			整顿期（自2017年11月起）			
173.5	222.6	205.3	546.0	269.0	904.0	122.9	90.2	69.3	48.0
18.6	60.0	183.2	1 183.5	4 367.1	43 847.3	97 737.3	185 874.5	314 691.0	465 723.2
2012	2013	2014	2015	2016	2017	2018	2019	2020	2021 年份

■ 互联网消费金融放贷业务规模（亿元）　◆ 互联网消费金融放贷业务规模增速（%）

图3-10　2012—2021年中国互联网消费金融放贷业务规模及增速

有人说，相比美国，我国的短期消费信贷占消费支出的比例依然不高，还有提升的空间（见图3-11）。

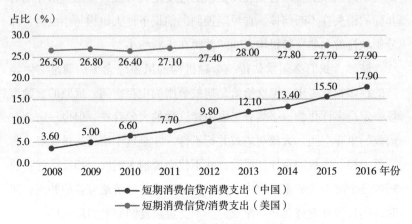

图3-11　中美两国短期消费信贷占消费支出的比例

也有人说，中国居民债务与可支配收入之比已经很高了，超过曾经的日本，也不逊于前两年的美国（见图3-12、图3-13）。还有人讲，虽然我国负债高，但居民还有很多存款！

信托的未来

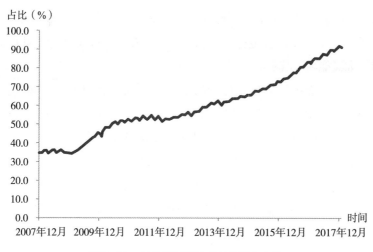

占比（%）

图3-12　中国居民债务与可支配收入之比

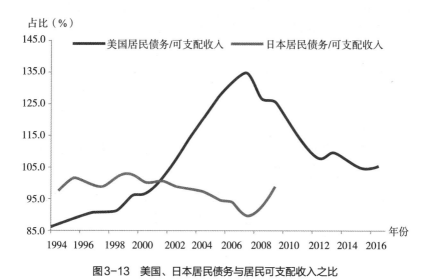

占比（%）

图3-13　美国、日本居民债务与居民可支配收入之比

　　其实，拿中国整体的数据来举例时，我们已然忽视了一个很严重的问题，即中国财富的二元分化。互联网金融公司固然让借不到钱的穷人借到了钱，实现了提前消费，却让这种结构性失衡愈演愈烈：高

收入人群有更高的存款，而低收入人群却背负了太多的贷款。蚂蚁金服虽然处于互联网金融行业的制高点，但在风险加剧和行业共振面前，谁又能独善其身呢？

另一个让蚂蚁金服走上舆论风口浪尖的是一则花呗的灯箱广告。广告中宣传父亲用花呗借钱给女儿过生日，广告词是："一家三口的日子，再精打细算，女儿的生日也要过得像模像样。"

对于这则广告，蚂蚁金服用消费低端人群的亲情来开展业务，而大家普遍从感情上对蚂蚁金服进行指责。同时，这个灯箱广告可能传递了一个更危险的信号：阿里体系对于蚂蚁金服的支持可能已经到了一个边界，即伴随着蚂蚁金服的扩张，传统互联网的"营销漏斗理论"已经到了一个敏感值。在阿里体系内通过低成本（短信、App推送）方式来获取客户这种方式已经无法维系，而不得不通过实体广告的方式进行二次营销，以维持蚂蚁金服借贷帝国的高速增长。

我们用一张正态分布图来描述蚂蚁金服的状态，大概情况如图3-14所示。

- 在过去几年的快速发展中，蚂蚁金服走过了它的舒适区域，在较低风险的情况下获取了丰厚的利润。
- 伴随着高速扩张，蚂蚁金服的新增客户质量、获客成本都呈现出较大的变化，可能处于整体增速放缓和资产质量下降的前夜。
- 当蚂蚁金服的规模达到一定程度，走过正态分布的拐点时，新增资产质量较前期出现较大幅度下降。伴随着资产的动态平衡，蚂蚁金服渐渐走入其他互联网金融机构的生存地带，优势便不在了。

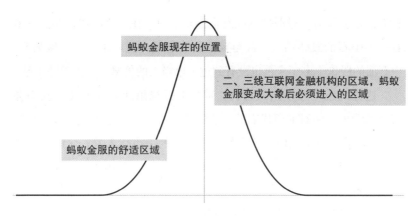

图3-14　蚂蚁金服的状态

从行业发展周期来看，这次暂缓上市甚至不上市，也许对于蚂蚁金服的长期发展并不是坏事。因为上市以后，更高的利润增速要求将使蚂蚁金服更快速地踏入那块它并不擅长的区域，其资产质量必然会下降，最终沦为平庸。

对于金融机构，特别是那些面对蚂蚁金服议价能力较弱的机构来说，到了真正关注风险的时候了。我们对互联网金融企业的风险关注，不应该局限在不良率的数据上，更应该关注互联网金融企业的生命周期。约束蚂蚁金服并非孤案，这是针对整个小额贷款行业、互联网金融行业乃至金融行业的再整顿。如同前面所说，当整个行业慢慢萎缩，风险从底层不断暴露的时候，行业的共振将会加剧，谁也无法独善其身！而那些对于阿里体系仍有信念的机构也请注意，创新无法消除风险，在风险面前，唯一的障碍只有资本。与其相信蚂蚁金服的"科技"，不如相信蚂蚁金服的劣后资金。

（五）中石油工业经济模式的昙花一现

回想一下这十多年的资本市场，唯一可与蚂蚁金服上市相比的大概就是当年中石油的重磅回归了。在中石油的国家背景和巨额盈利感召下，很多没有买过股票的朋友也都开了户。在那个年代，办公室里有一手中石油股票的人，甚至要请同事吃饭。但后来呢？一地鸡毛，中石油的股价十多年来再也没有到过上市当天的价格，让人唏嘘不已。

这样的结果并不出人意料。带着上帝视角回看2007年，我们会清晰地看出，中石油所代表的工业经济模式在过去十年已经被"银行＋地产"的经济增长模式所取代。中石油的上市代表着一个时代的最后荣光，但不代表我们就要抱残守缺。同样，对于蚂蚁金服而言，再辉煌也不过是过去十年经济模式的脚注。我们是要看着后视镜去驾驶汽车，还是朝前看、自信满满地迎接一个新的时代？我相信每个人都会有自己的判断。

八、工商企业信托该如何进行风控：一个信托经理眼中的武汉金凰

伴随着武汉金凰的违约，信托公司就一直在媒体的风口浪尖上，但事实上，关于此事基于信托融资和保险合同的分析非常少。笔者在信托经理生涯中，和这个项目的融资人有过三次非常短暂的接触。今天，我们站在项目的角度来看看武汉金凰事件给我们的启示。

（一）同武汉金凰的"第一次亲密接触"

2016年年底某天，笔者突然接到了某行大连分行投行部的电话，对方说有一个项目，想看看能否合作。对方发来材料，项目主角便是武汉金凰。

笔者大致研究了一下相关材料，材料上便出现了几个疑点：

- 武汉金凰是某行武汉分行的授信客户，为什么不是武汉分行找我，而是大连分行？武汉分行怎么看这个客户？（后期，我从武

汉分行了解到，该项目的授信规模为 2 000 万元。）

- 从报表上看，公司最近两年资产规模的增长完全依赖负债，而负债形成的都是存货，销售规模也没有出现与之匹配的增长，那么融资人付出高成本囤货的目的是什么？
- 客户的融资合作机构比较单一：虽然企业的贷款明细表中有工商银行、建设银行和浦发银行，但合作模式都是存单和黄金租赁，对银行来说都属于极低风险业务。在那个时点，这三家银行连流贷都没有给它放过，银行的谨慎可见一斑。对于现在已经出现问题的黄金质押模式，虽然当时的恒丰银行、安信信托等已经开始做了起来，但这显然不是大部分信托公司想要的对标对象。

关于前两个问题，按照信托公司的工作习惯，笔者觉得还是应该去企业实际调研一下，和实际控制人聊聊才能有把握。于是，笔者和银行的朋友沟通，希望有机会一起去武汉和客户见一下面，但推荐银行并没有安排。就这样，一个在笔者视野中非常边缘化的项目，慢慢被淡忘了。

（二）同武汉金凰的"第二次神奇接触"

第二次和武汉金凰的"接触"更有意思，笔者已经记不得是哪个朋友给我介绍项目了。在与项目对接人通电话时，笔者把当年的疑惑向他请教了，他解释说："因为武汉金凰在美国上市，所以它需要囤积黄金做大资产规模，这有利于稳定股价。"这对大部分金融从业者来说是一个可理解的回复，但是笔者到现在也没有太理解他的想法。这通电话之后，这个项目便没了下文。

（三）"梅花三弄"

第三次和武汉金凰的接触是侧面的。2018 年年初，一位银行的朋友找到笔者问："武汉金凰这个客户怎么样，信托代销能做不？"出于负责的角度，笔者把这个客户重新捡起来做了比较细致的研究。笔者在思考这个项目的主要逻辑时，依然有许多疑惑：

- 武汉金凰作为上海黄金交易所的成员，直接可以通过账户内托管来进行质押融资，为什么要以更高的成本融资？
- 囤积了这么多的存货，难道它预感到了什么？武汉金凰的主营业务利润率并不高，而在过去几年里，金价的波动幅度并不低。如果金价出现一定程度的回调，那么这对武汉金凰的盈利会产生较大的影响，为何它还要承担这样的风险？
- 它融资的真实目的是什么？（现在来看，大概率是去做并购。）有中介说，要做大资产负债表；有其他信托公司的尽调报告显示，是黄金珠宝产业园配套的刚需拉动以及互联网直销。

后来，笔者和这位银行的朋友"恶狠狠"地达成了一个共识：这家公司完全看不懂，不能做！

（四）信托从业者对武汉金凰事件和工商企业融资的反思

事实上，不管这几年武汉金凰的融资多么猛，但从许多信托从业者的角度来看，这绝对是一个不安全的存在，爆雷只是一个时间问题。当武汉金凰被媒体推上风口浪尖时，许多信托经理并不感到意外。从前面的三段回忆中，很多的迹象告诉我们最后的结果。下面，笔者试着结合工商企业类信托融资的基本要求来谈谈对这个项目的反思。

1. 信托融资的第一道安全边界，永远是第一还款来源

很多信托公司和信托经理做这个项目的逻辑是，即便武汉金凰出了问题，还有黄金质押，还有人保增信。但从我对信托融资的理解来

看，这样的想法并不全对。信托行业里有位前辈曾经说过："信托经理是信托项目风险的第一责任人，也是第一道防线；而信托业务的第一道风险底线则是第一还款来源。当第一还款来源出现问题时，这个项目实质就发生了风险。"

但是，在信托圈内，轻视第一还款来源，重视抵押、担保等增信措施的信托经理大有人在。在同业交流时，经常有人提到"抵押物如何如何好""增信方如何如何有实力"。这些人在夸大第二还款来源时，忽视了一个非常严重的问题，即我们对第二还款来源的乐观评估是基于静态分析的！当第一还款来源稳定的时候，第二还款来源大抵不会出现问题；但当第一还款来源出现问题、企业经营出现问题时，我们通过处置抵押品来实现回款一定很不容易。

2. 有中介参与的项目，不要碰

我在第二次接触项目时遇到了中介，这也成为我彻底放弃这个项目的一个理由。大家想一下，如果一家企业自身的融资逻辑很清晰，那么它所有的风险自然可以通过融资成本进行公开量化。就好比在房地产信托融资中，虽然恒大、融创这些头部主体的融资成本不低，但融资成本在不同信托公司间基本取平，其中微小的价差主要是因为增信方式和抵押品的差异，中介想在其中坐收渔利，并不容易。

但如果融资人自身没办法把问题讲清楚，那么其获取融资最容易的方式便是寻求中介帮忙。后来有自媒体提到武汉金凰融资价码中的好处费有很多；也有人说信托经理到了武汉以后，对方的招待如何"殷勤"。这些对于没有进一步接触的我来说都是未经证实的传闻。但是，跳出武汉金凰事件，作为离钱非常近的一个职业，信托经理面临的诱惑自然也很多，是选择做一锤子买卖，还是踏实工作、将它作为长久职业？这是需要思考的问题。在流动性充裕的时候，如果我们没有认真想过，那么现在在信托的制度红利消退时，每一个信托经理都需要认真思考了。这个建议不仅仅针对资产端从业者，也针对财富管理从业者！

3. 对于信托业务合同条款的理解，不能想当然

信托圈内同人都在探讨人保武汉分公司是否具有偿付义务。支持人保的观点主要是基于合同条款的分析，很多人则颇不认可这一观点。认为信托公司肯定和保险公司说过"保真"的诉求，或"如果保险公司不认特别约定条款，那将是一件非常荒唐的事"。从道义上说，笔者是支持信托公司的。对于其中的一套所谓的业务逻辑，保险公司全部都知道。然而道义不等于真理，如果合同的表述对信托公司不利，那么信托公司一样无法实现理赔。从我的角度来看，对信托不利的几个地方在于：

- 武汉金凰所投保的是财产险附加盗抢险，这个保险产品本身和信托公司所要求的"保真"功能相距甚远。公众号"相信法律"在其一篇推文中提到："问题是，真要将人保财险换成保证保险或者信用保险进行承保，人保公司会同意吗？"这句话道破了本质：信托公司想要保真，却买了一款财产险产品，再怎么特别约定，这事也没那么顺吧？
- 在保单中，武汉金凰是投保人，也是被保险人，只有受益人是信托公司。从权利主张的角度来看，信托公司只有出现保险事故后的受益权。在不考虑武汉金凰欺诈的情况下，如果武汉金凰不去主张权利，那么信托公司也没有办法。换个角度想一下，投保人是武汉金凰，被保险人也是武汉金凰，这样的保单要起到对信托公司有利的效果，恐怕不容易。
- 《保险法》第十六条规定：订立保险合同，保险人就保险标的或者被保险人的有关情况提出询问的，投保人应当如实告知。投保

人故意或者因重大过失未履行前款规定的如实告知义务，足以影响保险人决定是否同意承保或者提高保险费率的，保险人有权解除合同。在本案中，武汉金凰在保险合同签订过程中，没有履行"如实告知"义务，提供了假黄金，人保是有权解除合同的，且无须承担任何赔偿责任。

4. 做信托业务，永远要关注你与谁同行

每一个追求安全的信托经理都应该努力和国有银行、股份制大银行为伍。如果融资对象的授信银行和信托公司都是小型金融机构，那么你就要本能地考虑一下这个企业的路数了。站在信托经理的角色上，每一个从业者都希望自己是一个上进的人，能够和行业龙头站在一起。这不仅是表面的虚荣，也是对从业者的一份安全保障——天塌下来，有个大的顶着。当出问题时，若信托经理发现自己是那个个子最高的，那么他可能顶不住。

（五）当雪崩的时候，每一片雪花都在勇闯天涯

从2018年开始，P2P"爆雷"事件接连不断。很多理财经理由于所在机构违规操作，被拘留、被要求退还工资和奖金，处境很惨。有人会反问："许多机构不都曾经说过理财经理是可以干一辈子的职业吗？"这话没问题，但是这个"一辈子"的前提是站在客户的角度助其增长财富。理财经理如果助纣为虐，那么承担刑事责任，也理所当然。也会有人问："对于'爆雷'机构在资产端的情况，我完全不知情，为什么我也要承担这些责任？"用一句时髦的话来表达笔者的态度："当雪崩的时候，每一片雪花都在勇闯天涯！"从业者选择了一家机构，也就选择了一种生活方式，做好选择，便要坦然面对。反过来说，这些话对资产端的从业者来说，也没有什么不对。武汉金凰不是这个雪崩的开始，也同样不会是雪崩的终结。

九、信托通道业务的反思：如何把信托通道做得更有"高级感"

（一）"低级"的信托通道业务

在多重监管压力之下，许多信托从业者的情绪普遍不高："哎，最近公司基本都不让做房地产业务了。那些AA平台我也看不上，只能把之前的通道业务续一续了！"诚然，他们的不开心是信托业务经理现在普遍的苦恼，在监管的几座大山下，留给传统业务腾挪的空间确实越来越小了。主动管理业务的信托报酬更高，因此也更有价值。但许多信托经理的语气中透露出一种对信托通道业务的"偏见"：只有在做不了主动管理业务的时候，他们才会想着去做技术含量低也不怎么赚钱的信托通道业务。

事实上，信托圈里有很多高手专注于信托通道业务，而且做得非常好。有人带领部门飞奔于全国各家银行做信托通道业务，将各种创新模式搞得风生水起。巅峰之时，信托存量规模几乎相当于一家中型信托公司的规模。但事实上，就像我刚刚描述的行业现实，圈里持类似观点的人并不在少数——主动管理业务代表"高级"，而信托通道业务代表"低级"。如同私人银行领域，很多客户经理会产生这样一种误区——私募基金要比公募基金高级。因为私募基金投资起点高，投资管理人"咖位"也更高，所以客户经理倾向于向客户推荐私募基金。

（二）主动管理业务与信托通道业务的本质都是服务客户的金融工具

无论是信托通道业务还是主动管理业务，私募基金还是公募基金，本质都是工具，或者说这些工具都将成为信托公司服务客户的各种手段，工具本身没有高低贵贱之分。就好比利用公募基金阶段性地定投，可以有效把握市场下跌带来的结构性机会，这对超高净值客户一样适用。每一种金融工具都有属于自己的"高光时刻"。

同理，信托通道业务从来没有被贴上"低级"的标签。到底是高级还是低级，问题并不在于业务本身，而在于我们怎么去做信托通道业务，去做哪些信托通道业务。前不久，一位朋友发了一个产品信息给笔者，让笔者触动很大（见图3-15）。

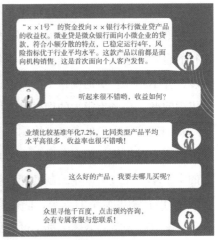

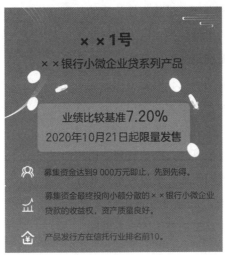

图3-15 朋友发来的"××1号"产品信息

如图3-15所示，具体业务模式应该是，××银行以引流的方式把微业贷的用户批量推介给信托公司，信托公司在形式上进行风控，并给客户发放小微企业贷款的To C消费金融业务。熟悉消费金融业务的朋友都知道，阿里巴巴和腾讯作为最大的流量机构，留给合作机构的利润空间并不大。信托公司同头部互联网企业的合作往往是，虽然赚了规模，但赚不到钱，性价比并不高。

按照常理，图3-15中的信托公司做了个很差的选择。它与这家银行的合作不赚钱，类似信托通道业务。产品又占了信托公司的非标额度，并不划算！更何况这个产品通过互联网推荐给客户，万一项目端出现问题，会产生很大的声誉风险！

我们试着从积极的角度来推测一下这家信托公司的考虑。信托公司虽然为金融机构，但在金融行业乃至整个商业体系中，依然是不出名的小字辈。在过去十年的制度红利年代，信托公司只需要"闷声赚大钱"。但在制度变革的未来，信托公司无论作为投资公司、资本中介还是家族办公室的载体，都不可避免地要走上前台。如何在监管的约束下，进行最合规、最具有性价比的品牌宣传，应该是每一家信托公司都要考虑的事情。站在巨人的肩膀上，利用巨人的登高一呼去传播信托品牌，无疑是性价比最高的一个选择。

单纯比较信托回报和资源消耗，这项业务一定是不划算的。但如果考虑到借助大企业庞大的客户基础，这个业务又是极其划算的。从这个案例来看，信托公司在进行风险资本以及公司各类额度（非标、房地产）的效益核算时，应该放到公司层面进行统一的"经济账"管理，不仅考虑表内收入，更要考量其业务的延展效应。只有这样，信托公司才能把有限的额度发挥出最大的价值，才能把信托通道做出"高级感"，才能真正把公司的业务做好。

（三）怎样做信托通道业务，才能做出"高级感"

那什么样的信托通道业务才算是有"高级感"的？什么样的信托通道业务能够给公司带来额外的附加价值？这是一个仁者见仁、智者见智的话题。关于如何把信托通道业务做出价值，有以下几点具体建议。

1. To C 比 To B 的业务更具有额外价值

在很多商业模式中，To B 是一种并不稳定的关系，信息交互充分，透明度高，竞争激烈。在品牌差距不大的情况下，价格是 To B 模式下决胜的关键。对于信托通道业务来说，如果报价低，那么信托经理就能拿到 B 端的客户；如果报价高，那么这些客户自然就会转投新的机构，客户黏度很低。

综合来说，在目前的信托业务里，比较纯粹的 To B 业务有同银行合作的传统通道业务、同保险资管合作的类通道业务、同互联网巨头合作的消费金融业务。这些业务有两个非常典型的特征：第一，资产端客户都不为信托公司所控制，进一步营销的可能性不大；第二，资金方是"攒局人"，即这类项目都是由委托资金方单向发起的，融资人也是资金方选定的，信托公司在其中没有发挥自主能动性。信托公司在这些业务中除了赚取微薄的信托报酬，没有任何增值的空间。

相反，在前文案例中，信托公司的"类通道"业务是 To C 的。经由腾讯体系的传播，信托公司的品牌却可以在高净值客户中有效传播，从而起到免费的品牌宣传效果。而通过反复合作，高净值客户对信托公司的信任度会大幅提升，从而实现客户转化的目的。从这个角度来看，同互联网头部公司的合作，在控制商业风险的前提下，对信托公司而言，费率都可谈。反之，如果资金方是金融机构，那么价值就会小很多。信托公司可以通过让渡价格来引入机构客户，但机构客户很难形成对信托的忠诚度，也不能起到品牌宣传的效果。

2. 信托公司要注重对模式和经验的总结，对下沉客户进行复制，提高收益水平

在很多从业者眼中，信托公司参与资产证券化、CMBS（商业房地产抵押贷款支持证券）或者是REITs（房地产信托投资资金）是特别高大上的事情，夹杂在其中的复杂名词让人有高山仰止的感觉。而实际上，信托资产证券化的本质就是信托通道业务，其精妙结构不是信托公司的妙手偶得，更多的是融资人、评级机构和律师事务所相互博弈的结果。

信托的资产证券化业务也同传统信托通道业务类似，只能跟在银行身后赚一点规模和微薄利差。曾几何时，信托行业还有0.1%的通道费。但伴随着竞争的升级，0.05%的通道费，甚至无论规模大小，只收取50万元的固定信托报酬，使高高在上的资产证券化业务真的变得非常廉价了。

即便如此，信托公司应该还要在这个领域坚持做下去。第一，资产证券化是监管鼓励的方向，信托的资产证券化对信托公司在上层监管和同业间的品牌塑造有一定好处，最不济可以为年底总结报告增添色彩。第二，信托公司在这些低收益业务中，要积极总结经验和模式，形成自己的套路和打法，在与其他下沉客户的合作中积极运用起来，发挥应有的价值。打个比方，某信托公司和中国工商银行合作了一笔信托通道业务，该公司在100亿元的大单中只赚了50万元。中国工商银行有很多特殊的要求，导致合同结构极其复杂，该公司花费了大量时间和精力去修改交易合同。如果双方的信托通道业务仅止于此的话，这精力就白费了。有经验的信托公司应该把在这笔业务中获得的经验总结出来，并在与一些有类似需求的小银行合作中加以应用。相比中国工商银行的强势和能力，小银行不具备可比性，掌握了经验与方法的信托公司就有可能赢得议价能力。"我这有一个创新的非标转标秘籍，特别合规，很适合你家，但是价格不便宜，要不要试试

信托的未来

看？"

世事洞明皆学问，信托公司如果只是沉溺在平淡的通道业务本身，那么自然没有创新的空间，也不可能获得超额收益的谈判空间。然而如果信托公司能够在各种创新业务中汲取有价值的经验并形成自己的打法，那么信托通道业务的"高级感"和"价值感"也就出来了。如同勃勃兴起的房地产股权信托业务，无论如何，信托公司都应该习惯于用真实股权投资的思路去审视项目，把自己当作开发商一样，去做好自己的测算与分析，在无序中摸索出自己的经验与方法。从某种意义上说，信托公司的员工本质上不是劳动力的集合，而应该是智慧与思维的集合，拼体力和加班，把自己当成金融民工，还真是对不起信托这块牌子了。

3.资产和资金两端客户是可以被营销的

除了上述两种通道业务，还有一种通道业务对信托公司有潜在价值。那就是信托公司通过通道业务来提供廉价服务，使其有机会接触并营销资金和资产两端客户。

第一，信托同保险资管的类通道业务。相比银行，保险资管对客户的把控力要弱。虽然资金价格和期限有优势，但保险资管的服务模式仅限于基础设施债权计划和融资类信托。加之具有"行商"的展业风格，保险资管在议价过程中有优势但缺乏同客户的黏性。信托公司通过与保险资管的合作，建立与AAA客户的联系并进行深度、多元化开发。信托公司通过信托通道业务获得AAA客户的认可，这可以为下一次与这个客户的独立合作创造机会。值得关注的是，这类通道业务消耗了信托公司的非标额度，是否要开展、开展多大规模以及如何收费，还需要结合信托公司的具体情况和战略而定。

第二，同商业银行私人银行的代销合作。尽管这类产品都是信托公司主动管理的，但较多信托的代销业务是两头在外的，从业务模式上反而与信托通道业务更类似。信托公司在大金融体系中的品牌能力较弱，如果可以借助私人银行的力量，在高净值客户中进行品牌传播，那么这对于信托公司来说是非常有价值的。私人银行经过这10年的发展，在高净值客户信息保护上已经做得很严密了。信托公司如果在代销合作中展露自己的品牌，就需要在信托合同等物料或者流程上多想想办法，在不伤害与银行合作感情的同时，尽可能产生更多的品牌暴露（在这里，我绝不是鼓励信托公司直接挖代销行客户的墙脚）。

在代销模式下，并非一定要选择与大银行合作。例如：选择在某特定区域有品牌优势的城商行合作，可以帮助信托公司进行定向的品牌宣传（该地区有信托公司的财富中心）；选择邮储或者农商行进行代销合作，可以间接地对下沉客户进行挖掘。选择合适的代销机构不仅仅是信托公司的资金战略，也是信托公司的品牌战略。

（四）信托公司要从形式上的"高级感"走向真正的"高级感"

2020年，关于假名媛拼单去摆拍的事情轰动了网络，引发了吃瓜群众的极大关注。无论如何包装，形式上具有多大的"高级感"，假的都不会变成真的。但从积极的角度来看，"好酒也怕巷子深"，适度包装都会有利于自我推广和扩大影响。事实上，对于信托行业和信托公司来说，在有节制的情况下，包装我们的业务，凸显我们的"高级感"，是非常有必要的。

相比包装出来的"高级感"，信托公司必须在业务内核上多思考，把业务前后的"高级感"都找出来，并落地执行，这才是真正的表里如一。就如同与大银行合作的案例一样，既打出了品牌，又借助这个事件扩大了信托在资产和财富领域的基础客群，这才是信托公司未来业务发展的方向之一。

未来的信托公司会是什么样的？有一点可以肯定的是，受到国家政策和监管的管控，未来的信托行业一定会更小。如何在有限的额度下赚取最大的价值，如何把投入的资源转化成信托公司长期的利基，如何在业务中赚钱还赢得高净值客户的好口碑和好品牌，这些都是信托公司在经营层面必须认真考虑的。把赚钱的业务变得更赚钱，把不赚钱的业务变成赚钱的，把不赚钱的业务做成对公司整体有增益的。只有守住基本盘，精细化管理，才能在不确定的未来收获更多有价值的确定。

十、信托公司该如何转型

（一）信托转型浪潮中的真实现状

在监管力度加大的当下，信托公司纷纷开始了转型之路。标品信托、服务信托、证券投资和股权投资等新业务纷至沓来，使原本专注于政信和房地产的信托公司，也洋气了起来。当下，你要是不会说诸如"FOF/MOM（基金中的基金/管理人的管理人基金）"、"优先股"和"标债池"等新名词，仿佛都不好意思说自己是做信托业务的。

在这轮信托业务转型的大潮中，有的人在沿着政策的大方向去大力拓展新业务，也有的人在琢磨通过精细化管理来提升业务能力并获取更高的价值。最近工业生产中的"微笑曲线"被反复提及，不言而喻，信托公司要想提高附加值获取更高的信托报酬，要么增强自己的资金配套能力，要么提高投管能力。这个道理简单易懂，获得了圈子里大多数人的共鸣。

但是，那些前期资源投入大、见效慢的业务（微笑曲线的中间部分），诸如配合银行的家族信托和证券业务，虽然规模大，但人力占用多、系统建设开销大，利润贡献并不高。这些业务是不是对未来的信托公司意义不大呢？有人在谈到这些不那么赚钱的业务时，总会习惯拿富士康来做类比：拿人力垒出来的规模，有什么可以值得骄傲的呢？

（二）做富士康不简单——富士康不是简单的规模累积，需要更多的专业能力和组织能力

在很多人眼中，富士康还是那个以代工起家的血汗工厂。以低端劳务为其他企业提供生产外包，没有什么技术含量。这种蔑视来自不快的过往。当产业开始新的跃迁时，我们似乎都会对那段并不高明的日子表示最大的轻蔑。

但我们没看到富士康越做越强。在2019年的《财富》世界500强中，富士康的排名更进一步，达到了23名。在中国内地，也仅有中石化、中石油、国家电网和中国建筑排在它的前面。当年那个"血汗工厂"没有衰亡，反而越来越强，这又是怎么回事呢？

生产型企业，特别是大生产型企业，会遇到两个重要问题：第一个是如何在做大规模的同时，提升专业能力，以适应客户和市场的多变需求；第二个是如何将一个拥有数百万员工的企业按照标准化的方式稳定地运行下去，如何合理控制成本并保证品质的稳定。针对这两个问题，仁者见仁，智者见智。但这个事实传递了一个简单的观点，即这个以客户服务为目的的大型生产型企业，背后所蕴含的技术能力、管理水平可能被我们低估了。

（三）做金融行业的富士康更不容易——做好服务型信托需要更高的企业治理和专业能力

当监管机构在为信托转型而殚精竭虑时，信托公司却不屑于服务信托的低收益。大鱼大肉的日子过惯了，谁又会甘于粗茶淡饭呢？但客观来讲，对于信托公司来说，恐怕在不远的未来，粗茶淡饭也是一种不可及的奢望。

"鸿章窃以为天下事穷则变，变则通。中国士大夫沉浸于章句小楷之积习，武夫悍卒又多粗蠢而不加细心，以致用非所学，学非所用。无事则斥外国之利器为奇技淫巧，以为不必学，有事则惊外国之利器为变怪神奇，以为不能学。不知洋人视火器为身心性命之学者已数百年。"这是清末重臣李鸿章在江苏巡抚任上上书总理衙门的一段，站在现在的角度来看，观点依然不落伍。但可惜的是，对于百余年前积下的弊病，我们并没有深刻地自省。我们总是飘忽于盲目自大和盲目不自信之间，却不知道，所有事情的关键只在我们的态度。只有静下心来，不断地日积跬步，才能实现跃迁式的变革。

富士康的工作没那么高级，但绝不简单。如果信托公司没有足够的投研能力和耐心去做金融行业里的高通和微软，那么我们至少可以通过管理优化和技术提升，把服务型信托做扎实，在电子合同、估值、系统优化和智能面签等领域建立起自己领先于同业的效率。每一个微小的改进和提升看起来并不起眼，但在长时间的积累下，这些基于服务所形成的微创新带来的差异可能是巨大的。护城河可能会非常深，这些蕴含了时间沉淀的技术水平可能比制度优势来得更为直接和猛烈。

在转型期间，某些国资背景的信托公司曾扬言要大力发展证券业务，试图从同业挖墙脚。但它们可能不知道的是，在证券领域排名居前的信托公司之所以成功，是因为它们有定力去长期坚持，在持续的人员和资源投入下，搭建起完善的业务流程和IT（信息技术）体系，从而形成稳定的客户黏性。如今大家看到的结果，不过是冰山一角，更深层级的动因是背后看不到的大量付出和耐心坚持。如果行业的后来者只是抱着招聘拉人、搭个班子就唱戏的老套路，希望一两年就能见到成果，那么这种策略在信托业务上只能是南辕北辙。

可惜的是，在过去经验的驱使下，很多公司犯了一样的错误，高估了自己的能力，总是好高骛远，总是认为可以找到既省事又赚钱的不二法门，却长期无视那些打基础的工作，轻视那些形成于忽微的积累。这就如同在财富管理领域，大家都艳羡于招商银行的客户基础和销售能力，却都习惯于从同业挖墙脚、加大激励力度去改善业绩，无人去学习招商银行十多年前就已经完善的基础工程。

很多事情的成功，往往都埋在过去那些不起眼的细节中。

（四）对优秀的服务型信托企业来说，其服务的广度和深度应该要不断提高，而服务成本也应不断改善

富士康应该是一个动态的组织，伴随着企业的生命周期、不同服务对象的业务周期和品类各异的产品，具备自我迭代的能力。当诺基亚横扫天下的时候，富士康可以以最低的次品率为诺基亚提供最大的出货量。而当苹果一览众山小的时候，它也具备让乔布斯不能质疑的生产能力。

从这个角度来看，服务型信托不仅是提供单一服务这么简单的事情，一家好的信托公司应该既具备深入服务中国招商银行、中国工商银行等多家银行的能力，也具备在不同业务模式下让资管和私人银行同时认可的能力。面对不同思考、不同立场和不同要求的客户，都能提供让客户满意的方案，这才是一家优秀的服务型信托的根本要求。

广泛的对接能力和服务能力只是表象，而达成这一事实背后的更关键的地方在于，信托公司内部服务技术和组织建设的有效达成。

- 在公司层面形成完整的顶层架构，形成以业务为驱动，业务部门、风控、运营的前中后台联动，以业务流程为基础，实现工作流程的优化和改善的快速机制。
- 依托于移动互联网和信息技术，加强同服务标的的系统对接，在实现人工智能代的基础上，提高内部运营效率。
- 在IT系统的建设上，注重系统建设的顶层设计，注重系统的开放性和可迭代性。

服务型信托不能停步于"服务"二字的表面，其本质依然是信

托业务，就如同其他业务一样，无限制地提高其服务的广度和深度以及对应的技术含量，才是真正的出路。有从业者依然会固执地认为："明明家族信托和证券信托就是要花大量的人力啊！"可如果我们放眼长远，从金融乃至整个经济的历史来看，那么伴随着时间的推移，新技术的应用都会使得行业发生天翻地覆的变化。从这个角度来看，服务型信托像现正在流行的"云服务"——利用自身的服务能力（冗余算力），定制性地为其他金融同业提供服务。而伴随着服务型信托和信息技术的进一步结合，我们必将迎来服务型信托美好的春天。

我们现在需要做的就是顺应这样的趋势，并保证自己在每一次变革中处于领先位置，从而在未来抓住"赢者通吃"的机会。

（五）做富士康，还是做高通，取决于信托公司的自身禀赋

一家信托公司该专注服务型业务，还是发挥制度优势在主动管理业务上攻城略地，并无定论。监管机构在鼓励服务型信托的同时，也要求信托公司强化专业化资管能力。做富士康，还是做高通，无所谓对错，但归根结底还是要结合信托公司自身的禀赋来决定。

在大资管时代的助力下，很多信托公司形成了自己鲜明的特征。有些公司充分发挥类合伙人制度，依托激励在主动管理业务上获取了丰富的经验；有些公司善于团队作战，依靠有效的内部联动攻坚克难；有些公司有定力，善于坚持，在信息通道业务上造诣颇深。在这个自我塑造的过程中，信托业务的迁移也改变了信托公司的企业文化，或者说在业务的自然演化过程中，信托公司的业务和文化也在进行激烈的碰撞，在一系列随机的过程中相互选择着。

在信托转型的当下，与其看旁人"起高楼"而心痒难耐，不如冷静下来认真审视一下自己的内在资源禀赋和企业文化，充分发挥自己的比较优势，找准自己的定位，再去行动也不迟。艺术大师齐白石那句"学我者生，似我者死"，便是这个道理的最佳注释。

（六）在信托转型时，戒骄戒躁，找到自己的利基，稳步向前

如今，越来越多的信托公司迫于压降非标存量而控制了新增业务。某些公司甚至出现了非标存量业务全停的极端状况，开门红变成了开门黑，这加速了很多信托公司和从业者对未来的忧虑。但是，越是在这样一个困难的时间点，信托行业的转型应该更为小心谨慎。转型是必须的，但不代表转型是盲目的、仓促的。

其实，在这轮经济结构转型下，信托业务转型无非是整个金融大变革的一个小篇章。对信托业务来说，它需要摒弃那些盲动与焦虑。对其他金融子行业来说，又何尝不是呢？眼下的业绩无论有多高，都只是金融转型下的序曲。我们无须为眼下取得的成绩而沾沾自喜，还是要更多地想清楚业务和大环境，明确自己的利基与定位。只有这样，才能在新金融的美好蓝图中找到真正属于自己的定位。

十一、一个优秀的信托经理应该具备怎样的基本素养

历史的经验告诉我们，没有一个时代是永恒不变的。过去的风流随着时间的推移，都会一点点消散，成为历史的一部分。对于过往，我们惊讶过、赞叹过、痛恨过、怀念过，但我们也经常忘记，自己所经历的一切不过是历史的一部分。无论是纵横捭阖的气势，还是细小轻微的碎浪，终究抵不过时代的洪流，过往都会被慢慢湮没在时间的长河中。

暮年的红日终将落入西方那广阔的天际，以银行表外业务为最主要特征的大资管时代，在资管新规的冲击下，也终将会慢慢淡出我们的视野。许多早早加入信托行业的从业者，每每念及过去的时代风流，总会沉浸在逝去的点滴中不能自拔。

作为局中人，当被告知这一切即将落幕的时候，除了惋惜，我们还能做些什么？有时候，我们总想寻找那过往风流中的片段细

节，去细细品味这数以万计背后的风韵：信托从业者究竟是什么样的人？信托公司又是什么样的组织，才会造就这样一个波澜壮阔的大时代？

作为信托人，笔者在这个大资管行业浸淫多年，见识了大佬们的挥斥方遒，经历了市场的暗潮汹涌，也感受了其中的云谲波诡，更与各色各样的信托同行混迹其中——每个个体都差别迥异，也都能各显神通，让人惊讶不已。在这里，笔者试图从一个参与者的角度去提炼一些所谓优秀信托经理的成功基因，以及一些基于从业者的基础素养。当风起云涌的大时代过后，我们希望还能留下一些好故事供后来人欣赏与借鉴。

（一）强烈的责任心与压力下的自我驱动力

"能盯住事情"是之前信托行业的前辈常讲的一句话。初听，笔者觉得平平无奇。干了几年，笔者才知道这是对业务人员最高的一项要求。所谓能盯住事情，其实是要能"钉"住和"顶"住事情，到最后能"扛"住事情。这其中的关键就在于做人、做事的责任心，而这个责任心不仅是要对自己的事情上心，更要对公司和领导交办的事情全心投入，不把事情搞砸了。

强烈的责任心说起来容易，做起来很难。这几年信托行业不断发展，加入其中的很多从业者都是名校高学历人才。有的人会把报表中项目的成立日和到期日写成同一天的，有的人把领导批注过的可研报告稍作粉饰就上交的。这些名校的高才生，论学习能力是绝对的高手，但犯的错误让人啼笑皆非。

所谓能盯住事情，更多的是对他人的一种用心和对自己的一种鞭策。不管谁交代的事情，都能赌上自己的名誉把它漂漂亮亮地干好，这才是有心人的观点。他们以为费尽心力做好一件事情是自己的本分，是一种人与人的承诺。而很多人在这个过程当了逃兵，因为这些人的骨子里是自私的，只会炫耀自己漂亮的羽毛，他们的内心很自卑，要用高频率的炫耀来掩饰自己。当高压之下，如果事不关己，他们就随便对付一下，根本不会走心。

信托公司这么多年发展下来，信奉的都是小而精的团队组织。如果遇到一个只爱惜自己羽毛的"自私鬼"，那么这对团队的整体战斗力的影响是不可估量的。很多信托老兵在带团队的时候，经常会参与各种面试，最常问的问题便是："如果遇到了压力或者问题，你要怎么解决？"信托老兵偶尔也会布置给候选人一些略有难度的财务分析题目。从结果来看，大部分人的答案都不完美，但从面试的角度来看，做得好与不好是一回事，做得认真或不认真却是一目了然。有很多坚毅诚恳的求职者带着前期做的相关成果来面试，厚厚的一摞材料是其认真与自信的代表作，你很难拒绝这样的人。

对比信托业务和财富管理，信托业务只有0和100两个刻度，财富管理的结果可能会落在0和100之间任何一个数值上。从表象上看，信托业务更让人焦虑，而财富管理没那么让人焦虑，却永无休止。做信托业务最大的好处便是完成任务后的极大轻松，但是有哪些信托经理会在完成任务后就止步不前，在家里休息。在信托行业内这样的人很少，这大抵就是这个行业让人刮目相看的地方。在制度和压力的驱使下，大家形成了一个简单的共识：业务无止境，只有不停地积累才能形成连续稳定的产出，才会有更好的结果。

（二）"乙方心态"和"换位思考"

在信托业务条线，打交道最多的人便是银行同行。大家在一起吃饭、喝酒，聊起客户来难免大发牢骚：银行的朋友总会说"客户才是甲方，我们就是乙方"；更有银行投资部的兄弟会说"银行其实是丙方"；这时候，信托经理只能自嘲地说"那信托就是癸方，甲乙丙丁戊己庚辛壬癸的'癸'"。

信托的未来

在信托公司做业务的人能力不同、禀赋不同，但能做成事情的人大都有一个共同点，就是善于换位思考，能够站在对方的角度去思考问题。这种行为模式和乙方心态是相辅相成的，或者说这两者是表象与本质的关系。在处理业务的过程中，我们如果可以把自己当作乙方，放低身段，处处以办成事为目标，那么自然会以换位思考的方式来处理工作，自然距离业务成功就更进了一步。

有些人把金融行业想象为高大上的行业，处处都是光鲜的衣着和复杂的公式。事实上，这不过是外界对金融行业不熟悉而产生的幻觉。从金融行业的定位来看，金融从来都属于服务业，服务行业本身就和"高姿态"无缘，服务工作本身就是和人打交道的。只有服务好了"甲方"，"乙方"才会有属于自己的成功。对接机构资金时，"金主"不想写上会材料，信托经理来写；"金主"没时间做上会PPT（演示文稿），信托经理来做。这些看似"卑微"的动作，其实都是胜利的征兆。仔细一想，"金主"敢放心地让信托经理来写自己的上会材料和PPT，这明明是对信托经理最大的信任啊！

从这个角度来看，信托业务在某种程度上具有"利他"的属性——我们在帮助客户或者银行做成一件事情的时候，也实现了自己的业绩和任务指标，这也是"成人之美"。很多时候为了实现工作结果，我们只能低声下气、迂回曲折。在处理信托业务的过程中，我们明白了同理心，懂得了以终为始，学会了换位思考。我们在试图改变工作，但工作结结实实地改变了我们，这也许是一件好事，也许让我们成了一个更好的人。

（三）要有自己的想法，要有对新事物好奇的天性与能力

"×总，我之前聊过一家××公司，我觉得……（推荐理由省略2 000字），非常有特色，您要不要聊一下看看？""不看了，风控肯定过不了！"这是不少信托经理电话往来的真实记录。说实话，这种

现象令人有些生气，生气的并不是信托经理果断地拒绝了推荐人，而是他的思维意识里只有风控的条条框框，根本没有试图去寻找常规以外的解决方案。

诚然，这样的信托经理在这个行业里并不少见，毕竟大家都是要过日子的，完成公司交给的任务，对领导、对同事、对自己都有所交代，而在这个过程中，循规蹈矩无疑是最好的方法。但是，信托这个行业最大的乐趣就在于突破，这是信托这个特殊制度赋予我们的先天优势（横跨资本、实业和货币）。我们如果面对新鲜事物弃之如履，它也就丧失了获取新客户和新模式的能力，失去了信托行业潜在的真正生命力。

行业前辈说，信托有三板斧——通道、城投和房地产，但笔者却看到这三板斧下的信托业务暗潮汹涌，同城投公司的股权合作、基于供应链的各种模式尝试、试图利用各种资金组织形式开展对AAA央企的探索、与发债和PPP（政府和社会资本合作）市场结合的过桥业务等。虽然由于性价比原因，这些业务没有大范围推广，但并不代表信托行业就是一潭死水。有人说信托行业转型难，是因为三板斧赚钱太容易了（性价比高），即使信托的三板斧彻底失效，信托公司也一定不会没饭吃。

在信托业务一线工作的时间里，最让笔者受教的是做业务时的第一个主管领导T总。某年，因为一笔AA城投项目推动不顺利，后台风控有意见、外部资金难落实（只让对接机构），我在向领导做汇报时，吐露了自己想放弃这个项目的念头。一向温和的T总大发雷霆："作为一个部门总、项目的牵头人，你应该有自己的判断，不要因为别人说这个项目不行就放弃。如果你认为这个项目真的好，你就要努力去说服后台。什么是信托经理？信托经理就要有自己的判断！"T总是老信托从业者，是干业务出道的。在那一刻，我看到了老信托从业者的风骨。虽然被骂，但我每次回想起来，T总的话总是让人振聋发聩，记忆深刻，让我明白信托经理是一个必须具备独立思考能力的个体。现在想想，可能从那时开始，我才真正打开了自己做信托业务的大门。

有人说信托创新就是锦上添花，只有当全年任务都完成的时候，才能去做一单。其实不然，一个真正的信托经理应该是好奇的、有独立思考能力的人。一方面，他会努力地搜寻符合公司要求的项目，试着去推动落地；另一方面，他应该好奇于那些有特殊商业逻辑的模式，或者试图在其他人都放弃的情况下寻找可能的奇点。这才是一个真正的信托经理所应该具备的素质。在接触新鲜事物的过程中不断丰富自己的知识结构与视野，坚持自己的思考与判断。只有这样，才能做到在行业波动时的荣辱不惊。

（四）强大的沟通能力与协调能力

圈内有很多优秀的信托从业者，客户拓展能力强，渠道、客户和资金方都维护得头头是道，但在项目落地这一步却总是棋差一着，功亏一篑，长此以往，业务也无法维持。我们如果认真观察，就会发现，这个现象背后的原因大概是内部沟通不顺畅。如何与领导沟通、向哪个领导沟通？和风控汇报，怎样切入话题？在评审会上，你又应该如何提纲挈领地把你最重要的想法准确地传递给评委？当客户、资金方的意见出现反复时候，你又该如何协调？这些看似顺理成章的事情，如果处理不当，都会制约着业务的顺利推动。有时候内部沟通是一件比外部沟通更难的事情。

以我在信托行业的从业经验来看，当项目顺利过会的时候，其实这个项目的进程只进行了三分之一（特别是对接机构资金那种项目）。如何应付内部的沟通、外部和内部的交流、外部的协调，都是一个合格的项目经理应该熟练掌握的基本功。前面所提到的乙方心态、能盯住事儿等素质，在此时都要200%地发挥作用。在协调的过程中信托经理不仅要"接锅",更要学会主动"接锅"。某年在一个国企融资项目中,我在资金方和融资人之间斡旋无数次后,感叹道:"在这中间,我但凡有一点'老子不干了''老子不背这锅'的念头,怕是要半途而废了。"

从这个角度来看,投行一点也不高级。它是一项与人打交道的工作,更是一项以协调为主要内容的工作。信托工作并不高大上,而是很接地气。

(五)分享能力

在与同行的各种聚会上,觥筹交错间,几个熟识的老朋友经常会一起聊聊走南闯北的经历。那些做过的项目、落地的资金方,都是好的话题。在这个过程里,优秀的信托经理总是让自己保持一个开放的心态,你不怕别人把你的项目撬走吗?能被别人拿走的项目,注定不是你的。真正是你的项目,给了别人,你也能拿得回来。在与同行交流中,我们会发现,真正做得好的信托经理和团队负责人,往往是善于分享的。

现实中往往是这样的:善于分享的人,都是成熟自信的人;善于分享的人,会获得其他人的尊重和认可,形成自己有价值的朋友圈;善于分享的人,也会被其他人分享。信息的交互验证,形成了我们对市场、趋势和客户更真实的判断,成为我们工作的重要信息。

相比保险资管、券商发债那种近于"你死我活"的生存状态,信托行业的竞争相对更为温和。有时候,如果我们能跳脱出传统的旧模式,信托行业内部的合作共赢就不是梦想。

(六)长远的眼光

工作几年下来,有人会觉得做信托业务实在是太憋屈了——应酬多不说,还要主动"接锅"。信托经理虽然收入还可以,但格外辛苦。

这个问题问出来后，很多信托人也要愣一下："是啊，圈子里很多人家世背景都很好，何苦如此呢？"

因为这些人都有着更长远的眼光，每一个出色的信托经理都希望：与这个客户合作以后，可以与他们的兄弟公司、他们的股东合作；做完一个AA的平台项目，去挑战更大的AAA级客户。目光长远的信托经理会为一笔20万元信托报酬的项目而低声下气，只是为了促进同渠道的合作关系；当深思熟虑的信托经理熟悉了助贷To C业务，搭建完自己的系统和平台后，他便想同更多的主体开展合作。

（七）做一个信托从业者，值不值

我想起在从事信托业务的那段时间：第一年依靠平台做业务，第二年从平台向央企、国企转型做业务，第三年做深央企、国企业务和尝试资产证券化业务，第四年在消费金融To C业务有所突破……我每年都超额完成公司下达的任务。我搭乘航班穿梭于全国各地，度过多少个写报告的不眠之夜……这里有立项的狂喜，也有被人"放鸽子"后的郁闷。我问自己一句："值不值？"我很认真地想了想："值。"因为在信托业务这条路上，一个人只要用心，就能做到有所思有所得，虽然辛苦，却也不枉。

十二、信托公司如何强化研究部的功能从而实现专业赋能

在金融行业这样一个追逐利润的行业里，不能直接创造利润的部门是可悲的。正因如此，信托公司的后台支持部门也演化出自己不同的生态环境：要么是风控合规的强势，通过严格的审核和复杂的要求对前台业务部门施加压力；要么如同人力和财务，在人、财、物等关键问题上对前台部门加以约束。

当然，在金融行业的形形色色的公司里，特别是在信托公司里，

很多人会认为：研究部可有可无，说些无关痛痒也无人理会的观点，沦为领导的传声器，但是，这些并不是信托公司研究部应有的价值。

（一）信托公司做研究的价值

资管公司必须有自己的市场观点：目前的宏观经济形势如何？政策会出现什么样的变化？哪些行业融资具有更好的性价比？公司治理对于融资企业的经营管理又起着哪些作用？这些问题都应该是信托行业从业者每天问自己的问题。资产管理和二级市场投资在形式和方法上看起来有很大的差别，但实质上差别不大，都需要用科学、客观和有序的方法进行指导。这就是研究部的价值。

非常可惜的是，中国境内的资产管理面对的是由制度红利和经济红利组成一片的蓝海。过去，这个市场的主基调是刚性兑付，"在大海中裸泳"是主要形式。这个市场的常态是，通过审慎的研究分析带来正确判断的效果还不如闭上眼睛在市场中摸爬滚打。故而，在这个拼命追逐利润、看中短期结果的行业里，研究的意义和正确的方法已经被边缘化。市场中越来越多的无畏者舔舐着胜利的果实，渐渐成为行业的主流。被新财富、水晶球等第三方评价机构烘托得红红火火的证券公司研究所，如果不是存在着机构分仓的现实和证券公司牌照政策垄断的现实，也不过只是自营或经纪条线的一个小小附庸罢了。

但是，在信托行业非标转标的阵痛期，每一个信托行业的从业者都越来越深刻地感觉到，独立的市场研究在未来的业务发展中会起到越来越重要的作用。专业研究对于信托行业的重塑具体体现在以下几个方面。

1. 宏观研究指引大方向

如果宏观经济的发展模式出现根本性的调整，那么金融企业的坏账率势必提高，经济红利对刚性兑付所起到的支撑越来越微弱。在资管新规出台以前，信托公司讨论的是是否打破刚性兑付，但现在的事实是，刚性兑付的破与立完全不受信托公司的主观支配。在行业里，越来越多的人意识到刚性兑付本身只不过是宏观经济发展的一个副产物。在这样的市场背景下，如何维护一家金融机构在市场上的信誉，靠的无非是比其他人犯更少的错误。相比几年前"在大海中裸泳"的无畏与勇气，信托行业未来所凭借的只能是智慧和方法。在现有的决策思维下，未来的公司战略是激进还是保守，有时候是来自冷冰冰的数字，有时候则是来自管理层的头脑发热。从业务的角度来看，公司战略的落实要受到资本的制约，但很多时候更应该来自股东会与管理层科学审慎的规划。事实上，这些决策的依据应该是对境内外宏观经济的审慎分析，对财政、货币和外汇政策的客观研究。只有这样，我们才能提高信托公司做决策的成功率。

2. 行业研究决定业务方向

从业务的角度来看，行业研究是最重要的。在地产和平台业务受到多方监管的背景下，传统融资类信托业务的发展遇到了极大的阻力，利润率最高的信托业务必须发展出自己的新领域。哪些行业具有较高的毛利率？哪些行业具有资本密集的特征？合同能源管理（EMC）是否可以和高成本资金结合？在经济波动的情况下，之前被信托公司极度看空的煤炭、有色金属行业是否存在长周期的成长机会？所谓的行业分析一方面要解决资管公司发掘蓝海的使命，另一方面要不断对已经覆盖的行业进行重复梳理，发现机会。

3. 研究政策和制度，发现套利机会

即便在监管趋严的现在，信托行业横跨资本、货币和实业三大领域，依然存在着制度套利的机会，这是不争的事实。例如：2012年年底，《关于制止地方政府违法违规融资行为的通知》（财预〔2012〕

463号）出台后，各家信托公司再度修正了自己同政府平台合作的模式，让政策的负面影响消失于无形；《关于规范金融机构同业业务的通知》（银行〔2014〕127号）出台后，传统的同业业务大大萎缩，但以民生银行为代表的银行却开发出新的业务模式。近年来，监管机构对各家信托公司的非标额度不断压降，但部分思维活络的信托公司已经研发出股权房地产信托，解决了非标额度不足的现实问题。

4. 业务模式的升华与创新

资产管理的发展是智慧的延伸和扩展。在目前信托公司的制度下，创新的业务和发展依然停留在小范围，缺乏知识的共享和传播，而研究的意义就在于去伪存真、发扬光大，将具有竞争力的业务模式和具有融资潜力的特定行业发掘出来，使得整个业务和风控团队能够受益。

（二）证券公司的卖方研究体系可否为信托行业所用

上述四个场景，特别是宏观和行业研究的部分在目前的证券公司研究所已经普遍存在，那么这些既成的资源是否可以成为信托行业发展的重要基石？现实情况是，证券公司的卖方研究还不足以成为这样的一股力量，原因有三。

1. 目前的卖方研究流于短期、不接地气

我阅读各家券商的各类研报后，最大的感触是，卖方研究缺乏对行业逻辑的深入理解，缺乏对公司的治理和财务报告的深度分析，大量的研究报告流于形式，人云亦云的现象较为普遍。研究人员虽然进行了大量的实地调研，但缺乏实质性的思考。这和卖方研究的对象有较大关系。因为买方多为二级市场投资机构，二级市场的投资因为可以在短期内沽售变现而具有灵活性。这就意味着对卖方研究可以有更

强的容错性，短期看错不要紧，只要修正及时即可。而目前信托行业的现实需求是，需要对一个行业、一家融资主体有稳定的2～3年的预期，从每个产品发售开始，就要对到期时的还本付息有最大的把握，基本没有修改错误的机会。这也是很多信托从业者读过券商研究报告，感觉不解渴的一个重要原因。

2. 现有的卖方研究偏重于二级市场，重视市场情绪而不是事物本质

二级市场是称重机还是投票机？最标准的答案是"短期投票机、长期称重机"。这个问答体现了二级市场研究的本质：既要关注事物本质，也要分析投资者对于事件本身的反应。有时候，甚至出现看重短期观点而轻视长期观点的情况，因为没有人会选择长期持有。目前，卖方研究短期化的趋势已经使得研究分析的本质在不断扭曲。以财报分析为例，目前的卖方研究非常不扎实，对财务数据的理解只停留在常见的十几个行业指标中，而财务报表间的钩稽关系和不同行业潜在的财务问题均没有涉猎。当年的银广夏、蓝田股份和现在的獐子岛都是这种现象的最佳体现，依靠书本上粗浅的常规指标无法识破造假者的骗局。

3. 资管行业的研究不仅仅是研究宏观和行业，更重要的是将研究同业务有机结合

以房地产融资为例，信托已经从最初的432开发贷模式过渡到股权融资。那么，新的业务模式在哪里？股权模式的现场管理该如何做？应收购房款融资是否可行？房地产的供应链模式可否复制？类似于REITs的持有型商业物业模式的风险点又在哪里？这些问题不只是研究的问题，其实是业务、风险管理和研究的三位一体结合问题，需要以业务的现实去探索，以风控的视角来审视，再以研究的心态来升华。只有这样，才能达到支撑资产管理业务发展的效果。

但现实情况是，这三者的结合缺乏成功案例，不少信托公司为了让研究人员熟悉业务（当然，背后的原因也可能是希望研究人员也能创利，获取更大的收入），将纸面的研究和前台业务相结合，准许研究部自己开展信托业务。他们的出发点可能是好的，但结果造就了一大批名不副实的"创新研究部""研究发展部"。这些部门业务发展得蒸蒸日上，但信托研究的本职工作彻底荒废了。这也是资管行业做不好研究工作的最大症结，破解这一顽症不仅需要管理者的高瞻远瞩，也需要管理者在制度设计上的智慧和魄力。

（三）信托公司自己做研究，需要如何破题

信托公司（或者说资管行业）该如何开展研究工作，这需要回到目前的信托公司现状去寻找答案。

1. 信托公司做研究的现状

需要明确的是，信托公司的研究工作已经在缓慢地开展了，但不幸的是，这几种研究方向散落在不同的部门，在不成体系地发展着。

第一，风险管理部和风险评审体系。

风险管理部侧重于对行业趋势的判断和公司财务的分析。这些工作本来就是风险管理部的应做工作，但由于缺乏统一认识和深化，风险经理并没有将其转化为公司的统一判断，只是停留在这个项目该怎么把关才能不出风险的层面。事实上，信托公司在资管行业具有领先地位的最大财富，就是信托公司的风险管理人员经历过资管行业的完整周期，也看过各种类型的项目和公司。

以某央企信托为例，2014年以前，除少数标准化集合业务和通道业务，公司的业务都需要进行公开评审。这种公开评审一方面要求评审过程和结果对公司内部开放，另一方面要求评委的来源对内部开放。高级经理（含）以上的员工都有可能被风险管理部点将，协同风

险管理部与合规部一起作为项目的主审。这种模式在表面上杜绝了公司内部的一言堂，把风控的标尺公开并做到一碗水端平。在这种模式背后，该信托公司内部的智慧成果在公开场合进行最有效的传播和复制，使每一个新人都能够听到老员工对项目的真知灼见，而不同的项目团队也在这种存在少许利益冲突的环境中完成了经验交流。也许有人顾忌这种模式会对不同业务团队产生冲击，但冲击背后造就了公司智慧的快速复制。这种制度也许本身并不是一种研究体系，却创造了研究的土壤，让智慧和经验肆意地流淌，最终最大受益者是信托公司。当然，这种模式缺乏系统化的整理。如果将下列问题，如西南地区的房地产项目需要关注哪些问题，民营企业涉及民间借贷可以从哪些科目中窥见一斑，页岩气在未来的发展潜力如何，这些在评审环节出现的"接地气"的问题系统化起来，那么一定会形成一系列好的研究对象。

第二，博士后研究站。

许多信托公司的研究部同博士后工作站合二为一，变成了为领导撰写文章的地方。每当领导有个什么新的想法，这些所谓的研究部变成了领导的办公室和传声筒，主要写些诸如发展方向之类的稿子，具体的工作内容更像是办公室。坦率地说，这种模式是所有模式中生存力最差的，因为对信托行业的研究工作最大的要求是接地气。让没有实际操作经验（甚至连研究经验都乏善可陈）的博士、博士后来研究资管市场，将宏观和行业策略及产品风控结构设计相结合，实在是勉为其难。

第三，风险管理部同合规部承担着对监管政策的研究任务。

这部分应该是信托公司目前研究方向中最成体系的。信托公司的发展就是一部与监管机构博弈的历史，监管机构说不能做什么，信托公司就绕道走。在这个漫长的过程里面，各家信托公司也形成了一套自己的快速反应机制。每次新政策出台，这两个部门必然会联合出具新的政策解读。这在表面上看只是一种快速应对机制，但实质是政策研究的雏形。只不过目前的这种政策研究还停留在临时抱佛脚的状态，并没有形成一种长期稳定的体系。

2. 信托公司该如何组建自己的研究部

信托公司需要以什么样的方式来组建自己的研究部呢？结合目前的现实和未来的趋势，信托公司应该在证券公司的一手研究基础上，进行有组织的二手研究。这种模式的优势在于成本相对较低——一个研究报告终端，每年的费用在4 000元左右。如果信托公司要自己进行数据筛选和分析，那么国内的Wind系统基本可以满足需求，不必花大钱配Bloomberg（彭博）和路透终端。二手研究节约了大量覆盖基础工作的研究员的人工开支。以国内不少私人银行做二手研究的经验来看，对于一个总部级机构，在覆盖宏观、重点行业和若干市场的情况下，5~10人的团队应该是足以应付的。

信托公司研究部应该区别于证券公司的研究所，在研究方向和模式上多接地气，那么在实际工作中又该如何达到这种终极目标呢？

第一，研究部的成员应该具有充分的业务能力和风控合规经验。

如果不能从信托公司各部门中选拔合适的人员，那么公司至少应该把具有潜力的研究员派到这些部门进行真刀真枪的轮岗学习，这个周期以1~2年为宜。研究员至少应该具备良好的财务功底，在四大会计师事务所有过三年以上工作经验者为宜。如果这个候选人具有理工科的学术背景或从业经验，那么他将是最佳选择。在专业背景上，财务专业者优先，业务人员次之，最后是法务。在团队构建上，这三种背景的人有机结合是最好的。

第二，研究部应该具备股权融资和债权融资两种思维。

目前，信托公司的绝大部分业务人员和风控人员的意识都停留在债权融资的思维模式上，这也是国内资管行业的通病（银行亦如此）。

这种模式的最大问题在于，从业者或研究人员静止地而不是发展地看问题。具体的表现就是，看中融资主体的现有资质而不是未来发展空间，关注抵押物而不是交易对手的业务模式，注重资产硬实力和外部评价，缺乏对交易对手人员素质和管理架构的认识。但资管新规后的信托现实是，在逐步从蓝海走向红海的过程中，从业者或研究人员可选择的融资对手要么成本低，要么资质略差。在资金成本压力不断提升的当下，从业者或研究人员只有选择资质稍差的主体，并通过有效的风控要求和投后管理，将其从"坏孩子"变成"好孩子"，才能攫取资产管理的最大利润。

在这个方面，信托行业的从业者应该向私募股权从业者多多学习。在私募股权行业中，天使基金既青睐对实际控制人和团队，也注重业务模式，信奉好的团队可以在红海中有所作为，而坏的团队亦可以在金光大道面前栽跟头。这是一种虽然简单却把握了融资本质的一种手段。而私募股权中的中后期投资或者Pre-IPO（上市前准备）则注重通过核心指标的约束和投后管理（不少大型的私募股权机构都拥有自己完善的投后管理队伍，涵盖了财务、法务、人力和管理等多方面专才）来规范融资对手。既给你经营目标，又教你如何去做。这两种业务思维都是资管行业所缺乏的。只有跳出债权融资的死局，逐步过渡到股权和夹层，才能步入信托行业和信托从业者智慧显现的大发展时代。而每一次华丽转型，一定是由专业研究引领。

第三，在信托公司层面需要打破传统的战斗队思维。

尽管信托行业已经持续了多年的快速增长，但客观来讲，国内大部分的信托公司不过是一组战斗队的集合，一切以业务和利润为优先，缺乏在公司层面整体的顶层设计。在这种思维模式之下，不创造利润的部分是不具备生存空间的，也就是说，是否组建研究部（或者说以什么样的形式来发展研究部）取决于公司层面的战略布局。如果只关注短期利润，不能在前台和后台进行有效的组织和协调（这里的协调包含信息的交互和人员的正常流动），那么研究部在信托公司是不具备真正生存土壤的。

第四，研究部应该做好资管行业的横向比较。

对比二级市场投资的胜败盈亏的玄妙，资管行业的模式高下一目了然。面对着同样的交易对手，如果能通过更新的交易模式为客户提供更有价值的服务，这个团队就是赢家。首先，资管行业的研究团队需要在公司内部形成业务互通的氛围，杜绝模式垄断和闭门造车（为了鼓励创新和分享，对于率先发掘新业务模式的团队，可以考虑给予类似专利权的保护。其他团队在复制的时候，公司统一调整10%~20%的项目利润补贴给创始团队），由研究部将业务模式升华并推广。其次，研究部更需要关注行业内其他公司的模式创设，将有意义的业务模式拿来为己所用，把信托公司的智慧范围进一步扩大。某信托行业的老领导有个特别好的观点，他认为信托公司就是知识的组合。如果按照这个逻辑延伸下去，那么做得好的公司必然是知识丰富且不断发展的主体，而差的公司只能是故步自封、束手束脚。

第五，客观量化研究部的工作价值，适当参与第三方机构组织的评选，在市场上发声。

真正让证券公司研究所走出自己发展道路的原因在于两点：一是基金分仓制度使得研究有了评价的基础，研究的量化价值逐步体现；二是相对客观的第三方机构评选使得其行业水平高下立判，人员素质不断提高且处于良性流动状态，声誉和待遇不断提高，进而吸引更多的优秀人才进入这个领域。

信托行业应该借鉴二级市场研究的成功经验：一方面，信托公司要客观量化研究团队的价值（避免研究部为了创造利润而去做项目的悲剧），让研究人员多走出研究的一亩三分地，陪同业务团队进行交易结构的谈判，也陪同资金团队进行项目落实，做好后台对前台的"赋能"；另一方面，研究部门应该积极参与项目的内部评审，形成风控合规以外的第三只眼，让前台和后台人员都感受到研究部门的存在和价值，起到一个中台串联的角色。招商银行私人银行作为业内的先行者和领跑者，给人印象最深的就是"1+N"的工作模式——一个私人银行客户经理背后有一个庞大的专家团队在支持。事实上，信托行业只有向这种多角度维护客户的模式转型，从单纯的团队维护向"业务团队+投研团队+风控合规+公司领导"的多维度服务转型，才能在未来制度红利不断消退、资管行业竞争日趋激烈的时候，做好对融资客户和财富管理客户真正的个性化财务服务。

另外，信托公司的研究部需要借鉴的是参与第三方组织的各种评选，可以参照某些非券商研究机构借券商进行模拟分仓的模式，通过第三方的评选将研究部公开化，使其成为信托公司的另一个名片。

坦率地说，信托行业走向成熟的过程是一个由乱而治的过程，在这个过程中的催化不是监管，不是野蛮生长，而是智慧的凝结。虽然这个转型的过程漫长而艰难，但这种艰辛的道路一定是有价值的。如果你和信托行业从业者聊天，问他们"信托公司研究部是做什么的"，那么很多人会直率地回复"研究部就是码字打杂的"。这种说法的背后多么辛酸。

北京的冬天是寒冷的，但天气晴或不晴取决于风有多大。有时晚上大风来临，冻得人脸上生疼，却让人看到了天上的点点繁星，这让人在城市的喧闹中依稀能找到些属于自己的慰藉。也许信托公司的研究部也需要这样一场大风：风起的时候，扬帆远航去开疆拓土；风停的时候，也能欣赏漫天的星辰，就像仰望自家的穹幕一般。

第四章

风控之法

一、解读99号文：信托风控的纲领性文件

作为回应国办107号文的第一份行业监管文件，为信托业未来监管定调的99号文率先出炉。这是信托监管领导换帅后的第一份关于信托业的指引性文件，同时也可以将此文解读为信托分管领导对信托业未来监管思路的第一次全面展示。

文件全文10页，涵盖内容极广，从风险处置原则到风险防控机制，再到转型方向的明确和未来监管机制的细化。

在这份文件中，我们没有读到信托行业的乐观，而是风险加剧和监管趋严的严峻态势。纵览全文，我们将99号文的解读归纳为9个字——控风险、强监管、促转型。

（一）关于"控风险"

99号文对风险的强调贯穿始终，文件开头并没有提出风险防控的基本思路，而是首先阐明了处置风险项目的三条原则，可见目前风险形势的严峻以及监管对未来风险事件爆发的担忧。99号文着重强调了三个方面：责任人、处置方式、股东职责。

1. 风险处置三层连环扣

首先，风险处置要求落实到具体责任人，"谁获利，谁负责"。

其次，处置方式要求更加市场化，通过外部第三方接盘或寻求司法手段来解决；与之相对应的是更加透明的处理过程，这将会倒逼项目前端操作更加规范。

最后，针对市场化处置方案，配套的是信托公司股东提供流动性支持，因为外部第三方接盘或司法程序解决需要一个相对较长的处置期，为保投资人利益，需要股东先行垫付。

可见，这三个方面是相互衔接的。谁负责处置，怎么处置，谁为处置过程护航，这些就是此文件提出的背后逻辑。在所投项目资产价值健全的情况下，这种风险处置机制能较大程度地保障投资人及信托公司的利益。

需要注意的是，99号文首次明确要求："信托公司股东承诺，或者章程中约定，当信托公司出现流动性风险时给予流动性支持。信托公司经营损失侵蚀资本的，应在净资本中扣减，并相应压缩业务规模，或由股东及时补充资本。"这意味着监管层对"股东职责"正式提出了硬性要求，股东压力明显增大。我们认为，在目前信托行业面临拐点并且风险事件频发的背景下，信托牌照对股东的价值无疑会进一步减弱，不利于未来战略投资者的引进。但对于实力较强的股东来说，为了发展业务，增资压力会明显加大，信托公司未来可能会出现另一轮不同以往的股东增资潮。真正看中信托公司实力的股东会进来，而只为获利、把信托公司当作现金奶牛的股东则会离开。同时，因经营损失涉及扣减净资本，信托公司会更加谨慎地开展业务，信托公司风控趋严是可以预期的。

此外，还需注意的是，虽然监管层要求股东给予流动性支持并不完全等同于"风险出现后股东兜底"，但这毕竟表明了监管的一种倾向：信托公司出事，股东需要出面解决。投资人市场很可能对此做出不利解读：有股东撑腰，信托公司刚性兑付魔咒自然难破。另外，根据相关法律，公司股东仅应以其出资额为限对公司债务承担责任，仅在股东滥用其股东权力时，才会否认法人人格制度，"刺破公司面纱"而直接对股东追责。因此，我们必须注意对股东的要求不宜过多。

2. 规范销售隔离第三方，如同被掐住了脖子

在产品营销的风险防控方面，99号文重点强调了"买者自负"意识和第三方销售问题。文中提出"逐步实现信托公司以录音或录像方式保存营销记录"，这是信托公司防范营销风险、缓解刚性兑付压力的重要一步。

"防止第三方非金融机构销售风险向信托公司传递"，虽然没有直接要求不让第三方理财机构销售信托产品，但提出了"严格执行《信托公司集合资金信托计划管理办法》"和"违规推介要向高管严格问责"。可以预见，第三方理财机构未来继续大规模销售信托产品的可能性已经不存在了。此条如果马上执行，那么短期内无疑会对信托公司产生较大冲击。在信托行业直销还不健全且未成气候的情况下，如果斩掉第三方非金融机构，同时又没有其他第三方金融机构的支持（比如有些银行已经停止信托代销），那么信托公司如同被掐住了脖子，短期内会严重缺氧。

3. 清理非标资金池

99号文关于风险防范的举措中对信托公司影响较大的还有一条，那就是资金池的清理。文件对资金池清理给出了明确的时点：2014年6月30日报送最后的整改方案。此条是对107号文最直接的回应，107号文要求信托公司不得开展非标准化理财资金池业务，但并没有对"非标准化理财资金池"给出明确定义。

信托资金池中一般都有非标债权，但不是只要含有非标债权投资

的资金池都叫非标债权资金池（或非标准化理财资金池）。如果资金池中非标债权的投资比例较小，投资标的大部分都是标准化金融产品（比如债券），那么这种资金池产品就不能归类为非标准化了，而是可以解释为"标准化资金池"。

现实中也有这样的案例，比如上国投的"现金丰利"产品。目前，银行、券商、基金子公司都有大量资金池业务，预计整个信托行业资金池为3 000亿元。监管对信托资金池动刀，应该主要是担心资金池期限错配的流动性风险，信托公司的流动性支持和管理能力确实较弱。

信托资金池业务的压缩对信托公司获取优质资产的能力、项目前端的议价谈判能力、刚性兑付的兜底能力都会产生影响，但如果因此能促使资金池发展成为净值型的类基金业务，那么这对信托公司主动管理能力的提升也未尝不是一件好事。

（二）关于"强监管"

我们之所以用"强监管"来概括99号文对于信托监管的要求，是基于对文件中新要求的解读和行文措辞的体味。最值得关注的应该是，文中提到"从今年起对信托公司业务范围实行严格的准入审批管理，对业务范围项下的具体产品实行报告制度。凡新入市产品都必须按程序和统一要求在入市前10天逐笔向监管机构报告"。"严格的准入审批管理"和"报告制度"会对信托公司开展新业务形成一定阻力，而"新产品入市前10天逐笔向监管机构报告"则会对信托公司的产品发行效率造成直接影响。虽然各地银监局对"新入市产品"的界定会有不同尺度的把握，但当时银监会提出此项要求的目的无非是进一步加强产品的报备审批。因此，未来监管报备整体从紧是可以预期的。报备制度的强调，也显示出最高管理层要求信托业降速控风险的思想。

99号文中有两个附件，分别是"信托公司业务事前报告程序"和"信托公司固有业务、信托项目事前报告表"。这两个附件的具体内容对信托公司未来产品报备会有较大影响。

另外值得注意的是，"建立恢复与处置机制"，包括两大制度和两大机制。我们调查发现，其中的薪酬延期支付制度目前已经在不少信托公司实际执行了，有些公司由于房地产项目出现多起兑付风险，已经将房地产项目的风险准备金额度提高到60%～80%，也就是业绩奖金的60%～80%要待项目安全兑付后才能发放。

此次对全行业提出这项要求，会对信托行业的激励和薪酬机制造成较大影响。文件中限制分红和红利回拨制度的提出，对股东也会产生新的压力，进一步强化了股东对风险项目处置的参与力度，监管层的意图在此非常明显。对于红利回拨制度，公司利润分配后即为股东所得，无论在财务还是法律层面都不再是公司财产。"股东回拨"以何种形式进入公司，是股东新增资还是股东借款？这一规定的可行性值得商榷。两大制度、两大机制的设立要求各家信托公司经董事会和股东会通过后报送监管，在短时间内订立多项制度，信托公司管理压力将会较大。

我们判断，随着未来其他机制的逐步细化和完善，信托公司与监管的沟通和互动频率相比以前将会大大增加，合规部的重要性也会进一步提升。因此，信托公司在此方面的人员储备需提前布局。

总体来看，99号文中监管对信托公司的管理涉及信托业务的全过程，包括外部和内部。外部管理主要是监管层通过分类经营机制、资本约束机制、非现场监管等外部机制对信托公司进行约束和规范。内部管理涉及对信托项目前端和后端进行管理，前端通过事前报备要求信托公司在产品设计、尽职调查、风控措施等方面把关；后端强调在项目存续期间密切监控、及时预警和风险处置。

（三）关于"促转型"

虽然99号文用"明确转型方向"作为阐释信托公司转型的标题，但我们认为方向"并不明确"，行业转型之路依旧漫长。

1. 信贷与通道难做

99号文首先对目前主流的通道和信贷两类业务进行了监管方向的明确：通道业务今后必须在合同上明确风险承担主体和通道功能主体，将抽屉协议阳光化；而信贷类业务要加强风险资本的约束，完善净资本管理。我们判断，在合同中将通道性质明确后，信托公司的通道业务会受到进一步影响。在大资管背景下，信托的通道业务本已受到基金子公司和券商资管的蚕食，如果将抽屉协议阳光化，那么找信托做通道的银行会更少，转向其他机构的会更多，因为基金子公司和券商并不受99号文约束。这一约束再次体现出监管不统一对行业发展的直接影响，但从另一个角度来说，通道业务未来将出现两极分化：打价格战已经不再是信托公司的打法，高附加值的通道业务或将成为一些信托公司的差异化发展特色。

对于信贷类业务，新的净资本计提办法预计对融资类业务的风险资本计提会更加严格。因此，未来信托公司的融资类业务不但会面临来自市场本身难做的压力，还会面临来自监管约束的压力。

2. "直接融资工具"开标准化之路

99号文的一大亮点是，提出"改造信贷类集合资金信托模式，研究推出债权型信托直接融资工具"。债权型信托直接融资工具与此前银行推出的理财直接融资工具本质上是一致的，都是为了解决非标资产"标准化"的问题。不过，当银行推理财直接融资工具时，央行的反弹比较大，担心其要再造一个债市。而直融工具虽然已经试点两批次，但后续开展工作也不如预期。到目前为止，价格发现功能不健全，各家银行的操作人员更多的是随便制定价格，因为交易是事先约定好的，并非真实交易。

不过，银行理财的问题和信托还不太一样——理财更多的是内部交易、产品间互相接盘问题；信托的购买方更多样化，一旦标准化并解决流动性问题，能够进入机构投资者配置范围，将对整个行业形成利好，信托的春天将会再次来临。监管此次提出这个概念，是个可喜的迹象。

3. 鼓励真股投资可能面临尴尬

99号文明确支持信托公司设立直接投资专业子公司，以引导信托公司发展真正的股权投资。但鼓励真股权投资需要有配套措施，现在的监管框架可能较难适应股权投资的高风险特征。非上市股权投资的尽职尽责比股票投资更难确定，如果投资失败，那么谁承担风险和损失很难讲清楚。倘若信托公司还要兜底或问责，那么信托参与的动力和热情就更小了。另外，文件也指明了其他一些业务方面，比如并购重组业务、资产管理、信贷资产证券化、家族财富管理等。

我们认为，如果仅仅是为了规避监管，将真债做成假股，或者将贷款做成财产权，只是在交易结构层面的概念变化，那么这肯定不是创新，更谈不上转型。

如果信托要做真股权投资，我们就不能仅仅分析怎么去"投"，而要从"募、投、管、退"整体来分析，这无疑是一个系统工程。信托公司不可能一蹴而就，而且面临很多外部约束，比如：资金如何募集，不保固定收益能否销售出去？这涉及投资者偏好和理财习惯；如果保固定收益，那么谁来保，浮动收益怎么分？这涉及交易对手的偏好和认可度。在做真股投资时，信托募集的资金能否承受高风险？如果不能，就只能投向自己熟悉的成熟行业。另外，资金期限能有多长？如果还是只有2~3年，目前适合做的也只能是快速周转的住宅地产。作为真股东，投后管理是项目运营的核心，这需要储备真正了解产业的人，信托公司目前的风控架构及人员结构也需要调整。此外，退出阶段涉及资产如何变现，是通过资本市场退出还是通过市场直接销售退出，或者第三方接盘，这需要较高的资本驾驭能力。前文说的"募、投、管、退"都是站在市场的角度分析，所面临的问题不是监管或信托公司短期能解决的。

因此，在通道业务被挤压、融资业务受限制、投资业务无力做的情况下，信托公司未来的转型之路不会平坦。监管层促进信托公司转型的意愿是好的，但目前信托公司还无法跨步前行，只能"且行且珍惜"。

当初为限制信托公司做通道，监管要求提高通道业务的资本金计提比例，但在信托公司自身管理能力未能实质提升的前提下，此举并未能有效遏制信托公司做通道的热情。

如今，在固定收益产品受投资者热捧、宏观经济短期难从下行周期走出、大资管竞争格局越发清晰的背景下，信托公司在短期内发展股权投资，恐难成行。

正是因为对风险的担忧，强力监管才会出现，而在监管收紧与传统业务萎缩的情况下，信托才会有转型与创新的内在动力。因此，控风险、强监管、促转型三者层层递进，逻辑链条清晰完整。总体来看，99号文关于加强信托公司风险监管、推动信托业务转型的主旨无可厚非，但在信托公司普遍未形成成熟商业模式且原有业务模式市场压力日趋增大的背景下，加强风险监管的篇幅可能有点过大，字里行间隐含的意思令人不免担心。信托行业的生命力在于创新，改革创新与风险管控齐飞，行业才会有真正的前途。

二、信托公司如何在风险定价上进行新的尝试

如何合理有效地确定信托融资成本和销售价格，如何通过定价将业务管理有机地结合起来，是业内有识之士一直在持续关注的问题。事实上，这些问题和刚性兑付的存在息息相关，在刚性兑付的大背景下不存在真实的风险暴露和信托报酬性价比的问题。对于信托公司而言，在类似的交易对手和业务模式下，融资成本越高越好，很多信托公司在过去内部评价某些业绩好的信托经理时常说："他谈价格的能力很强。"

但伴随着资管新规等一系列监管文件的发布，刚性兑付的命题从客观和主观上都将成为一个历史名词。随着刚性兑付的伪命题渐渐消散，什么样的客户对应什么样的融资成本？更高的手续费收入是否对应着更好的性价比？一家外部评级AA+的国营房地产企业以10%的成本融资和外部评级AAA的国有医药企业为下属企业9%的融资提供担保，从民营房地产企业动辄赚到四五个点的信托报酬和给AAA企业融资只有千分之五的辛苦钱，信托公司到底该选择哪个？这些问题便成为信托公司内部管理急需解决的问题，特别是信托公司管理办法对信托公司业务的杠杆比率又提出了新的约束性要求。在有限的资本下和合适的风控下争取更多的收益，既是监管对于信托公司增厚资本的一种制度建设要求，也是信托公司在资本约束的情况下提高赢利能力，从而实现信托公司精细化管理的一个开始。

在经营的现实中，信托公司的定价风险包括以下三个方面：对融资成本的确定，对产品销售价格的确定，对信托报酬计入考核比例的确定。

（一）信托公司业务的现状——风险定价1.0版本

客观来说，在目前很多信托公司的正常展业过程中，风险定价的

一些雏形已经形成，尽管这些雏形并不是信托公司有意而为的，在风险定价层面也不够充分，但它们依然对未来全面实现信托公司的风险定价机制有一定的指示作用。

1. 基于资金端成本所形成的定价机制

以国内商业银行私行代销信托为例：假设一个两年期非标信托，银行卖给系统内的高净值客户价格为8%，银行需要的打包价格在10%左右，代理销售服务费为2%；假设这个项目是银行主导的，也就是项目的来源和资金的来源都是银行，参与合作的信托公司的信托管理费被限定在1%，加起来相当于融资人的总融资成本为11%。考虑到银行的销售能力强大，这种基于资金端成本的定价倒推模式，在这个市场上也形成了自己的声音。

在实操层面，商业银行的销售能力虽强，但由于银行内部的集中度考核要求，一家银行的代销额度无法满足资金饥渴的地方政府的需求，其他金融机构的介入导致同一个主体也会存在不同的产品定价。以2014年12月31日43号文大限前的信政产品为例，许多商业银行按照11%的成本完成了大量非标信托产品的创设和首期发行，但是依然无法满足地方政府的融资需求，地方政府继而通过其他信托发行了成本更高的信托计划。至于融资成本是否同交易对手、融资条件相关联，我们根本看不出其中的关系，信托融资的定价机制在金融机构的集中度规则下，可以说是失效的。

这种定价机制的弊端也是显而易见的，那就是财富管理部门在进行产品创设时更多地以销售为导向，在谈判中注重代理销售服务费的多寡，至于融资成本是否和交易对手及项目的真实风险相匹配，财富管理部门缺乏一个系统性的判断。比如，银行的私人银行部同某扩张激进的房地产开发商有着持续的沟通，希望在银行的主导下通过信托来募集高净值客户资金，并以12.5%的成本针对当地的某432项目进行融资，费用结构为银行打包价格11%+信托管理费1.5%。事实上，扩张迅猛且净负债率居高不下的这家房地产开发商的融资成本长期维持在14%以上。在这个案例中，12.5%的融资成本定价可能满足了销售端的需求，但这样的定价结果对于这个项目本身而言是遗憾的。更遗憾的是，高风险的业务通过更高的定价来进行补偿对价无法实现。从这个角度来看，国内的私人银行承担了大量产品研发创设的职能，甚至是产品定价谈判功能，却没有按照真正的资产管理机构进行管理考核，造成了风险和收益的不匹配。当经济下滑违约率提升时，这个问题暴露得将会更加充分。可以说，这种对私人银行产品部的诸多要求过于苛刻了。事实上，这种现象不仅在财富管理条线不断发生着，在投行和金融市场条线也同样存在着资金端粗糙定价的问题——只要满足了内部考核，就不去考虑项目的收益和风险是否匹配。

2. 基于公开评级和保险公司内部评级所形成的定价机制

在2012年年底保监会放开保险资金投资信托以后，针对保险机构定制的信托计划层出不穷，保险已经成为信托资金的一个重要来源。不可避免地，保监会和保险公司对信托产品的管理要求也在影响着信保合作的发展，其中最重要的是重新规范后的认可资产比例要求。考虑到保险公司对固定收益类信托产品依然采用的是一刀切的定价方式，即地产类和非地产类分别定价，在条件均等的情况下，地产类项目的定价要高50BP才能满足保险资管的资金要求。在这个模式下，最终体现定价结果差异的就在于产品的外部评级。以外部评级AAA的非地产集合资金信托计划为例，在通过保险公司内部信用评级的前提下，保险资金认购收益率要求在7.5%；对于评级AA+的资产，收益率要求提升至8%以上才具有投资前提。

这种定价方式较多地参考了外部评级机构的评级结果和保险公司真实的资产配置需求，在风险把控的角度上更具量化和可操作性，相比私人银行基于销售所形成的定价基础，具有更强的合理性。事实上，外部评级在操作上依然流于形式，保险机构死板且苛刻的内部评价要求屏蔽了大量的可投资主体，这种定价原则依然同理论上的风险定价存在着较大的距离。

（二）信托公司风险定价的未来——风险定价2.0版本该如何落地

1. 信托公司进行风险定价的障碍

正如前文所提到的那样，风险定价作为一个金融行业的常见管理手段为越来越多的信托公司所关注，连篇累牍地出现在公司的内部战略报告中，但是真正地将风险定价同信托公司的日常管理相结合，在信托公司乃至整个资产管理行业都不多见。原因何在？

- **市场信息并不充分**。融资市场被各种管理半径和技术手段分割为若干非连续的状态，其中最常见的状况是表外业务。通过基金化来进行股权投资，由母公司提供附条件的远期回购，这在很多信托公司的业务模式中很常见，也是信托公司"引以为傲"的制度优势。从逻辑上看，以基金化为代表的表外融资业务帮助交易对手实现了资产负债表的优化，理应付出更高的融资成本作为对价；但从风险定价的角度来看，表外融资相比于表内融资的成本升水应该多少才是合适的，尚无定论。更何况表外融资一般不在资产负债表中体现，如果不进行对交易对手的深入调研和沟通，我们就很难从财务报表中找到端倪。这就决定了表外业务具有相当的不公开性，不公开的结果就是同样的主体存在不同的价格，信托公司从交易对手处辛辛苦苦谈判所获取的10%的成本可能是失真的，成本可能低于这个客户在其他金融机构进行表外融资业务的均值。这样的话，我们就无从判断其真实的风险，风险定价就会失效。

- **资金端价格存在扭曲**。信托公司目前的风险定价机制较多地来自资金渠道的倒逼。信托公司缺乏对项目的主动把握，也缺乏对风险定价的主动管理，这就使得强势资金端的一些定价错误直接传导至信托公司。以商业银行代销信托产品为例，在私人银行主导的融资模式下，东北、西南和东南三个要素禀赋差异极大、经济结构完全不同的区域，可能会销售相同定价的产品，进而导致融资成本趋同、风险定价失效。

- **外部评级流于形式**。高净值个人客户的产品定价更多地取决于信托同代销机构的利益博弈，但保险资金和企业年金购买信托产品的收益率则关注产品和融资对手的外部评级。这似乎为产品的风险定价（销售定价）提供了一条公允的道路，但实际上评级公司依然问题多多，真正具有指导性的不多。首先，外部评级较多地关注股东背景、资产规模、资产负债率等资产性硬指标，对业务模式、现金流创造等企业内生造血机制重视不够，造成大量获得高评级的公司均为央企国企以及平台公司。其次，除了外部评级AAA以外的企业，其他企业的评级结果区隔度小，评级结构可信度低。以AA+级的政府平台公司为例，有资产规模1 000亿元的平台公司，也有规模300多亿元的平台公司，许多AA+级企业的财务报表甚至不如AA级企业。这和评级公司融资人（或发行方）付费有主要关系：评级公司为了获取更多业务，在评级规则的范围内会尽可能提升评级结果；相反，当评级对象出现问题时，评级公司进行评级结果的调整也会参考其他同业的态度，不会及时快速地调整评级结果，造成评级结果反应滞后、失真。

2. 信托公司如何做好真实的风险定价

第一，风险定价的前提是丰富信托公司的资金渠道来源，强化信

托公司在销售端的议价能力。

不少信托公司的业务团队有类似的经验：明明找到一个很好的主体和项目，但由于时间紧迫或时间点不合适等结构性因素，资金端的价格大幅上扬，导致只拿到很少的信托报酬，甚至直接导致项目失败。信托公司的一线信托经理深有感触的一点是，资金到位的能力决定了项目成本的高低。相比信托经理左右逢源的艰难撮合，银行资管的日子就过得很舒服，这中间最大的差别就在于银行庞大的资金体系。

从这个角度来看，加强信托公司的资金渠道建设，形成高净值客户直销、渠道分销（以银行代销为主）、非银行机构客户直销等多维度渠道建设是信托公司乃至资产管理公司的必要之举。在行业转型的现实下，信托行业未来的业务形态必然不是撮合。投行和二级市场可以撮合。但资产管理必须有机构自己的声音和动作，无论是资金来源还是项目把控，两头都无法把握的项目对于信托公司来说没有任何价值。在这个过程中，信托公司既承担了角色，也承担了风险，还将获得超额信托报酬的奖赏。哪怕只是提供了项目成立的过桥动作，信托公司在资产管理的过程中也体现了它的价值。有价值才有效益，这也是信托公司在交易结构大路化的背景下建设多维度资金体系的必要性。

第二，风险定价的技术基础——构建一组可跟踪的信用评级体系。

在资金可控的情况下，信托公司需要加强自身的内功修炼，提高自己的风险识别和风险判断能力。在实战中，信托公司的风控在一次次血与火的失败中积累了自己的经验，但不足的是，信托公司目前仅仅停留在风险识别的层次，也就是知道什么能做什么不能做，并没有形成系统化的知识体系。信托公司基于宏观经济形势和国家政策的变化进行的业务结构调整足够迅速和清晰，但是否在衰退的行业中就一定不能有业务机会，是否同样AAA的外部评级应该享受一样的定价？在这些更细微的风险评判和定价管理上，目前信托公司的管理过于简单，通常采用拍脑袋的方式来进行简单处理。

信托公司应该学习在资产管理行业中做得稍微有点特色的保险公司——保险资管在内部建立起较为完善的独立信用评级体系，对融资主体进行重新评估，进行更详细的评判，不流于外部评级机构的声音，走出了人云亦云的陷阱。

第三，风险定价机制的落地——将风险定价内嵌于净资本管理和内部考核计价中。

在现在的信托行业中，风险定价说得多但做得少，主要原因在于信托公司缺乏将风险定价同内部考核相结合的机制。以信托公司常见的一个情景为例，在地产行情不断走低的背景下，某排名前30的民营房地产开发商的地产项目信托报酬4%，同某AAA级国有企业担保的地产项目报酬2%相比，是否在内部考核的时候按照4∶1来进行计价？从净资本的管理来看，针对同样的项目类型，前者收入更多，前者似乎更优，对信托公司的利润贡献也更大。但以风险定价的常规思路来看，前一个业务在地产周期下行的情况下风险暴露较多，应该计提更多的风险准备，因此在内部考核的时候也应该进行差异化对待。比如，某些信托公司采用比较极端的土办法，一把手会对过会的"不放心"项目提要求，在项目没有到期兑付前，该项目不计入利润考核。虽然这个解决办法粗糙，但它把风险控制和风险定价权衡的压力进一步下放到业务团队，也不失为一个解决风险定价的思路，是值得鼓励的。真正的风险定价一定在这个基础上更进一步，要刻画出0和1之间的细微变化，摈弃那种是或不是的拍脑袋做法。

第四，风险定价的精神——风险管理部门应当具备独立的风险评判能力，而不只是管理层的传声筒。

从中信公司开始，在40多年的时间里，大部分信托公司距离一个真正的"公司"还有一定差距，很多信托公司内部山头林立，一言堂的现象明显。所有管理不规范的直接变现就是风控不具备真实的独立性。在许多信托公司中，风险管理的独立性遭到了来自管理层甚至业务团队的极大破坏。连一个项目过会与否都不能独立地客观判断，又如何能够指望其在风险定价上做出更多有建设性的建议呢？信托公司需要的是打基础，做好一家正常公司该做的事情，所谓麻雀虽小，五脏俱全。虽然信托公司规模不及动辄上万人的商业银行，但几百人的队伍也要把后台管理做细。有时候，一言堂唱了好几年都没出问题，并不是因为一言堂真的好，唯一的解释不过是赶上了宏观经济的好年景而已，要是再唱下去，怕是会穿帮。

第五，对待风险定价的态度——时不我待，主动参与市场，与市场充分交互。

在资产管理市场上，银行和保险在项目的获取及资金的广度上具有极大的优势，必然会占据这个市场的核心地位。信托公司如果想继续在这个市场中分一杯羹，继续做通道类业务，就只能继续被边缘化，甚至被取代。我们可以预期的是，在违约率回归到正常水平、债务融资市场趋于理性的时候，真正能够在这个市场中生存的不仅仅是银行和保险公司，还有那些具有最强定价能力的金融机构——它们努力探寻这个市场定价的错误，并从中获取最大的利益，不断壮大自己。这才是资产管理行业存在的根本，信托公司更是如此。但是不客气地说，如果现在信托公司还在恋恋不舍地纠结于无风险的业务，而不敢真实地承担风险，那么未来的行业生存名单中一定没有它。愿意承担风险才有风险定价；愿意承担风险才需要风险定价；愿意承担风险才有价值，才有收益，才有未来的发展。金融的实质在于经营风险，信托行业亦不例外。

这几年，大部分信托公司都在提业务转型，却又有哪些公司在进行管理升级？信托公司还在延续着"头痛医头、脚痛医脚"的老做法。有时候，如果通过管理升级的方式来做好企业内部的精细化管理，转型的思路也许自己就能呈现出来。就像风险定价一样，如果信托公司能够依靠风险定价的思维捋顺内部的管理机制，那么信托公司也不用费劲地去寻找下一个业务增长点了。有时候，在一片茫然中，我们都仿佛找不到未来的路，其实低下头，路就在脚下。

三、信托业务风险项目分析——高评级的行业龙头企业篇

（一）D机床

D机床项目源于笔者评级公司朋友的介绍，现在D机床已经出险。我们从"马后炮"的角度去看：资产负债表质量差，关键科目（应收账款）造假，企业资产负债率奇高，国内机床的技术含量低，主要产品为低端产品，机床的软件能力同境外的行业龙头差距大。

出乎很多人意料的是，D机床的这些问题在当时一样存在，但为什么还会有很多机构在那个时间点给它送钱？主要有以下几个原因：

- **行业龙头情结**。很多信托公司和信托经理都信奉大客户战略，有些人机械地认为大客户就是行业龙头，而忽视研究这个细分赛道是不是具有广泛的竞争力。D机床就是国内机床排名数一数二的龙头企业，实至名归。但国内机床行业之弱，特别是在高端机床领域的短板，也是显而易见的。以杜邦分析法来看，境内的机床行业选择通过提升杠杆率的方式来获取更高的ROE，是符合境内金融市场的策略的（流动性相对充裕）。但从投资者的角度来看，产品利润率低，意味着当市场出现迭代更新或者纵深发展的时候，这家企业实际抵抗风险的能力是很差的。
- **上市公司情结**。尽管D机床不是上市公司，但它通过定增成为某中小板公司的第二大股东，后续有整体上市的计划。虽然D机床

始终没有实现整体上市，但很多机构都默认它具有了上市公司的特质。在那个流动性充裕的年代，在上市公司出公告没有违约的幻觉下，很多资管机构给D机床投下了资金。

- **相对不错的交易条件**。当时D机床的融资条件是比较优厚的，1年期回报率11%左右。在那个年代，工商企业类信托产品对于高净值客户的销售价格要比政信和房地产略低，一年期回报率9%左右。一家资管机构可以获得2%的利差，还是非常有利可图的。而且，当时融资人的抵押品也是可谈的，但在谈判的实操环节，D机床的股票已经抵押出去，土地价值也很低，很多机构只能被迫选择应收账款，但后来问题也正是出在这里。

- **企业管理层的"忽悠"**。信托行业对"忽悠"这个词一直持比较中性的观点——"好酒也怕巷子深"，一个好的企业需要配一个好的财务总监，他能把企业的优势向资管机构讲清楚。在同资管机构进行初步沟通的过程中，D机床总经理和财务总监极力渲染了"一南一北"两个"大"项目，分别是同某央企集团和某新能源电动车的合作。从业务发展的角度来看，这对于D机床偏低端的产品线来说是具有革新性的，对于它依赖代理商、下游客户分散、单品价值低的长期问题是有改善的。自然地，这个新概念得到了很多金融机构的认可。通过公开报道，我们可以看到有些信托公司的项目就是以应收账款质押为风控抓手的，而所谓的应收账款的应付方就是这家新能源车企，只不过真实的合同金额远小于融资人自己造假的数额罢了。

- **很多信托从业者的热血情结**。每次信托公司项目上会的时候，项目负责人都会把这个项目的亮点包装出来向公司内部宣讲。在这个过程中，挖空心思编排各种名目就成了常规工作。像D机床这样的企业，包装一下其实还蛮有概念的，诸如"中国制造2025""一南一北""工业母机、产业升级""混改先行先试""行业龙头""借壳上市"等，在不考虑融资人内涵的情况下，看起来还是非常亮眼的。以D机床为例，通过包装融资人的部分特质来提升自身的格调本无可厚非，但如果包装过度，并且自己也为幻象所迷惑，进而深信不疑的话，那无疑是非常可悲的。

在这个项目的前期调研中，我们团队是怀着非常大的热情来参与的，信托业务的新兵也希望通过自己的努力来给中国未来的高端制造贡献力量。为了了解机床这个行业，我们自费买了很多机床行业的报告进行学习，甚至当风控表达出不同意的意见时，我们还在努力争取。

让我们对其彻底死心的原因是：评级公司的朋友在聊起这个客户时说，一次他约了D机床的财务总监进行沟通，但对方睡过了头，晚了两个小时才到。说实话，在作为信托业务人员的时间里，笔者没遇到过任何一个渠道或客户因为睡过头而让笔者白白等了两个小时的情况。这样一个不专业的举动在当年对于我来说也是极其震惊的，笔者对这家公司的专业、敬业能力瞬间就产生了巨大的怀疑，彻底打破了之前自己营造的幻象。

关于D机床，有几点对金融从业者来说是非常有启发意义的：

- **在信托爆雷项目中，工商企业占比高，原因不是偶然的。** 以民营经济为代表的上市或非上市工商企业呈现两极分化：一方面，华为、长城汽车等优质企业在融资端极其强势，难以合作；另一方面，需要仰赖信托融资的民营企业，自身业务利润率低、负债率高、业务稳定性差，游走在违约的边缘。那些尝试在工商企业融资这条路上走出特色的信托公司，无疑都交了高昂的学费。信托的高成本和工商企业的低效益，构成了天然的不匹配，贸然相信上市公司的信用，这本身就是不符合逻辑的。

- 尽可能还原项目本质，尽可能以最坏场景去估算客户，给自己留有安全边际。包装就是包装，不能因为包装而忽视了融资人的真实情况；不要因为理想、情结而丧失自己对项目的公允客观；要时刻警醒自己，信托经理永远是风控的第一责任人。
- 基于工商企业供应链进行的融资模式，需要格外小心。在区块链技术没有完全应用于供应链时，对供应链的真假鉴别是所有资管机构都需要面对的问题，假合同、萝卜章防不胜防。但从风险管理的技术手段来看，对这些风险的破解却是有迹可循的。比如应收账款确权的三方模式（把应付方拉进来，对付款义务和条件给予确认）、对上下游企业的详细尽调，其实都可以部分化解这个问题，但非常可惜的是，很多金融企业无视这个环节，直接导致风险。
- 通过当面拜访、尽调或者其他外部机构了解的信息，对于我们的决策具有重大意义。财务报告可以美化，业务可以造假，但人的本性在很多时候还是会在不经意间暴露出来，那种"真实"是我们做项目的最大依据。回想笔者做项目的经历，有些主管金融的领导勤奋干练、积极主动，说话掷地有声；有些平台公司的领导拿融资时开心异常，还钱时小脸一黑。哪个能合作，哪个不能合作，高下立判。

（二）Z实业

某年下半年，当笔者接触到Z实业这个客户时，我们的团队已经超额完成了全年的任务：上半年以公司的大客户战略为主要方向，在地方政府融资平台、施工企业和央企等主体取得了突破，实现了不错的绩效。但持续下滑的融资成本，让笔者格外忧虑，接下来的业务该怎么做？就在这样的时点，笔者遇到了Z实业，这是一家当时"号称"评级可以达到AAA又可以以AA级价格进行融资的"央企"。

证券公司第一次找到我们时，希望我们来做信托通道，它来募集资金。在这家证券公司的安排下，笔者和Z实业财务部的副总经理在Z实业的子公司见了面。在信托行业里，这也是非常诡异的一次安排——和融资人的第一次见面是在子公司，虽说融资主体是子公司（Z实业提供担保），但在子公司一个会议室接待来访的金融机构，却是非常草率的安排。

没谈几分钟，这个领导就告诉笔者下一个约尽调的信托公司提前到了，问笔者能不能一起交流。这又是一件很奇怪的事情，但笔者内心比较好奇另一家信托对这个项目的看法，也就爽快地答应了。在被拉到一个更大的会议室以后，笔者明显感觉另一家信托的进度要更靠前一些。他们这次来的风控人员是做上会前的尽职调查的，关注的也只是一些常规问题，会谈差不多40分钟就结束了。笔者针对公司股权架构、Z实业和集团业务交叉等事项提了一些简单问题，补充提出了两点要求：第一，希望可以尽快安排双方领导见面，我司领导可以来拜访；第二，要求尽快拿到评级公司出具的正式评级报告，对方也满口答应。第一次尴尬的见面就算正式结束了。

后来，笔者每次和Z实业财务部的领导约双方领导的见面时间，对方总是抱怨领导时间安排不开。因为笔者同期还有几个大项目要推动，大概也有其他信托公司给Z实业"送钱"比较顺利的情况，对方对我们也毫无期待，所以这个事情也就慢慢被笔者淡忘了。直到Z实业出现了真正的违约，这个主体才回到了笔者的视野中。

很多人会说笔者没有"踩雷"，运气真不错，因为领导的时间一直碰不上，所以项目没有推动起来，风险也无从谈起。但直到和另外一家信托公司的副总交流的时候，笔者才知道他也尽调过Z实业，比我们要深得多，双方领导也见了面，但据说面谈的效果实在太差了，这家信托公司的领导自己把项目给毙掉了……

我们也想把自己对这个项目背后基于风险控制的一些思考分享给

大家：

- **我们对一家机构的看法，不应仅仅源于书面信息，拜访过程的感性认知也是非常重要的。** 一个很重要的方法就是，拉着信托公司领导去见对方的领导。很多时候，一个公司的领导就是一个公司的门面，如果领导专业靠谱，这家公司大抵也不差；如果领导不靠谱，企业也不会太好。这样做的好处在于：一方面，在内部过会时，有主管领导的背书和支持，过会概率高；另一方面，领导间的高层会面，也会为后续的深入合作创造一个好的开始。这样的做法不仅是为了通过感性认知来获悉客户的潜在风险点，更是为做大客户埋下伏笔。

- **金融同业的意见很重要。** 在向领导初步汇报一个项目的过程中，当你把项目讲得天花乱坠的时候，领导是不是总会泼一盆冷水："现在它合作的银行有哪些？"这种问法初听起来有点糙，但道理却不糙：如果一家机构不能得到四大国有行和多数股份行的认可，那么这说明它一定有不被认可的理由；退一万步讲，即使融资人强势到不用和银行合作，那也不能等需要资金的时候再现办授信吧？事实上，截至2016年6月，当时Z实业提供的授信清单中只有少数几家边缘银行，而合作模式只有低风险的银行承兑汇票和商票业务，连一笔流动资金贷款都没有。诚然，这些银行并不差，但Z实业不和工农中建交招等大银行合作，是Z实业霸气，还是银行不乐意？

- **外部评级机构其实很"鸡贼"。** 和保险资管打交道的同业朋友都知道，保险资管对融资人有内部评级，内部评级的结果要远远低于外部评级，在表现形式上更为严谨和合理。我们无须苛责外部评级机构，毕竟这是一个卖方付费的市场。但是，评级机构在对很多企业的认知和判断方面却是广开绿灯。某"假央企"来找我们谈合作，评级公司给它出具的评级报告上盖着"仅供银行内部授信使用"字样，这是评级机构对融资机构多大的善意！以Z实业为例，最大的症结就在于实际控制人到底是谁，而有些问题是没法解释和公开的，这也是我们一直没有拿到一份关于Z实业正式的发债评级报告的主要原因。

- **公开市场信息和企业内部流程的正确性很重要**。很多背景有问题的公司是不敢去公开市场发债的，因为它们的背景是无法经过公众考验的：有些企业的股东是多年前被撤销的部委领导，有些企业是被体制改革淘汰却被大集团接收的企业，这些企业从表面上看可能歌舞升平，但如果和股东方或者公开市场碰一下，它们立刻就会穿帮。

有朋友可能注意到Z实业的大股东（某神秘基金）出具了央企Z集团为Z实业实际控制人的函，但明眼人都知道，Z集团不会为这个连自己都不知道的函履行义务。多说一句，如果Z集团出具这样一份纸函，那么我们该不该信呢？信托从业者依然要慎重，此类函件的出具流程是一个简单的、非正式的流程，因为这个函不涉及Z集团自身融资的问题，大概率不用走董事会、股东会的相关流程（具体要参考公司章程），所以我们很难确定这是不是Z集团真实意思的一种表达。

这也是作为信托经理必须关注的一个点。比如在和施工企业的出表合作中，很多融资人会给你出一个回购协议（抽屉），但关于这个回购协议的效力，我们并不能简单凭一个章和一纸文件来确定，即使是抽屉协议，也一定要配合公司内部的、符合公司章程的、正确的决议，才是有最终效力的。

D机床和Z实业不是信托这几年爆雷的唯二。我们把这两个放在一起，不外是因为这两家中招的资管机构具有普遍性，而对比那些网红企业诸如凯迪电力，其融资人具有很强的迷惑性。

四、信托业务风险项目分析——工商企业篇

在信托圈的常规认知里，放着房地产和地方政府融资平台不做，去搞些什么工商企业，而且还是民营企业，本身就是离经叛道的，但只会做平台和房地产的信托经理不是好信托经理。我们试着通过自己的一段经历，分享一下对这个融资领域的看法，希望能够对诸位看官有所启发。

X集团是某银行私行推荐的，产品的基本框架如下：私行募集高净值客户资金，通过信托计划投向有限合伙企业，在有限合伙层面进行优先劣后分级；有限合伙企业和上市公司大股东成立项目公司；两年后，上市公司大股东回购优先级份额，上市公司为大股东的回购义务提供连带责任保证并发公告确认。交易结构很简单，对信托机构来说，这个方案有优先劣后的结构安排，相比简单粗暴的上市公司信用贷模式，安全系数要高一些；而对于融资人来说，资金是以股权形式投进来的，对美化报表具有一定好处。

第一次看到方案后，笔者热情并不高：一来民营企业相比国企央企资产质量差，公司内部过会率低，容易浪费团队的时间和精力；二来本项目的信托报酬并不高，性价比也不高。但客户就在北京亦庄，笔者便抱着试一试的心态去了现场。

很意外的是，调研的结果颇有收获，企业的牌照优势和技术能力还是"硬核"的；而应用于专网的宽带技术和设备，我们也亲自体验了一把，感觉是靠谱和具有广泛商业化空间的（对方特别举了交通、消防几个具体的应用场景）。之前看了很多证券公司的研究报告都没看明白的"宽带专网"，和企业的财务总监一聊，笔者便非常清晰了。这不就是第四张4G牌照吗？笔者自己心里暗想。

怀着这样的心态，笔者比较认真地求证了自己的判断。

- 阅读了海量的研究报告，包含专网领域的现状和未来趋势、4G和专网领域相关公司（海能达）的情况。笔者担心自己的判断过于乐观，便拉着部门刚来的实习生（一位聪明勤奋的耶鲁博士H先生）一起研究。
- 和X集团的财务总监了解其牌照来源的历史，判断牌照来源的合理性和合规性。
- 和企业的上下游企业单位了解情况，判断业务的真实性。

有意思的是，在经过大量的研究后，我们汇总了多方信息，达成了一个共识：这真的是一个不错的项目，专网领域的宽带化具有很强的市场前景，X集团的牌照具有较强的排他性，赢利能力有保证。

达成共识以后，我们就抓紧推动起来。考虑到是民营企业的缘故，我们按照公司要求特别请了外部机构进行了相应的尽调，结合外部和内部尽调情况撰写了上会报告，然后就是上会。和预期的结果相去不远，公司给予了有条件通过的意见，不能通过直销或代销面向自然人销售，只能销售给机构客户。

在代销行的压力下，我们约对方的高管进行了又一轮面谈。这次笔者陪着公司的总经理助理一起去面访了对方的副总经理，但很遗憾的是，这次依然没有见到实际控制人。第二次上会复议，结果没有变化，依然是面对机构客户进行销售。考虑这个项目代销行的诉求，这个项目胎死腹中，基本作罢。

后面的故事大家也知道了。2017年年底X集团并表后，上市公司的业绩出现了明显的增长，但在2018年5月以后由于公司业绩变脸，股价也一泻千里：2018年5月7日收盘价仍有26.92元／股，到2018年9月14日仅有7.72元／股，再到2019年11月13日股价最低点只有区区的1.46元／股，令人唏嘘。

站在现在的角度去复盘X集团这个项目，我们感慨良多，自以为这是一个我们看得很透的行业，自以为发现了一个其他人和机构都没有发现的好机会。虽然这个项目在公司领导和风控的意见下没有最终落地，但最后的结果无疑狠狠地打了我们自己的脸。

对于这个项目，有几点风控经验值得总结。

第一，市场是平的，要避免过度自信。

做信托项目的我们，通常自诩为做"投行"的，人均创利动辄一两千万元，颇有些看不上做二级市场投资的神气，这是这个行业经常露出的一个苗头。众所周知的是，证券公司的研究主要是卖方研究，接触的大多是董秘，不少个股和行业研究报告写起来敷衍了事，看趋势的多，真正对企业业务、管理和财务做细致调研的少；而做债务融资的，打交道的多是企业的财务总监，对公司的细节反而了解更多，自认为掌握了更多的"真理"。

信托的调研方式固然可能更扎实，我们通过这些扎实的调研可能了解到了更多的信息，但事实是，市场是平的，而且是非常平的那种，很多我们自认为"意想不到"的地方，其实往往已经"Price In"了。如果我们怀着发现了"大牛股""大机密"的心态去看待我们手里的项目，那么不能不说这实在是过于自负了。事实上，我们也做过许多类似的尝试，把自己调研过的、很有特点也很有卖点的上市公司加入自选股中（D机床、X集团诸如此类），当时雄心勃勃，自以为通过调研就能成长为一名股神，但长期来看，这些公司的表现一言难尽。

从这个点出发，我们的反思是：在信托项目融资中（在其他资管领域也有效），我们所能了解到的全部信息，甚至包含实际控制人偷偷告诉我们的很多内幕，也许在市场上已经被充分反映了。把某一笔融资或者投资的安全性，寄托于一个已经被市场消化的信息上，无疑是非常危险的。而更可怕的是，当这些信息已经被充分消化时，你还固执地认为自己持有了一张绝世底牌——那无疑会死得更快。

这种死亡不是因为你的判断错误，而在于与趋势做战斗是根本不可能的。在火场，如果你是一名救火队员，那么作为一个逆行者，你是光荣的；在市场，如果你是一个参与者，而你固执地要与市场大趋势做斗争，那么大概率你的结果是悲惨的。

第二，大量的融资人死于"小马拉大车"。

电信体系的建设是一项庞大的系统性工程，各国政府普遍采用牌照制的方式对资源的投入和配置进行有效的管理，一方面是防止无序市场化竞争带来的资源浪费，另一方面是防止企业莽撞地介入这个行业，而给其自身带来财务重压。

"心有多大，舞台就有多大。"这句话不错，但从金融的角度来看，"有多大的屁股就穿多大的裤衩儿"才是颠扑不破的真理。回想起2010年去天津现场调研"星耀五洲"项目，笔者既惊叹于融资人的奇思妙想，又私下和朋友吐槽道："这个项目即使由万科或者保利来做，都显得太大了。"

金融的本质是经营和管理风险。风险管理的一个核心就是实质风险的大小应该和风险承受主体的体量相匹配，这里面既要求面对高风险时，我们有足够的容忍和承担能力，也要求我们的净资产能力和我们的经营对象所产生的风险相匹配。10亿元净资产长期玩200亿元的生意，不出问题才有问题。

对于X集团来说，它做的是4G的一个子分支，即面对特定客户进行电信服务。相比于移动、联通和电信，资源的投入理应略小，但依然是一个典型的资金密集型行业。一家没有太多股东背景和其他产业支撑的民营企业想要运营这样一个行业，难度是极大的。表4-1源于2017年华泰证券的一份研究报告：北京、天津和南京的市政府在2017年都进行了宽带政务网的建设运营工作，除了天津是X集团投资建设，其他两个大城市投资方都是政府和国企。

表4-1　TD-LTE政务网建设情况

项目	北京	天津	南京
管理方	北京经信委	天津无委	南京发改委
投资方	市政府	X集团	南京宽慧
建设和运营方	首信发（国企）	X集团（民企）	南京宽慧（国企）
主要设备商	中兴、普天	中兴、鼎桥	鼎桥
商业模式	BOT	企业主动融资	企业主动融资
基站数	300+	200+	200+
主要业务	物联数据、视频	视频、宽带集群	宽带集群、融合业务
用户	市应急办、交通委、气象局等	政务、天津港、公共设施	青奥会组委会、急救、消防

资料来源：信通院，华泰证券研究所。

翻开某年9月份第二次上会复议的材料，笔者乐观地"臆想"着同X集团的后续合作，赫然这样写道："融资人X集团同某国有大行也进行了宽带专网产业基金的初步沟通，双方计划在未来由该行广东分行牵头设立广东宽带专网产业基金，总规模××亿元左右，主要覆盖广东区域10个地级市，我司可以以通道或者主动管理参与募资两种方式介入。除此以外，伴随着中央对雄安新区的建设开展，X集团在2018年计划在雄安新区搭建独立于河北省的宽带专网，这部分专网一方面会有极强的社会示范效应，另一方面也会对X集团的资本市场表现以及公众认可度有很大的提升。"

不客气地说，笔者当时犯的错误是，探讨项目的时候太集中于项目本身，而忽视了项目和融资人的相互关系——优质的项目需要合格的主体才能发挥最大的价值。如同金庸在《倚天屠龙记》中关于乾坤大挪移的一段描述那般："正如要一个七八岁的小孩去挥舞百斤重的大铁锤，锤法越是精微奥妙，越会将他自己打得头破血流，脑浆迸裂，但若舞锤者是个大力士，那便得其所哉了。"

练武功如此，搞金融亦如此。

第三，民营企业的尽职调查一定要见到实际控制人。

在本案尽职调查的全过程中，笔者要为当时所在信托公司的风控点赞：一方面，风控内部认真学习、认真尽调并给予了我们很多有价值的帮助；另一方面，风控提出聘请外部律师进行企业的相关证照、资格的审核，并聘请外部会计师对企业的部分重点科目进行专项审计，表现出了很强的严谨性（当然，相关费用都是我部自己承担的）。对于民营企业的尽职调查来说，这是非常有必要的，是企业内部可研、团队尽调、外部资料（发债报告和评级报告等）之外的有力补充。

如同笔者在前文提到的那样，没有见到X集团的实际控制人，实在是一件非常遗憾又可怕的事情。X集团的实控人自始至终没有露面，这家企业的战略是否具有延续性？老板是否懂业务？他是技术专才还是管理高手？老板是不是赚一把就跑？老板到底是个怎么样的人，粗豪还是文雅？我们到现在都不清楚。没有这些细节，项目负责人其实很难下最大的决心。对于私募股权行业来说，投一个企业，很多时候是看人的；类似地，你在给一家民营企业发放一笔几亿元的贷款时，连实际控制人都没见过，是很危险的。

对于这个道理，信托从业者都懂，但很多场景是代销行催着你过会，而实际控制人又比较"大牌"。在一片兵荒马乱的环境下，你是否还能够坚持这样的观点？

第四，上市公司类融资一定要关注质押比例。

这个项目涉及上市公司担保，按照当时信托公司的要求，主管自营的投资管理部必须发表意见。投管部的C总认真地看了报告，只提了一个意见"大股东的股票质押比例已经很高了"，便不再说话。说实话，他的观点在当时并没有对我们有多大的触动，我们那时沉浸在自己对这个行业发展的美好设想中。但现在想想，C总的观点却是那么精辟和到位。对于一家上市公司大股东来说，股票质押太多，说明它的资金链条紧张，也意味着它可以继续融资的空间并不多，一旦企业的融资环境有风吹草动，可能就是毁灭性的灾难！从这个角度来看上市公司类的融资，大股东持有的股票质押比例过高，可能是一个"一票否决"性的重要因素。

第五，同代销行的合作，我们该如何看待金主的要求？

笔者在前文提到，这个项目之所以二次上会，是因为代销银行的压力。在优质资产匮乏、银行代销能力旺盛的大背景下，优质资产的标准一降再降。剔除商业风险，很多信托公司在这个过程中忽视了另外一个重要的指标，就是风险对价。

对于30强的地产客户，我要赚2%，那么在其他条件不变的情况下，对于50强的地产客户，我要赚得更多才能满足这种对价要求（补偿我的风险），这是很多信托公司在资产自销过程中都明白的。但到了代销领域，资管机构迫于代销行的压力，迫于自身规模和利润的增长要求，长期忽视风险对价的问题。在之前1~2年的时间里，很多信托公司为了求规模和效益，在资本充裕的情况下，以低于百分之一的价格同代销行合作了很多地产项目。在如今房地产企业融资趋紧的情况下，据说对于很多出了问题的地产项目，有些信托公司的态度是"就地躺倒"——反正我只赚了千分之六，为啥要我来抗风险？

对于信托公司，代销银行在目前依然是超大型房地产项目资金最有效率、最有把握的来源，但并不代表着代销行的观点就是唯一。就像行业里很多专家理解的那样，信托经理应该"有所为有所不为"。同样地，信托公司也应如此。只有这样，信托公司才能成为一家独立的资管机构，而不是银行的简单附庸。

第六，做项目，我们要搞明白自己做的是什么。

关于X集团这个项目，我们絮絮叨叨说了很多没有做的理由，以及"站着说话不腰疼"的许多观点。如果我们梳理一下就会发现，这些理由和观点似乎又都太片面了，或者说太聚焦了。其实，信托经理在忙碌的日常工作外，一直忽视了一个更重要的事情，就是做一个项目的顶层思考：我们究竟做的是什么项目？

在第一次去面访客户的时候，笔者了解到这个细分领域的巨大机会，以至对这个项目陷入"狂热"。在这种氛围下，笔者淡忘了一件事情：我们做的是债权啊！在"狂热"中，笔者产生了一种幻觉，用股权潜在的巨大收益来替换债权的安全边际，高看了上限而淡化了风险下限。但等我们回到地面上，不得不说，好行业、好股票不等于一笔成功的债权融资。

其实，在资管行业里，有时候研究得越深，我们就自认为对细节把握得越全面，这种自信让我们忘却了初衷，即我们要做什么。如果是债权的话，那么我们是不是要好好梳理一下项目公司和担保方的现金流，认真开展极端情况下的压力测试？我们是不是要和交易对手聊聊他的整体融资形势？当出现融资压力的时候，他又有哪些备手？企业的资质没有那么好，能否提供给我们一些有价值的抵押品？

伴随从业者的聪明才智和努力，我们把资管工作越做越复杂，但我们还是应该冷静下来，沉下心来想一想：我们的初衷是什么？我们一开始要的是什么？

五、信托业务风险项目分析——地方政府融资平台篇

前面写的都是"碰"到的各种雷，就像X集团，虽然我们的介入程度已经很深，但感谢公司领导和同事，以及不可预期的外力，项目最终并没有落地。虽然这些雷让人胆战心惊，但我们终究没有合作以后出现问题的切肤之痛。在以下篇章里，我们将描述信托经理同地方政府融资平台打交道时的真实经历。融资人面临各种状况，历尽各种波折，最终把钱拿了回来，多了几分"惊魂"。

（一）地方政府融资平台：政信业务的前世今生

近期，伴随着监管政策的不断深入和疫情的扰动，地方政府融资平台业务得到了信托业务圈越来越多的关注。事实上，在资管新规发布后，政信业务一直是非常具有争议性的。很多信托公司长期抱着"相信政府"的态度，认为该类融资具有"时间换空间"的属性——基建的投入带来GDP和税收的增长，地方政府具备长期的还款能力。地方政府拥有较多的资源，比如土地、股权和设施，虽各有瑕疵，但好歹是一项反制措施，总比没有好……当然，如果你要问能不能处置某省会城市的火车站时，那么笔者也只能说"好吧"。但在业内，很多信托公司认为政信业务风险很大，地方政府在信托存续期间，其收入根本无法覆盖信托本金，还款压力巨大，借新还旧的做法难以维系。

在信托高速发展的几年中，两种不同的观点一直在打架。不同的信托公司也由于股东背景和资源禀赋的差异，对这项业务持有迥异的态度：有的秉持"相信政府"的观点，以平台公司应收账款为核心，大力发展政信业务；有的选择做平台业务，主打地级市和省级平台，以进表模式为主力；还有一些信托公司几乎不做地方政府平台业务。政信业务到底值不值得做？其实，解决问题的最好方式就是面对问题。每一个信托经理就像等待过河的小马，自己试一试水深水浅，走过一个完整的周期，大概也就有了自己的判断。

许多信托经理从2012年开始，北上走出过山海关，向西也穿过嘉峪关，闯过东三省，也会过云贵川，足迹遍及祖国的大江南北。政信业务为信托经理能够及时完成信托公司交给的指标，做出了突出的贡献。当笔者开启政信业务的风险回忆之旅之时，各种回忆纷至沓来，太多的项目，太多的人和事，突然有一种无从下笔的感觉。

（二）不能单纯将数字作为项目评价标准，政信业务依然要看人

做信托业务的人，都会把融资人或者合作对手是否靠谱，作为开展合作的一个重要理由，但唯独在政信业务领域，很多信托公司和信托经理都试图淡化这个观点。有些人认为，只要选好了区域，设定好GDP、财政收入的各项指标，就可以"大干快上"；有些人在风控指标方面关注区域政府班子的任职期限，以为只要信托存续期间晚于政府班子换届的时点，就不会存在赖账的可能。以笔者对信托圈的了解，这些都是非常普遍的观点：在政信业务中，大家普遍把政府作为一个抽象的存在来看待，似乎只要领导不变，经济基本面不变，还款能力就不会存在变化。以笔者的经验来看，这些认识是不充分的，和政府合作也是要看人的。

（三）A区往事——两个王、四个二的开局却打了一局臭牌

平台公司的融资现状，要求政府官员必须进行市场化转型。

从金融机构空降引援，大幅度改善了政府在融资口的行政效率。

平台公司的融资，事在人为，没有融不到的钱，只有等在家里的官员。

在银行的推荐和协助下，笔者曾经同某直辖市下的各个区开始政信合作，先后实现了同A区、B区和C区的项目落地，累计放款38亿元。随着时间的推移，某年该直辖市的多家市属国企出现了一系列状况（不再赘述），这些状况导致这个区域整体融资都变得非常困难，资金面紧张。很多在放款时看不到的问题，此时一一浮出水面。

A区大概是该市位置最好的一个区了，虽然离市中心较远，但受到了另一个超大城市的直接辐射——产业转移和地产红利直接影响了这个区域的经济，其经济增速和整体规模在市内长期稳居第二，即使在当年挤水分的情况下，依然保持了微弱的正增长，局势不可谓不好。大家都知道，产业转移带来了投资、就业、GDP和税收，而地产红利直接养肥了政府的土地出让金。新机场和大学城的建设、城区地铁的延长线、跨市的交通网建设，都预示着这个潜力无穷的A区将

信托的未来

有极大的发展。但就在这样的情况下，A区财政局也开始哭穷了……

某年10月底，A区旗下两家融资平台要偿还公司超过10亿元的资金，担保方均为A区最大的城投公司（AA+）。考虑到该直辖市融资环境紧张，除了常规的贷后工作，按照公司的要求，我们也增加了额外的贷后管理，主要目的就是了解平台公司现在的融资情况和还款意愿。笔者也特别拉上了公司领导一起去A区财政局进行还款沟通，接待我们的是财政局的副局长。开始，笔者把前期合作情况进行了回顾并对未来合作进行了展望。听到"继续合作"，这位副局长勉强露出了一丝笑容。后来，当笔者话锋一转，提到我们项目背后的资金源于保险，必须兑付，没有商量余地时，副局长那本来就黑的脸瞬间罩上了一层严霜。一个小时下来，沟通自然是鸡同鸭讲，双方不欢而散，到期还款蒙上了一层阴影。

略去中间的各种努力不说，在两个月后，A区突然给笔者打来电话，说副区长要来信托公司拜访。直辖市下的副区长，居然亲自来信托公司沟通，这是笔者做政信业务遇到的第一遭。领导又是什么样的想法？想登门哭穷，还是？这通电话搞得我丈二和尚摸不着头脑。精心安排一番后，公司副总、风控领导都做好了准备，恭候副区长大驾光临。

X副区长高高瘦瘦，精明干练，更让人吃惊的是，X副区长居然带着财政局、规划局和土地局的三个局长一起来访。要知道，之前笔者也只是见过财政局的一个副局长。X副区长开门见山，自我介绍是从某大型AMC（金融资产管理公司）过来挂职的。金融机构出来的干部果然让人眼前一亮。在双方沟通的过程中，X副区长反复强调的一点就是"只要我在这个位置上，就不会违约"，给我们吃下了一颗大大的定心丸。读到这里，可能有朋友会说"这牛我也能吹！"。但实际上，每到融资人必须吹牛的时候，我们经常见到的场景是，平台公司的"官员"都不敢出声了，原因很简单，谁也不愿意负责。

在一个多小时的会面中，X副区长系统地介绍了A区的情况，并请土地局和规划局的领导介绍了后续土地出让的事宜，希望信托公司可以邀请自己的地产客户一起来拿地，以期通过土地出让金进一步补充A区的财政收入。尽管这个方案对于短期还款来说并不现实，但X副区长务实的作风和负责任的态度还是在短时间内得到了大家的认可。

双方谈完已经是下午五点半了，按照常规，作为乙方，我们依然邀请X副区长等一行人吃饭。出人意料的是，X副区长婉拒并表示还要继续奔向下一个目的地——远在五环外的另一家信托公司，去落实后面的一笔融资。熟悉北京的朋友都知道，在晚高峰的北京，从西二环赶到北五环，没有一个半小时是绝对做不到的。在这一瞬间，笔者突然有了一点小小的感动和激动：要是所有平台公司的融资人员都有X副区长的工作态度，政府平台的融资怎么会难做呢？

后面的事情自然是非常顺利：A区利用X副区长的关系，协调了一些金融资源，在项目到期日的前一天，顺利筹集了全部的资金；我们也顺利地实现了对三家保险资金的兑付。后续笔者也关注了A区的融资情况，除了在2018年年底有一笔大规模的信托融资，市场上很少有它的声音了。对于资管机构来说，没有消息便是最好的消息！

从结果来看，A区的项目虽然顺利兑付，但是和财政以及平台公司关于还款问题的沟通，却让人心力交瘁。这里面最让人失望的是，A区坐拥最好的资源，却因为大量低效的官员，打了一手臭牌，平白耽误了时间和金融机构的信任。X副区长到来以后所发生的事情，更让笔者相信：发生在A区的所有融资问题，本质上绝对不是天灾！

（四）B区回忆

优秀的政府领导培养优秀的团队。

政府的融资资源是相对较多的，内部协作会带来正面合力。

平台公司作为融资人，要广开财路，和不同金融及非金融（商租）机构合作。

B区地处山区，经济总量和财政收入在该市排名中下，但金融局和平台公司的人员精干，懂融资，办事靠谱，专业水平在我们的尽职调查过程中就显露无遗。两次临时性走访的结果也让人满意：第一次是某年年底，平台公司的总经理Y说他们已经预期到资金面紧张，提前半年就开始走访各家融资租赁公司，拓宽了银行和信托以外的融资渠道，现在某租赁公司给他们的30亿元资金马上就要到账了，他们会提前半年做好所有的资金还款安排，表示让我们放心；第二次是某年上半年，这次总经理Y不在，总经理带的小徒弟，也是现在融资部部长Q接待了我们，补充讲了一下新变化，区里做了人事调整，之前平台公司的董事长Z调任水利局局长，水利局提供了全部的资产清单，要把最优质的资产装在平台公司里，供平台公司融资使用。

在合作上，B区的融资确实是让笔者操心最少的。尽管同B区的合作模式是创新的股权模式，其间工商变更和笔者的监事身份导致后期管理事情比较多，但后来项目到期就顺利还款，毫无波折。

B区的还款大幅度超越笔者的预期，但仔细想想，又在情理之中，之前的很多细节都埋下了很好的伏笔。以我们接触的第一任融资部部长L为例：L部长为人精干，之前在金融局工作，也是Y总带出来的兵，在融资过程中对和信托公司的谈判非常有经验。我们在方案或者合同上的小九九（对信托公司有利的地方），他都看得一清二楚。在笔者接触过的平台公司领导里，他是最专业的。L部长没有微信，我们从来都是短信和电话联系，他的响应速度很快，毫无架子。L部长回金融办以后，就是Q接班。Q虽然年轻，但办事也是一板一眼，非常靠谱。

说"一方水土养一方人"可能有点夸张，但优秀的领导培养出优秀的团队，确实是不争的事实。B区平台的Y总自己不仅仅是一个优秀的融资官员，更让人佩服的是，他带出了L和Q，并影响了这个区金融办和财政口的风气，让整个组织都变得非常有效率——做事具有前瞻性、为人靠谱、办事专业。这是笔者理想中政府融资平台的样子。有这样的人在操持着融资工作，平台公司的融资工作会做不好吗？

通过A区和B区的对比，我们发现，当政府作为融资人时，其资源协调能力是非常强的；当在顶层设计上将内部各个机构捋顺，把资源进行有序集合时，政府可以发挥出极强的战斗力，这是底子单薄的民营企业所不能比拟的。反之，如果内部不能梳理清晰，甚至产生内耗，平台公司就会变得很弱小。从这个角度来看，在做政信类业务时，如果可以见到该区域主管金融的副市长或者副区长，并对区域内的统筹安排进行系统性的了解，我们对项目的履约能力就会有更清晰的判断。

（五）面对融资平台，如何识人——听其言，观其行

A区和B区的故事都已经讲完了，对比A和B两区：一个是市里的"绩优生"，家境好成绩好；另一个是来自贫困区的"苦孩子"，千方百计地开源节流，勒紧裤腰带过日子。但在最后的大考上（还款能力和还款意愿），两者又相去甚远，原因何在？其实，人的因素占了主导，就如同X副区长到来以后，A区的还款意愿大幅度提升所昭示的那样。有朋友可能会继续问：我们应该怎样在尽职调查和贷后管理的过程中摸清楚融资平台的还款意愿呢？人靠不靠谱，我们怎么看呢？结合信托行业的常规操作，笔者讲一下自己的体验。

- **观其行，听其言**。做业务走南闯北多了，笔者更相信"相由心生"的观点，一个让你看着舒服的人未必靠谱，而看着就猥琐油腻的人，往往都是很有问题的。在某地级市，另一个合作伙

伴C是市里的第二大平台，最早接待我们的是管委会的一个副主任。该副主任面相极为不佳，让人印象深刻的是他无光的眼神和一口完全听不懂的土话。当时我就心里打鼓，后来随着项目的推进，我再也没有见到过这位领导（据说是他负责的一笔资金，去向出了问题）。而该市最大平台公司的L主任则表现出了完全不同的状态。作为C的担保人，很多资金方都要求去尽调一下这家AAA级平台。几乎每次，大平台都会安排负责发债的L主任出来接待（倒不是他们轻慢，当时他们确实没有信托融资）。L主任为人和善，回答问题也简洁清晰。我们带过去的很多资金方，都是抱着要多问几个问题的心态去的，但总是问了两个问题后就哑口无言了，害得我们要临时补几个问题来救场。L主任给我们留下最大的印象是，面对真正强势的机构，你无须表现得特别强硬，便可以不战而屈人之兵；而你的温和有礼，在很多咄咄逼人的资方面前，正是你自身信心的无言流露。

■ **用敏感的问题去做试探。** 对于确认平台公司的还款意愿，各家信托公司都有自己的手段。中信信托有个常用策略叫"属地销售"，顾名思义，就是为了提高平台公司的履约能力，信托公司会面向平台公司所在省市的高净值客户进行一部分募资——如果出了兑付问题，不用信托公司发力，本地的客户自然就会先找上门来。很多信托经理以为这个策略有很多手段去穿透，总觉得没啥大用，但笔者在初为信托经理去独立展业时还真碰到了令人啼笑皆非的故事。这次的故事发生在某省的地级市，银行牵线我们去对接财政局局长，前面都聊得不错，但在谈到具体融资方案时，我们提出想要一些土地抵押，局长非常干脆地回复"不可能"。我们又说"如果没有抵押，那么我们要向本地客户募集不低于10%的信托资金"，谁承想局长话锋一转"咱们还是聊聊土地抵押的事情吧"……

上述故事绝不是段子，你如果在政信业务中遇到了这样的人，那么还是早早踩下刹车为好。当资金面极度充裕的时候，这些平台还能坐在家里等钱送来；当资管新规等一道道新政规范了信托业务的时候，这些平台的还款压力会骤升。

（六）和政府平台打交道需要留心的其他蛛丝马迹

1. 关注政府融资平台的综合融资情况

西部某省的省级平台（企业）D，从2019年开始一系列违约引起了大家的关注。平台D资产质量差、负债率高，唯一的优势就是融资价格和省级背景。在银行的介绍下，我们在某年年初拜访过它。在方案设计上，我们试图抓住D平台中相对比较优质的水电资源，通过股权的方式进入，一方面希望通过拿优质资产来提高安全性，另一方面希望帮助客户实现调表，从而争取更高的融资成本。幸运的是，D平台一直咬定不超过9%的融资成本，距离我们的心理价位有较大差距，在唯一的一次见面后，就再也没有下文了。

值得关注的是，我们在拜访前做功课的时候，就已经发现D平台在2016年就通过小贷公司借款了。关注货币形势的朋友都知道，2015年和2016年的资金面在不断宽裕，这应该是平台公司融资最舒服的时刻，平台公司都需要向小贷公司借款，资金面紧张可见一斑！

金融机构存在明显的生态圈层，做信托要先看看融资人的贷款机构里有多少银行机构，而P2P和小贷绝不应该是信托应该参照的对象。

2. 展业中回避"二哥"

由于前东家股东背景的原因，我们和渠道、客户的所有合作都必须公对公，这一方面限制了展业方式，另一方面也是很好的保护。在笔者前述同这些平台公司的合作中，项目都来自银行推荐，省去了很多麻烦。在平台公司的融资中，很多有一定背景的人会牵扯其中，既给我们的工作提供便利，也会带来风险，这些人被我们称为"二哥"。

从本质上讲，笔者并不厌恶这些人，但囿于单位的要求，我一开始都会把核心问题讲清楚。水能载舟亦能覆舟，依托的关系固然可以帮助项目顺利落地，但当政治生活趋严、反腐信号日趋强烈的时候，这些关系会不会给项目甚至金融从业人员带来困扰，这是每一个信托从业者都需要深深思考的。

"我们都是普通人家的孩子。"这是一位信托公司领导常说的一句话。现在想想，真的是语重心长。

（七）写在最后

关于和政府平台打交道的故事，真的是小孩没娘，说起来话长。笔者一边回忆一边写作，字数不知不觉就超出了限制。为了显得不那么啰唆，我删掉了一些常规的贷后流程和不够精彩的故事，但总觉得意犹未尽。

"看人"也只是作为政信业务尽职调查中的一个补充策略，这个策略是对还款意愿的有效评估。而真正决定项目是否能够顺利兑付的，则是"还款能力+还款意愿"的有机组合。就好比东部一个发达地区地级市的平台公司，即便人再差，最后的还款压力也要比西部县级市好一些。

一言以蔽之，信托公司同政府融资平台打交道，其实就是普通老百姓和政府打交道的一个缩影，大量的政府平台都是财政局或金融办的延伸，"一套人马、两块牌子"的特征非常明显。在业务一线工作期间，笔者接触了大量的平台机构和人员，这里面就有B区敬业的Y总、L部长和Q部长。在本职工作以外，他们作为公务员周末还要去巡山（防火灾），让人钦佩不已。当然也有大量消极怠工、拿着鸡毛当令箭的人员，他们所在区域发生问题，似乎是不可避免的事情。

跳出信托业务层面，平台公司融资是基层政府效率的一个风向标，笔者真心期待基层政府的效率可以进一步完善。笔者希望有更多地级市、县级主管财政的副职干部可以由金融机构的人来挂职，让懂金融的人来搞金融、办财政，出现更多的像X副区长那样掷地有声、勤勉作为的干部。这对于政府、融资平台、金融机构和我等普通民众，都是一件功德无量的好事！

六、信托业务风险项目分析——供应链金融篇

2015—2016年，市场的资金面在快速转向，资金越发充裕，市场的主要矛盾已经转变为过多的资金追逐有限的优质资产。在那个阶段，大力开拓资产端是各家信托公司发展的主基调。但随着资金面的极度宽松，优质资产的稀缺性便越发凸显，形成了"资产荒"和"优质资产荒"，优质资产呈现出有价无市的状态。在这样的背景下，资管机构试图在"信用转化"上做文章。既然做不了AAA级大企业，那找到供应链上它的上游企业，通过应收应付关系去"变向"捕捉它的信用或者它的履约能力，是不是可以在承担"类似"风险的情况下，获得更多的收益？这便是资管机构开始尝试供应链金融的初衷，并非高大上，只不过是资产荒年代下的一种权宜之计。

笔者曾经有幸遇见一位好朋友，他是保理和供应链金融圈的大佬。这位朋友介绍了他最近几年的实践，兴之所至，各种专业名词纷至沓来，"开链""闭链"听得笔者一头雾水。大概也是因为自己的领悟力比较差，笔者总是感觉对这个领域欠缺了解，出于一丝敬畏和惶恐，并没有涉足这个领域。截止到目前，各家资管机构对于供应链金融依然是喊得多、做得少，而落地的项目往往错得多。这究竟是什么原因造成的，又该怎样走出这个迷局呢？

信托的未来

（一）透过承兴事件去审视供应链金融的困境

2019年7月8日晚，诺亚财富发布盘前公告称，旗下上海歌斐资产管理公司的信贷基金为承兴国际控股相关第三方公司提供供应链融资，总金额为34亿元。承兴的实际控制人因涉嫌欺诈活动被中国警方刑事拘留。受踩雷承兴一事影响，诺亚财富周一美股开盘一度大跌逾20%，截至当日收盘，诺亚财富股价为35.6美元/股，下跌20.43%，较前一交易日收盘价市值损失约5亿美元（见图4-1）。到2020年年初，关于诺亚财富踩雷承兴一案，警方已经完成调查，并移交检察机关。

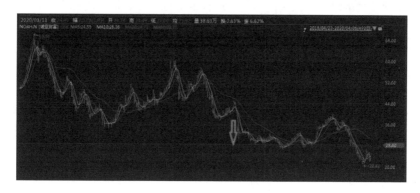

图4-1　诺亚财富美股行情

对于承兴事件的是是非非，媒体的报道有很多，个中情况这里就不再赘述了，但以信托行业的常见情形来看，承兴事件绝非孤案。信托行业的从业者更应该关心的是，政策一直大力支持的供应链金融业务为什么在非标融资市场上屡屡爆雷？这项业务到底有没有真正的机会，抑或说它是否存在先天的痼疾？

供应链金融业务的关键是要锁定核心企业的信用。在核心企业应付的模式下，如果资管机构从核心企业切入，遇到强势的核心企业，那么价格很难谈妥，没有利差空间；如果资管机构从相对弱势的上游企业切入，那么供应链相关的真实性很难核实，风险难以控制。诺亚财富遭遇的承兴事件便属于后者。至于很多资管机构都在做的核心企业应收模式，主要出发点在于核心企业财务报表的调整，源于集团对会计科目的具体要求，一般附带有回购或者其他兜底性安排，出表意义大于融资，这里就不讨论了。

在资管机构的眼中，供应链金融业务是依托于核心企业，以业务的正常运转为信用表达的替代方式，变相获取核心企业的履约能力，获取较高成本的一种模式（见图4-2）。在这个模式下，核心企业的履约意愿或者合同真实性就变得非常重要。在承兴事件中，诺亚财富发行了大量以京东供应链为主要载体的非标产品，但它所选择的合作对手并不是核心企业，而是京东供应链上游的承兴国际。在这个过程中，诺亚财富或者上海歌斐的尽职调查存在瑕疵，缺乏对于供应链真实性的了解；承兴提供的应收账款存在合同造假的问题，导致本金大规模损失。诺亚财富对于高收益、高管理费的渴求，使得它和承兴一拍即合。这颗雷之所以在诺亚财富身上引爆，原因主要有两个：一方面，诺亚财富对于承兴的集中度太高，纸包不住火了；另一方面，诺亚财富在美股上市，无法通过固有资金来进行兜底安排，且自身资产有限，缺乏风险缓释能力。

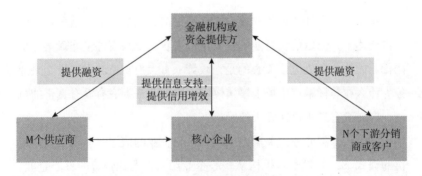

图4-2　以核心企业为主导的业务模式

资料来源：光大证券研究所。

与之类似的是，最近几年爆发的供应链金融相关风险，都是出在核心企业的确权上：相比单纯的骗子，升级后的骗术更加高明。我们通常看到是，核心企业的上游企业（承兴）往往同核心企业存在"一定程度"的真实贸易往来。这个"一定程度"体现在以下两点：曾经有过合作；合作规模小，但包装的虚假合同规模很大（比如D机床与比亚迪）。从风控的角度来看，识别这样的骗术有一定的困难，因为在一个大的骗局里偏偏有一定的真实成分，而骗子正是依托这个"真实性"做文章，进而开展骗术的。

很多人会问，资管机构又不是傻子，在签署三方确权协议的时候，去核心企业尽调一下不就可以规避这个问题了吗？这个逻辑没错，但道高一尺，魔高一丈，很多骗子的局会做得非常精妙——协同核心企业的离职员工在核心企业内部伪造一个签约现场，在"演员"的配合下，利用"萝卜章"完成虚假的确权，拿到资金后立刻跑路。资管机构在对核心企业内部人员不熟悉的情况下（很多应收应付的供应链合同多发生在核心企业的子公司层面，资管机构不熟悉这个层次的组织和人事，也不过分），加上缺乏同核心企业的有效沟通，就非常容易被钻空子。诸如之前出险的海发项目，曾经有银行给我们推荐过。当我们问及确权时，对方表态福建协和医院可以盖章，但我们不能看盖章的过程，医院的相关人员在小黑屋里敲个章，确权文件你拿走就是了，这与我们对这项业务的理解有较大差距，我们也就没有再跟进，侥幸躲过一雷。

信托圈内精通供应链金融的朋友建议，为了增强对确权方（核心企业）的了解，我们可以从核心企业挖一个了解业务或人事的人来金融机构上班，利用他的能力帮助资管机构识别相关风险。这样的做法固然可以大幅度降低此类业务的风险，但也降低了业务开展的效率，况且我们换一个合作方，可能还要再进行招聘，效率低下且并不经济。

（二）供应链金融发展的问题

从业务的角度来看，资管机构在供应链金融上投入了不少精力和资源，但要么不赚钱，要么存在风险，一言难尽。供应链金融到底出了哪些问题？我们又该怎样改良现有的业务模式？

1. "假"的供应链金融项与"真"的供应链金融

某年，有信托公司声称做过某企业的供应链金融项目，外部评级AAA的某局还给这个项目提供了增信，成本年为11%。作为和该局合作蛮多的我们，听了也是惊讶不已。等我们拿到项目资料才发现，所谓的供应链金融融资，不过是信托公司给某县级市的融资平台融资，该企业仅仅是中标了该平台的基建项目而已，而该企业在这个融资方案中毫无信用透出……一个地方政府融资平台项目，被莫名其妙地包装为供应链金融，这样的"如此包装"让人啼笑皆非。可是，这样搞笑的事情背后却折射出很多资管机构的一种心态："供应链金融是一个筐，为了创新的由头，什么都可以往里面装。"如果这样的包装只是一个噱头的话，那倒也无所谓，但如果真的把自己"装"了进去，折了本金，那就得不偿失了。

金融机构开展供应链业务，还是应该"诚心正意"。资管机构应该踏踏实实地研究供应链上企业的具体需求，结合核心企业或者上下游企业的实际需求去进行有效的创新。我们在某年年初经银行的介绍，接触了某民营企业对某企业的应收款融资。该民营企业同这家AAA级央企下的10多家子公司有供货协议，在AAA级央企的同意下，可以开展供应链金融的相关业务，甚至AAA级央企也可以出确权。当时，这是一个非常好的供应链金融项目。可惜的是，根据风控的要求，母公司无权对子公司的合同进行统一确权，我们的交易模式必须设计成同子公司确权，母公司再分别对子公司的相关义务进行增信。站在风控的逻辑，这样的安排是完全正确的，但这样的做法使我们彻底失去了这个客户。一来，这项业务有明显的时间窗口；二来，从业务团队操作的角度来看，签约工作量巨大（许多子公司分布在人迹罕至的地方），对于这样一个2.6亿元规模的项目来说，完全不具备性价比了。

以这个案例为出发点，信托业务人员更应该关注的是，在核心企业靠谱的情况下，我们能否通过一种让客户更舒服、更便捷的方式来实现合作？比如5G技术下的远程签约、以总对总的方式进行框架式合作等，这些都是值得我们静下心来思考的。供应链金融是要对接产业的，相比金融的高大上，产业的具体工作更细碎、更复杂。金融从业者如果不能以产业的角度去审视供应链业务，去找寻产业同金融在风控和操作上的有效平衡，那么只能是缘木求鱼，结果无所作为。

2. 资管机构在供应链金融风控的技术手段需要进一步提升

2018年年初，因为成本一降再降，我们和老客户中的J集团开始勾兑供应链金融的合作。客户提到了他们同某企业有大量的采购合同，账期90天左右，AAA级主体及子公司AA+级主体都无法直接增信，但其中从采购、物流到销售的全过程都实现了电子标签，每一个环节都可以通过系统来实时监控，建议我们进行系统对接，从而作为风控抓手。所谓电子标签，不就是物联网和区块链技术的简单应用吗？现在发行的很多供应链金融类资产证券，确权方式是发函，以对方是否签收作为确认的意思表示，这无异于自欺欺人。如果我们可以凭借5G技术带来的新变革，把金融机构的风控和供应链的业务对接起来，把我们最关心的"确权"用区块链技术进行体现，以公开透明的电子账本为基础，抛弃以信用为核心的融资模式，是有可能实现真正的供应链金融的。图4-3借鉴自疫苗追溯，和供应链金融有类似的地方。

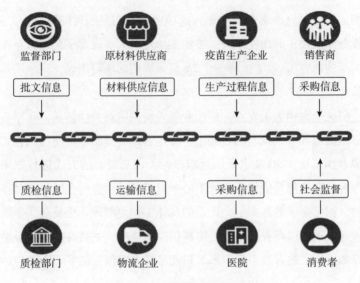

图4-3　疫苗追溯供应链体系

所谓区块链技术，其实并不复杂。之前和一位做工程的资深人士聊天，他自豪地说："我的工程队拉渣土都能比别人干得好。"原来他给每个外请的卡车司机都上了"链"——从装车开始，到途中，再到终点，他都会给每位卡车司机发一个他独有的路条（凑齐三张路条方才记为一次有效的行程），从而杜绝了很多卡车司机吃空饷的问题。这不就是区块链的活学活用吗？"好汉不愿干，懒汉干不了"，这是大量实业工作的写照。供应链金融就是嫁接实业同金融的桥梁，金融从业者必须放低身段，以产业的需求、技术的手段去改造风控的流程，最终让这项业务大放异彩。希望业内有越来越多的有识之士关注于此，而不是挂羊头卖狗肉，发一个"第一只运用区块链技术的ABS（资产支持证券）"草草了事。

3. 信托公司应大力开拓资金渠道，发掘更多低成本资金

J集团的朋友说，大宗领域的物流利润率很低，单次利润为

2%～2.5%，按照年度周转4次的理想情况来看，年化利润率为8%～10%。对于J集团来说，太高的成本让人无法接受。反之，如果有其他物流企业愿意以超过10%的成本向你融资，而且它们的下游企业还是议价能力很强的核心企业，这笔业务的真实性就值得怀疑。

从这个角度出发，资管机构特别是信托公司应该充分拓宽资金来源，以公开市场、机构资金为主要方向大力拓展资金渠道，筹措资金。套用一个比较时髦的说法，资产和资金是资管机构的"一体两翼"，资金的来源经常会限制资产的发展。

（三）关于供应链金融业务三点小小的感慨

我们回头来看承兴事件。这个事件所折射出来的问题，并不是一家机构的困扰，也不单单是供应链金融的尴尬。这些暴露出来的问题，其实是整个非标产品的共性问题，这些问题不仅仅是信托业务人员需要思考的，对财富管理从业者同样重要。

1. 资管领域存在着天然的生态环境，谁也无法逾越

在《公司财务》一书中，我们都学会了优序融资理论：站在企业的角度，我们首先必然会优先使用银行贷款、公开发债等工具，其次使用信托融资，最后才使用更高成本的资管计划（特别是三方财富牵头的资管计划）。在一个充分博弈的环境里，最好的企业一定会拿到最低的融资成本，而成本较高的资管计划一定对应着有瑕疵的主体，风险永远与收益正相关。

信托业务人员必须时刻警醒自己，要努力搞清楚自己所处的生态领域，哪些是自己能做的、擅长的，哪些风险在收益对价的情况下可以尝试。由于受到工作性质的限制，财富管理从业者最擅长的可能不是帮助客户选一个好的产品，而是为自己或客户选择一个好的机构，收益的分化在未来会越来越严重，风险的分化只会更甚！

2. 认清大的货币周期，看清形势，选对风口

对于这两年爆雷的很多项目，很多人把责任推卸给资管机构，键盘一拍，便是某某机构不够尽职或者某某经理吃了回扣云云。从结果来看，确实存在借由产品设计和发行中饱私囊的机构和个人，但大范围的产品出现兑付问题绝对不是单纯的个人因素造成的。最近有段子告诫大家："不要把之前十年凭运气赚来的钱，在未来十年靠努力赔出去。"这对于信托从业者来说显得格外真实！回忆过往，在以同业业务开闸后的大资管时代，悉心呵护的低利率和大规模的货币创造，让风险在过去十年变得那么微不足道，大量的垃圾资产每每险象环生之时，都可以通过发行和错配周转过去。可这两年，金融形势已经出现了缓慢的变化，杠杆已经加无可加，国家也有意识地通过各种政策来进行疏导。悲观地说，下一个十年的风口大概率不在非标上了。在货币宽松年代下发行的资产，在某一个时间点风险集中释放，实在是一件再正常不过的事情了。

在潮水退去的那一刻，最先暴露出来的一定是那些资产质量差、风控能力弱的产品，网红资产和低评级资产的风险在未来可能会集中出清。近期的房地产信托市场静得可怕，那些上年传闻摇摇欲坠的公司，到现在突然没了声音，这绝对不是好事。这两年，某些网红公司以500万~1 000万元的年薪来招募主管融资的副总裁，一直招不来人，但现在这种声音不再出现，是不是意味着那些举步维艰的企业选择了"就地躺倒"？以房地产为例，各家资管机构把融资的重点又重新放在了头部客户上，50强甚至30强的地产客户都会遇到极大的压力，这就是退潮后的风险出清。认清大形势，调整战略布局，是每一个资管行业从业者需要深深思考的。

3. 谈谈人性，关于信托经理和资管机构的心态

当笔者同一位资深信托经理H总聊起某违约的供应链金融项目

时，H总说"这个项目之前也找过我，15%的成本，但每次只提款几千万元。一想我这儿还有不少业务存量，又到了年底，我一忙就忘了。"这话说起来很气人，H总每年都有2亿元的存量收入，自然有这样的闲情逸致。但反过来说，我们如果迫于压力，就放松项目的准入标准，是不是正好落入了人性的陷阱呢？

笔者干了许多年的业务，最大的感想就是，某些客户的某些项目没有做下来，一定有其缘由。在这漫长的时间里，很庆幸的是，笔者很努力、很认真，很多时候又很淡定，怀着"尽人事听天命"的心态来做事。当未来的风向渐渐出现变化的时候，走得稳是不是要比走得快更重要呢？对个人如此，对机构亦如是。

七、如何重塑信托精神

2020年，四川信托TOT违约事件引发了圈内的热议。有人幸灾乐祸地说："2018年是P2P爆雷，2019年是三方爆雷，2020年是信托爆雷。"原本有"刚性兑付"加持的白天鹅，一下子成了众矢之的。仿佛就在一瞬之间，信托公司还靠不靠谱，信托产品还能不能买，这些疑问接踵而来。在信托的监管不断趋紧、制度红利越来越小的背景下，信托去向何处已经从一个金融问题延展成了社会问题。

面对着信托的污名化，许多信托从业者抱怨"信托这个工具本身没有问题，问题出在信托管理人的不合规操作""同行经常用信托的违约事件借机诋毁同行，这都超出了就事论事的范围"。很多规矩做事的信托从业者此刻的心情可能与此如出一辙，大家都站在行业的角度去做着长期的思考和努力。但很多媒体、自媒体却唯恐天下不乱，对这些负能量趋之若鹜，试图通过贩卖恐慌、变现流量来获取自己的收益。

（一）境内信托的"昨天、今天和明天"

谈起信托本源，一般都会追溯到中世纪诞生于英国的用益制度（见图4-4）。在境外经典的、成熟的信托模式下，信托作为一种法律制度被广泛使用，而不是以一个金融行业存在。在特定条件下，任何机构和个人都可以发起设立信托公司用于特定目的。用一句简单的话来通俗地解释信托的内核，便是"受人之托，代人理财"。

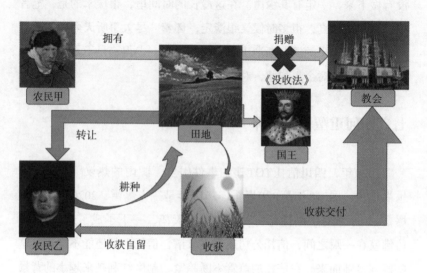

图4-4 英国的用益制度

资料来源：中信信托。

事实上，把境内的信托公司同信托本源结合起来是一件非常困难的事情。信托在我国漫长的社会经济历史中存在时间不长，1921年8月，在上海成立的通商信托公司标志着我国信托业的开始。遗憾的是，伴随着战火与社会变革，我国信托行业的发展陷入了停滞状态。20世纪70年代末，为了鼓励以更为灵活的融资方式来改善当时金融体系结构的不合理，国务院、中国人民银行先后颁布了一系列文件和规定鼓励信托业的发展，银行、地方政府等纷纷设立信托投资公司，使其成为掌握大量金融资产的一类综合金融机构。境内信托公司在成立伊始就带有明显的银行化趋势，在其体系下形成了银行、证券和期货等多品种全牌照的混业经营模式，真正发挥信托制度优势的特色业务比例很小。由于缺乏有效监管和完善的公司治理，信托公司经营不善造成了较大的经济损失，才有了连续五次的整顿，直到以"一法两规"为基础的信托顶层架构初步形成，明确了境内金融行业分业经营的格局特征，才促成了我们现在所看到的信托行业。

从境内信托行业的发展来看，"乱与治"是一个长期的历史进程，信托公司被赋予的超越本源的贷款功能，是境内金融发展历史的必然产物，我们不必也不应该为此妖魔化信托公司。而在境内金融体系不断完善的背景下，信托回归"受人之托，代人理财"的本源又显得格外迫切，这既是监管目前着力解决的，也是现在信托行业发展的必然。从这个角度来看，四川信托的TOT爆雷不是个案，而是信托公司新一轮整顿的开始，更是金融规范化经营、信托回归本源大潮的序章。

那么，在信托回归本源，跳出以信贷创造为主的非标模式，跳出影子银行在金融中的补充定位下，信托的精神和文化又该如何重塑？我们该如何利用信托的本源精神去改造新的信托行业呢？

（二）打造以委托人的利益为根本的经营模式

"受人之托，代人理财"的第一要义是，受托人要忠实地维护委托人的利益，将委托人的利益作为具体工作的首要目标。这不仅是信托本源对服务型信托的要求，也应该是广义信托下每一个受托人（信托公司）所必须遵循的铁律。

近期被推上风口浪尖的很多信托公司发生的问题项目是否以委托人利益为最大出发点？试图通过资金池来掩饰的仅仅是坏账吗？大多

数人很难了解内情，但事实是，对受托人意志的尊重、妥善维护受托人的利益，仅凭道德约束是无法实现的。这里需要的不仅是信托公司自身的清风公约，也需要监管在顶层规则上多花心思，不仅要破除资金池、TOT这种不透明的资产组织形式，更应该对信托资金的真实去向进行更严格的信息披露要求，并通过公开化的方式来进行监督。明明是给房地产集团融资，却摇身一变成为工商企业的流贷项目，这种简单粗暴的手段一次次地上演，一次次地突破信托和监管应有的底线。在房地产周期持续向好的情况下，捉迷藏的游戏还能玩得下去，但是未来呢？

如果说上述做法仅仅是为了穿透监管，尚且罢了。更可怕的是，股东把旗下的信托公司当作"提款机"，利用信托为股东进行变向融资，甚至牺牲委托人的利益来满足股东的需求。在行情不景气的情况下，这种行为就有可能对信托财产造成巨大损失。有人说："信托公司的老板花几十亿元收一块信托牌照，不做点自融反而太奇怪了。"但当年德隆系将若干家信托作为其资本大局下的抽血机，造成巨额坏账的日子并没有过去多久。

（三）受托机构应恪守专业、谨慎的精神

忠实于委托人的利益，在工作落地过程中，最主要的是受托人的专业与谨慎。谨慎是保证委托人利益的关键，而专业是为委托人创造收益的法宝。某年，笔者在一家AMC处有幸见到某信托公司的坏账清单，林林总总几十笔问题项目，以房地产和工商企业融资为主。仔细一看，房地产项目多位于四、五线城市，工商企业都是我没听过的小企业。在不考虑内部人恶意串通的情况下，你很难相信这些项目会出自金融机构之手：信托公司是否秉承专业的精神进行扎实的尽调？是否进行了准确的财务分析和竞品比较？再退一步讲，同一时间做30强的房地产项目赚2%，何乐而不为呢？

在实务中，很多信托公司高估资金市场的流动性，以为当资金宽裕的大潮来临时，任何项目都能够通过借新还旧以维持运营，进而忽视对融资项目的尽调与管理。实习生帮忙攒报告、尽职调查浮皮潦草、贷后管理形同虚设，这是许多信托公司展业的现状。但这两年我们看到的情形是，无论资金是宽裕还是紧张，融资人的信用都在不断分化，不同等级客户的信用利差都在不断扩大，在同一行业中，择优汰劣的局面越发明显。事实上，很多信托公司对资产端的研究与思考是不足的。受托人把大量的精力放在非业务层面的事情上，忽视对资产端专业性的建设，又如何帮助委托人达到保值增值的效果？

这几年，信托行业也在反思：信托公司的风控在金融行业中算优秀吗？事实可能比较悲观，信托公司相对较低的不良率源于制度红利——当你侥幸吃到最尖上的那茬韭菜时，无论怎样烹饪，味道大概都不差，但当制度红利退去后，信托公司作为受托人如果不能坚持专业引领，那么"受人之托，代人理财"就是一句空话，信托的精神亦荡然无存。

（四）受托人应秉持诚信的精神面对客户

信托项目的运行中存在着各种各样的问题。信托项目的披露制度就是要建立起一条受托人和委托人沟通的有效桥梁，而信披制度的核心就是诚信。

对于四川信托TOT事件，依照许多人的判断，部分问题资产应该在更早时候便出现了不良，而信托公司为了掩盖不良，将违约项目装入资金池进行掩盖。大部分投资者都关注了2018年资管新规对资金池的严厉约束，却忽视了监管机构对资金池的整改始于2016年。从时间维度上看，四川信托TOT在2020年才爆雷，意味着它已经错过了2016年和2018年两个时间窗口了。在这4年的时间里，受托人为了掩盖不良，继续"推陈出新"，以各种形态和名称的资金池来承接问题资产。诚然，前期的少数客户得到了兑付，但越滚越大的资金池在最后形成了超过200亿元的兑付危机。

受托人在遇到不良时，是选择坦诚面对，向委托人准确无误地传递相关信息，还是为了公司的扩张，通过资金池的方式来掩盖坏账？回答该问题的关键在于诚信与否，如果受托机构在经营中不能做到诚信为本，那它又如何值得委托人托付呢？

我们沿着这样的观点继续前行，刚性兑付除了是制约行业转型的痼疾，是否也是对诚信的违约？受托人为了维护声誉，继续做大信托业务而选择自行兑付，投资者表面获得了本金的偿付，但从长期来看，羊毛出在羊身上，受托人刚兑的资金终究是要从其他委托人身上拿回来的。长此以往，刚性兑付恰恰助长了受托人的不诚信。你要我整顿资金池，我偏要用它来给客户刚兑（隐藏坏账）；我要隐藏更大的坏账，就要做出更大规模的资金池。在藏不住的那一刻，市场上就会出现更大的风险，进而冲击整个行业的声誉。

诚信是一家企业的根本，更是一家受托机构存在的根本。"刚性兑付"特别是依托于资金池暗箱的刚兑，在本质上助长了部分受托机构的不诚信，行业长期处于无法出清的状态。在这里，我们呼吁信托行业诚信经营，信托行业不仅需要信托公司和从业者的自律，更需要监管机构对不诚信的受托机构、股东和管理层制定更严格的罚则，只有当不诚信的成本足够高时（当年美国的世通、安达信还历历在目），诚信方能回归。

（五）重塑信托精神，构建信托合规文化

2020年，信托行业的局中人将迎来最艰难的时刻。"理财经理最大的专业性就是选一家靠谱的信托公司。"在信托爆雷事件后，这样的观点依然不落伍。当我们化繁为简，按照信托本源的精神去评估行业里的68家公司时，"专业、谨慎、诚信、忠实于委托人利益"与信

托的本源问题不谋而合。

2018年资管新规的落地，代表了这一轮金融整治序幕的拉开，其间虽然偶有波折，但整体还属平稳。在这种令人迷惑的稳定下，我们形成了一种幻觉，就是信托的回归本源会以一种平和的方式来实现。但事实上，没有任何一种制度的变革或更新是不需要付出成本的，市场出清一定会以风险的扩散为最终的点缀。在正本清源的过程中，四川信托是第一例全面的风险暴露，但绝不会是唯一一个。只有在风险暴露的过程中，信托公司才能实现真正的"良币驱逐劣币"；只有在风清气正的环境下，信托公司作为受托人，才能有更好的基础和能力为委托人提供优质服务，才能回归真正的信托本源。

第五章
财富之术

一、关于财富管理的未来

不谋万世者，不足谋一时，对于金融各个子行业未来的发展，我们希望能够以一个更长远的视角来审视。当长期趋势已经发出明显的信号时，任何短期的扰动都不会也不能改变我们基于长期的选择。

站在宏观的趋势上看，经历了企业、政府和个人三轮加杠杆，货币政策进无可进，饮鸩非但有毒，也无法解渴，以加杠杆促进经济增长的模式最终会步入夕阳。杠杆的缓慢解除意味着金融行业的新一轮理性回归，谁都能猜到行业未来的日子不好过。而资管新规的坚定执行，也使得精于结构设计、善于利用牌照优势的机构无所遁形，在时代的洪流中，谁也无法独善其身。在2019年的冬天，信托圈里的业务人员聊得最多的话题就是"信托的贷款资格是否会被取消"，但在摇头叹气之后细想一下，即便不被取消，在以银保监会64号文为代表的各种监管政策下，信托公司或者说资管行业在未来又有多大的腾挪空间？所以，与其说财富管理在未来有更大的发展空间，倒不如说财富管理相比投行和资管，有了更多的比较优势。

有人说，财富管理本身就是一个伪命题，根本不存在财富管理，只有产品销售。诚然，在金融行业整体向上、资金极度宽裕的情况下，这样的说法不无道理，但当流动性衰减时，裸泳的人将露出水面，风险暴露彻底改变了投资者的偏好。在这一年的时间里，许多高净值客户在受伤之后把钱只存在银行，其他什么也不做。从大周期来看，持牌金融机构的财富管理部门应该欣喜地接受这种变化，它们将是这种变化的最大受益者。我们更应该关注的是，在金融行业整体向下的格局下，蛋糕的切分方式变了，蛋糕变小了，新增财富人员编制不断被压缩，财富管理机构如何在硬约束（人员编制、薪资绩效等）下继续保持快速的增长？

借用某资深前辈的观点，前几年的财富管理行业做的只是"组织建设"。何谓组织建设，不过是建章立制（激励）、人员招募（招聘），把产品放在柜面上（销售），卖出去就发奖金。组织建设虽简单、粗暴、有效，但完美匹配了资金宽裕、风险偏好不高的旧时代。但我笃信，未来的财富管理市场一定不会如此，"组织建设"打天下的趋势已经慢慢过去，"组织增值"才是财富管理未来发展的关键。依托更完备的考核体系、营销支持体系、培训体系及科技建设，才是财富管理机构未来脱颖而出的不二法门。

作为中美贸易摩擦的副产品，境内金融行业将在新的一年以更大力度开放，外资独资的保险公司（安联中国）已经开业，外资独资的银行、证券公司还会远吗？在2005年前后，招商银行就是行业内最好的财富管理机构，到2020年依然如此，地位不可撼动。但是，对于一个财富管理从业者来说，这样的格局未免太单调了。相比之前的任何一年，我们应该以更大的好奇心去看待境内财富管理市场格局的变化。产业升级的必然、更多潜在的参与主体、趋势性变化的风险偏好、人才流动的常态化，这个行业在未来一定会有更多美好的事情发生，每一个身处其中的参与者应该怀着更大的期待去憧憬未来、拥抱变化。

如果把2007年定为私人银行高端财富管理业务发展的元年，那么2020年可能是境内高端财富管理2.0模式的新开端。行业在变、市场也在变，从业者必须迎接变化，但这并不代表我们无所作为。

（一）坚信技术与专业

在过往的几年，只要把产品卖出去就是好样的。在财富管理市场中具有比较优势的是资源与人脉，甚至是忽悠，但未来我们应该考虑的是在资源集约化和竞争充分化的情况下如何将产品卖出去以及如何将产品更好地卖出去，并在销售的同时赢得客户的信任与长期合作。我们笃信，在未来日趋复杂的竞争环境里，专业的能力是一家机构制胜的核心，而有能力的专业人士在未来产业升级的背景下会产生更多的比较优势。"一花开，天下春。"这是笔者喜欢的一句话，笔者以此句与每一位财富管理从业者共勉。

（二）更多的耐心与坚持

在最近几年中，很多有能力的同人，因为遇到职场天花板，试图通过走出去的方式获得新的机会，但大多数结果并不尽如人意。这也许并不是时代作祟，谁的职业生涯能一帆风顺呢？在行业大环境减速换挡的时候，任何的波折与等待似乎都是大概率的。从业者应该相信大趋势，相信专业创造价值，同时也更应该具备耐心与坚忍不拔的意志，只有默默地把自己沉在水下，从每一个工作细节中吸取养分，不浪费自己的时间，不断积累自己的价值，才能在未来风起的时候有第二次飞跃。潜得有多深，跃得就有多高！

（三）永远对未来好奇，保有童真和勇气

诚然，在最难受的时候，鸡汤总是最解渴的，但真正的鸡汤绝不是对心灵的无谓抚慰。真正能让我们有勇气坚持下去的只有远方，我们要比之前的任何一年都更关注、更好奇未来财富管理市场的变化，

我们也希望这个行业里的每一位从业者都能永远乐观。有时候，坚持并不是一味苦撑，而是对美好未来的一种期许，面带微笑去迎接未来，不是更好吗？

二、财富管理行业，路在何方

前几年，在招商银行和诺亚财富成功案例的鼓舞下，很多资本在利润的驱动下，怀揣着美好的梦想，杀进了财富管理行业。但随着时间的推移，产品供应紧张，经营成本居高不下，项目频频爆雷。在各种问题的冲击下，许多财富管理机构收缩战线，曾经热火朝天的财富管理一下子就陷入了阶段性的困局。那么，财富管理行业是否还有美好的未来？下面我们从财富管理行业的翘楚诺亚财富谈起。

（一）诺亚财富的欲望与歌斐的悖论

诺亚财富的成功就是境内财富管理行业的缩影，很多后进的财富管理机构在设定增长目标的时候，都是遵循诺亚财富的轨迹在邯郸学步。很多人只看到了光鲜亮丽的诺亚财富，却忽视了诺亚财富十年前相对宽松的成长环境，更没有人关注到诺亚财富这几年的不易。

观察诺亚财富最近三年的财务状况（见图5-1），我们可以清晰地看到，诺亚财富从整体上已经很难实现快速增长。从收入的细节来看，资产管理（歌斐）贡献的收入，无论是绝对值还是占比都在不断提升。

也许，因为辉山乳业、承兴等事件被大家质疑的歌斐资产恰恰是支撑了诺亚财富这几年报表的关键。另外，汪静波苦心孤诣地创建歌斐，既是因为要摆脱代销模式受制于人的角色困局，也是因为看到了诺亚财富在财富管理行业发展的瓶颈！

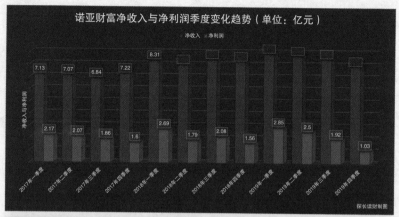

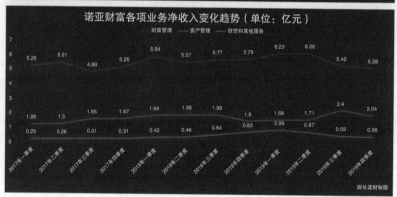

图5-1 诺亚财富近几年的财务状况

（二）大资管时代的退去，是否意味着财富管理行业的红利已经消失

当汪静波和她的诺亚财富积极寻找新的出路时，财富管理从业者也需要思考一个新的问题：之前伴随着非标固收类（银行理财、信托甚至P2P）而兴起的财富管理业务，是否仅仅叠加了资产管理的大周期？而以资管新规、银保监会64号文等一系列"紧箍咒"一般的政策出台为标志，报价式产品淡出，融资类信托不断紧缩，具有高收益、低风险特征的产品在未来供应清淡，行业之前所信奉的财富管理模式是不是也要被颠覆？

信托的未来

回顾境内金融的发展历史，我们不难得出以下观点。

- "资管+财富"这种前店后厂的商业模式受益于大资管时代的充裕流动性，资产端的违约率一直处于稳定可控的状态，以刚性兑付为特征的产品营销模式契合了财富管理的粗放式发展。在这个背景下，境内财富管理以"单一产品营销""搞激励建队伍"为主要特征。有人说"非标不死，财富管理不兴"，如果买了收益率8%稳赚不赔的产品，谁还有心思去搞资产配置呢？
- 长期依赖外延式增长获客，比拼价格和激励，劣币驱逐良币。流动性充裕抑制了违约率，导致财富管理机构陷入了盲目扩张的境地——不考虑风险，谁家的打包价高就卖谁的产品。销售价格高、激励高，又有什么可担心的呢？在低违约率下，财富管理变成了一项简单粗暴的工作。在无节制的成本开支下，外延式的获客方式是最具有性价比的，而那些老老实实打基础、以理财经理和客户为核心需求的财富管理公司，一定是吃亏的。

综上所述，大资管时代不复存在，财富管理将成为过去时，未来十年的财富管理一定不同于过去。当非标的潮水退去，行业也将迎来新的洗牌，以客户需求为出发点、以资产配置为核心方法、以扎实做工作为特征的财富管理机构将会取得更多的发展。

（三）从招商银行和UBS的成功经验看未来财富管理的发展路径

有人可能会有不同意见：你刚才的例子只代表了信托和三方财富，明明商业银行的财富和私行就做得蛮好。招商银行于2019年度实现了零售金融业务非利息收入479.57亿元，同比增长了10.94%，占全部非利息收入的49.64%，多么诱人的数字！让我们再来看一看作为私行和财富管理全球标杆的UBS（瑞银集团），其各项财务数据的表现如图5-2所示。UBS的全球财富管理部门在2018年占用32%的资产情况下，贡献了54%的收入和47%的利润，实为可观。

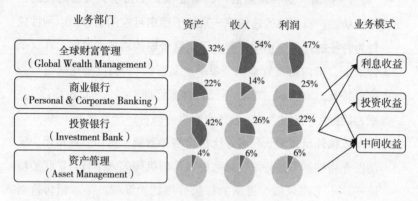

图5-2　UBS业务架构图

资料来源：恒大研究院。

我们从招商银行和UBS的成功经验可以看到，传统金融机构，特别是银行机构，在财富管理领域具有天然的优势。

- **首先，商业银行私人银行部门的获客成本低**。支行网点和人力成本在体量超大的商业银行面前并不显著；商业银行的大量成本开支湮没于历史和报表的大盘子中，使得私行财富部门可以轻装上阵。做过消费金融业务的人都知道，获客成本在很大程度上决定了风控模型和最终的不良率。财富管理也一样，当获客成本可以低到忽略不计的时候，你的经营模式一定会优于那些以外延式成长为特征的机构。

- **其次，商业银行具备强大的平台能力**。UBS和境内很多商业银行都可以做到财富管理、资管和投行业务的内部联动，这种依靠资本和牌照优势形成的业务架构，是私人银行的经典范式（见图

信托的未来

5-3）。更主要的是，这个模式可以在业务联动的基础上，将更多的收益留存在体系内，实现真正的"一鱼多吃"。从这个角度来看，构建金融全牌照的平台，也是财富管理机构践行成本最优的一种必然结果。在单一客户获客成本相对固定的情况下，以内部转介为纽带，尽可能多地服务客户需求，创造更多价值，是最优选择。

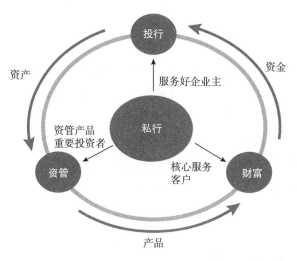

图5-3 私人银行与"大投行、大资管、大财富"关系示意图

■ **最后，商业银行的私行有被低估的存贷息差与资管业务收入。**境内的商业银行存在天然的存贷利差。在目前境内银行业存贷息差尚可的情况下，私行和财富部门即使不考虑中间业务收入，在FTP[①]考核下依然有较多的存款收益可以支撑其运行。尽管对于

---

① FTP是指商业银行内部资金中心与业务经营单位按照一定规则金额有偿转移资金，达到核算业务资金成本或收益目的的一种内部经营管理模式。——编者注

存贷息差是否计入财富管理部门的核算，仁者见仁，智者见智，但以扩展视角来看，代销的资管产品所生成的收入（管理费和尾随）是否计入财富管理机构，或者说以何种方式切分，就成为财富管理机构比较现实的一个问题了。

恒大研究院的相关报告显示，UBS财富管理板块中超过57%的收入来源于委托类服务；UBS向客户收取不超过2.5%的固定管理费，成为UBS的核心收入来源。

我们把这个话题继续延伸，如果财富管理在UBS贡献的接近一半的利润，是建立其内部对财富管理更为有利的收入切分方式，那么以UBS为标杆的境内金融机构是否应该修正目标或者内部协作方式？境内商业银行的现状是，以理财产品为例，提供资产的分行和资管部占得大量的收入，私行部门的实得为0.2%～0.3%，远低于UBS；再以代销信托为例，之前许多银行强制要求投行部发起，私行仅仅获得代销费的一半。不在同一个纬度下的收益分配方式，是否会造成很多走在前面的私行为了指标过度销售，涸泽而渔？

（四）未来财富管理的新趋势

通过对境内银行和UBS的观察可知，传统商业银行在发展私行和财富上具有先天优势，但是否意味着其他类型的主体注定无所作为？对此，我们并不悲观，但任何一家新进入这个市场的机构都必须想清楚以下三件事情，找到自己的优势，这样才能在未来十年竞争更为激烈的市场环境中找到自己的定位。

1. 控制获客成本

依靠较高的激励，以网点建设和人员招募为主要特点的粗放式发展，由于成本较高，难以长期维系。因此，财富管理机构在经历前期的外延式增长后，必须寻找一条集约式发展的路线。未来，财富管理机构在降低经营成本上应该有以下几条路径：

- 培养财富管理机构自身的品牌和声誉能力，实现机构自身的造血功能。
- 财富管理机构应当形成一个稳定、适中的激励体系，依托中后台的技术和支持能力赋能前台人员，使其形成依赖。
- 财富管理机构应建立投顾团队和培训体系，加强理财经理团队的专业能力建设，以资产配置为工作主线，实现多元化全天候的产品服务能力，提升理财经理的单点产能，实现集约化的发展。

2. 寻找自身独特的利基去开拓财富管理市场

境外不仅有许多大而全的财富管理机构，诸如UBS、富国银行和嘉信理财等，也有许多小而美的家族办公室，这些机构以核心创始人的禀赋为基础，以法律或税务为利基，在财富管理市场上牢牢赚得自己的份额。在未来的财富管理市场，在相对"平坦"的产品市场下，吸引客户的不是更高的"固定收益"，考验财富管理机构的是其投研、资产配置和综合服务客户的能力。以此为延展，未来，参与主体更应考虑的不是产品定价和增值服务，而是如何在这个市场里找到自己对客户的独特定位，同其他竞品公司形成差异化竞争，实现更长久的发展。

3. 建立自身的平台能力

如上所述，任何主体进入财富管理行业都必然要经历一个从高成本向低成本过渡的阶段。在这个缓慢转变的过程中，所有机构都必须：

- 提升理财经理的单点产能和复合销售能力。
- 具备较强的自发流量和造血能力。
- 具备基于客户需求维度的多种金融和非金融服务能力。

在这三种能力的要求下，未来财富管理机构的平台能力就显得格外重要。特别是当"包打天下"的非标产品日渐稀缺时，以综合能力服务客户、绑定客户的需求将会变得更为迫切。在这个趋势下，持牌的金融机构，特别是具有金融集团背景的机构会有更多的先发优势。境内的实践是集团内部协作效果普遍不佳，财富管理机构如何在发挥自身优势的情况下，与其他服务机构（投行、资管、律所、会计师事务所和其他增值服务商）形成良好的互动，将是一件非常迫切的事情。

（五）财富管理是一项长期工作，需要更多的耐心去培育

有人会问：财富管理这么难，为什么还要做？这大概是因为在金融的细分领域中，传统的公司业务、投行与资管会更难。从金融行业发展的宏观历史来看，所有子行业都会经历从"躺着赚钱"到"精细化管理"的过程，只不过我们作为局中人，在这一切发生的时候，这种切肤之痛的体验会更加直接罢了。

乐观来看，未来财富管理依然是一片蓝海——境内居民财富在稳定增长，刚性兑付被破除后，各类机构在新的赛道里各显神通，未来依然精彩。财富管理是蓝海市场，但不代表财富管理在短期内就能赢利。相比资产管理更轻的商业模式，财富管理前期投入大、销售增长存在周期（一个优秀的理财经理在到岗后第三年才会达到产能的高峰），其盈亏平衡点要来得更晚。但当财富管理机构具备相当的内生增长能力时，它所具备的长期发展能力一定是值得期待的。这里，笔者希望每一个股东和从业者都可以对财富管理抱有更多的耐心与容忍。

三、信托公司财富管理业务战略地图

（一）境内财富管理市场的现状

　　招商银行-贝恩咨询发布的2017年中国私人财富报告的数据显示，个人可投资资产规模在2006—2016年出现了快速增长，年均复合增长率达到20%；而其中值得关注的是其他境内投资一项（包含信托、基金专户、私募股权等）的复合增长率在六个投资品相中排名第一，增长率达到55%，这个数据也说明了非标准化产品在最近十年得到了境内个人投资者越来越多的关注（见图5-4）。

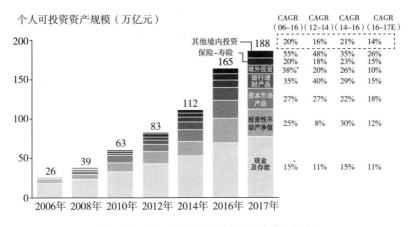

图5-4　2006—2016年个人可投资资产规模

　　在个人财富领域，可投资资产超过1 000万元的高净值客户的资产规模在过往十年也出现了高速的增长，复合增长率达到25%（见图5-5）。在经济稳定增长的情况下，高净值客户的财富蛋糕在不断做大，市场营销空间巨大。

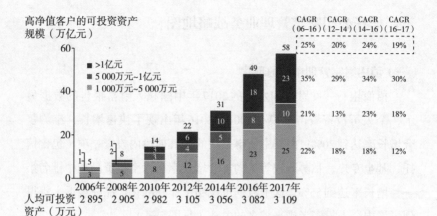

图5-5　2006—2017年高净值客户的可投资资产规模

　　通过数据，我们不难得出结论：境内居民的资产规模保持了快速的增长，其财富管理意识和需求也在不断提升；而以信托产品为主力的非标准化产品在过往以其良好的风险收益比，获得了高净值客户越来越多的认可。对于急切期望通过高净值客户打开资金僵局的信托公司来说，这个背景是数据上的极大支持。万事俱备，只欠东风，信托公司的财富管理业务又该如何发展呢？

（二）信托公司在金融同业中的横向比较和发展财富管理业务的SWOT分析

1. 在金融同业中，信托公司开展财富管理业务具有天然的优势

- 境内的财富管理市场，在以招商银行、诺亚财富为代表的一批持牌和非持牌机构持续经营下初具规模，高净值客户理财意识不断加强，各类理财产品的认知度大幅提高。
- 在资金紧缩的大背景下，以P2P为代表的一批非正规、泛金融机

构持续爆雷，高净值客户的投资风向悄然变化，资金从非持牌机构向持牌金融机构回流的趋势越发明显；持牌机构的稳健型理财产品受到投资者的热捧，对信托公司发展财富管理构成直接利好。

- 在境内财富管理领域，商业银行具有网点多、客群大、理财经理基数大的特性，占据了绝大多数的市场份额，但传统银行内部管理条线繁杂，KPI考核面面俱到，导致理财经理工作繁重、专注性不强且个人发展受到压抑，越来越多的"体制内"人员选择走出来，为信托公司扩充人力资源创造了机会。
- 相比商业银行和第三方理财的中介属性，作为产品的设计商和供应商的信托公司在产品营销上具有专业性的优势。

整体来看，信托公司发展财富管理业务由于更贴近资产端，在产品上具有天然的创设优势；加之传统商业银行受限于体系庞大、管理链条过长等原因，无法真正在财富管理业务上发力，给信托公司留下了后发机遇。综合内外部因素，信托公司发展财富管理业务具有独特的利基。

2. 信托公司发展财富管理业务的SWOT分析

针对信托公司在财富管理领域面对的主要对手，我们分别列出它们的比较优势和主要问题（见表5-1）。

表5-1　信托公司及其竞争对手的比较优势和主要问题

参与主体	比较优势	主要问题
商业银行	用户信任度高、基础用户规模大、产品种类丰富	人均维护客户量较大，用户关系经营深度不足，存款业务压力较重，业务指标多杂不聚焦

参与主体	比较优势	主要问题
证券公司	投行业务较发达、产品创设能力较强	对理财经理的队伍建设比较忽视，从传统交易经纪业务向产品销售、资产配合用户经营转型需要漫长过程
信托公司	产品供应较为充足丰富	以产品销售文化为核心导向，以产定销导致对用户利益关注不够，客户基础较差，理财经理队伍建设不足
保险公司	基础用户规模较大	产品类型过于单一，以保险产品为主；人力队伍整体素质有限
第三方财富公司	佣金和产品定价较高、销售队伍狼性较强	以产品销售文化为核心导向，以价格战和高佣金激励为主要策略；队伍专业度不足，对用户需求关注不够；融资部门被产品发行绑架
互联网金融公司	用户线上交易成本较低	线上获客成本过高；用户定位较低端；以公募基金线上交易为主要切入点，场景化不足，转化效果有限

根据横向和纵向比较结果，我们站在信托公司的角度去审视信托公司在财富管理领域的SWOT（见图5-6）。

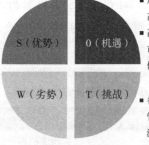

- 股东背景实力强劲、资源丰富。
- 信托公司最近几年实现了快速发展，商誉良好，产品创设能力强，产品线丰富。
- 大部分信托公司不良信息较少。

- 居民财富持续快速增长积累，高端用户理财需求快速觉醒。
- 高端财富管理市场属于增量市场、蓝海市场，且目前主体发展水平参差不齐。

- 业务发展起步较晚，在团队、系统和品牌等建设方面，需要从零起步。
- 新兴品牌，影响力有限，建立用户信任需要时间。

- 各类金融机构都在发力财富管理，且在产品价格、佣金激励等方面力度较大，对用户、销售团队都有冲击。

S（优势） O（机遇）
W（劣势） T（挑战）

图5-6　信托公司在财富管理领域的SWOT

综合SWOT分析，我们可以得出以下结论：信托公司应该抓住目前政策窗口带来的结构性机遇，利用商业银行存在的系统性外溢机会，凭借自身在产品设计、定价和供应方面的优势，加快团队建设，形成自己的客户群，在未来财富管理行业中赢得一席之地，为资产端落地提供稳定的资金供应。

（三）信托公司发展财富管理业务是大势所趋

在资管新规发布后，以同业资金为代表的机构资金规模快速萎缩，带动表外资金整体趋紧，新增信托规模特别是集合信托规模增速大幅下滑，信托产品预期收益率不断提升（见图5-7）。在资金为王的市场格局下，信托公司为了寻求新的增长点，必须发掘新渠道以弥补同业和理财资金消弭所带来的负面影响，高净值客户自然就成为信托公司落实资金来源的首选。

图5-7 信托产品预期收益率

2018年下半年，在实地调研的基础上，除了极少数信托公司，绝大部分信托公司已经开展了财富管理业务。在这个大趋势下，各家信托公司有以下几个共识。

1. 高净值客户成为未来信托公司财富管理业务的一个重点方向

在调研的过程中，我们发现，有两家信托公司具有一定的代表性。其中，位于东南区域的这家银行系信托公司A，长期依赖于母公司银行代销。A公司从2017年开始将散落在各个业务团队的财富人员整合起来，形成新的财富管理中心，进行垂直管理。在人员建设方面，2018年A公司累计招聘超过30人，现有规模达到50人，2019年两家新网点也已开业。而另一家银行系信托公司B专注于机构资金，其机构营销团队在业内具有较强的品牌影响力和声誉，但自2018年以来B公司在资金营销中心的基础上，剥离出一个新部门专门负责家族信托业务，在资金营销中心内部设立了两个新的自然人营销团队，并尝试按照市场化的方式进行激励。

这两家信托公司均具有较强的股东背景，项目来源和资金来源无忧，但都开始主动尝试以高净值客户为主的财富管理业务。从侧面来看，信托公司管理层根据市场和政策的变化，有意识地加强了对高净值客户的营销力度。

2. 信托公司发展财富管理业务营销高净值客户是一件不可逆的事情

相比高净值客户的财富管理的成本开支，投行和机构业务的成本更低。很多人担心一旦行情和监管政策发生变化，信托公司再度回到以通道业务和机构资金为主的模式下，那么财富管理业务前期高昂的人力成本投入（如图5-8所示的瑞士信贷的相关数据）岂不是打了水漂？

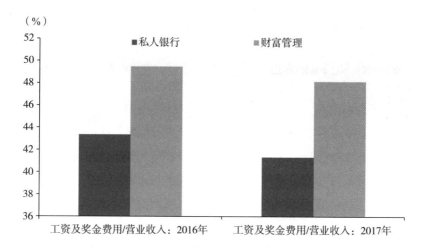

图5-8　2016—2017年瑞士信贷私人银行、财富管理工资及奖金费用/营业收入

资料来源：瑞士信贷财报，华泰证券研究所。

对于这种担忧，结合数据分析，我们可以相对清晰地看到，在2018年之前的五年时间里（也就是我们通常所说的大资管时代），一个月的SHIBOR和1~2年期信托产品发行利率一直保持较强的同向性。但这个趋势在2017年12月以后（资管新规征求意见稿发布一个月后）被打破，1个月的SHIBOR利率和1~2年期信托产品发行利率走出了完全相反的态势（见图5-9）。尽管相关主管部门通过各种政策积极推动银行表内信贷市场的资金活性，使得SHIBOR快速下降，但我们习惯的表内向表外的传递模式并没有如期实现，信托募资难的趋势业已形成，信托融资成本和销售价格不断攀升。

从这个角度来看，商业银行表内的开闸放水对于缓解实体经济中相当一部分企业的融资困境已经很难起到作用了，在大资管时代，依靠同业资金和银行理财输血的融资主体将迎来一轮前所未有的融资冲击，加之银行表内扩张能力有限，这些主体必须找到新的资金方向。在缺乏有效新增资金的情况下，高净值个人客户成为这部分资金最主要的承载主体。

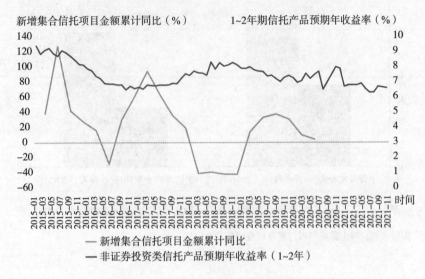

图5-9　信托产品新增金额与预期年收益率

资料来源：Wind。

3. 机构资金营销应该是财富中心的应有之义，依然具有较大的市场空间

自2018年以来，各家信托公司的财富中心销售规模普遍出现快速增长。以某排名前列的信托公司C为例，在销售人员零增长的情况下，其销售规模同比增长了1倍，2019年半年时间就达到200亿元，接近前一年的销售水平，2020年实现了400亿元的财富中心直销规模。其他各家信托公司也伴随着人员的扩张实现了销售的快速增长。

在调研中，我们看到，不同风格的信托公司在单人产能上有较大差距。以机构客户为主的央企信托公司D为例，在行业内销售的人均产能最高，2020年达到人均10亿元的销量（含对金融机构销售）；而上述信托公司C人均销量也较高，2020年客户经理的人均全年销量分

信托的未来

布在5亿~10亿元，部分具有较强机构或家族信托资源的理财经理全年的销售规模可以达到15亿元以上。整体来看，以机构业务为特征的财富中心具有更多的人均销量。

我们观察到，以自然人销售为主的信托公司，人均产能普遍保持在1.5亿~2亿元。其中，某大型集团背景的信托公司作为财富管理的龙头，2019年理财经理年均销量（折标准化）超过2亿元，其他诸如中融信托等主打人海战术的信托公司，人均规模略低于此。

我们可以看到，信托公司的财富中心在未来需要走一条精细化管理的道路，单纯依靠人员扩张来实现销售增长，一方面存在管理的瓶颈，另一方面也受到公司收入成本比的制约。如果要进一步提升人均产能，那么我们需要重新定位财富中心的目标客户，不仅要包括高净值个人客户，也应该包含依然有业务机会的金融机构（诸如城商行、证券公司等）和非金非银机构（诸如央企投资公司、地方国企和民营企业等）。这种打法在提升产能的同时，也有助于理财经理综合素质的提升。

（四）信托公司财富管理业务的战略定位和发展方向

1. "兼顾眼前与志存高远"——从产品导向向资产配置发展

笔者从某专业培训机构听到了一个令人啼笑皆非的案例，某信托公司的高管说："我们的直销不需要资产配置，因为我们只卖固定收益类产品。"诚然，我们应该为这位领导的坦率鼓掌，在短期内信托公司的财富中心就是信托公司的直销阵地，解决信托公司的资金来源是财富中心存在和发展的根本。但现实是，以产品为导向是信托公司财富中心发展的必然之路，即从一开始的以产品销售为导向，慢慢通过理财经理与客户的磨合，逐步走向以客户需求为核心的资产配置路线。信托公司的财富中心必须通过合适的固收类产品，以定价吸引高净值客户，弥补自身的获客短板，通过持续的产品销售形成客户黏性，最终通过资产配置方案，以多元化的产品服务模式锁定客户。

通俗地类比一下，信托公司如果现在需要财富中心解决资金，就会丢出黄瓜、西红柿、鸡蛋和木耳给财富中心去卖，而高净值客户需要的是做好的饭菜。这两者的供给和需求存在一定程度上的不匹配，所以财富中心的工作就是把公司提供的原料加工成美味的饭菜，做成西红柿炒鸡蛋和黄瓜炒木耳提供给客户。这就是信托公司财富中心现阶段的主要工作，即承担了公司资产端到资金端的"翻译再解释"的任务，让产品导向在客户面前更具有可接受性。

2. "打造信托公司财富管理业务的特色，提升自身造血能力"——从依靠人员招聘的外延式扩张向增强自身造血能力的路线发展

这个命题的难度是最大的，对这一命题的解答和信托公司做好财富中心的团队管理息息相关——只有自身造血能力强了，理财经理才会有黏性，信托公司的财富中心管理才会有抓手。

但略显悲观的是，作为境内财富管理的主要参与者，银行、券商、三方财富和信托，在客户扩张的路线上无一例外都依靠网点和人员的投入，稍有区别的是作为后来者的信托和三方财富淡化了物理网点的投入，更多地依靠销售激励来实现向上挖墙脚，但本质依然是依靠人员扩张的外延式增长。部分互联网公司依靠金融科技也实现了不错的销量，但把握的主要是长尾客户，在高净值客户领域的破题依然毫无进展。从这个角度来看，谁突破了这个命题，谁就拥有了成为这个行业未来龙头的潜能。

通过品牌建设获取潜在客户、通过有特色的市场营销批量化获取客户、通过口碑营销进行MGM（顾客介绍客户）营销、通过金融科技和互联网技术从长尾客户中筛选提升高净值客户，是信托公司培养自身造血能力的四个重要路径。

（五）信托公司发展财富管理业务的现状和问题

1．理财经理的招聘遇到了困难

信托公司的财富中心可以分成两类：一类是以自然人销售为主的信托公司，中融信托、民生信托和四川信托是典型代表，这类公司理财经理数量多，少则200人，多则超过千人，人员流动大，激励机制明确，人员准入门槛相对较低，较多源于银行和三方财富；另一类信托公司在传统的机构销售领域相对比较擅长，财富团队规模比较克制，人数普遍在50人左右，比如中信信托、建信信托和外贸信托等，激励制度不明确，人员招聘的主要方向集中在银行、券商和信托同业。

我们在调研中发现，这两类财富中心在人员招募的过程中均遇到了困难，这种困难在一线城市（如北京和上海）表现得更为明显。由于前者激励机制相对透明，所以同类型公司竞争激烈，人员流动较快，而且公司经常出现成建制的离职，难以形成稳定的企业和管理文化，团队凝聚力差；而后者相对较低的激励体系，使得具有客户资源的理财经理望而却步，既有团队相对稳定，但有能力的新人招募进展缓慢。

2．财富中心在信托公司内部的定位逐步明确

各家信托公司普遍都把财富中心设定为公司资金业务的统一出口，包含额度预约、签约管理和后续维护，即使是业务团队自己的客户，也要到财富中心统一签约。财富中心对于信托公司内部的资金工作已经实现了有序的梳理，相关制度和机制建设逐步完善，相比前几年业务团队和财富中心各自为政的局面，从顶层设计上发生了可喜的变化。

3. 激励制度对于信托公司财富管理业务的利与弊

按照销售额给予销售激励是目前财富管理市场化的体现形式。信托公司普遍推广了针对理财经理的激励制度，极大地激发了销售人员的主观能动性，带动了信托公司直销业务的快速发展。

产品销售压力较大的信托公司给予的销售激励较大，例如中融信托等，激励水平分布在年化0.45%~0.6%的区间，属于业内较高水平；大部分信托公司的激励水平保持在年化0.3%左右，这也是这个行业的中位数；而几家排名居前、股东背景好的信托公司（比如中信、华润等）的激励水平最低，折算下来处于年化0.05%~0.1%的水平，这几家信托公司的整体激励水平甚至低于部分股份制商业银行。

当然，这些低激励甚至无激励的信托公司，要么存在自己稳定的利基，能够吸引销售人员加入（比如新入职的员工可以享受到分配老客户的权利，降低了前期展业的难度）；要么是机构销售或股东代销资源对公司有较大支持，不需要财富中心承担主要资金工作，销售压力不大，人员扩张压力也相对较小。

激励制度固然有促进生产力的直接作用，但作为一种生产方式，如果不加以妥善利用，过度使用的话，就可能带来一系列问题。

（1）**激励制度作为财富管理业务的"基本法"，应该具有一定的稳定性，不能朝令夕改**。2018年，我们了解到某拥有国企背景信托的财富团队销售规模有较大增长，但财富团队颇为动荡，人员高调扩张又高调离场，其上海团队甚至出现了人去楼空的现象。有些人简单总结道：这个现象之所以发生，是因为信托公司离开自己的"大本营"便会水土不服。通过直接和间接多方了解，我们得知的真实情况是，该公司在初期对销售团队许下了较高的佣金水平，但后来很快回撤到行业平均水平，激励水平下降较多，导致销售人员对公司产生不信任，造成人员快速流失。结合这个案例，我们可以看到，信托公司财富中心的激励制度应该具有一定的稳定性，而且财富中心应该和部门团队提前明确制度的延续期，而不是朝令夕改，徒增销售团队的不安全感。

（2）依赖激励制度进行人员招聘和销售推动，应该注重财富中心的团队建设，关注其团队文化和公司现有文化的合拍性。某排名靠后的信托公司F，从2015年开始加大力度招募理财经理，迅速带来了财富中心销售能力的增长，但由于主管领导离职转投他家，F公司财富板块人员快速流失，以致其财富团队要从零做起。从F公司的案例中，我们应该清醒地看到，信托公司与其财富中心不应是雇佣与被雇佣的关系，这样的业态关系会对信托公司的长期发展造成极大的负面影响。这样的队伍一来缺乏凝聚力，难以在长期堪当公司资金端的大任；二来高频次的人员流动对信托公司长期的稳定发展产生了极坏的作用。

信托公司建设财富中心，要有激励制度，但激励制度应该是作为信托公司资金端建设的一种工具，而并非包治百病的良药。信托公司应该加强自身的企业文化建设，完善自身造血能力，思考信托公司的发展同财富中心建设的相互作用关系。对于平台，理财经理除了销售激励，还能有什么其他附加值可以获取？我们对信托公司财富中心的队伍建设有五点建议。

- 团队的负责人应该具有较强金融正规机构的从业背景，了解金融企业的管理模式，了解信托公司的运作和企业文化，了解信托产品设计，也能理解信托业务团队的思维方式，在工作中要营造财富中心同业务团队的和谐关系。
- 团队的负责人和理财经理应该具有一定的职业理想，而不是仅有尽快把客户资源变现的简单销售逻辑。
- 财富团队的考核管理应该是多元化的，采用商业银行的平衡计分卡的方式（见表5-2），重销售数据但不唯销售能力论英雄，把过程管理和基本职业要求纳入考核细则，一来防止销售文化的过度侵蚀，二来可以增加财富团队和信托公司的黏性。

表5-2 商业银行的平衡计分卡模式

维度	指标	权重（%）
财务维度（60%）	产品销售量	30
	产品销售综合利润	30
客户经营维度（25%）	新增有效用户数	15
	维护用户总资产管理规模（AUM）增量	5
	用户流失率	5
工作质量维度（15%）	标准工作方法执行情况（含用户信息系统记录等）	12
	日常工作、会议、培训出勤情况	3
主观性维度（5%）	主管主观评价或团队成员流失率（负责人）	5

- 团队的人员招聘应以商业银行和信托公司为主要方向，可以引入部分出身良好（商业银行背景）的三方人员，但其比例应该控制在30%以内。信托公司在管理上应该杜绝飞单的现象，信托公司应该通过建立技术手段和多层级的客户维护体系（主管陪访、负责人陪访、400定期回访等制度）来尽力规避这个问题。
- 财富中心应加强团队建设、系统化培训体系建设和定期公司价值观的导入，使之成为信托公司一个完整的组成部分，而不是独立王国。

（3）有激励制度但受限于股东（特别是央企股东）定下的奖金总额，应该完善激励制度的顶层设计。销售激励要具有时效性，月度或季度的结算频率不仅会导致信托公司奖金发放总额增加，也打乱了集团的奖金分配规则和频率，形成了较大的内部冲突。

在信托公司的调研中，我们了解到，某央企信托公司已经开始通过递延业务团队奖金的方式，来实现财富团队的奖金及时发放。这种方式固然解了财富中心激励的燃眉之急，但从长期来看，这种饮鸩止渴的方式对于业务团队和财富条线的对立，无疑起到了推波助澜的作用。值得关注的是，另一家央企信托公司通过早先设立的财富子公司解决了激励兑现的问题，这是业内为数不多的成功案例。

我们从这个问题上也能看出，很多信托公司的激励制度之所以无法落地，在很大程度上是因为"不能"而不是"不愿"。信托公司管理层应该加强同股东的沟通，一方面在奖金体系上保有一定的弹性，另一方面应该提前进行顶层设计规划，通过制度设计绕开不必要的麻烦。

（六）信托公司发展财富管理业务的核心策略

结合信托公司财富中心的现状和遇到的问题，信托公司在落地财富管理业务时应该提前规划好三个核心策略，即产品策略、用户经营策略和团队经营策略。

1. 产品策略

信托公司财富中心应该建立专业、开放、全品类的产品平台，把具有高收益特质的固定收益类产品作为客户营销的突破口，吸引高净值客户进入信托公司的财富体系，并通过完善的资产配置方案和各种功能性产品（家族信托、全权委托）来锁定客户（见图5-10）。成熟零售银行的经验表明，如果一个客户同时使用了来自银行的七项功能性产品，客户流失的概率就会低于1%。信托公司也应建立完整的产品体系，从而把营销来的高净值客户变为真正自己的客户，摆脱"客户跟着理财经理走"的行业现状。

第一阶段 立足现有优势	第二阶段 强化资产配置理念	第三阶段 建立资管能力
立足公司的项目资源优势，以公司品牌和产品定价为先导，以高收益的固定收益产品为先导，以顾问式产品销售为主要工作形态，形成种子客群	强化信托公司在固定收益类产品的优势，打造开放、可持续的产品配置平台，以货币、固收、权益为组合配置的原料，用资产配置方案取代单一产品营销	强化客户对信托公司资产管理能力的信任，从资产配置方案过渡到全权委托、家族信托等产品，实现对客户的最终锁定，实现客户与信托公司的共赢

图5-10　信托公司的产品策略

从另一个角度来看，财富中心应该以公司的业务目标为最大产品策略，充分了解资金端的产品偏好和需求，为信托公司在资产端产品创设提供有益的依据和建议，成为公司新业务的一个重要起点。

2. 用户经营策略

所谓用户经营，是财富中心应树立"经营用户"的核心理念，不是单纯地把客户作为公司资金的提供方，而是要切实围绕用户真实财富管理需求提供解决方案，以解决高净值用户的具体问题为出发点；不是单纯地关注销售佣金和销售规模，而是通过满足客户需求来建立起信托公司和客户长期共赢的生态模式。

基于用户经营策略，笔者认为信托公司需要从以下三个方面入手。

- 建立以"用户经营"为核心理念的制度政策和企业文化。
- 打造精准把握高净值用户需求以及提供财富保障、增值、传承等相应解决方案的能力。
- 建立客户关系管理系统（对内）、用户资产管理系统（对外）等信息化系统。

3. 团队经营策略

团队经营是信托公司财富中心成败的根本，信托公司应形成公司层面的统一意识，建立一支适应自身企业文化、核心价值观端正、专业能力过硬、具有极强开拓精神的前中后台队伍。在这个策略下，信托公司至少有四个方面需要完善。

- **价值观导入**。信托公司应持续加强企业文化、经营用户等核心理念以及价值观的宣导，并以此作为队伍考核与组织发展的核心标准。
- **完善考核激励体系**。短期来看，信托公司应建立以产品销售为核心的考核激励制度；长期来看，信托公司应建立以产品销售、客群增长、总资产管理规模、顾问式客户服务流程等综合性考核体系。
- **严把招聘关**。信托公司应从价值观、专业能力、用户关系等几方面全方位考察应聘人员，宁缺毋滥。
- **培训支持**。信托公司应建立适用于服务高净值用户的客户经理培训体系，包括但不限于资产配置方法、复杂产品知识、财富保障传承等，建立中后台投资顾问及专家团队，为一线客户经理提供更专业的支持及用户联动经营机制。

（七）信托公司只有走出自己的舒适区，才能做好真正的财富管理

财富管理业务对于信托公司而言，是一项相对陌生的业务，相比信托公司在资管投行领域所取得的巨大成功，财富管理的任何波折都显得那么碍眼。

但如果以信托从业者和财富管理工作者的双重身份看待财富管理业务，那么你会觉得财富管理业务对信托公司的发展是一个真正的机遇和长期考验。这也许是信托公司第一次主动尝试走出自己的"舒适

区"，向其他金融同业发起的挑战。这也是信托公司第一次试图跳出牌照优势，用自己的管理和能力去赢得市场的主动试验。这还是信托公司摆脱粗放化经营的命令式管理，走向精细化管理的开始。

伴随着资管新规的落地，信托公司的财富管理业务算是正式起步了。我们看到了其中的机会，更应看到其中的风险和潜在的挫折，希望越来越多的有识之士可以加入这个领域，为这项事业的破题和持续发展做出自己的贡献。

四、信托公司财富管理业务在破局中的困惑

2017年年底，资管新规征求意见稿及一系列配套文件的出台，意味着波澜壮阔的大资管行情慢慢告一段落。在以同业合作为根本载体的模式被终结以后，对于一向快速转型的信托公司而言，如何寻找到新的资金来源，以及如何在机构业务和个人业务间寻求新的平衡点，是必须思考的问题。作为信托从业者，笔者看到，财富管理业务得到了越来越多信托公司的关注，财富中心建设得不亦乐乎，原来不被重视的销售人员变成了炙手可热的香饽饽，各种内部流程一路绿灯。在这种歌舞升平下，笔者却有自己的隐忧。

在这部分内容里，笔者力图摒弃那些教科书般的陈词滥调，结合这十几年财富管理和私人银行市场的变迁与个人点滴所见，对在信托公司财富管理中心建设过程中遇到的一些困惑进行剖析，以一个生动形象的角度来阐释目前遇到的主要问题。

（一）"冰冻三尺非一日之寒"——股东或管理层在思维上的认知差异使得信托公司财富管理业务发展举步维艰

招商银行前行长马蔚华在各种讲话中反复强调的一句话是"不做对公现在没饭吃，不做零售将来没饭吃"。诚然，那个年代是批发银

行最好的年代，零售业务不成气候，投行业务也仅仅停留在形象工程阶段，更没有后来金融市场的争宠，传统的公司信贷业务成为商业银行最大的支柱。各家银行的支行一把手基本都是对公业务出身，行内的各种资源全面向公司业务倾斜，零售业务在大行长的眼中就是可有可无的。

在那个年代提出要大做零售业务无疑是一件需要勇气的事情，主要是因为：传统的信贷业务贡献巨大，如何在有限的资源中调节公司业务和零售业务的分配，在银行这种总分支的巨无霸体系内，本身就是极为困难的事情。不赚钱的业务凭什么拿这么多的收入？支行行长会想尽办法把分行分配的各种资源以各种方式向对公业务倾斜。从支行经营者的角度来看，这样的做法无可厚非，却忽视了在居民发展过程中财富的不断累积和国外金融业的长期经验。

这种现实表达了一个金融企业转型的尴尬：在传统业务还在赚取丰厚利益的同时，开拓一项新的业务遇到的阻力将超乎想象。对于信托公司来说，这也正是之前几年其财富管理业务发展不温不火的重要原因。传统的通道业务、以暗兜底为代表的机构间合作贡献了信托公司的主要收入，指望信托公司自主转型财富管理，这是不现实的事情。在这段信托公司财富管理的黑暗年代中，我们惊喜地看到，不少信托公司在财富管理业务上都有着不俗的表现。非国企的信托公司不存在国企体制下所有权和管理权的委托代理问题，公司的实际控制人根据金融市场发展的长期必然规律，咬紧牙关提前布局财富管理市场。

站在现在的时点，大家都看到高净值客户的财富管理业务之于信托公司的重要性，但从商业银行的历史来看，我们需要多留一点耐心给财富管理中心——必然的方向不代表水到渠成，信托公司需要继续投入人力、资金和情感上的支持。只有这样一步步走来，信托公司的财富管理业务才会有更美好的明天，才能为信托公司真正转型提供最大的助力。

（二）"等闲平地起波澜"——"财富中心的客户经理不就是个销售吗？打打电话聊聊天凭什么有这么多的收入？"

如何看待投行业务和零售业务的技术含量？区别于传统信贷与投行业务，零售业务缺乏大单成交的光鲜亮眼，最优秀的理财经理也是由一个个电话、一次次拜访和一次次签约积累干出来的，因而在不少人的心目中留下了这样的印象：积少成多的结果正是因为低技术含量的营销，抑或个人客户的销售难度要远低于机构销售。但这实在是一个巨大的误会。

- **财富管理的相关工作是一个系统工程**。财富管理中心的工作不仅是选址、装修、招聘、打电话和签约这一系列简单动作的组合，还包含产品体系的构建、客群服务、市场营销、系统建设和外呼中心等诸多方面。相比传统的投行资管业务依赖于人脉和拼酒等简单粗暴的营销方式，财富管理工作更具有周详的组织和体系。

- **财富管理工作特别是私人银行，对人员的综合要求更高**。对于国内最优秀的私行客户经理而言，上能分析市场解析产品（当然细节上不能要求太高），下能侃侃而谈天文、地理、艺术、风水。这里面，私行客户经理的专业怕是有所欠缺，但其胜在一个"博"字。反过来看，投行资管的从业者大都沉溺于繁杂的"搬砖"工作，有多少人能静下来提高自己？扪心自问：投行人员自以为的专业，距离真正的专业又有多少差距？

- **财富管理工作和投行业务在本质上有异曲同工之妙，无所谓高下之分**。第一，这两者的本质都是人与人的沟通交流。做好一个优秀的倾听者和总结者，对处理好工作会有很大的裨益，简而言之就是"会聊天"。第二，投行业务要求从业人员具有极强的业务敏感性，细节出黄金。无论是政策套利还是市场套利，都离不开从业者的敏锐嗅觉。对于财富管理人员来说，道理如出一辙：客户的一个眼神可能传达了一个购买信息，优秀的客户经理需要的是因势利导，捕捉这样的机会。第三，投行和财富都不是懒人的天堂，只要跑得勤、走得多，就一定能获取更多的业绩，思维模式和行动模式决定了成败。

- **利润导向使得积重难返**。在金融领域，传统信贷（对公）业务在过往贡献了大量的利润，改变这种思维上的误区需要我们的努力与耐心，但也需要更多的时间。

这些经验性的描述对于信托公司如何建好财富管理中心，可能并没有实质性的帮助，但信托公司现在需要的是，面带微笑且客观地看待财富管理中心，理解他们的工作，并且把符合逻辑的工作一点点做好，而不是戴着有色眼镜指指点点。这种精神上的认同对于业务的推动可能是最为重要的。

（三）信托公司财富管理业务的建设并非简单的财富管理中心建设

从许多走在前面的信托公司实践经验来看，财富中心的建设伴随着托管系统、电话接入和外呼系统、客户关系系统和网站系统等众多运营平台的建设，并不是设立场所、招募人员就可以开展营销这么简单的事情，所谓兵马未动，粮草先行。其中最简单的诸如400电话系统和公司官网建设，对于很多之前致力于机构客户开拓的信托公司而言，属于长期无人维护的荒地。信托公司的基础工程严重缺失，而这恰恰是对高净值客户开展营销前的门面工作。工欲善其事，必先利其器，没有基础何谈上层建筑呢？中信信托的员工讲过这样的故事：中信信托上海财富中心的理财经理经常会抱怨客户对他们的信任度低，总是怀疑他们是皮包公司的，要到办公地点去看一看才放心。彼时的中信信托已经深耕行业多年，它尚且如此，何况其他公司？

此外，公共关系岗的长期缺失也是制约信托公司发展财富管理中心的一项关键。刚性兑付的压力和货币紧缩下的违约风险不断交互，对于每一家信托公司来说都是致命的威胁。在这种风险面前，有些公司习惯于鸵鸟战术，"不参与、不回答"，通过低调小心来回避风险，但信托公司作为一家相对公众化且监管透明的企业，一味采取回避的策略绝不是长久之道。

在金融行业中，相对较"土"的信托公司势必存在很多需要补上的功课，而高净值客户的维护又是一件长期而细致的事情。全面化的系统建设所带来的资金投入必须是一个较大的数字，信托公司能否接受？而在这个过程中遇到的困难挫折和试错成本，信托公司又是否愿意接受？这些都是信托公司股东或管理层在一开始就应该想清楚的事情。

（四）"小荷才露尖尖角，早有蜻蜓立上头"——信托公司财富管理中心的人才体系建设

马克思告诉我们，经济基础决定上层建筑。对于信托公司而言，信托公司财富中心的风格（包括激励体系）一定要和信托公司的风格相匹配。在所有的信托公司中，哪家激进、哪家保守，大家都有判断。市场上从事财富管理业务的人员又是怎样的状况呢？我们如何把他们对号入座？市场上从事财富管理的人员可以大致分为以下几个流派。

1. 外资银行派

这些人可以说是国内最早一批财富管理的践行者，其中以荷兰银行的老员工居多，他们学历不高或者毕业院校不知名，但狼性强，具

有极强的自我鞭策性；他们管理的超高端客户绝对数量低于招商银行，但客户对其黏性大于对机构的忠诚度。这些从业者多有当年从COLD CALL（冷电话）打起的艰苦经验。这批人发轫于2003—2005年，经历过荷兰银行水资源产品大涨到大跌的全过程，市场经验丰富。伴随着财富管理行业的持续发展，这些人从外资银行开枝散叶，陆续到民生、广发、平安等股份制银行供职，也有部分在信托公司担任核心骨干。随着时间的推移，大量地产经纪、游艇销售人员也加入了财富管理领域，这些人基础素质更差，但狼性更强，本质上也是这个流派的一个分支。

这个流派需要的是相对较高的激励机制和较为快速的兑现机制，他们加盟信托公司的目的就是依靠信托"刚性兑付"的产品体系来实现自己的佣金收入。有些信托公司领导希望用30万～40万元的年终奖打发这类高级销售，怕是有很大的难度。以月度或季度为分配周期的激励方式更合适这些人，但目前依然有不少信托公司对财富中心的奖金分配采用一次性年终奖制度。

2. 招商银行派

招商银行作为国内第一家致力于开展零售业务的商业银行，在财富管理私人银行领域耕耘近20年，保持了庞大且稳定的客群和客户经理，并形成了稳定的管理架构和相对合理的激励体系。以北京分行为例，早在2010年前，不少入职零售的新员工就获得维护超过800个达标金葵花（总资产管理规模超过50万元）客户的权力，让其他银行的零售员工艳羡不已；而在私人银行领域，招商银行的私行客户经理所管理的有效客户数在业内依然遥遥领先。

从客户经理管理规模来看，招商银行的财富管理从业人员似乎最应该是信托公司的挖墙脚对象（大量优质的潜在客户资源和训练有素的客户经理）。以笔者个人的经验来看，招商银行的人可能并不适合信托公司，原因在于文化体系不匹配。招商银行作为境内最完善的财富管理机构，犹如一部完整和复杂的大型精密仪器，财富管理从业者在其中更多地发挥了螺丝钉的作用，导致不少相对资深的客户经理依然依赖于招商银行的背书进行复杂产品销售。当这些螺丝钉离开招商银行，来到事事都需要自己亲力亲为的信托公司时，由此产生的陌生感和无力感让人备感焦虑。如何强化自己的客户关系，如何提升自身的产品理解能力和闭环能力，都是走出招行的零售从业者需要考虑的问题。每个招商银行的私行客户经理都有大量优质客户的联系方式，如何把这种资源优势转化为真实的生产力，可能是他们需要思考的，也是信托公司需要认真思考的。

3. 国有银行派

不做客户集中管理（私人银行中心独立经营客户）的私人银行不是真正的私人银行。境内大部分商业银行的私人银行并不存在专属的私人银行客户经理，超高端客户依然散落在支行，稍好一些的在分行层面设立投资顾问（IC）岗对客户进行批量维护，但也多是浮皮潦草的工作。再差一些的银行除了给客户签发一张私人银行卡，并没有在财富管理、投资银行和公司银行等业务上给予客户更多的帮助。从实务的角度来看，2018年以前，除招商银行以外的境内私人银行不外是借着私行的制度红利进行资金池类产品的创设，通过赚取期限错配的利差来赢利，因此各家银行年报披露的私人银行数据不具有横向比较性。

除了建设银行在当年进行过客户归集的短暂尝试，大部分四大行客户散落在支行，而且这些海量客户仅仅以相对离散的方式同银行的财富私银条线发生着联系。一方面，缺乏产品供应使得客户经理同客户的话题感降低；另一方面，国有银行相对较低的激励体质，导致客户经理努力不足。2013年，某大行广东分行私行中心管理的私人银行客户数尚不及同期招行一位私行客户经理的管户数，差别之大可见一斑。因此，我们不建议以国有银行的财富从业者为班底来组建销售团队，当然这种讨论针对的仅仅是普遍情景，个别特别优秀的从业者除外。

古语云："过犹不及。"要把信托公司财富中心的人才体系建设起来，重要的不在于规则是否完善、激励是否够强，而在于财富中心的考核体系是否与人员体系相匹配。当年深圳大开发的时候，有句俗语是"来了都是深圳人"，但对于一家企业而言，它是不可能保证其文化与制度被每一个新来者完全接纳的。因此，在一定的限度内保证内生文化和外来者的相互结合及谅解，才是每个管理层应该认真考量的。

信托公司从筹备时的第一个成员开始就要考虑：我们的文化风格以及派生的考核体系是怎样的？我们要招聘的员工既要适合这个体系，又要对这个组织有所补充有所增益。这才是谋划在先，行百里者半九十；而作为这句话的反面，我们看到更多的是"失败是从一开始就注定的"。

（五）"夏虫不可以语冰"——如何平衡业务条线与财富管理条线的工作冲突

家和万事兴，但在信托公司的经营实践中，信托公司的业务团队和财富中心总是存在着或大或小的矛盾。这种矛盾会对信托公司的财富管理业务产生极大的制约，主要体现在以下两个方面。

- **业务团队看不起财富团队，以为自己是名校毕业、行业精英和高产出者，对财富团队不屑一顾。**造成这种隔阂的原因是业务团队缺乏对财富管理业务的了解。要想消除这种成见，需要财富团队主动出击。招商银行在推动私行业务的时候，为了解决支行对客户上收中心带来的疑虑，从后台抓取各种数据进行比较分析，以扎实形象的数据和论点对支行进行路演，论证归集到私行中心的客户会带来更大的产出效益。分行、支行和私行中心三赢，路演收到了良好的效果。那现在信托公司的财富中心能否把自己的经营成果，特别是"有"和"没有"财富中心的数据进行比较论证，能否把财富管理的工作细节对业务部进行展示，能否把一些亮点的营销工作以月报的形式定期披露，能否把财富团队对于市场的专业判断（研究或投资顾问）展示给公司领导和业务团队以赢得他们在情感和工作上的信任？这些举措应该会有助于加强双方的相互了解，进而改善工作氛围。

- **财富中心习惯于妖魔化业务团队**。大部分信托公司财富中心的负责人对业务部的态度经常游走在两个极端：一方面，给予他们极高的评价，说他们是最聪明最有能力的一群人；另一方面，在内心里把业务团队的人设想为一群极具心机的人，开口闭口都是戏，导致财富中心在任何问题、任何权利方面都要锱铢必较。

这其实是一场没必要的误会。虽然业务部的人很"土"，但这些人其实就像一群本分的农夫或猎人，每天努力地完成公司的任务指标和为团队成员创造更好的收入，他们最大的希望是自己的产品可以轻轻松松卖出个好价格。所以，没有业务团队会不欢迎财富中心，他们希望财富中心的利润切分能更加温和，使得自己的小日子过得更舒服。基于此，财富中心要做好以下几点：

- 一视同仁，不可有亲疏远近之分，在公司各个业务团队做到公开公平（价格和档期）。
- 在心态上要和业务团队同甘共苦，及时沟通产品销售信息，遇到问题不回避，主动解决。如果遇到额度打爆的情况，财富中心的中台人员就需要同业务团队一起沟通退款事项，周末一起加班沟通客户和客户经理，调换别的产品，为主动退款客户争取额外补偿，等等。

- 在收益分成的过程中统一标准，但也要适度调控。做得好的业务团队对收益分成绝不敏感，但到了年关还没有完成任务的业务部在面对财富中心谈分成的时候，那可真是在心头上动刀。当信托公司对内部究竟是成本中心还是利润中心都不清晰的时候，财富中心对弱势团队可以适当照顾，在年度间进行一定的平滑。这种柔性的安排能兼顾公平，也多了几分人情味。

在实际工作中，第二种隔阂更甚于第一种。因为财富中心的人员大部分来自银行、券商和三方财富的私银条线，根本没有投行资管的从业经验，天生的思想隔阂是最要命的。有些人想：从公司内部的业务团队抽调人员来聚合形成一个新的财富中心，是否可以规避这个问题？事实上，这个模式问题更大：第一，业务部的人员普遍没有财富管理经验，天生短板；第二，业务部出于利己的角度，一定会把表现最差的员工丢出去，这样的财富团队无法作战；第三，业务部门各怀鬼胎，这样的新部门成立以后，由于内部人员关系错综复杂，难以做到公司内部的公开公平。

总之，财富团队与业务团队的隔阂是天生的，但并不是根本性的，而是缺乏沟通所致。为了改变这一摩擦，财富中心或信托公司需要做好以下几个方面的工作。

- 公司股东或管理层应该明确财富中心的定位，明确其究竟是成本中心还是利润中心。成本中心的定位在前期的摩擦会更小。前3~5年是财富中心投入并积累的过程，成本中心的定位与之匹配；5年后，当具有一定的规模时，财富中心可以考虑事业部或者子公司制，以内部谈判等方式来确定收益分配比例，强化财富中心的创利能力。

- 财富中心应当主动出击，加强公司内部通报与沟通，通过干货赢得业务团队信任。
- 信托公司应建立公平公开的内部沟通氛围，杜绝财富中心同少数业务团队拉帮结派的现象。
- 财富中心下设独立的研究和投顾团队，一方面解决面对产品和客户的专业性问题，另一方面用专业的研究成果影响业务团队。

信托公司财富中心的建设是不是一件迫在眉睫的事情？答案是肯定的。伴随着资管新规等一系列文件的逐步落实，金融行业的整体规模将会稳步回落，而机构间的业务合作在未来几年的时间里将不断萎缩。因此，开展财富管理业务对于信托公司的稳定存在是一件势在必行的大事。

如何做好信托公司的财富管理业务？信托公司从上到下应该有以下四点认知。

- 信托公司的财富管理业务不是一蹴而就的，需要在人员、时间和资金上长期投入。管理层和股东需要有相当的耐心，并在这个漫长的过程中给予持续的支持。
- 信托公司管理层选择财富部门人员的风格，应该和公司内部风格相匹配。国企信托公司激励较差，如果选择外资银行出身的负责人，就会因风格不匹配导致财富部门处处碰壁；而民营信托公司注重狼性，如果选择招商银行的牛人全权负责，那么在没有体系支持的情况下，这些人也玩不转。
- 选择在财富私银和投行资管两端均有从业经验的人，对于消除财富中心建设的部分隔阂，可能会有一定帮助。

- 资金和资产两条业务线一定会有冲突，公司管理层最好一开始就对利益分配的问题有明确的说法或者规则，抑或是一开始就明确财富中心成本中心的定位，减少双方扯皮的空间，从而为业务的发展多留出时间。

某些必然要发生的事情，不等于我们躺在家里就会迎来它们；对于信托公司的财富管理业务而言，也是如此。在大的趋势面前，各家信托公司都应该清楚自己的定位，只有找好自己的利基，尽自己最大的努力，才能为建设一个稳定的资金来源创造好的基础。

五、非标越发稀缺，财富管理行业该如何转变

（一）非标没有了，财富管理行业该怎么办

2018年，彼时的大背景是资管新规，伴随着银行同业和理财资金的退潮，叠加2018年年底A股市场触底反弹，信托公司的财富管理乃至整个财富管理行业迎来了发展的大机遇。各家金融机构纷纷发展自己的财富直销，建团队、定制度，忙得不亦乐乎。

但当时间悄悄来到2021年，似乎一切都在悄然发生变化。在监管政策和压降指标下，非标信托越来越少，而在经历了各种爆雷事件后，客户的投资需求也在发生新的变化，那些凭借非标驰骋天下的财富机构同时面临着产品短缺和产品卖不出去的窘境。而试图快速转型标品业务的财富管理机构却迟迟无法破题，非标的传统客户似乎和多策略FOF隔着一座大山，它们沿袭着过去的成功模式，投入了大量的资源和人力，却收效甚微。

境内的财富管理经历了过去三年的发展，已经迎来了一个冷静期，非标快没了，资本市场也将趋于平缓。财富管理行业又该如何应

对新的变化?

（二）"兵马未动，粮草先行"，财富管理机构必须加速进行理念的转变

1. 行业观的转变——非标转标是不可逆的大趋势

前段时间，某股份制大行负责信托创设的领导吐槽，现在任何私行的指标都要和信托创设挂钩，资产管理规模和信托创设挂钩，客户提升和信托创设挂钩，连流失客户挽回都要和信托创设挂钩！这样一个让人啼笑皆非的事实说明了一点：那些我们认为已经做得很好的财富管理机构，还是要靠非标。有人说，非标越来越少了，我们更应该利用这种稀缺性去开拓更多的市场。但既然非标转标是一个必然的大趋势，那么抱残守缺不如及早转型。如同智能手机市场，固执的诺基亚始终不为趋势所动，等到苹果和三星崛起的时候，它便直接出局了。

财富管理机构要从根本上认知"非标转标"的趋势，这不应该是口号性的一纸文件，而应该传导到公司的每一个角落——内部宣贯和研讨、外部智库培训、绩效考核引导甚至是财富中心的前台布置。非标转标应该成为一种根深蒂固的烙印，渗透到每一个财富员工的内心，就如同当年我们接受"非标信托的刚性兑付"一般深刻。

2. 我们与客户的关系转变——如何塑造与客户的新黏性

当刚性兑付成为一个全民性话题时，对于有非标可卖的机构来说，客户黏性就变得不重要了；但当刚性兑付被打破时，财富管理机构将发现，因为刚性兑付而建立起来的客户信任可能会瞬间崩塌。对于整个财富管理行业而言，刚性兑付是一把双刃剑。财富管理机构在经营中急需的是提升自己在资产配置和投资管理方面的能力，依托专业能力获得客户的认可。在境外，私人银行和资管不分家，这是长期

经营的必然要求和结果。财富管理机构通过FOF等资产来践行资产配置理念，这既是非标转标大趋势的产物，也是专业能力的展现。只有形成大类资产配置方面的专业能力，并使其深入人心，财富管理机构才有可能摆脱刚性兑付的魔咒。

对于一些央企金融机构，"刚性兑付+央企信仰"让这些机构轻松地获得了理财经理和客户的信任。但当行业风险暴露扩大时，因为少数机构经营出现状况导致舆情问题，两者叠加所形成的戴维斯双击，可能对拥有央企背景的财富管理机构损伤更大。依托专业的资产配置能力取信客户，摆脱"唯机构出身"论，这不仅仅是民营财富管理机构必须做的，对于央企金融机构来说则可能更为迫切。

3. 数据观的转变——KYC要从"事实数据"向"行为数据"发展

不少金融持牌的财富管理机构自诩有海量的客户信息，试图进行客户画像，并希望找到营销的Magic Number（关键点），但似乎成效都不大。其原因在于：我们虽然拥有了客户的姓名、电话、住址和资产量，却根本不知道客户到底喜欢看什么、关心什么。我们可以评估一个客户的资产实力，但我们无法根据这些数据给他推荐产品！理财经理可能通过KYC（充分了解客户）得知了客户在理财方面的偏好，却没有通过系统录入将其转化成机构的统一数据。

仔细想想看，财富管理机构甚至传统的金融机构拥有的客户数据维度太过单一，而这些数据又都侧重于陈述客户的基础事实，缺乏对客户行为和需求的反映。我们看到，抖音系大有赶超微信系的势态，原因就在于：基于抖音和头条的客户数据都是"行为数据"，依托这些数据，我们可以生成对客户新的认知，进而形成有效的销售机会。与之类似，财富管理也是一项经营"人"的工作，其核心在于KYC，对于未来的财富管理行业，只有在"事实数据"以外增加对"行为数据"的补充，我们才有可能真正把握客户的需求，完成精确的营销。

眼下，金融机构的当务之急是，充分利用移动互联网的平台和技术，把以产品销售线上化为直接目的的App改成一个和客户互动的活动平台，加深对非金融场景的经营，把客户的使用偏好、阅读习惯、活动参与倾向等多维度的"行为数据"作为重要的数据基础，形成新的客户画像（见图5-11），才有可能在未来不被移动互联网巨头取代。

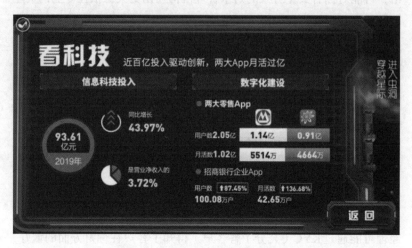

图5-11　金融机构App形成的客户画像

值得关注的是，财富管理的领先者招商银行已经成功打造了两个优秀的App，招行的首席信息官江朝阳在2020年3月的发布会上说："从MAU到AUM，既是从App用户到银行客户的转变，也是从扩大外延全力获客、流量盘活，到流量留存、变现的阶段递进。"这种观点对于传统的财富管理机构来说是颠覆性的，也是追赶者需要深刻领会的。

（三）组织变革——抛弃成见，未来的财富管理行业不是对过去的复制，而是全新的开始

如果说中国经济的增长模式正在从"银行＋地产"向"优质公司＋资本市场"转型，那么金融作为服务实体经济的一种存在，也必须服从这样的变化。大势在变，财富管理亦不能独善其身，其生存土壤在发生变化，财富管理的手段也必将有颠覆式发展。

1. 重视中后台的力量，强化产品经理团队的作用，依托中后台的赋能，提升一线团队的凝聚力和战斗力

香港的外资私人银行的前台与中后台的人员比例达到1∶1，理财经理团队拥有等数量的专家团队进行专业支持。这说明在成熟的金融市场里，中后台的专业能力是一家机构胜出的关键，没有专业支持的客户关系无法长久。这不仅是境外行业的成功经验，也是境内财富管理行业必须要达到的目标。当下，中后台的建设还会起到吸引理财经理、促进增员的效果。在行业变革下，越来越多的理财经理在薪资和安全性以外，更加看重机构的赋能。行业里说得最多的就是"招人难"，但我们不禁要问：有了梧桐树，金凤凰是不是自己就会来？

2. 重塑理财经理与财富管理机构的关系

很多优秀的理财经理离开大机构，一个重要原因就是"我已经厌倦了'卖卖卖'的工作状态"。理财经理赚取高收益的前提不是为客户创造价值，而是为财富管理机构创造收入，这无疑是令人非常困惑的。有理想的理财经理希望构建一种自己和客户双赢的关系。未来的财富管理机构应该加大资产管理规模理念对于KPI的权重，淡化即期销售激励，侧重为长期客户资产增值提供奖励，构建起一条客户、机构和理财经理的三赢之路。理财经理围绕客户的资产增值努力工作，而好的资产表现将对其产生正向回馈，为其带来更高的收入。

3. 鼓励组织裂变

组织裂变是信托公司在经营实践中发展出的一种有效手段。中信信托首开先河，打开了人才上升的通道，为公司保留了更多优秀的业务人才。相比信托业务团队，财富管理部门的人员多样性更为明显，其个人价值对营销结果的影响更为直接。打破传统，让优秀的人才更快地向上流动和自我组合，是非常值得尝试的。而财富管理部门由于客户相对独立，其裂变的损伤会比资产部门更小，基于"人合"的新组织，可能会有更大的战斗力。

4. 在营销上重视个体的力量，在金融合规的前提下，鼓励个人发出自己的声音

在疫情下，很多财富管理机构都在尝试通过移动互联网来获客，抖音、快手上也充斥着大量同质的账号："××银行支行"，身着西装的理财经理要么给客户普及一些不疼不痒的知识，要么在银行大厅里跳一段奇怪的舞蹈来吸引眼球。事实上，这些不高明的内容更多的是被金融合规束缚住手脚的表现，没有"优质内容"的支撑是不会成功的。而移动互联网的精神就是"去中心化"和"内容为王"，机构自身越来越"硬"的营销推动，在将来以90后和00后为主的社会中会被抛弃。财富管理机构必须转变自己的合规观并鼓励优秀的人才发声，只有改变由单一营销部门创造营销素材的惯性，形成"个人灵活的展现形式＋机构提供的内容支持"，才能派生出更多有价值的内容，从而达到引流的目的。

（四）财富管理行业的革新之路何在

财富管理行业的格局将会被重塑，这种重塑对于行业的每一个从业者来说，既是一个新的挑战，也是一次新的机会。在这个完全陌生的财富管理市场中，所有的方法和理论都是新的，过去1.0时代的粗

放式经营都要经历痛苦的颠覆式发展。

1. 产品体系: 打造以金融超市为模式的产品体系, 贯彻以资产配置为核心的工作主线

- 无论是银行、证券、信托还是公募基金, 要做财富管理的第一件事情都是打造全品类的产品货架。对于具有较强投资能力的财富管理机构, 打造多元化的产品体系, 向客户树立全市场采购的资产配置专家形象, 同样是必需的; 所有财富管理机构都要完成由"产品专家"向"资产配置专家"的转型。
- 强化资产配置的概念, 并通过专家团队的推动实现落地基层。资产配置的落地需要有配套的系统支持和考核约束, 更需要有老师(投资决策团队)指导运用。
- 淡化单一产品的表现, 强化组合投资的概念, 打破刚性兑付和央企信仰的迷思, 用专业的投资管理能力吸引客户。

2. 客户服务与营销: 新(移动互联网)、老(KYC)手段都要抓, 都要硬

- **加强一线营销团队对客户KYC的力度**。财富管理机构的使命不是一上来就卖某一款产品给客户, 而是要在了解客户需求的基础上为其定制方案。
- **能上线的都上线, 重视客户行为数据的补充**。真正的信息化不是搞个App来替代线下就完事了, 我们应该试着把财富管理的全流程都通过移动互联网来进行管理, 诸如利用App进行线下活动的扫码签到、通过分析朋友圈阅读习惯来了解客户的偏好等。
- **以客户画像为目的去建设我们的流量入口, 把手机App打造成**

我们同客户沟通的一个重要平台。我们应该开放活动端口给一线经营部门，增加 App 端在内容、活动和产品上的维度，在强化财富管理维度的基础上适度增加非金融维度，强化客户黏性。

3. 团队建设：中后台建设是核心

- 打破"不直接创利的部门没有业绩"的思维惯性，给予中后台在赋能经营上试错的空间。
- 打破刚兑思维，把中后台建设作为财富管理部门建设的关键，利用专业能力建立客户的信任，利用专业赋能吸引理财经理。
- 鼓励经营部门的组织裂变。

4. 绩效考核和专业培训：看得见的手（考核）和看不见的手（培训）要相互配合，对团队的方向性建设给予指导

- 对各类产品甚至功能性产品给予更精细化的收入核算，以收入为核心构建 KPI 的体系。
- 强化资产管理规模考核模式，淡化产品销售的即期激励，重塑理财经理与客户和机构的生态。

5. 系统建设：打造开放式、可迭代的信息系统，在不完美中快速完善走向完美

- 在信息系统的顶层架构着力，打造一个具有延展性、可以快速迭代的数据中台。
- 打破不同条线的系统隔阂，建立统一标准的数据格式，形成统一的数据后台，便于财富管理机构进行数据分析。

（五）信托公司的财富管理转型是不是危言耸听

事实上，以上所探讨的内容，可能距离信托公司的财富管理业务很远。为了未来一个并不确定的目标而进行重构，是不是成本太大了？但是，离你很近的东西，离你的竞争对手也很近，想要弯道超车，你只有从长远角度谋划。回想一下，当十多年前招行开始以零售立行时，又有多少人能想到现在招商银行在财富管理行业的领先地位？而当近两年招商银行毫不犹豫地依托移动互联网对自己进行革新之时，我们难道还要彷徨吗？

收拾好那些一成不变的规则，轻装上阵，拥抱未来的变化吧！

六、在信托行业的转型期，探索信托财富管理的2.0版本

（一）从"大历史"的角度旁观财富管理业务的发展

纵观中国金融发展的历史，我们不难发现，中国金融史大抵是发达经济体金融史的一个滞后微缩版，在先进金融市场早期被验证的事物，最终都会在中国的金融市场上落地生根并茁壮成长。通过观察金融发达国家和地区的历史（远看美国，近看新加坡、中国台湾），我们可以清晰地看到中国金融未来发展的趋势与脉络。从这个角度来说，我们的金融发展是有迹可循的，金融机构的体系建设是有明确对标的。

但"注定要发生的不等于马上要发生的"，在资本的驱动下，那些金融史上跨越式的发展对行业造成的长期伤害可能会更大；从大历史的角度来看，我们要克服历史宿命论所导致的急功近利。从另一角度来看，未来注定要来的事物与过程，不代表我们就应该安于现状、无所作为，我们只有通过积极的储备、运筹，才有可能在拥抱新事物的过程中获得更多的主动与优势。

中国境内金融机构的财富管理业务，早先学习美国、英国和新加

坡，都呈现出水土不服的态势，无法复制境外的高深理论与模式。而境内的财富管理业务也在一次次复制境外当年的历史，从股市泡沫、债市泡沫到信用卡（小贷）泡沫，一次次应验不爽。

在2009年同台湾财富管理的资深人士沟通时，笔者深深惊叹于台湾银行理财经理的人均产能与绩效，但当数年过后招商银行已经全面赶超台湾重点银行的关键数据时，我们又该何去何从？在超越了历史之后，我们又该如何创造新的历史？

相比金融体系下的传统公司、投行或资管业务，财富管理是一项更加"普通"或者"扁平"的业务，也更容易在浩如烟海的金融历史中找到自己的坐标与定位。当境内的财富在以无法预料的速度向前奔驰的时候，财富管理从业者只能甩脱那些陈规，用自身的思考决定这个行业未来的发展。这是孤独的，也是幸运的。对于私人银行的领跑者来说，是这样的；对于信托公司财富管理这种后起之秀，亦如此。

（二）信托公司的财富管理2.0版本即将来临

信托公司作为财富管理行业的后来者，有机会站在银行前辈的肩头，贪婪地享受着财富管理行业现有的红利——大量优质的客户、海量的亟待走出体制的理财经理、来自银行第三方现成的经验和体制的背书加成。另外，信托公司还可以审慎地洞察行业的各种弊病，以寻找各种优化的解决方案。对于财富管理行业的从业者而言，这是一个非常具有吸引力的地方。从信托公司的实务来看，信托公司财富管理1.0版本已经执行大半，大部分信托公司已经完成全国性的网点布局和理财经理团队建设，建立起满足体制要求的激励机制和分配方案，尝试自主拓客和有意识的精细化管理。

以激励政策、人员招募和产品导向的营销推动为主要模式的财富管理1.0版本已经在信托公司中得到了有效的普及。在快速奔跑的过程中，以粗糙扩张为特点的1.0版本的弊端逐步显现。

- 激励政策在销售扩张和奖金池相对不变的背景下举步维艰，不少信托公司激励政策朝令夕改。
- "打仗发薪"的雇佣兵模式带来了人员的高流动，财富团队缺乏稳定性，容易陷入"其兴也勃焉，其亡也忽焉"的状态。
- 产品营销推动更多的是以公司利益为导向，忽视市场、客户和理财经理的相关诉求，营销模式简单粗暴，客户体验不佳。

针对1.0版本的各种弊端，信托公司的财富管理业务在不远的将来一定会进行系统化的升级改造，财富管理2.0版本的时代即将来临。2.0版本不是1.0版本的简单强化，而是这项业务从内而外的全面升级（见表5-3）。在这个变革过程中，信托公司应该在三个方面有效地实现"提质增效"。通俗地讲，财富管理2.0版本就是在有效的资本投入下，通过管理手段的提升，达成更高的效益和管理目标，杜绝1.0版本下出现的外延式扩张模式（资源投入和业绩增长高度正相关），实现精细化管理，在相对克制的资本和人员投入下创造更高的价值。

表5-3　财富管理1.0版本和财富管理2.0版本的比较

比较项目	财富管理1.0	财富管理2.0
主要特征	在刚性兑付的大背景下，不存在安全性的问题，财富管理以产品流动性和收益性为中心	产品同质化程度高，财富管理以客户需求、资产组合为中心，强调对客户需求的洞察
行为模式	财富顾问以产品讲述和答疑为主，单一产品可以成为决定营销成败的关键，成交简单	了解客户需求，结合客户需求与市场情况，进行组合配置，并定期对客户的组合进行检视与调整
对财富顾问的核心要求	客户关系第一位，客户促成能力次之，专业度要求不高	客户关系依然很重要，但专业水平和客户沟通能力的重要性在不断提升

在这个全面精进的过程中，信托公司的财富管理业务应该要解决

以下三个方面的问题。

1. 信托公司的财富管理应当构建全方位的产品、资产配置体系和后台建设

境外高度发达透明的资本市场带来的是风险和收益的极度匹配，类似境内信托这种低风险高收益的资产根本不存在。公募基金、债券和衍生品复合产品是财富管理市场的主力，在产品同质化严重和优质资产紧张的背景下，财富管理机构的组合配置能力就显得格外重要。

境内的固定收益类信托（或者说广义的非标准化资产，"非标"）是一个特殊时期的特定产物。在以资管新规为代表的一系列不断趋严的监管政策下，非标作为境内金融历史的一个产物，必然会不断收缩其规模（见图5-12）。但存在即合理，"非标"的存在有其自身的历史意义，这种低风险高收益的资产不会持续存在，也不会立刻退出。那些大肆宣传"非标已死"的机构与人，都是屁股决定脑袋。

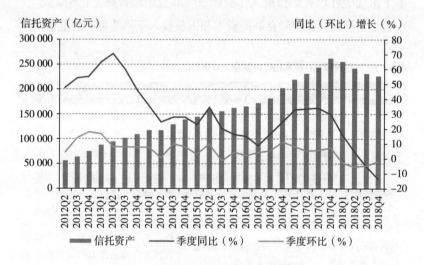

图5-12　信托资产规模增速出现明显回落

资料来源：中国信托业协会，华宝证券研究创新部。

　　　　　　　　　　　　　　　　　　　　　信托的未来

从另一个角度来看，境内经济面临着结构调整的深层次动因，经济增速趋缓，单纯依靠财政或货币政策拉动经济的边际效果在不断降低，"保增长调结构"是主基调。在这个背景下，前期经济快速增长下积累的居民财富，特别是高净值客户的财富累积已经达到一个相当大的规模，而前期以银行理财和信托为代表的能够包打天下的产品供应在未来不断趋紧。伴随着银行理财走向净值化，真正的财富管理、资产配置即将拉开序幕。

在这个大背景下，信托公司的财富管理需要提前筹划，做好两方面的准备。

- 构建完善的在架产品体系，覆盖从现金、固收、权益到另类的完整产品线，以及在资产配置以外的以家族信托、慈善信托为代表的功能性产品——以资产配置为逻辑营销客户，扩张客户规模；以功能性产品绑定客户，防止客户流失。信托公司这种产品体系的构建，不是单纯为了迎合金融历史，而是财富管理和自身发展的必然。一方面，证券信托和另类产品在监管政策趋严的背景下，必然成为信托公司的增长点；另一方面，全方位的资产配置也是财富管理机构吸引理财经理与高净值客户的必修课。
- 在完善产品线的同时，应该建立起以产品经理、投资顾问为主体的中后台团队，将其作为产品体系建设和资产配置策略实施的载体，从而形成对前台理财经理的持续技术输出，让资产配置真正落到实处，而不是"挂羊头卖狗肉"，做成门面工程。

在财富管理的具体工作中，理财经理层面天然不存在资产配置的概念，而在以销售为导向的团队风格中，好卖和高佣金才是根本。在这个过程中，中后台必须介入。产品经理向前，以营销为导向，作为信托公司财富管理直销输出的指挥官，对理财经理的营销战略和战术形成指导，通过技术性指导和绩效考核对理财经理工作模式进行有效引导；投资顾问向后，以客户需求为核心，以理财经理的能力建设为主要目标，通过内部培训引导其工作模式精细化、体系化，形成针对不同市场策略和不同客户的营销与开发方法。

这两种代表了不同出发点的角色应当是信托公司财富管理2.0建设的关键，部分信托公司花大力气在理财经理队伍的招募和激励上，却轻视后台建设，殊不知招商银行零售的崛起有赖于一支强有力的产品经理团队，而招商银行私人银行的发展和完善与投资顾问队伍的建设息息相关。

很多人认为，既然固收类产品好卖，同时也可以给公司创造更多的收益，而且这块业务本身就是信托公司资产端的主力，那信托公司的财富中心为什么不专注于固收类产品的销售？我们认为，具有相对低风险和中等收益特征的信托产品，注定不会在金融历史的演进中长期存在，信托公司抱残守缺不如积极迎接未来，提前准备做好战略规划。金融市场始终处于轮动过程中，信托公司在美林投资时钟理论下也不例外，抗拒规则不如顺应市场。理财经理的销售技巧需要磨砺，在信托公司"刚性兑付"的大背景下，银行和信托公司中那些卖信托的高手，是否真的理解产品？是否可以在不附加销售机构背书的情况下完成销售？这些都需要财富管理机构通过权益类和保障类产品的销售来实现。

在这个转型过程中，最大的阻力源于信托公司对中台团队的创收认知。在传统金融机构中，在营销一线，不能直接创造收入的部门是尴尬的，在信托公司这种考核激励简单的体制内，实现这种转变难度更大。笔者了解到，只有被收编前的平安信托具有一定比例的类似人员配置。产品经理由于承担产品发行职责，其考核与绩效还相对比较容易，但投资顾问作为财富管理行业中专业要求较高的一批人，很难让公司层面意识到他们的价值。专业创造价值是行业内喊得很多的一句话，但真正践行起来很难。在整个财富管理行业中，除了招商银行私人银行拥有超过100人的投资顾问团队，其他机构要么没有类似的设置，要么把投资顾问岗位同产品经理甚至理财经理岗位混合起来，以兼职的办法来实现成本的最小化。

信托公司财富管理中心突破关于成本效益的种种成见并不容易，直接在具体问题上采用"头痛医头、脚痛医脚"的做法并不科学。正本才能清源，只有把许多表面问题的症结梳理清晰，信托公司的财富管理业务才能有更大的发展。在这个问题背后，信托公司（不单单是财富中心）应该在以下两个方向上进行思考。

- **在长期的事情和短期的事情之间做好平衡**。信托公司作为典型的扁平化机构，高速发展是因为极高的执行力，但在执行力背后，许多长期基础设施建设是一直被忽视的。站在目前监管加码的背景下，房地产展业越发艰难。信托公司包括信托公司的财富中心更应该关注的是，在被迫放缓了短期脚步的同时，能不能多做一些长期的思考和统筹。只有长期的事情和短期的事情一起做，才能更好地迎接未来。

- **做好对中后台岗位的考核定位**。这一点不仅仅是针对上文所提到的投资顾问一岗，对于信托公司许多重要的后台岗位（风控合规、研发）皆如此。在解决好后台的工作考核和奖励后，信托公司的整体发展会更趋于良性。在行业内看到的事实是：部分发展好且稳定的信托公司，其后台人员（主要是风控合规人员）的收入在行业内也排名较高；信托公司在收益切分时会更加照顾中后台的利益，在稳定中后台的同时，为公司积累了更多经验与业务能力，其承载的经验与业务能力会进一步反哺前台，为公司业务的稳定发展提供坚实的基础。

2. 信托公司的财富管理中心应该构建一套以人员能力建设为中心的有机体系

由于不同的股东背景和品牌特征，信托公司同理财经理之间的生产关系已经形成了两个大相径庭的发展路线：前者是以中融信托为代表的民营信托公司，强调激励的明确性和及时兑现，将人海战术作为财富中心建设的根本；后者是以中信信托为代表的央企信托公司，股东背景硬，行业口碑好，财富中心人均产能高，但没有明确的激励制度，理财经理的分配方式采用年度绩效方式，和业务团队的分配机制类似。这两种模式究竟孰优孰劣，谁是主流，行业内众说纷纭、各执一词，但存在即合理，套用信托行业前辈的一个观点："信托公司应该构建与生产力相匹配的生产关系。"我们不应该纠结于哪个模式更好，而应该结合信托公司自身的股东背景、公司品牌及发展阶段做出适合自己的选择和配套建设。

在这个问题上，某区域性国资背景信托公司进行了有益的尝试，针对省内的高净值老客户营销给予较低的激励；而对于省外新客，考虑到品牌传播导致的营销难度，给予更高的激励。我们尚不清楚这种区域特征带来的激励提升是否会带来其他的问题，但这种基于自身情况进行思考并开展实践的思路是非常值得认可与鼓励的。财富管理行业不缺乏陈陈相因与墨守成规，有价值的思考和试验才是这个行业真正的发展动力。从另一个极端来看这个问题：没有激励怎么办？没有办法招人怎么办？或者说很多信托公司财富管理中心负责人都在抱怨招人难，北上深招人更难！真的是这样吗？在这个问题上，我们非常欣赏某信托同业所讲的成本-资本论，把理财经理看成公司的资本还是成本，取决于你的经营模式、管理模式和培养模式：做好企业平台的搭建，充分发挥人的价值并实现理财经理的自身增值，理财经理就是企业的资本；反之，这些理财经理就只是企业的成本。

把这个观点进一步延伸，信托公司财富中心在激励以外还应该构建一个能够自我学习、自我增值的平台，利用公司的品牌影响力、培训机制、产品体系和客户维护体系，形成一个有利于理财经理发展的天然生态。无论信托公司在财富体系建设中采用何种模式，有无激励，这个生态系统都是值得构建的，以区别于粗放成长的1.0阶段。从招聘的另一个角度来看，"弱水三千，只取一瓢饮"，但前提是水要干净；市场上理财经理有急于变现的，也有注重长期发展的，但无论如何，在未来，具备强大产品能力、资产配置能力、自我学习和发展能力的平台，将是理财经理更愿意选择的梧桐树。从这个角度来看，信托公司财富管理中心不必纠结于在哪里选址，不该去担心自己的激励不够高，而应该做到"刀刃向内"，做好自己的定位，建立一个稳定而明确的短期、中期和长期目标，真正冷静思考与分析自己的优势与附加值，在中后台建设和人员长期发展规划方面练好内功，金凤凰自然就会飞来了。

3. 信托公司应当构建适合自己的管理手段，更应当加强管理者的素质与培养，实现"人治"和"管理"的结合

信托公司财富管理中心的区域负责人普遍在吐槽一件事情：财富中心要不要打卡？在这个问题上，大家莫衷一是：有些人认为，有销售业绩就可以不来上班，毕竟业绩是第一指标；有些人则认为，不打卡则容易军心涣散，团队没有凝聚力。把这个话题再延伸一下：晨会要不要开？晨会怎么开？理财经理每周应外出拜访多少个客户？我们是不是要对业绩不好的理财经理进行过程管理？理财经理每天打多少个电话？在信托公司财富中心管理中，当业绩增长出现瓶颈的时候，这些问题就会接踵而来。

在"要构建与生产力相匹配的生产关系"的观点下，我们对财富管理的管理手段应该与信托公司财富中心的发展阶段相匹配。草创期的平台应该更强调理财经理的自主能动性，以简单激励为主，以各

种营销活动辅之，在过程管理上保有一定的宽松性；而那些走出稳定期的财富中心，应该适当加强后台团队的建设，对于前台的考核应增加不同的视角，不单纯考核销售业绩，应从新客数、资产管理规模增速、客户单位绩效等多元化视角对理财经理的工作进行评价。在这个阶段，财富管理中心对理财经理的专业能力、客户关系能力要提出更高的要求。以专业促进产能是这个阶段的主线，管理手段要跟上。对于信托公司财富管理中心，什么样的管理手段并不重要，手段也不存在高深与浅薄之分，而是要根据财富管理中心自身的发展阶段去选择性地应用相应的手段。同时，我们也应该看到，一个好的管理体系应该具有较快的调整机制——当发现一个制度或者策略在中心运营中出现问题时，我们应该有较快的纠偏纠错机制。

　　10年前，招商银行理财经理的过程管理已经极为完备。以理财经理的电话外呼为例，每天要打多少个电话、电话的最短时长、理财经理名下的客户如何分类、理财经理应该按照分类好的标准以何种频率进行客户外呼、某类客户应该定期打什么样的电话，都可以通过系统来进行支持，同时也可以通过系统来进行检查与考核。当然，这一切的出发点都在于给理财经理工作上的指导和有效的管理。初衷是好的，但随着时间的推移，这个看似完善的系统却不断被使用者诟病。强制性的过程管理带来了额外的工作量，理财经理在这个完善的体系下，在一大堆"酷吏"的逼迫下不堪重负。旁观者都在怀疑，过程管理特别是完备的过程管理，是不是财富管理的一剂毒药？事实上，从财富管理这项工作来看，管理方式不存在好与坏，很多时候，管理效果的好与坏或者过程的好与坏取决于管理者的水平和素养。财富管理本身是一项与人打交道的工作，而在信托公司财富中心的过程管理中，人特别是基层管理者的素质与水平是决定成败的关键。

　　在招商银行的实践中，我们看到了很多负面案例。很多专业性很强的理财经理走上管理岗后，私心极重，与团队其他成员抢夺资源、争抢绩效。这样的人能力越强、业绩越好，对组织的破坏性越强。有些人对财富管理的各项工作如何落地毫无钻研，没有任何专业能力，只会抓过程管理，甚至理财经理外出见客户都受到极大的管制，所有人都留在支行围着电话转，除了增加工作量以外不能对理财经理的工作给予任何有帮助的指点。这样的"笨干部""酷吏"也许会带来短期业绩的提升，但从长期来看，这个营销单位的业绩一定是下滑的。一个好的管理专家，应该具有一定的专业能力，具有较强的亲和力与向心力，特别是能够在营销与拓展上给予团队支持。团结、善于沟通、善于总结和复盘且能够形成对理财经理的支持，是对胜任这个角色最大的要求。

结合银行的经验来看，信托公司财富中心要想实现业绩的提质增效，根本上是要培养一批有能力、有人品，既能打仗，也能在基层指挥战斗的指战员。这本身是一个业务问题，也是一个人事问题。信托公司长期以来注重对业务的学习与研究，但管理者特别是基层管理者的再培训却相对罕见。在这个话题下，财富中心的管理只是问题的表面，而人员特别是基层管理者的遴选与培养工作，是未来的重中之重。

做好基层管理有几个先决条件：

- 基层管理者应偏重管理，而不是个人营销。在针对管理干部的考核上，我们应该更偏重组织业绩而非个人业绩。
- 管理者要学会沟通，具有亲和力和凝聚力。营销团队每天在一起工作至少8小时，大家在一起的时间甚至超过了家人。在某种程度上，营销团队更像一个家庭，在这个组织里大家不仅仅是一起工作，更多的是一起生活，那种不食人间烟火、不和团队成员活跃在一起的主管干部，是很难做好具体工作的。
- 管理者要具有责任意识，能承担事情，工作上能兼顾上与下。

- 管理者应该是组织中最佳的"第六人"，应该具有微波炉一样的即开即热功能，也能够给团队成员做好补位工作。

（三）信托公司的财富管理内涵将不断被丰富

在资管新规出台后，信托公司的财富管理业务迎来了真正意义上的第一次大发展。受限于资金来源，各家信托公司不计成本地投入了人员和激励。大发展带动了这个领域的快速发展，也吸引了越来越多的人才进入这个领域，但任何事物"只要再多走一小步，仿佛是向同一方向迈的一小步，真理便会变成错误"。这一年大跃进式的发展，是否有我们一开始就做错的或者想错的？我们是不是应该在理性与现实之间做出决策？这些都是每一个信托公司财富管理从业者需要深入思考的，这种跳出业绩与激励的思考才是弥足珍贵的。以台湾作为利率市场化的一个经典案例，我们可以很轻易地看到，得财富管理者、得中间业务者得天下（见表5-4），这也许是金融大历史下的一种必然，也是需要财富管理从业者积极努力去实践的。

表5-4　台湾的银行规模与利润　　　　　　　　　　　　　　　　　单位：亿元

公司	1995年		2013年	
	规模	利润	规模	利润
合作金库银行	1	1	1	12
第一银行	2	2	3	6
华南银行	3	3	4	9
彰化银行	4	4	8	11
台湾企银	5	8	11	16
兆丰国际商业银行	6	7	2	2
台北富邦银行	7	10	7	5
交通银行	8	11	被并购	被并购

公司	1995年		2013年	
	规模	利润	规模	利润
农民银行	9	15	被并购	被并购
中国信托	10	9	5	1
国泰世华银行	11	6	6	3
台新银行	23	12	12	4

从金融大历史的角度来看，信托公司的财富管理应该是一项伟大的事业，是整个金融行业里财富管理的一个重要细分，而不单纯是很多人眼中认为的"只会卖产品、保险式营销、三方理财的模式"。因此，在人员招聘、职场选址、激励方案和产品营销以外，信托公司的财富管理应该被纳入更多思考的元素，更多的趋势思考、行业逻辑、管理思维应该被涵盖其中。只有这样，经过一轮轮丰富、再修正，不断螺旋提升，信托公司的财富管理业务才有可能被真正认可。

七、如何利用资产管理规模做好信托公司财富中心的精细化管理

2020年对金融圈的每个人都是不平凡的，监管加码叠加疫情冲击，使得大家都备感压力。当具有刚性兑付特征的非标信托供应越来越稀缺之时，理财经理不得不熟悉一套新的工作方法，以适应未来的财富管理形势。任何转型都是被逼的，这次亦不例外：当财富端还有大量"刚性兑付"的资产可卖，谁会去费力不讨好地卖净值化产品呢？只不过这次是真的狼来了。越来越多的媒体和培训机构都在帮助信托公司（整个财富管理行业亦如此）谋划未来的财富管理转型，但如何转型？有人觉得，把非标的考核系数调低，把标品信托的系数大幅提高，理财经理就自然将产品卖出去了。财富管理的转型是否真的

这么容易？依靠激励打天下的模式还会维持吗？

（一）监管政策的不断推出使得财富管理2.0势在必行

财富管理2.0版本相当于财富管理1.0的全面升级。财富管理2.0版本在以下几个方面有全面的改变：

- 主旨思维是在有限的资源投入下实现更多的产出。
- 理财经理的工作方式是以资产配置为思维先导，形成同客户的顾问式行销关系。
- 最主要的表现是理财经理同客户的关系由"卖产品才找客户"的离散式关系，变为以不断发掘和满足客户需求所形成的连续式服务模式。

事实上，财富管理2.0同信托公司甚至是整个金融行业"非标转标"的诉求在内涵上是完全一致的。我们站在信托公司（金融机构）的角度，把前述三点进行另一种方式的解读：

- 未来，信托公司赚钱的非标业务受限，盈利下降，高激励和人海战术一去不复返，不仅是财富端，整个公司都要思考"在有限的资源下实现更多的产出"。
- 净值化产品使得产品销售的难度大大提升，只有理财经理把产品内核和投资策略讲清楚，客户才能信服；而当你讲清楚这些时，组合投资、资产配置的理念也自然呼之欲出。财富管理2.0版本和"非标转标"在本质上强调的是同一个内容——营销的专业性。多说一句，资产端专业性的提升也迫在眉睫。
- 过去，依托非标产品的销售就能满足金融机构的盈利需求；未来，只有挖掘客户的深层次需求，以组合配置为前驱，进行多重产品的复合销售，以非标配合标品信托、另类投资和家族信托，实现"一鱼多吃"，才能提升财富管理的赢利能力。

标品信托（净值化产品）的销售不仅仅是金融监管所带来的变化，也是财富管理自身升级后的必需。任何人都不应该抗拒财富管理的"非标转标"，这既是监管的诉求，更是行业发展的必然，也是境外成熟市场的经验。

（二）精细化管理是财富管理实现2.0跃迁的关键

在精细化管理的目标下，财富管理机构有以下三方面的调整。

1. 考核精细化——建立以AUM为核心的考核体系

大部分信托公司的财富依然停留在以销量和收入两个维度对理财经理考核的现状，部分走在前面的信托已经开始尝试对理财经理销售的产品进行"折标"：2年期产品系数乘2，半年期的产品要乘0.5，创利能力较低的现金管理类产品给予更低的系数。折标考核虽有了明显的进步，但距离真正的精细化考核，还有最关键的一步要走，那就是AUM（assets under managment，管理总资产）。

有两个理财经理A和B，A刚入职，B是老员工，A第一年实现了折标销售额2亿元，B同期实现了折标销售额3亿元，谁的工作绩效更好？在传统的认知下，毫无疑问B更好，因为绝对量更大。如果允许我们再加上一些条件，结果就会出现变化：A作为新人，所有的客户都是他在这一年里开拓来的，2亿元为纯新增量；而B的客户中有较多公司分配的老客户，累计信托存量规模达到10亿元，B当年虽然实现了3亿元的销售，但信托到期规模达到了5亿元，到年末B名下的客户累计存量规模下降到8亿元。明眼人已经看出了问题，在这个条件下，B的销量更高，仅仅是因为B的客户基础更好；虽然B实现了3亿元销售，但B的管理资产规模在大幅度流失，B给公司创造的价值是在下降的。

建立AUM的考核方式，通过把不同类型的产品根据创利差异赋予不同的权重，加总计算AUM规模，利用考核"AUM增量"来衡量理财经理的工作表现，对于优化理财经理的经营模式具有较好的效果。

- **杜绝了靠各种方式积累客户来创造销售的低效经营模式。**客户数越多，管理难度越大，资产流失率也越高。在AUM考核下，依靠囤积客户，做大整体客户资产规模，以实现销售量的销售行为是非常不划算的。销量的提升伴随着AUM极大的下降风险，趋利避害的理财经理一定要把较为扎实的客户留在体系内深耕吃透，直接引发理财经理工作效能的提升。以招商银行为例，70名私人银行客户是一位私行客户经理的管理上限，能够确保这一数字的落地，核心还是有了AUM作为考核依据。

- **AUM考核方式促进了客户在公司内部的良性流动。**理解AUM考核的理财经理会把客户控制在一个合理的范围，并把低效客户交还给公司，进而分配给新员工。新员工主动性更高，低效客户有可能被激活，随之形成新的贡献。AUM考核对公司客户的有效流动提供了推动力，而分配客户作为一项"福利"，也会吸引优秀理财经理流入，一举两得。

- **AUM考核建立起理财经理同客户在利益共赢上的纽带。**近两年，很多优秀的理财经理走出来，一问缘由，他们给出的答复大多是："我已经厌倦了'卖卖卖'的工作状态。"是啊，在过去时态的财富管理机构，理财经理与客户的关系只有买卖——"不是你卖我的产品，就是我卖你一个不买的理由"。

在这样的关系驱使下，理财经理发现，他的工作意义并不是给客户创造价值，而是通过一次次销售为财富管理机构和自己实现收入。当财富管理市场衍进发展之时，理财经理必然会困惑于自己的定位：自己和客户之间是什么样的关系？自己的工作又为客户资产的保值增值做了什么？

从这个角度来看，AUM考核构建了理财经理同客户之间巧妙的关系：当理财经理通过资产配置和更好的服务来获取客户的信任时，客户资产流入；依据考核原则，理财经理也因为AUM净增而获得了收入，反之收入减少。在某种程度上，AUM形成了一种类似投票机的制度，理财经理围绕客户的资产增值进行努力，而好的结果对其产生正向回馈。

AUM是一个舶来品，在境内必然随着机构的情况而有所调整，但万变不离其宗。AUM考核对财富管理机构的转型升级发挥着重要的作用，它也是财富管理2.0版本下精细化考核的一个开始。以AUM为基础，机构通过设立AUM增量、AUM稳定程度、AUM创利能力等一系列"二阶"指标，可以将财富管理的工作细化到无穷尽。但无论怎样的考核方式，考核设定的核心目的都是围绕着机构的战略目标而实践的。考核就是管理，是管理体系里那只最坚实有力的大手。

2. CRM系统的强有力支持

新的管理理念与考核手段的应用，要建立在充分的数据、维度和可灵活使用的工具上。财富管理机构践行精细化管理的落脚点，是一个可以快速迭代的CRM系统，而一个优秀的财富管理系统应该具有以下几个特征。

■ **基础数据的清晰**。相比底层基于银行账户而形成的大量数据，信托公司特别是老信托公司底层有大量冗余数据，数据清理非常重要。

- **快速的迭代能力**。没有系统从一开始便是完美的，CRM不断逼近完美的过程也是系统不断迭代的过程。从实战的角度来看，要想解决迭代的问题，要么自建系统、提高IT对于系统完善的支持力度；要么选择一家比较开放且后期服务跟得上的外包公司，在磨合中提高系统的完整度。
- **出口的同一性**。客户和理财经理所使用的端口要尽可能少，避免出现因为使用多个App导致客户体验下降的情况。在这方面，招商银行和平安银行是表率，系统的集成性更强。

3. 中后台的建设

经验数据表明，境外私行前台与中后台的人数比例接近1∶1，产品经理、投资顾问以及其他支持团队构成了完备的中后台支持体系。而境内财富管理机构的中后台人数是远远落后于前台人数的：一方面，"不直接创利的部门存在价值低"；另一方面，行业发展尚未成熟，不需要专业分工。而在财富管理的未来，单纯依靠前台增员所带来的效能增长将会遇到瓶颈。在人员有限的情况下，提高单位产能的关键便是"专业分工"。专业的人做专业的事：理财经理专注于客户关系和营销推动，而投资顾问和产品经理提供资产配置方案与产品建议，势必会带来"1+1>2"的效果。

4. 将完善培训体系作为财富管理升级的软性支持

在成熟的财富管理机构中，考核和管理是硬手段，培训是引导性的软手段，考核是结果导向，而培训是过程导向。没有过程，只片面强调结果，就如同我们看到不少三方财富，采用"洗"的方式进行团队去劣存优，依靠进化论的手段来实现团队发展，团队一朝聚一朝散。对于真正的财富管理，只有坚持软硬两种手段双管齐下，财富管理机构才能够持续健康发展。事实上，培训不仅仅是财富管理机构发展的黏合剂，也是其实现内部管理和品牌建设的一种有效手段。一部分理财经理对于"卖卖卖"的工作怀有厌倦情绪，希望在获取收入的同时能够获得更多职业技能。在工作模式单一化的背景下，这个诉求就更为明显了。

财富管理2.0阶段的培训工作，有三点需要重点落实：

- 理财经理需要营销专业能力培训+知识型学习，对内形成理财经理的认同感和黏性，激发其工作热情；对外形成口碑，为吸引优秀人才提供有力的支持。
- 将培训作为考核的宣贯平台，通过培训让理财经理了解考核的目的、意义以及工作策略，并通过特殊的技能培训让理财经理在新的考核方式下快速适应。
- 财富管理机构应通过培训来建立内部分享机制，让优秀的人才获得更多崭露头角的机会，增加员工荣誉感。此外，邀请外部讲师和同业进行交流，可以起到扩展员工视野的作用，避免闭门造车、坐井观天。

（三）临渊羡鱼，不如退而结网

当2020年上市银行的年报一出完，招商银行毫无悬念地又成为大家关注的热点：极低的零售负债成本、超越同侪的零售存款占比，让人艳羡不已。我们都看到了招商银行以零售银行财富管理为核心经营思路的成功，却都忽视了它在水位之下默默潜沉的十多年。

如果我们试图去归纳招商银行在财富管理方面的成功经验，那么一篇论文也无法穷尽。招商银行的路线之所以不可复制，是因为财富管理是一项需要时间长跑的工作。当后来者试图追赶成功者时，那种急迫的心情反而会更容易让动作变形。在财富管理机构的传统认知中，激励、人员指标、产品供给是我们最习惯的，也是财富管理1.0版本下最重要的利器。但我们看不见的是，在先于我们跑完1.0的进程后，招商银行也快速地进行了2.0的升级。无论是马行长提出的"二次转型"，还是田行长打造两个核心App的新思路，甚至招商银行在过去十几年中所保持的核心班子和业务管理人员的稳定，都是我们没看到的。平安银行以洪荒之力开拓财富管理而成果颇丰，但是五年后，平安银行财富管理的正确理念还能否继续坚持？还是因为某个人的离开，就出现了根本性的颠覆？谁也不知道。

我们可以预见的是，财富管理是一项漫长的工作，既要与同业赛跑，也要与自己和时间赛跑，前人栽树，后人乘凉。而财富管理的精细化管理更是需要时间。相比快速做事，我们不如一直都在正确的方向上做事情。未来谁是王者，我们拭目以待。

八、什么才是真正的"财富管理"

笔者和私人银行的某位领导交流业务时，他语出惊人："现在市场上做的都不是财富管理""别看某行最近产品募集得好，等到熊市看看它怎么处理投诉""2018年我就预测牛市要来了，因为基金根本卖不动了"。

按照这位领导的说法，既然现在大多数机构做的都不是财富管理，那么我们来看看财富管理的定义。笔者特意查询了百度上和"财富管理"有关的词条，看到了这样的描述："财富管理是指以客户为中心，设计出一套全面的财务规划，通过向客户提供现金、信用、保险、投资组合等一系列的金融服务，将客户的资产、负债、流动性进行管理，以满足客户不同阶段的财务需求，帮助客户达到降低风险、实现财富保值、增值和传承等目的。"

显然，这样的定义有着极大的合理性。以此为对照，我们发现所谓的"财富管理"依然只停留在"产品销售"的层面。如果把2018—2020年定义为财富管理的第二次发展期,那么无论机构背景如何,我们都可以清晰地看到,这些机构快速发展的根本还是产品销售。不客气地说,甚至只是依托市场行情的顺势而为,信托财富借助不断稀缺的非标产品扩张自己的地盘,而大力转标的银行券商和三方则赶上了这轮资本市场的上涨,赚钱效应带来了权益类产品销售的井喷,毫无技术含量。

(一)谁在做真正的财富管理,熊市见分晓

在股市赚钱效应的推动下,一家股份制银行一天募集50亿元的私募基金已然是见怪不怪的事了,这既是财富管理,又不完全是财富管理。如果后续市场出现震荡导致基金净值下跌,那么这家银行是否有能力应对潜在的客户投诉,是否有意愿和能力在"亏钱效应"下再次发行类似的产品?

就像前文那位领导的观点一样,现在的"财富管理"不过是借了行情的春风,实质依然是1.0的初阶版本。这波借助大势的异军突起,在市场转向的时候,我们才能看到真正要命的时刻。前期狂飙猛进的财富管理机构要花费大量的时间和精力处理投诉,基层客户经理要重新梳理资产配置的逻辑来安抚客户,团队主管要绞尽脑汁思考如何提振营销团队的士气,产品经理团队则面临着如何选择重点产品的苦恼,绩效考核又要在有限的资源下设计性价比最高的方案,这些在市场向好的环境中不用考虑的细节,才是一家财富管理机构经营的精髓。而客观地讲,在新规下勃勃兴起的财富管理机构,还都没有经历过这个过程。

以财富管理资深从业者的经验来看,与其说"资产配置"是一种面对客户的营销手段,倒不如说是财富管理机构持续经营的"自我保护"。在资管新规的推动下,整个行业都在经历财富管理的春天,但

这个行业绝不是赚一把就死。如果定位于持续经营，摆正态度、做好功课，摈弃存心不良的资金池与去向不明的自融，扎扎实实地做好资产配置，避免错误销售，那么也许在即将来临的市场震荡中，财富管理机构会更加轻松。

从机构持续经营的角度来看，当期销售规模甚至是利润可能都不是最重要的，客群指标特别是客群增长的稳定性才是最为关键的。客户数量、AUM、户均AUM这些指标的绝对值和增长率，决定了一家财富管理经营的长久性，而熊市来临投诉增加，不过是考验财富管理机构的第一个关口。经营这些指标的关键在于，形成以客户经营为核心的战略，建立与机构生命周期相匹配的人力和绩效体系，并搭建完整的中后台团队以形成完整的赋能体系。只有这样，财富管理才可能熨平周期的波动，实现真正的基业长青。

（二）财富管理机构必须建立客户黏性

《谁说大象不能跳舞？》一书在当年风靡一时，很多观点在现在依然不落伍。郭士纳在以亲历者的身份写到对IBM的战略思考时，认为IBM应该不是一个生产型企业，而更应该是一个服务型企业。基于这样的思考，他在传统的销售部门外，筹建了独立的客户服务部门，将为客户提供整体性解决方案作为工作使命。事实上，正是这样的变化带动了IBM重新走向辉煌。

隔行如隔山，但商业的本质是共通的，IBM再度崛起的经验给了财富管理乃至整个金融行业极大启示。

- **商业是经营客户的一项生意**。在产品爆炸的年代，单一产品可能会有突破性的发展，在产品以及周边的各类服务越发繁杂的背景下，客户对整体性解决方案的需求就变得格外迫切。对于现在的金融行业，无论是资产端还是财富端，为客户提供跨越公司边界的整体性服务，都是获取客户并长期锁定客户的关键。从这个角度来看，财富管理机构应该是一个开放式平台。例如，招商银行的成功经验是，努力把自己打造成金融超市，而不是只围绕着自己的产品打转转，建立以客户需求为出发点的工作意识，实现跨公司、跨市场的产品和服务采购。

- **销售并不等同于客户服务，依托传统销售部门的升级改造，提升客户经营水平，并不现实，甚至可能会产生利益冲突。** 建立独立于销售部门的客户服务部门并协调两者之间的利益机制，是IBM做大的关键，这个道理也适用于金融企业。招商银行在私行部的投资顾问团队和财富管理部的FC团队本质上类似IBM的客户服务部门，部分起到了为客户进行定制服务的作用，而放眼海外私行，大部分机构都实现了客户经理与专家团队的1∶1配置。

- **准确衡量客户黏性是自我评估的第一步，而拓展客户黏性是机构长期的唯一工作。** 当下，对于很多财富管理机构来说，许多存量客户都是不真实的，这些客户对机构的依赖仅仅是因为那些即将退出历史舞台的爆款产品。站在机构的角度，用更多的产品与服务去绑定客户，依托更多的人或者部门建立同客户的关系，是眼下的当务之急。如同早先几年流行的"one bank"理念，如果客户通过一个点接触到机构，可以获取这家机构的全部资源，这家机构也就成功了。在这里面，产品体系的重新搭建、客户经理的专业能力建设、更迅捷的投研体系、中后台人员乃至系统建设、形成一套灵活可动态调整的绩效考核体系，都是隐藏在背后需要花大力气去做的。

（三）财富管理将会迎来真正的百花齐放

有人说"非标不死，财富管理不兴"，这话是有道理的。当财富管理市场存在一个高收益而低风险的产品时，资产配置的意义几乎为零。一家财富管理机构能否发展得好，取决于其能够生产或者拿到多少信托产品份额。非标信托产品在过往的财富管理市场上就是"屠龙秘术"一般的存在。

但当监管趋严时，非标信托的稀缺性越发明显。当非标不再是舞台中最高光的明星时，财富管理市场的不平衡也会被自然打破，依靠非标信托展业的私人银行和信托财富将重回地面，在一览无余的市场上迎接其他机构的直接挑战。事实上，先知先觉的财富管理机构已经在快速转型，许多排名靠前的央企信托公司架上摆满了净值化产品，也许它们还不是一家真正的客户服务型机构，但不可否认的是，它们已经转变观念，迈出了重要的第一步。

2020年年底，马云在外滩的讲话引发了轩然大波，在他的眼中，蚂蚁金服代表着创新和先进，传统金融机构代表着保守与垄断。但事实是，自资管新规颁布以来，传统金融的壁垒在不断被打破，在未来的财富管理市场，在规规矩矩做事的前提下，你需要的可能只是一块基金销售牌照。

在未来更平坦的财富管理市场中，参与主体多元化的趋势将不可逆转，就如同美国市场，高盛、富国银行、嘉信理财等不同背景和风格的公司都取得了成功。我们也相信，伴随着金融监管的进一步合理化，境内的财富管理市场也将进入百花齐放的格局——不同机构围绕着自己的特色，发展衍生出各种产品与服务，极大地丰富这个有潜力的行业。

（四）未来财富管理行业会发生什么

从资管新规颁布开始，金融行业的风口就在慢慢转移，"资管新规带来了私人银行的春天"。三年来，各种不同背景的机构都看到了财富管理的想象空间，也都做了基于自身优势的各种尝试，有成功的，有不成功的，但即便是现在看起来做得还不错的机构，也难言真正成功。

在各种媒体的宣传中，我们经常会看到这样题目的软文《××银行新零售转型渐入佳境》。笔者总是暗暗替这些机构捏一把汗。诚然，它们可能确实取得了不错的成绩，但没有经历一轮完整周期的财富管理机构终究是不完整和不成熟的。从这个角度来看，招商银行和诺亚财富这些在财富管理领域耕耘时间较长的机构可能在未来会更有机会。这种信心可能就缘于它们经历过非标的爆雷、净值型产品的全面下跌，这些痛苦的经验使得它们在市场上涨或下跌时都有完整的工作逻辑以及与之配套的组织建设，"无他异也，唯手熟耳"。当然，虽然后来者不必为那些还未到来的麻烦忧愁，但谁也无法跳出行业规律而跳跃式发展。有远见的机构需要的是扎扎实实地做好财富管理这件事，而非简单地把产品销售同财富管理等量齐观。

许多人都深有感触，在过去的十多年中，财富管理行业太无趣了，招商银行作为行业的领先者一骑绝尘。但我们现在越发深切地感受到：伴随着非标的慢慢淡出，财富管理多元化的局面将真正来临，金融机构与非金融机构（前提是要有一块基金销售牌照）在财富管理方面的界线将越发模糊，谁能拿到好的资产，将越来越多地取决于资金能力；即便你不是资管机构，当你的销售能力足够时，你也会有足够的能量去反制上游。资金与资产的优势关系在不断被改写。而那些在资管新规颁布后进入财富管理行业的资本大鳄，面临着前期业绩不佳的情形，将以并购的方式搅动这个行业的一池春水。

这个市场的多元化发展将为这个行业带来更多的价值，而在这些成就背后，暗流涌动的一定是对人才的竞争。在资源的再度配置下，先前的领先者一定会面临员工与客户流失，优秀的经验也会在不同的机构间快速复制，真正懂行的人将受到更多的关注。有人热衷于在动荡中捕捉机会，有人甘于平静默默等待，但我们相信，未来的财富管理市场一定是热闹的，这是机构资源再配置的必然结果，也是人才流动的一种再平衡。

真正的财富管理不好做，无数的细节需要落地，无数的反人性需要固守，无数的反常识需要突破，看起来很美的行业，背后却是荆棘丛生。但反过来想一想，这难道不是很有意思的一件事情吗？

九、私人银行财富管理的过去和未来

从资管新规征求意见稿推出的那一刻，境内的金融市场格局就出现了颠覆式的变化，财富管理和私人银行的黄金年代即将开始。事实上，从2007年开始，私人银行怎么做一直是一个有争议的话题，不同的金融机构、行业大佬都按照自己的方式去实践私人银行的理念，谁对谁错并无公论。

（一）初创期的迷茫

私人银行作为一项舶来品，在境内被大家广泛认知，起始于2007年。那时，大家对私人银行的前途满怀憧憬，但谁也不知道该怎么做。那是一个连财富管理都要摸着石头过河的年代，大部分银行还在纠结于存款和理财产品的平衡关系。以建设银行和招商银行为首的"先知"，早早派出了自己的精英队伍到海外学习，开始了一场漫长而艰辛的罗曼史。

客观地讲，最早一批由商业银行牵头发起的私人银行很难说取得了成功：中信银行私人银行阵仗最大，但最后落得与零售合并；建设银行私行也经历了客户"集中→下放→再集中"的反复，架构的变化导致业务骨干和客户流失；其他私人银行大多停留在口号的层面，仅在总行层面有些不痛不痒的小动作，客户没有归集，服务也没有提升。

站在一个旁观者的视角回看，境内私人银行的迷茫主要体现在以下四个方面。

1. 赢利模式不清晰，服务先导，缺乏落地

找到各家私人银行在2008年的宣传文案，我们可以感受到其相较于现在更加粗糙的风格，但更直观的感觉是内容空洞（见图5-13）。对于私行能做什么，在那个年代，更多的是从业者结合欧美经验的一种自发式想象。"要让客户有最极致的体验，以增值服务吸引客户"，是当时很多机构的美好愿景，缺乏业务上的落脚点。

这些文案所展现出来的其实是当时私人银行从业者的普遍迷茫。这些先驱或多或少地看到了传统零售业务的局限性与弊端，试图去改变现状，希望能建立一个"为客户创造价值进而为机构赢利"的共赢模式，但缺乏有指导性的方法论和有效的落地工具，出现了拳拳打偏、用力过猛的情况。

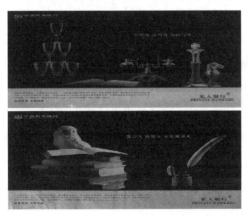

民生银行私人银行——
名利场 谈判场 您的气场
发言人 决策人 家族继承人
......

20

图5-13　民生银行私人银行宣传方案

2. 总行层面缺乏推动，分支行层面难落地

私人银行的初创者试图甩开财富管理的既有模式，殊不知财富管理本身就是私人银行的应有之义。在这个局面下，总行变成了缺乏分支行支持的独行侠。对于客户和客户经理上收的问题，这显然是正确

的事情；在遇到来自经营部门的巨大阻力后，大部分总部机构都选择了退让，形成了私人银行的半吊子工程。任何经营单位都是理性的，对于在不损害自身利益前提下进行的业务调整都是不抵触的。从这个角度来看，决策机构去说服经营单位，不在于政策的强压，而在于试验和效果论证，论证私人银行带来"1+1>2"的效果至关重要。依托第一批试点的验证，以数据统计和分析为基础，形成有效的结果做支撑，用理性的观点去对抗感性的错误认知，是这项业务在组织内部获得认可的关键。事实上，出乎意料的是私人银行专人专岗服务带来的直接效果远远好于大家的预期，"专业的人做专业的事"所派生的效果不容置疑。

可惜的是，大部分私人银行在开始的时候都选择了走捷径，回避客户上收的关键问题。私人银行客户散养在支行，其服务品质和专业性并没有得到根本的提升，如何做到专业化经营？其结果可想而知。

3. 经营目标短期化明显，私人银行部变成私人银行产品部

相比那些走捷径却无所作为的私人银行，有些私人银行的策略更为简单粗暴——在创利的压力下，私人银行部慢慢过渡为私人银行资管部，借由私人银行的名目在行内创造出一个新的理财池，通过发行理财产品、依托资产长短期错配来获取利差。所谓的私人银行专属产品除了起点为100万元和具有略高的收益，同传统理财池并无区别，名义上是私人银行，实际的内核却是资产管理。

事实上，在初创期，对于私人银行部是否应该具有独立创设产品的能力，是打造财富管理的平台模式，还是依赖资管产品获取更多的利差，是存在较大分歧的。那些选择第二种模式的，在短期内获得了更高的考核收益，但仅专注于私人银行"小池子"带来的快收益，忽略了对财富管理"大平台"的搭建。信托、阳光私募和股权基金等综合产品服务模式建设缺失，在财富管理广度、深度都在提升的市场

中，弊端逐步显现。经验告诉我们，一家通吃的财富管理体系并不现实，为客户在市场上遴选最优的产品并以资产配置的载体进行推介的模式，在目前的市场上更具有吸引力。而当一家私人银行的销售能力足够强时，其谈判能力所获取的高额代销收入会比资管的收益更高，这是后话了。

4. 管理架构变动大，造成基层的迷茫

私人银行是独立于零售银行的存在，还是应该成为零售银行的一个分支？这是私人银行一开始便面临的严峻问题。从结果上看，依托零售银行体系的私人银行在前期发展得更顺利。在这个模式下，私人银行获得了来自零售银行的客户输入和资源倾斜，回避了内部竞争导致的资源无谓消耗。从事后的角度来看组织架构问题，私人银行的发展和壮大必须依托银行的基础客群，以及相应的客户提升能力。离开了传统的零售银行和财富管理业务，私人银行本身就是无源之水。财富管理机构的获客成本决定了它的经营模式，当私人银行委身于零售银行的大体系之中时，较低的经营成本和内部摩擦使它更容易轻装上阵，不会走形。

（二）私人银行新一纪的破题

2020年，高瓴旗下的礼仁投资在招商银行等三家私人银行发行二级市场新产品，50亿元的募集规模瞬间便有了超过100亿元的客户储备。当信托公司因为《信托公司资金信托管理暂行办法（征求意见稿）》而为标品信托发愁时，私人银行经过十多年的磨合与发展，其强大的客群和营销能力显露无遗。不仅仅是传统的商业银行，证券、信托等都在朝着这个方向努力。私人银行在下一纪该如何发展？上一纪所发生的各种问题又该怎么解决？

1. 如何建立私人银行的专业性

私人银行的专业性是区别于零售银行的关键。面对事业和生活都更加成功的私人银行客户，专业性是建立起客户同机构之间桥梁的最快法门。很多私人银行在培训上花费了大量的时间和精力，这些资源的投入一定会带来成果，但依靠培训就能解决全部问题吗？从私人银行经营的实操来看，理财经理的专业性建设是一件任重道远的事情。理财经理的专业学习有两个方面的问题：一是落地性，即集训式的培训内容需要在日常工作中形成固定动作才有效；二是持续性，专业的学习包括每一次成功的晨会、夕会和角色扮演，日常学习的重要性远大于突击式学习。针对这些问题，招商银行在组织架构中设立了投资顾问这个岗位，总行编制却派驻在一线私行中心工作，起到了总行"老师"和政策传达者的角色。另外，依托于投资顾问的工作，理财经理耳濡目染，提升其日常学习的规范性和有效性，突破了前述两个瓶颈，获得了很好的效果。

2. 私人银行的发展不是孤立的，而是零售业务发展的自然终点

私人银行是零售业务王冠上的明珠，跳出零售业务去讨论私人银行并不现实。超高净值客户是目的、终点，但300万元以下的财富管理客群才是机构的根基。为了达成高净值客户的目标，私人银行必须培养基础客群，这往往是许多私人银行所忽视的。而在实战中，如何针对不同客群构建出有差异的服务模式，以及如何建立"大众客群→财富管理客群→私人银行客群"的提升和激励机制，都是机构在进行顶层设计时需要认真思考的。

3. 产品是核心，但不唯产品论

有信托行业的朋友说，房地产信托决定了私人银行的考核。在某种程度上，这是大实话，因为以固定收益为特征的房地产信托成为

私人银行资产配置的主力。但如果忽视了资产配置的约束，只将产品特别是爆款产品的营销作为私人银行财富管理的基础，那么这势必会造成经营部门维护模式的简单化，"客户因产品而来，客户因产品而去"。从长期来看，客户没有忠诚度，而私人银行的专业性也在钝化，没有资产配置的产品推动是一剂慢性毒药，非常危险。眼下，招商银行私人银行在每年吞吐3 000亿元房地产信托的同时，还能打爆各类阳光私募的账户，这不正是长期坚持资产配置理念的成果吗？现在想想看，当年招商银行私人银行王菁总坚持以投资顾问服务实现差异化经营的思路是多么正确。"投资顾问服务""1+N""投资理财建议书"和内嵌到CRM系统的纠偏系统，既是理财经理展业的技术支持，也是对其不适当行为的有效干预。

4. 私人银行的利基在哪里

据说黑石基金在全球各地都会高薪聘请知名律师，它的有限合伙人在全球各地出现各种状况时，都可以第一时间享受到黑石的法律服务，享受到全球顶级机构的法律庇护。这是客户的诉求，也是机构的利基。那么，境内私人银行的利基在哪里呢？特别是在非标横行、产品和增值服务同质化严重的情况下，如何创建符合其自身定位的利基，形成同其他机构的错位竞争，就显得格外必要。

5. 财富管理进阶式发展的必然路径

在私人银行的财富管理业务中，存在从"销售导向模式"到"资产配置模式"再到"全委模式"的升级路径（见图5-14）。这三者的层进，也体现了客户对于财富管理理解的成熟程度。能接受"全权委托"的客户一定是我们最优质的客户。基于此，当一家私人银行在确定战略周期的时候，必须把这条路径作为谋划的基础。当经营机构已经使"销售导向模式"的策略深入人心时，它必须推动"资产配置模式"的落地；当"资产配置模式"深入人心时，"全委模式"则是最后要冲刺的终点。

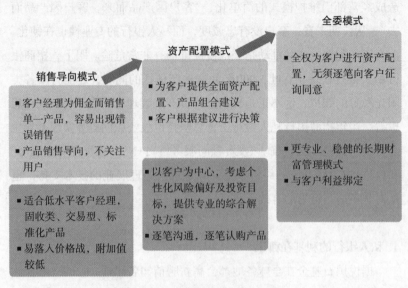

图5-14 财富管理业务的升级路径

6. 增值服务不是靠钱砸出来的

关于增值服务，很多人的第一反应就是机场贵宾服务、奢侈品和高尔夫。在大部分机构都如此时，你的特立独行带不来任何好处。但是，通过一定的基础投入，在保障行业正常的增值服务水准情况下，创造基于客户真实需求的以切入圈层为主的增值服务，才是形成客户黏性的关键。某私人银行在早年间举办了"青年精英论坛"，邀请适龄的二代私人银行客户集中参加分享、学习和交流。客户对此评价极高，该私人银行也获得了很大的成功。相比高尔夫和奢侈品，这样的活动花费更低，却有效发挥了私人银行的平台作用。

（三）境内的私人银行和财富管理将呈现更精彩的发展态势

一纪是古时的说法，是十二年的意思，最有名的一句话来自《国语·晋语四》中狐偃的一句话："蓄力一纪，可以远矣。"这句话的意思就是，晋文公在狄12年，积蓄了力量，该离开狄去寻找新的方向了。对于境内的私人银行来说，也是如此，这十多年的发展和波折，精进与整合，从大趋势上看瑕不掩瑜；而如果我们站在此时，读懂了发生在上一纪的故事，吸取了经验和教训，那么在新一纪，境内的私人银行业务将上演更精彩的故事。在未来的市场里，金融监管将打破各家机构的垄断性利基，境内金融将会变得更加平台化，私人银行也将呈现百花齐放的格局，不仅有传统商业银行独大一方，也会有证券、保险、信托、私募和家办的身影。

十、论信托公司如何进行财富中心产品线的建设

在监管持续压缩非标的背景下，信托公司的财富中心瞬间被分成了两个阵营：有非标的和没有非标的。前者尚能维持，那些因为监管压降而没有非标的信托财富，一下子陷入了困顿，高净值客户和理财经理纷纷流失，每年吞吐几百亿元的信托财富中心似乎一夜之间就变得凄凄惨惨。信托公司如何在以标品信托为主导的新形势下重塑信托财富，维持自己的基本生存，就成了现在最重要的一件事情。"定激励、搭产品、招团队"是信托财富的三板斧，我们就来探讨一下新形势下信托公司如何布局财富管理产品线的建设。

（一）招商银行的财富管理怎么学

马蔚华确立的零售战略在经过十多年培育后终于结出了丰硕的果实，招商银行13PE和2PB的估值更让其他同业望而生畏。招商银行的成功使得财富管理被验证为一条可以产生长期高收益的路线。而也

正是因为招商银行的珠玉在前，大家才开始理解财富管理不是简单的"卖卖卖"，而是一种系统性的打法和体系建设。那么，信托公司作为旁观者去看招商银行的财富管理，在产品线建设上又有哪些可以借鉴和学习的地方呢？

1. 站在资产配置的角度去经营信托公司财富中心的产品线，打造"产品超市"

熟悉招商银行财富管理的人都知道，招商银行在零售领域长期致力于打造产品超市的概念。"产品超市"这个词不难理解，只有产品数量多、覆盖面广，才能构成超市。但是，把海量的信托、基金和保险堆砌在一起并不是一个好的财富产品线。

在财富管理层面要做到真正的产品超市，有三个不同的层级要逐一达到。

第一，产品超市要较少地夹带私货，站在客观中立的角度进行产品引入。

信托公司在刚性兑付的优势下优先直销，这无可厚非。但加大财富中心的代销能力（私募基金、股权和保险），在财富中心的产品线中突出强化精选投资管理人的理念，弱化信托公司"自产自销、自卖自夸"的定位，对非标转标过程中的财富中心建设是有帮助的。只有这样，当行业破除刚兑幻觉时，信托财富才可以标榜"财富管理市场上最好的产品遴选机构"，以专业公允的第三方视角去赢取客户的信任。

第二，产品超市中更重要的是"专业的产品导购"。

前两年的权益市场火爆，赚钱效应满满，很多信托公司也优先在财富中心部署了权益类产品——星石、朱雀、淡水泉这些老牌私募纷至沓来，证券业务底子好的信托公司一口气上线了N只阳光私募。这么多产品罗列在一张表里，难免让人看了眼晕（见表5-5）。

表5-5 华润信托证券类产品净值及业绩比较（2020年12月）

序号	产品简称	成立时间	净值日期/开放日	净值	近1月	近3月	近6月	今年以来	累计增长率
1	民森K号	2010-06-04	2020-12-31	486.38	6.06%	17.87%	29.97%	81.32%	386.38%
2	朱雀1期	2007-09-17	2020-12-15	790.82	9.58%	19.64%	44.60%	76.39%	761.85%
3	星石10期	2009-03-12	2020-12-10	533.12	2.65%	20.75%	37.27%	62.81%	461.06%
4	林园	2007-02-28	2020-12-18	945.50	10.74%	14.07%	29.68%	62.79%	843.25%
5	星石9期	2009-03-04	2020-12-31	533.20	2.75%	19.83%	37.13%	62.20%	433.20%
6	长河优势3号	2015-05-08	2020-12-31	128.39	13.04%	23.84%	31.28%	60.79%	28.39%
7	源乐晟金选1号	2016-08-05	2020-12-15	1.93	16.60%	18.42%	34.60%	59.43%	113.53%
8	望正鹏辉	2015-07-07	2020-12-10	223.16	17.45%	21.52%	29.83%	57.72%	154.86%
9	明达价值0号1期*	2018-06-28	2020-12-31	1.65	6.49%	15.61%	37.45%	52.38%	64.84%
10	阳光宝3号	2015-03-31	2020-12-31	239.82	4.41%	11.80%	19.89%	47.45%	139.82%
11	明达（1期）	2005-11-28	2020-12-31	709.83	10.19%	15.01%	34.90%	41.96%	609.83%
12	景林稳健	2006-10-31	2020-12-31	2083.88	4.01%	10.37%	17.61%	40.54%	1983.88%
13	阳光宝2号	2015-01-30	2020-12-31	217.60	3.69%	17.72%	28.61%	40.16%	117.60%
14	景林丰收	2007-03-30	2020-12-31	1041.95	7.54%	17.05%	14.74%	39.94%	941.95%
15	千合紫荆1号	2015-04-20	2020-12-15	254.25	6.91%	5.89%	13.48%	39.93%	170.32%

序号	产品简称	成立时间	净值日期/开放日	净值	近1月	近3月	近6月	今年以来	累计增长率
16	博道精选1期	2013-09-10	2020-12-31	2.91	4.10%	3.78%	6.38%	38.10%	190.92%
17	阳光宝1号	2015-01-30	2020-12-31	241.05	3.65%	9.40%	15.92%	36.11%	141.05%
18	博颐精选	2008-02-05	2020-12-31	553.11	8.72%	-2.34%	-9.61%	33.34%	453.93%
19	长江稳健	2006-04-18	2020-12-31	1 184.48	8.79%	10.52%	19.44%	31.39%	1 084.48%
20	景林智享全球精选37号	2020-03-31	2020-12-31	1.29	5.74%	8.50%	9.10%	29.21%	29.21%
21	展博1号*	2009-06-15	2020-12-31	647.32	16.96%	17.82%	19.94%	26.09%	547.32%
22	元盛1号*	2015-07-20	2020-11-30	1.77	2.80%	9.33%	20.94%	23.34%	82.17%
23	巨彤14号*	2015-06-25	2020-12-31	1.15	3.10%	13.01%	22.06%	22.66%	14.55%
24	千合紫荆2号1期	2020-04-28	2020-12-10	1.10	7.93%	7.69%	12.74%	18.29%	18.29%
25	理成转子2号	2009-07-15	2020-12-31	495.12	1.55%	-5.20%	-0.72%	16.56%	395.10%
26	阳光宝7号	2018-04-20	2020-12-21	1.30	1.28%	12.21%	16.84%	13.20%	34.01%
27	重阳6期	2010-01-06	2020-12-31	245.39	5.24%	14.61%	18.28%	11.20%	145.37%
28	润享中欧瑞博1号	2020-09-29	2020-12-31	1.10	9.40%	10.46%	10.46%	10.46%	10.46%
29	大岩绝对	2013-09-27	2020-12-31	151.92	1.06%	-1.62%	-0.04%	8.82%	51.91%
30	润享景林云享优选1号	2020-11-03	2020-12-31	1.06	7.20%	7.20%	6.01%	6.01%	6.01%

相比我们可以清晰地认知到超市里不同品牌饮料的口味差异，高净值客户对各种财富产品的区分是非常有限的。这种乱糟糟的码放方式不会提高客户体验，也不会对理财经理的销售有所帮助。信托公司如果效仿招商银行，就应该在"产品导购"的角色上增加分量。

2006年，招商银行代销的公募基金不过70余只，一年后增加到两三百只，几乎覆盖了市场上的所有基金，但真正让招商银行在基金销售上击败工商银行和建设银行的，却是2007年在其北京分行开始推广的"五星之选"（见图5-15）。鉴于客户面对两三百只基金不知如何选择，招商银行尝试用专业研究去引导客户的基金购买行为，帮助客户在市场波动中聚焦，最终获得了意想不到的效果。而这就是"产品导购"的效果，客户在无法准确认知产品的时候，需要有人给他明确的意见。

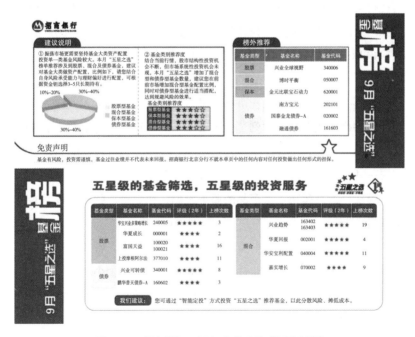

图5-15　招商银行于2007年推广的"五星之选"

而针对阳光私募仓位更为灵活的特性，评价体系中需要根据定性尽调和定量分析，对阳光私募的投资风格进行分类，形成基于机构研究的投资风格标签，实现橘子同橘子比、苹果同苹果比。高净值客户可以在资产配置的逻辑下，根据自己的个性进行更有针对性的子类资产挑选，理财经理甚至可以结合风格标签，根据中期行情的变化对客户的产品配置进行及时调整。

2021年春节后的这拨回调，让很多信心十足的高净值客户很受伤，但如果观察许多客户的产品持仓，那么你经常会发现客户会同时持有2～3只风格非常相近的阳光私募，表面看起来分散了投管人的风险，实际上真正的投资风险却依然集中。这种现象的出现和客户所在财富机构的产品线有莫大关系，在不了解阳光私募投资风格（侧重选股或择时，积极或保守？）时，一口气上架最新的网红产品是目前信托财富的通病。市场风格在漂移，而不同阳光私募的表现也会在高光和暗淡间快速切换，寻找到常胜将军是不现实的。真正好的产品经理应该像一个优秀的FOF管理者，可以均衡排布产品线，在不同市场环境下，都有合适的产品可以向理财经理展示。

你不必为没有找到某一市场里最合适的产品而自责，但你一定不能让你的产品线在某一时刻"全军覆没"！从这个角度来看，信托财富产品线的建设，不仅仅是为营销所用，也是其自身专业能力建设的重要一环，任重而道远。

第三，产品超市不是产品的简单堆砌，而是资产配置主线下的有机串联。

很多信托公司已经在财富中心进行了产品充实，各类阳光私募和雪球产品，再加上自己的非标，林林总总，也算是个小超市了。你如果打开App或者公众号看一下，就会感觉真的还有很长的路要走，以某信托公司的推送为例，如表5-6所示。

表 5-6　某信托公司推送的产品信息

天鹏 8 号保银多空一期	■ 10年，每月最后一个交易日开放申赎，赎回封闭期为 12 个月 ■ 持有不足 12 个月，收取赎回费 2%	
	宏观大类资产配置	
天鹏 1 号凯丰宏观三期	■ 10年，每月最后一个交易日为申购开放日，每季度最后一个交易日为赎回开放日；资金赎回封闭期 12 个月，封闭期过后可以赎回 ■ 持有不足 24 个月，收取赎回费 1%	
	工商企业类	
天启【2020】348 号高密国投	18 个月	6.8/7.0
航微 002 号小微资产投资	20 个月	6.8/7.0
天启【2020】381 号江西永联	到期日为 2022 年 12 月 15 日	7.8/8.0
天启【2019】625 号普者黑丘北旅游项目	24 个月 （满 12 个月可提前结束）	7.5/7.6
天启【2020】12 号潘安湖生态小镇项目	24 个月 （满 12 个月可提前结束）	7.8/8.0
天启【2019】722 号深圳领道	24 个月	8.3/8.5
天启【2020】269 号安常投资	24 个月	8.3/8.5
天启 20A173 号房地产开发股权投资	18 个月 （可提前结束）	浮动收益
天新湾区更新 9 号	24 个月 （可提前结束）	浮动收益
天新 20A015 号城市更新股权投资	24 个月 （满 6 个月可提前结束）	浮动收益
天启【2020】528 号重庆滨江项目股权投资	24 个月 （可提前结束）	浮动收益
天启【2020】409 号阳光学院项目	24 个月 （可提前结束）	浮动收益
天启【2020】393 号大湾区优选五号	24 个月 （可提前结束）	浮动收益

我们能看出来，财富中心的同事很努力地"摆放"了产品，但这些产品的逻辑关系完全是"信托公司式的"，无论是工商企业类还是宏观大类资产配置，都是资管机构对产品的命名体系。客户会疑惑，这些名称复杂的东西，和我又有什么关系呢？

表5-7是一家三方财富管理机构给客户的推介材料。我们可以清晰地看到，各类不同的产品（量化中性、消费金融）不仅按照资管的惯例进行了定义，也从客户的视角（现金、固收、权益和另类）进行了财富管理的分类。这一小小的变动背后，是一种观念的转变——财富管理部门不应是资管机构的附庸。而财富管理是一个专注于客户需求的科学，信托财富至少要把自己包装得像一家以客户需求为导向的机构。

表5-7 某三方财富管理机构的推介材料

资产大类	策略子类	产品简称	配置金额（万元）	配置比例（%）
现金管理	货币增强	招商财富-长江1号	1 000	10
固定收益	消费金融	捷信2年7.5%/年	2 000	20
固定收益	消费金融	马上1年6.5%/年	1 000	10
固定收益	境内债券	招商产业债A	1 000	10
权益类	境内指数	富国沪深300	500	5
权益类	境内股票	交银新成长	500	5
权益类	境内股票	大朴多维度6号	500	5
权益类	境内股票	磐泽价值G期	500	5
另类投资	量化复合	鸣石金选4号	500	5
另类投资	管理期货	思晔沣时对冲	500	5
另类投资	量化中性	博普稳增3号	1 000	10
另类投资	境内风投	沣瑞基金	1 000	10

再进一步，信托财富应该有一套能够将客户需求（风险测评的相

关结果）同产品组合关联起来的数量化方法，可以在客户完成KYC之后，直接输出一份基于客户需求而量身定制的理财方案。我们经常在信托公司网站上看到各种"资产配置方案"，显然这已经比产品堆砌强了很多，但高净值客户会想：你怎么知道这种大路货的方案是适合我的呢？事实上，在招商银行私人银行创立伊始，一套基于VAR（在险价值）方法的资产配置体系就开始运作了。相比产品超市的宏大，这套方法才是财富管理产品线的真正灵魂，既保证了客户感受（量身定制），又控制了错误销售（产品超配）的风险。13年后，信托公司的财富中心还不抓紧补课吗？

2. 财富管理产品线不是一成不变的，要打造一个具有市场敏锐度的产品经理团队

"产品超市"是一个动态的概念，财富管理产品线在不同的市场环境下有不同的表现。例如，招商银行于2007年扩张了代销基金的数量，奠定了其在银行中公募基金之王的地位，而2008—2009年开始的基金经理"公转私"大潮拉开了阳光私募的潮流，阳光私募又成为招商银行一骑绝尘的助力。最近三年火热的量化中性、CTA和雪球，都是不同政策和市场下的弄潮儿。

信托公司的财富中心如果真的想按照财富管理思维去进行升级优化，就必须建立起一支专业的、具有市场敏感度的、可以走出去的产品经理团队，发现那些市场里具有潜力的产品类型，从而将其不断充实到产品线中来。这个工作对目前的信托公司具有较大的挑战，虽然当下的财富中心有了产品部的设置，但这个部门的建制和工作思维还是基于"刚兑、直销"，其主要工作是销售排期、产品上线、额度分配等销售组织工作。而要完善信托财富的产品线，就要改变这个部门的"对内"定位，跳出事务性工作，强化"研究和分析"，强调"赋能与支持"，以"专业研究引领一线销售"，从而实现信托公司的财富

中心本质的升级。

3. 信托财富的产品体系建设，同客群建设相辅相成

囿于现行的资金信托管理办法，除了少部分特例，大部分信托产品都严格遵循了"100万元/300万元"的规则。也就是说，信托公司财富中心的客户天然就是高净值客户。在非标大发展的过程中，信托公司依托较高的激励水平和产品定价，形成了从银行或同业挖角的人员招募方式，依托招人的方式带来高净值客户的流入。但显而易见的是，当非标越来越少时，激励下滑和产品同质化不可避免，在这个时点，信托财富的客户又应该从哪里来呢？

从财富管理的成功经验来看，对于任何一家财富管理机构，客群拓展和产品体系建设从来都是相辅相成的——合适的产品销售能够吸引客户进入体系，客群分层、精细化管理能够推动新的产品销售，产品与客群互为因果，没有足够的客户，也不会有对应的产品销售。这两年，很多信托财富在喊口号，说要开拓多少个家族信托客户，但问题是信托的客群基础本就不多，没有足够的300万元客群，哪里来的家族信托客户？

再拆解招商银行，我们看到了招商银行在金葵花和私人银行的成功，却忽视了招商银行在一卡通、网上银行和手机App端的付出。没有广大的大众客群，金葵花和私人银行就是无源之水。当信托财富无法再依靠挖角来实现客群增长时，300万元以下的次级客群建设就变得非常必要了。只有结合资管新规降低的投资门槛，依托互联网与手机App加大"30万元/40万元"的产品销售和模板化的小家族信托营销，通过移动互联网技术以较低的成本来获取更多的基础客群，形成属于信托自己的长尾客群，机构才有可能跟上信托财富的新变革。

高净值客户不足的问题，本质上是基础客群不足；而客群的问题，本质上是产品供应的问题。关于财富产品线的构建，信托公司不

应将目光仅仅停留在销售管理的范畴，而更应盯紧财富客群的建设环节。当"抢客户和抢客户经理"的打猎方式成为过去时，信托公司的财富必须踏踏实实转型为农耕文化。

（二）我们明明已经在学习招商银行，但为什么还是建立不起一条完整的财富产品线？为什么我们的标品信托销售还是没有上量？

1. 绕过现实的障碍，打造全品类的产品线

前文提到了全品类产品线的建设思路，但该思路在目前的监管环境下有较多难点：一方面，信托公司受限于基金销售牌，公募基金不能直接参与；另一方面，除了中信、平安等少数几家头部公司，信托公司受限于股东背景，从大金控平台中借资格的难度较大，即便能借，兄弟公司的协作也未必顺畅。

相比商业银行齐备的各种资格，信托公司在打造财富产品线的时候，必须因地制宜，不能贪大求全。

第一，不能做天天基金网，可以做精品私行和精品投顾。

信托公司在各类产品线的规划中，应该强调"人无我有，人有我精"，杜绝"摊大饼"的模式，发挥拳头产品对产品线的支撑作用。以十多年前的云南信托为例，作为投资管理人运行的"中国龙"系列在市场上颇有影响力，是信托公司直接参与权益市场最早的成功尝试。信托公司在无法同时上线几百只公募、私募基金的背景下，依托自己的投研能力，以核心产品为支撑，附加10～20只风格各异的阳光私募和FOF，产品的丰富程度是可以应付财富管理基本需求的。

第二，作为财富管理机构，依托客户需求，以信托为载体大力发展FOF业务。

很多人认为FOF的崛起是权益市场兴起的伴生品，但FOF之兴更是"非标转标"大环境下的"非标替代"。在大资管的时代背景下，客户的本意是，以牺牲一定流动性为前提，找到一款收益不错的产品，兼具较小的波动性和回撤。在刚兑的加持下，信托"特化"成一款无波动无回撤的高收益产品，成为财富管理市场的漏洞。非标转标后让信托财富的理财经理去卖股票多头，这可能是一个解决方案，但信托卖得过银行和券商吗？而且，这种选择忽视了信托存量客户的真实需求，他们对于在忍受较大波动的情况下追求15%~20%的年化收益率兴趣不大。在没有刚兑信托的时候，一款预期收益率6%~8%但最大回撤不超过1.5%的年度开放产品也许是最适合信托存量客户的。

信托充当SPV，以资产配置和组合投资策略为执行方略的FOF产品完美匹配了信托财富的需求：一方面近似满足了存量客户的个性化需求（甚至可以根据客户的KYC方案，给每一个客户定制属于自己的FOF产品），实现非标信托的替代与转换；另一方面解决了信托公司代销资格的问题。但是，说FOF好并不意味着信托公司有一个投资经理和一款FOF产品就能包打天下。如果信托公司天天只卖一款FOF产品，高净值客户和理财经理就会审美疲劳。信托财富在多策略FOF产品的基础上，扩展单投资品类或不同风格的FOF产品，适应不同需求的客户（甚至是机构客户）。这是信托公司下一步要着力发展的，对于信托公司并不难。

2. 全产品线并不代表所有产品都是重点产品，信托公司的财富中心应该建立起自己的"大脑"，以专业指挥营销

有些人会说：搞了这么丰富的产品线，最后的结果是经营部门平均发力，每个产品都卖不上量，这该怎么办？这种观点存在着较大的误解，全面的产品线是为了便于我们在不同市场环境下进行择时，我们并非要面面俱到、在任何时点卖出任何一个产品。如果产品估值太高，你不看好A股，那么你可以帮助客户配置管理期货，最不济你还可以帮客户做保险规划。

信托的未来

站在财富管理的角度，我们应尊重客户的需求；但站在信托公司的角度，财富中心应该建立自己的决策部门。产品部也好，投资顾问团队也罢，虽然部门无法预测明天下雨还是晴天，但至少可以看懂"四季"变化的规律，顺应"四季"的变化迁移，研判潜在的市场机会，寻找更有效的投资策略和更合适的产品，给予理财经理和高净值客户指导。产品线是死的，但产品销售策略是活的，配置策略会根据市场的变化而有针对性地变化。当客户理解、信服你的策略时，客户黏性和产品销售会进一步释放，财富管理的正向螺旋也就形成了。我们都看到了招商银行在"东方红"产品营销上的统治力，却没有看到招商银行在这家公司还未出名时，就在分行层面进行重点推广。只有产品营销取得优异的业绩，客户信服于理财经理，理财经理信服于"参谋部"，才能如臂使指、臻于化境。

3. 协调财富管理思维与资管思维的冲突，构建财富产品体系与客户需求之间的关系

财富管理是一项以客户需求为基础的科学，但眼下的信托公司天然是一家资管公司。财富管理思维与资管思维的差异，一直是横亘在信托公司财富中心面前的一座险峻的大山。这种冲突聚焦在财富产品线上，就是我们如此丰富的产品陈列，与高净值客户的需求到底有什么样的关系？财富产品线好建，但财富管理思维难深入人心。信托公司的财富中心需要利用一些简单有效的技术方法（在险价值也好，其他黑箱也罢）建立客户与产品之间的联系。在标品信托同质化越发加剧的市场中，信托公司如果能更深入地了解客户，也就赢得了未来更多的生机。

我们长期忽视了另一个重要角色，即"理财经理"。在过去刚兑的背景下，理财经理的工作简单但缺乏体系，遇到刁难时，只一句"我们公司成立30年都全额兑付"即可轻松解决。可是在净值化产品

的营销中，刚兑没了，理财经理不擅长"讲故事"的弊端就凸显出来了。与其说在标品信托的市场中，信托的产品同高净值客户间需要一个"逻辑"来润滑，倒不如说信托公司更需要为自己的理财经理建立一个标准化的沟通框架。这个框架不仅是他营销的话术，也能够帮助他重构与客户联系的新世界观和方法论。

4. 理财经理对产品和市场的学习有局限性

最近笔者和几家信托公司管财富的负责人聊天，有人抱怨："我们财富中心的理财经理根本卖不出去权益类产品，搞了这么多培训，一点用都没有！"还有人说："我们采购了这么多关于资本市场和销售技巧的线下课，都没人听，效果就更不用说了！"从培训的角度来看，这两个观点略显偏颇。一次有效的培训绝不是简单地灌输内容，而是涵盖了"兴趣激发→方法赋予→实战辅导"的完整过程。片面的讲解理论和技巧，对于改善实战绩效，本就毫无帮助。

在财富管理产品线的建设层面，对于定义为关系经营的理财经理（RM），产品知识和市场策略本就不是一件很容易的事情。在没有基础的情况下，逼着他们去自学产品和策略，和把不会游泳的人直接扔进深水区摸索毫无二致。招商银行坚持发挥中后台的专业能力，让产品经理和投顾团队做好理财经理的辅导员和翻译官的角色，带动理财经理的专业学习和能力建设。把高高在上的专业知识转换为可以被一线人员接受的内容和话术，这也是产品经理之于产品线建设的应有之义。

（三）路在脚下——送给迷茫中的信托财富管理

信托之难，金融同业纷纷看衰，身在其中的从业者更是备感煎熬。在巨大的转型阵痛下，"标品""财富"已经成为大家公认的方向，但美好的愿景远在天边，各家信托公司对如何实现它却是毫无头绪。

事实上，财富管理庞大的体系性，决定了它的任何一项工作都是相互关联的，"头痛医头、脚痛医脚"的策略不适用于这个行业。那些在大资管时代习惯于简单粗暴的信托公司必须认识到一招鲜包打天下的局面彻底过去了，必须接受体系建设的繁复性。孤立地推动任何政策都不会达到满意的效果，如果我们要解决产品线的问题，需要客群管理、团队经营等一系列工作的配合。

在这一过程中，对于财富管理而言，"看过和看懂""做过和没做过""有愿景和把目标落地"之间隔着一条无法想象的鸿沟。我们一直认为，相比投行和资管，财富管理做起来具有更大的挑战。对于大部分只是靠刚兑卖产品而没真正干过财富管理的信托公司来说，幸运的是，招商银行在前：我不会做，还不会模仿吗？

十一、财富管理的新方向：一个财富管理从业者写给个人投资者的四句话

作为财富管理行业的参与者，我们看到了安信、川信的爆雷，不良非标P2P被雷厉风行地清退，过去的错误被迅速矫正；也看到了客户因为配置了权益类产品而获得收益后的欣喜。2021年，崭新的财富管理似乎在一点点地揭开它的面纱，向我们展示它的全貌，新的未来仿佛就在眼前。但可能还会有人对权益类产品的波动头疼不已，也依然会有人留恋刚性兑付的甜美。

相比过程的波折，更可怕的是我们对方向的迷失，到底什么才是财富管理的真正方向？结合境内财富管理行业的实务，有四个建议值得这个行业的从业者关注。

（一）非标真的是物以稀为贵吗？——放下幻想，非标转标的大趋势绝不可逆

2021年春节前一篇名为《100万的小额可能都买不到非标信托产品了！》的网文在圈内快速传播，文章主旨就是口号性地高喊："非标信托越来越少，供不应求，且买且珍惜。"不可否认，伴随着愈加严厉的监管政策，各家信托公司的非标额度还将面临新的压降，无论是现实还是未来，非标信托确实是越来越少了。但作为投资者，非标信托是否真的"物以稀为贵"，我们是否就该因此去拼命争夺剩下为数不多的非标信托？

如果我们放下眼前被刻意营造出来的恐慌，把视角放得更长远一些，那么结论其实非常简单和清晰。

- **非标转标不是监管的一时兴起，而是中国经济增长模式转型的必然**。过去十年，"银行+地产"的发展模式遇到了负债不能无限增长的瓶颈，"优质企业+资本市场"才是中国经济的新动力。压缩非标是关系到发展的长期国策，当理财选择遇到了百年大计，你是沉迷于过往的刚兑幻象还是顺应大趋势？

- **非标的安全边际不单纯依靠资产质量的支撑，也和流动性高度相关**。诚然，在非标信托总量约束下，资产整体质量的确有所提高，但我们没有关注到的是：在监管的强力管控下，注入"非标"这个池子里的水在快速变少，流动性收缩带动整体资产质量恶化甚至引发优质企业的信用坍塌，也并非不可能。从这个角度来看，在非标收缩的过程中，我们不能单纯地因为非标少了就盲目乐观，我们更需要留心的是注水减少带来的流动性冲击，以及潜在的资产质量恶化。

- **对于个人投资者，非标转标是一轮新的洗礼，更是绕不过的一道坎**。长期以来，带有刚性兑付特征的非标扭曲了财富管理市场，有非标的机构吃肉，没非标的机构连汤都喝不到。而对于个人投资者，非标的存在让本来复杂的财富管理变得"简单"，让资产配置变得毫无价值，一个基于大量调研和数据分析的投资理财建议书，抵不过一句刚性兑付。可以说，在过去十年，如果个人投资者侥幸没有踩雷的话，其日子就会过得很舒服。对于那些迷信刚兑的个人投资者，是时候摆脱非标的迷雾了。财富管理本不是一件轻而易举的事情，如果你现在不能接受资产配置的理念，那么在金融产品越发复杂的未来，你只会遇到更大的风险。

（二）抱机构的大腿，坚定地做基金持有人

在市场的不断洗礼下，越来越多的个人投资者选择通过基金参与资本市场，这是值得欣慰的好现象。然而，仍然有不少个人投资者习惯于自己炒股，"享受"在股市中杀伐决断的快感。未来，个人炒股超越市场将越发困难，因为市场的参与主体和资金格局在最近几年出现了根本性的颠覆。

自2018年以来，在资管新规、政策松绑和人才流入等多重利好之下，量化基金获得了更多关注，规模也出现了爆发式的增长。幻方曾估算，2020年年底私募量化管理规模将超过5 000亿元（见图5-16）。这些基金聚集了大量有着金融和IT复合背景的优秀人才，依托多种策略和海量计算能力，发现资本市场的定价漏洞，并通过高频交易进行获利。

幻方估算认为，在目前的A股市场上，20%的成交量都是由量化基金贡献的。对个人投资者来说，这意味着什么？如果个人买卖股票，其每五次交易中就有一次是和机器完成的。本就对资本市场研究不多的你，面对着武装到牙齿的量化团队与不断提升的超级算力，你的胜率会有多少？海外成熟市场的数据显示，量化交易占市场总交易的比例可以达到50%。在A股市场，我们听多了庄家割散户的故事，

但量化基金将成为比庄家更为可怕的存在。它们通过精密的计算，找到散户交易的每一个错误，用散户的失败去实现自己的成功。投射到我们身上，这种差距堪比围棋初学者对决AlphaGo（阿尔法围棋），你愿意试试吗？

量化私募管理规模在证券类私募基金中占比从2017年的4.8%升到2020年第三季度的15.7%，实现超两倍的增幅。

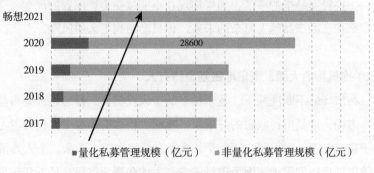

图5-16　规模天花板持续被突破

前段时间，关于公募基金抱团持股的事情引发了很多投资者的热议。你如果现在还没通过基金的方式来打理自己的资产，那么无论如何请赶紧先抱上机构的大腿。在未来的财富管理市场中，也许赚钱有很多方法，但站在巨人的肩膀上一定胜过同冷冰冰的算法进行肉搏。赚钱固然重要，但更重要的是，先在资本市场的"黑暗森林"中保全自己。

（三）不要对资金南下感到恐慌，南下将是未来的大趋势

按照约定俗成的说法，"北"指的是沪深两市的股票，"南"指的是香港股票，故而北上资金就是指从香港市场流入沪深两市的资金，相反，沪深两市流入香港股市的资金则被称为南下资金。前段时间，关于A股资金南下的话题甚嚣尘上，引发了很多个人投资者的担心：

　　　　　　　　　　　　　　　　　　　　　　　信托的未来

A股资金都流向香港市场了，存量资金减少了，会不会影响A股市场的后续走势？

事实上，关注A股市场的投资者发现，市场已经出现了明显的结构性分化：一方面，代表未来方向的科技股和成长股被机构投资者重仓，估值居高不下；另一方面，市场的整体赚钱效应不断下降，许多个股无人问津，创下了几年来的新低。表面上是机构资金在抱团，实则是在经济结构转型的过程中，能够被大家认可的、具有良好前景和稳定增长的个股太少了，大家都认可宁德时代的龙头定位（见图5-17），但眼下200倍PE是不是真的太高了？

图5-17　宁德时代的股票走势

我们放眼全球，会发现在某一时间段优质标的被热捧，导致估值远远高于市场整体的现象，并非A股独有。20世纪70年代，美国也曾出现过"漂亮50"行情（见图5-18）。历史告诉我们，只要企业的增长是可靠的，估值的泡沫必将随着时间的推移而趋于平静。

伴随着前两年的赚钱效应，公募基金的首发依然火爆，资金源源不断地涌入A股市场。如果资金不能南下，而是继续在有限的A股中追逐那些本就稀缺的个股，那么市场的结构将进一步走向畸形。

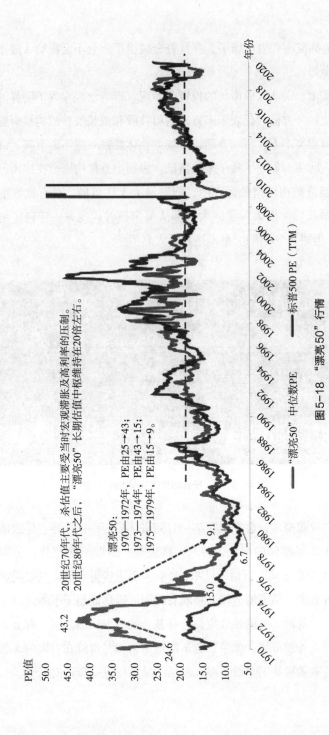

PE值

50.0
45.0 — 43.2
40.0
35.0
30.0
25.0 — 24.6
20.0
15.0 — 15.0
10.0
5.0 — 6.7

"漂亮50"：
1970—1972年，PE由25→43；
1973—1974年，PE由43→15；
1975—1979年，PE由15→9。

20世纪70年代，杀估值主要受当时宏观滞胀及高利率的压制。
20世纪80年代之后，"漂亮50"长期估值中枢维持在20倍左右。

9.1

年份

1970 1972 1974 1976 1978 1980 1982 1984 1986 1988 1990 1992 1994 1996 1998 2000 2002 2004 2006 2008 2010 2012 2014 2016 2018 2020

—— "漂亮50"中位数PE   —— 标普500 PE（TTM）

图5-18 "漂亮50"行情

信托的未来

有人担心：资金南下是否会导致A股市场缺乏后劲？对此无须多虑。把A股放在境内经济转型的大视角来审视，在银行理财和非标信托被压缩的过程中，超过20万亿元的居民理财资金将以不可阻挡的趋势涌入其他可配置的领域，而资本市场便是最大的风口。如果说当年上证6124的高点来自第一轮存款搬家，那么未来A股和香港市场最大的呵护力就来自非标转标下居民财富的"再分配"。

站在投资的角度，资金南下是资源的优化配置；而站在A股的角度，资金南下在维持基金赚钱效应的同时，给了A股一个缓冲的时间。在经历了一轮快速甚至有些不理性的上涨后去歇一歇，对于每一个参与者来说，都是好事。

总而言之，资金南下之于个人投资者，是市场健康发展的一个正常现象，不必大惊小怪。而香港市场更低的估值和更多南下资金的涌入，导致后市将会有更多的机会，香港市场也将成为境内居民财富管理必须关注的一个重点区域。

（四）财富管理不是追涨杀跌——真正了解自己，找准自己的预期，才是财富管理之道

最近基金的热度越来越高，有人说：按照这种资金搬家的思维，是不是我们应该在A股市场上加入更多的筹码？也有人关心：你看我前期买的基金已经赚了20%了，是不是卖掉它，等低点时再补进来，这样赚得更多？这些问题五花八门，但问题的本质都是相同的："我想赚得更多！"

在过去，刚性兑付的存在使得投资者总是希望找到一款必胜的产品来满足理财的全部需求，却让我们忽视了一个关键的问题：我们真正的需求是什么？如果你没有流动性的需求，只是希望通过长期投资获取6%～8%的投资回报，而通过组合投资、长期持有公募基金就可以完全满足你的目标，那么你为什么还要纠结高买低卖以承担更大风

险为代价去获取更高的收益呢？

财富管理的核心在于人，在于我们对每个投资者个体真实需求的挖掘，在于我们能否根据个人需求去制订最合适的财富管理方案，而不是无所不用其极地去抓取每一个超额收益。古语有云，"君子爱财，取之有道"，诚不余欺啊！事实上，个人投资者犯错的方式，在这十几年一再重演。我们在需求挖掘、产品选择和组合配置这些很重要的前期工作上投入太少，却总喜欢为产品运行中的波动而欢喜或忧虑。经历过应试教育的我们都知道，扎实的学习能带来好的考试成绩。等到走入社会大学堂时，我们却为什么又把这些宝贵的经验弃之如敝屣了呢？

（五）财富管理的新篇章即将开始

"四万亿计划"拉开了轰轰烈烈大资管时代的序幕，十年的时间，"银行+地产"这出大戏伴随着资管新规的推出也将落下帷幕。经济增长模式的改变必将深刻影响金融行业的每一个角落，而我们每个人的财富管理也将面临重塑。

任何转型都是有成本的，任何一个美好的明天，都不会在不付出任何成本的情况下到来。这是非标最坏的年代，也是标品最好的年代，但这并不代表标品市场就毫无风险。相比过去十多年，衍生品的发展带来的风险、标债市场因为流动性退潮而风险大增，这些一样会成为个人投资者财富管理路上的绊脚石。

无论如何，财富管理行业已经走在了正确的路上。非标的退去让投机分子慢慢远离这个市场，越来越多有意思的人和机构正在以自己的方式为这个市场提供更多的声音和选择。不同于过去时代里金融机构无可争议的权威地位，在5G的推动下，新媒体日渐繁盛，金融行业特别是财富管理将迎来新的"去中心化"，个人投资者将听到更多的声音，也会有更好的体验。这些都是我们在过去十年不曾拥有的。

十二、论一个理财经理的基本素养

虽然信托经理和理财经理是一根绳上的蚂蚱，但彼此是非常陌生的。看似高大上的资产条线会常常看不上资金工作，而理财经理会莫名地妖魔化信托经理。但不管怎样，以资管新规为开端的新时代，会持续以一种不可阻挡的外力将这原本对立的两面捏合在一起——你中有我，我中有你。所以，在这样的时间点下，站在一个能够跳出两者的立场上，客观地陈述对理财经理的看法，去勾勒出一个优秀理财经理的样貌，应该是非常有意思的。

（一）理财经理的"野望"

在财富管理行业流行一个词叫KYC，这是财富管理机构对旗下理财经理客户工作的基本要求：了解其客户的理财偏好等多方面数据和信息，为潜在的营销做好准备工作。部分成熟的机构甚至通过表格、流程和系统等多种工具把这个要求强化到了理财经理的工作习惯中。

所谓KYC，一方面是要了解客户的偏好，为后续产品配置做好准备，在维护客户、创造利润的同时防止错误销售；但财富管理机构另一方面的诉求是希望通过这个动作，了解到客户资产最大的可周延范围，其中包含客户在其他机构的资产情况、房产、实业、朋友圈。这个动作背后的小小野心不外乎是想知悉客户是不是财富管理机构所期待的大客户。

诚然，这样的说法显得太过冰冷或功利化，但这可能就是事实。企业必须根据其客户的潜在创利能力去给予客户不同的定位与回馈，理财经理也理应如此。KYC的本质是，通过对客户的了解和精确判断，对理财经理名下的客户进行差别化的时间投入，创造最大的价值。企业的本质不是慈善机构，财富管理机构也不是慈善机构，我们不应该歧视客户，但我们绝对有理由将最好的资源投给最好的客户。从长期来看，我们希望的是能够实现客户、理财经理和财富管理机构的三赢，但这必须建立在客户精确定位的基础上，因为资源永远是稀缺的。

理财经理应该跳出工作流程的范畴，有极大的"野心"去了解客户更多的信息。他们的野心是希望拿下一个大客户，能够和其他机构在争抢客户的过程中获取更大的份额；他们也会希望在服务好一个客户的基础上，服务他的企业、他的朋友，永不满足。这大概是营销人员的"通病"。如同信托经理的"好奇"与"创新"，理财经理应该大胆地培育自己的"野心"。

私人银行中"爱管闲事"的理财经理，热衷于和客户探讨企业管理与融资的话题，他们不会满足于传统的个人业务，而是希望多角度地开启同客户的沟通和服务。这种看似脱离本职工作的"好奇"和"野心"，正是开展客户全面KYC的开始。反之，很多理财经理难以开启和客户深入沟通的话题，或者是以一种"浮皮潦草"的态度去对待KYC工作。在很多人眼中，"试图"了解客户的需求被认为是难为情的，这些理财经理的工作结果自然是不甚理想。

之所以把KYC放在理财经理基本素养的第一位，就是因为这个动作有太多的艺术成分了。把KYC当作一个必须完成的作业，拿着表格或者平板电脑让客户去填写，还是在下午茶的谈笑风生间和客户准确交换看法？一定是后者的效果会更好，生硬的KYC会遭到客户的抵触，并不能获得客户最真实、最深入的信息。好的理财经理是艺术家，不仅仅是资产配置的艺术家，更应该是谈话的艺术家。

（二）理财经理要努力建设符合自身特质的风格特点

既然沟通能力是一门艺术或者一种天赋，那么平凡的人是不是就应该就此告别这个行业呢？当然不是。一方面，财富管理机构应该致力于通过各种信息交互（大金融集团内部的信息共享）和标准化流程来帮助理财经理做好KYC；另一方面，更多的理财经理在天赋不足的情况下，应该积极寻找出路，立足自身的优势，形成自己独特的风格与套路。

银行支行层面的贵宾客户以公募基金、保险和银行理财的配置为核心，保险是重点。看到新来的同事和客户聊得风生水起，而不善言谈的我却毫无话题，完全无法有效地切入，产品销售自然也无从谈起。一番煎熬后，笔者突然明白了，笔者必须依据自己的特点形成自己的风格。我为自己做了一个"简陋"的投资理财建议模板，每次以"出方案"为名义，给客户系统性地讲解投资理财，把保险（当时的主流是趸交万能险）作为其中的固定收益产品进行搭售。剥离保险的特征，通过专业资产配置来卖产品，看似有些荒唐，却取得了很好的效果。

办法总比问题多，这是理财经理始终需要铭记的。在同客户沟通的过程中，我们会遇到不同类型的客户，但你要做的就是形成适合自己的基于自身优势的长期稳定的风格特点。你如果是感性的，就要发挥感性的特点，去影响和推动你的客户；你如果不感性，就要让客户认可你的专业，从而形成对你的黏性。从中后台的角度去看理财经理，我们经常会发现，很多理财经理和他的客户很像。仔细想想，在较长的时间里，理财经理和客户就是在不断地选择和被选择，同类型的人会更容易走到一起，更容易形成信赖感和碰出火花。

理财经理可以长得不美，但一定要整洁、干净、为人大方；可以不够聪明，但一定要朴实、认真、让人信赖；可以偶尔毛躁，但一定要有行动力与热情。对于自身的不完美，我们总有机会转化为亮点。理财经理的工作看似对外，实则对内。修炼好自己，形成自己的特质与风格，"我若盛开，清风自来"。

（三）关于理财经理的"博"与"专"

理财经理是否应该具有专业性？这是一个长期悬而未决的问题。有人讲"理财经理应该是半个投资顾问"，必须好好打造专业性。随着工作的深入，我发现理财经理中有很多"异类"值得我们关注。在私人银行有可以和陌生的客户兴高采烈聊一个下午的神人，通过爱与责任的观点直接切入保障与传承，完成了保险产品的销售。最可气的是，她都不知道所在机构的货架上有什么对应的产品，还需要同事过来最后协助完成签单。

你工作的时间越长，对理财经理的宽容度就会越高，因为理财经理应该是一个丰富的人，是一个容易让客户感兴趣和喜欢的人，这种丰富不仅仅限于理财市场的专业性。从机构的顶层设计来看，财富管理机构应该建立一支风格多元化的理财经理队伍，以吸引各种风格的客户。我们应该包容理财经理的专业性不足，甚至应该通过制度、系统的建设来弥补他们的短板，比如建立纯粹而精干的投资顾问团队——理财经理需要专业性的时候，可以随时应用"拿来主义"。

宽容并不意味着理财经理就可以浑身轻松。理财经理应该是一个博采众长的人，应该在很多领域都有自己独特的经验与看法：你可以对资本市场了解不多，但你可能喜好旅游，在和客户沟通的时候能够分享自己定制线路的经验；你也可能热爱厨艺与生活，对风水有所研究，或者在子女教育上有所思考。从这个角度来看，理财经理更应该是一个"杂家"，涉猎广泛，成为一个有趣的人，从而和客户有着更好的互动。

（四）做金融行业的"许三多"，不抛弃不放弃

金融本质上是一个和风险打交道的行业，只不过去十年丰沛的流动性和制度红利，让我们淡化了对风险的认知。最近两年，伴随着流动性趋紧，风险不断暴露，裸泳的机构开始显现，之前坐拥行业红

利的理财经理也变得越发不淡定了。

客户就是理财经理职业生命的根本，有些人选择快速变现，有些人选择慢慢为之，但前提都是"不伤害客户利益"。行业里有领导曾经说过："境内财富管理不成熟，投资人没有自己的风险判断和承担能力。"这话说得不错，因为在传统简单粗暴的销售模式下，在刚性兑付的大背景下，一旦产品出现延期或爆雷，理财经理的根本就遭到了动摇。

兑付压力并不是偶然现象，财富管理市场上也有很多优秀的理财经理遇到了各种压力。面对重压，理财经理的选择各不相同。有些人自怨自艾，沉浸在失败中无法自拔；有些人则努力地开始新生活，一天六次拜访新客户，晚上和周末还在继续同老客户沟通做好善后，工作饱和，充满正能量。

其实，不同的选择背后是理财经理心态的调整。在过去过于舒服的环境中，部分理财经理失去了再奋斗的勇气与能力，更失去了从零干起的决心。理财经理不管干得多好，都应该具备的一个基本素质就是：学会再次开始，放低姿态，从头再来。在未来依然有广阔空间的财富管理市场中，只要努力就会有机会。如同《灌篮高手》里那句经典台词"如果现在就放弃的话，比赛就提前结束了"，理财经理如果不能调整心态，在工作中放不下身段、贡高我慢，那么其财富管理生涯怕是要结束了。

（五）做时间的好朋友

笔者曾经和一位资深理财经理聊天，他自信满满地告诉笔者："不管是哪个客户，我当他的理财经理五年，我让他买什么就什么。"这话初听下来有点糙，却道出了一个颠扑不破的真理：时间会改变理财经理与客户的关系，时间会创造黏性。但从财富管理机构的角度来看，没有一个机构会愿意为一个优秀理财经理的诞生等待五年。我们所能做的是，创造各种方案、服务模式、增值活动去加速这种关系的形成和稳定。

对于理财经理而言，时间是最好的朋友，因为市场在变、客户在变，之前做不动的客户可能突然就有了商机，而原来持续零资产的客户也许某一天就成了你最大的客户。笔者见过一位从业很早的私人银行理财经理，按照银行的规定，他维护的客户数早已达到上限，但他始终把一个资产只有几百万元的低创利客户放在系统中，几年后意外得知这个客户把家里的矿卖掉，回笼了几亿元现金。这个案例说明这位理财经理具有很好的KYC能力，了解了客户的资产布局，同时也说明他很会等待，很有耐心，善于和时间做朋友，能够坚持到花开的那一天。

很多理财经理迫于业绩压力，导致其维护客户的模式趋于短期化：对于能够创收的客户，就曲意迎合；对于不能即刻带来收益的客户，就匆匆换走。在某种程度上，笔者理解理财经理的无奈，但财富管理是一个可以做一辈子的工作，客户之于理财经理可能是一辈子的朋友。如果希望把财富管理当作一个长期性的工作或者一个有意思的事业来做，理财经理就必须改变对客户的观念，把对客户的维护放在一个更长期的视角来重新审视。反过来说，时间也是一块试金石，路遥知马力，日久见人心。如果理财经理的行为模式过于短期化，同客户的真实需求长期偏离，那么客户也会毫不犹豫地抛弃他。

（六）理财经理要有自己明确的价值取向

一位信托公司的理财经理很困惑："我发现现在的工作就是'卖卖卖'，我觉得这个工作没意思。"这其实是理财经理队伍中非常普遍的一个困惑。在这个困惑的驱动下，有些人试图转型资产管理，有些人开始独立操办家族办公室，还有些人试图以买方投顾的视角来改善工作方式。但目前受到自身能力、市场格局的限制，这些创新还没有人能够成功，对这个困惑的解答依然迫在眉睫。

境内的财富管理本质是销售文化，但销售并不意味着没有灵魂，任何行当都存在背后的"道"，销售也一样。财富管理机构应该基于其自身机构的特性和企业文化，建立起一套符合市场发展阶段的价值观。比如：商业银行的私人银行可以把自己定义为产品优选平台，发挥自身的资源优势，帮助客户寻求最好的资产进行配置，这是符合其自身定位的；信托公司可以帮助客户实现资产增值和保全，既帮客户赚钱，又帮客户做保全和传承，信托所能提供的功能性是其他机构无法替代的。这些既是产品或者平台的特性，也是财富管理机构的利基，更是理财经理工作的使命、愿景和价值观。这些内涵是财富管理机构需要梳理的，也是理财经理自身需要深度挖掘的。理财经理只有搞清楚这些，才能在每一次面对客户时做到问心无愧。

几年前，P2P横行财富管理市场，明眼人都知道这阵风过后必然一地鸡毛，但在P2P的高收益面前，又有多少正规金融机构的理财经理在认真规劝自己的客户？又有多少理财经理怀着"我拉着客户配置了某某产品而没有去买P2P就是积德"的心态去与大势抗争？在财富管理从业者中，顺势的多。在这个行业中，很多理财经理把赚钱和完成任务当成第一要义，愿意逆水行舟的人太少，大概是因为这个行业并没有明确的价值取向。

（七）理财经理的多样化将成为财富管理行业的一抹亮色

描述优秀理财经理的特征要比刻画信托经理难多了。不同的客户造就了不同的理财经理，差异极大的个体让这个群体变得生动有趣，也不那么刻板。这大概就是财富管理行业有意思的地方，每个人都可以根据自己的气质打造自己的发展，这也是这个行业更有技术含量的主要原因。财富管理机构在保留每个优秀个体的个性前提下，如何求同存异，以接近标准化的方式复制管理海量的团队，在日常管理、客户开拓、销售标准化和售后服务等方面进行统一要求，无疑是有很大难度的事情。

在经济新常态和监管趋严的大背景下，金融行业的生态格局在经历着新一轮的重塑，以货币宽松和政策红利为特征的金融格局在发生着变化，财富管理在其中的重要性从来没有如此之大。空间大、难度大、挑战大、成长大，这是大家对财富管理行业的长期性判断。作为财富管理行业的一分子，笔者希望更多的有识之士可以加入这个行业，丰富这个行业的内涵，通过自己的智慧与努力让它变得更好。

| 致谢 |

感谢张亚蔚女士、张胜男女士、马绍晶先生和杨锐先生，感谢你们日常的无私帮助与热情鼓励！也感谢我们的家人和朋友，感谢你们支持着我们渡过了一个又一个的难关，支持我们把自己的一点点思考转化为系统的文字。无以为报，只有在这里默默地感恩！